Wissenschaftliche Untersuchungen
zum Neuen Testament · 2. Reihe

Begründet von Joachim Jeremias und Otto Michel
Herausgegeben von
Martin Hengel und Otfried Hofius

34

Im Himmel wie auf Erden

Studien zum Verhältnis
von himmlischer und irdischer Welt
im rabbinischen Judentum

von

Beate Ego

J. C. B. Mohr (Paul Siebeck) Tübingen

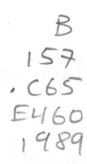

CIP-Titelaufnahme der Deutschen Bibliothek

Ego, Beate:
Im Himmel wie auf Erden: Studien zum Verhältnis von
himmlischer und irdischer Welt im rabbinischen Judentum /
von Beate Ego. – Tübingen: Mohr, 1989
   (Wissenschaftliche Untersuchungen zum Neuen Testament: Reihe 2; 34)
   Zugl.: Tübingen, Univ. Diss., 1987
   ISBN 3-16-145403-0
   ISSN 0340-9570

NE: Wissenschaftliche Untersuchungen zum Neuen Testament / 02

Druck von Gulde-Druck GmbH in Tübingen; Einband von Großbuchbinderei H. Koch KG in
Tübingen.

Printed in Germany.

Meinem Vater

Karl Grob
1927 – 1986

in dankbarem Gedenken

VORWORT

Die vorliegende Arbeit wurde im November 1987 von der Evangelisch-theologischen Fakultät der Eberhard-Karls-Universität in Tübingen als Dissertation angenommen; für den Druck wurde die Untersuchung leicht überarbeitet und in einzelnen Punkten ergänzt.

Meinen Dank möchte ich an dieser Stelle zunächst meinem Doktorvater Prof. Dr. Hans Peter Rüger aussprechen, der mir in seinen Seminaren und Übungen die rabbinische Schriftauslegung erschlossen hat. Er hat diese Arbeit betreut und ihre Entstehung von Anfang an mit sehr viel Interesse, Sorgfalt und manch hilfreichem und klärenden Gespräch begleitet.

Herrn Prof. Dr. Otfried Hofius danke ich für die Erstellung des Korreferats und Herrn Prof. Dr. Martin Hengel für seine zahlreichen Anmerkungen und Verbesserungsvorschläge für die Veröffentlichung dieser Untersuchung; beiden sei auch für die Aufnahme der Arbeit in die Reihe "Wissenschaftliche Untersuchungen zum Neuen Testament" gedankt.

Aber auch die anderen, die am Entstehen und Gelingen dieser Arbeit beteiligt waren, sollen nicht unerwähnt bleiben: Der Deutsche Akademische Austauschdienst gewährte mir ein Promotionsstipendium, das es mir ermöglichte, ein Jahr an der Hebräischen Universität in Jerusalem zu studieren und die relevanten Texte zusammenzustellen; bei dieser Quellen- und Literatursammlung leisteten mir die Mitarbeiter der Universitäts- bzw. Staatsbibliothek und der École Biblique in Jerusalem große Dienste.

Mein Kollege Herr Christian Rose hat die Mühe des Korrekturlesens auf sich genommen und die Erstellung der Druckvorlage mit viel Geduld und Sorgfalt unterstützt.

Schließlich bin ich Herrn Georg Siebeck für die großzügige Ermöglichung des Druckes sowie seinen Mitarbeitern für die gute verlegerische Betreuung zu Dank verpflichtet.

Tübingen, im Dezember 1988   Beate Ego

INHALTSVERZEICHNIS

ABKÜRZUNGSVERZEICHNIS

Die Abkürzungen richten sich nach "Theologische Realenzyklopädie. Abkürzungsverzeichnis", zusammengestellt von S. SCHWERTNER, Berlin/New York 1976, und nach "Frankfurter judaistische Beiträge 2 (1974), S. 69-71". Daneben wurden folgende Abbreviaturen benutzt:

AAR	American Academy of Religions
ARA	Alfa Beta de Rabbi Akiva
FJB	Frankfurter judaistische Beiträge
FJSt	Frankfurter judaistische Studien
HekhR	Hekhalot Rabbati
Hen	Henoch
Maharso	Morenu ha-Rab Zeev Wolf
MM	Memar Marqah
MMish Rbti	Midrash Mishle Rabbati
MRE	Mishna de Rabbi Eli'ezer
SHL	P. Schäfer, Synopse zur Hekhalotliteratur
SP	Samaritanischer Pentateuch
TS	Tora Shelema

[ ]	eigene Ergänzung
{ }	Ergänzung der Textvorlage

UMSCHRIFT

Die Umschrift des hebräischen Alphabets richtet sich nach den in den Frankfurter judaistischen Beiträgen 2 (1974) aufgestellten Richtlinien; Details siehe dort.

1. Konsonanten

א	'	ל	l
ב (בּ)	b (v)	מ	m
ג	g	נ	n
ד	d	ס	s
ה	h	ע	'
ו	w	פ (פּ)	p (f)
ז	z	צ	ṣ
ח	ḥ	ק	q
ט	ṭ	ר	r
י	y	שׂ/שׁ	s/sh
כ (כּ)	k (kh)	ת	t

2. Vokale

Es werden nur fünft Grundvokalen a, e, i, o, u angewandt, ohne Längen- und Kürzezeichen.

Shwa mobile wird entweder als e wiedergegeben oder entfällt ganz.

Eingedeutschte Namen oder Fachausdrücke werden in der Regel in der geläufigen deutschen Form wiedergegeben, die Umschrift der biblischen Eigennamen richtet sich nach der jüngsten Ausgabe der Lutherbibel (Stuttgart 1985).

EINLEITUNG

In der hier vorliegenden Arbeit werden die rabbinischen Vorstellungen über das Dependenzverhältnis von oberer und unterer Welt, wie sie im Kontext der Motive des himmlischen Tempels und Gottesdienstes und des himmlischen Jerusalem zum Ausdruck kommen, dargestellt und auf ihre theologischen Implikationen untersucht.

Die traditionelle Kategorie zur Beschreibung dieser Relation bildet das sogenannte "Entsprechungsdenken". Bereits im Jahre 1905 formulierte A. JEREMIAS in seinem Werk 'Babylonisches im Neuen Testament': "Der Grundgedanke der altorientalischen Weltanschauung bildet die Vorstellung von einer 'prästabilierten Harmonie'. Alle irdischen Dinge und alles irdische Geschehen sind in himmlischen Vorbildern vorgezeichnet."[1] In diesem Kontext verwies er auch auf den Bezug dieser These zu alttestamentlichen und frühjüdischen Texten: Ex 25,40, wo Mose auf dem Sinai ein *Tabnit*, ein Bauplan, für die Stiftshütte gezeigt wird, und die Vision Hesekiels vom neuen Tempel in Ez 40-48 dienen A. JEREMIAS ebenso zur Veranschaulichung seiner These wie der Verweis auf die Korrelation zwischen einzelnen Elementen des Tempels und den Himmelskörpern. "Die Stufen zum Tempel entsprechen den Planetenstufen, die Säulen Jakin und Boaz repräsentieren die beiden entgegengesetzten Punkte des Sonnenkreislaufs. Das 'eherne' Meer von den 12 Stieren getragen, symbolisiert den Tierkreis."[2] Die Vorstellung der praemundanen Erschaffung des himmlischen Heiligtums und die sentenzartige Formel aus der Ascensio Jesaiae "Alles, was es oben gibt, das gibt es auch unten" werden als Beispiele aus der frühjüdischen Literatur genannt[3].

Während dieser Bereich im Gesamtwerk von A. JEREMIAS aber insgesamt eher eine marginale Rolle spielt, führt E. BISCHOFF diesen Aspekt in explizitem Bezug auf dessen Arbeit weiter aus; bereits im Jahre 1907 entfaltet er diese These anhand von Texten aus dem Bereich der rabbinischen Literatur[4]. Unter dem Motto 'Entsprechung von Himmlischem und Irdischem' differenziert er zwischen der Vorstellung eines himmlischen Bauplans für die gesamte Schöpfung[5] und 'einzelnen Entsprechungen'[6], wie - um hier nur die wichtigsten der von

1 A. JEREMIAS, Babylonisches im Neuen Testament, Leipzig 1905, S. 62; vgl. A. JEREMIAS, Das Alte Testament im Lichte des Alten Orients, Handbuch zur biblisch-orientalischen Altertumskunde, Leipzig 1904; s.a. A. JEREMIAS, Das Alte Testament im Lichte des Alten Orients, Leipzig ²1906, S. 48. - A. JEREMIAS, Handbuch der altorientalischen Geisteskultur, Leipzig ¹1913, S. 171 ff.; Leipzig ²1929, S. 108 ff.
2 A. JEREMIAS, Babylonisches im Neuen Testament, S. 63 f.
3 A. JEREMIAS, Babylonisches im Neuen Testament, S. 65 f.
4 E. BISCHOFF, Babylonisch-Astrales im Weltbilde des Thalmud und Midrasch, Leipzig 1907, S. 1 f. 22-77.
5 E.BISCHOFF, Babylonisch-Astrales im Weltbilde des Thalmud und Midrasch, S.2 ff.
6 E.BISCHOFF, Babylonisch-Astrales im Weltbilde des Thalmud und Midrasch, S.21 ff.

ihm angeführten Beispiele zu nennen – die Beziehung der Völker der Welt zu den über sie gesetzten Engeln[7], die Korrespondenz der zwölf Stämme Israels mit dem Tierkreis[8], die Verbindung von Pflanzen und Tieren mit den Sternen des Himmels[9] und den Bezug des Tempels zu einem himmlischen Vorbild[10].

Noch H. BIETENHARD subsumierte in seiner im Jahre 1958 erschienenen Studie das umfangreiche Textmaterial, das auch Traditionen zum himmlischen Gottesdienst und zum oberen Jerusalem umfaßt, unter die von A. JEREMIAS aufgestellte Prämisse der Entsprechung von oberer und unterer Welt, die er – wie seine Vorgänger – auch mit dem Terminus Urbild-Abbild-Relation bezeichnen kann: "Alles, was auf Erden ist, hat sein Ur- und Vorbild am Himmel. Jedes irdische Sein und Geschehen ist in einem himmlischen Sein und Geschehen präfiguriert. Dabei ist alles, was am Himmel ist und geschieht, dem Irdischen gegenüber primär. Jedes Land, jeder Fluß, jede Stadt, jeder Tempel, ja die ganze Erde haben ihr Vorbild am Himmel. Diesem himmlischen Vorbild sind die irdischen Dinge von den Menschen oder den Göttern nachgebildet."[11]

Andererseits wurde in der Forschung aber auch auf die Komplexität des Gegenstandes und auf die Notwendigkeit einer präziseren Bestimmung des Verhältnisses von oberer und unterer Welt hingewiesen. So unterschied bereits E. BISCHOFF bei der Entfaltung seiner Grundthese zwischen einem Urbild-Abbild-Verhältnis von himmlischem und irdischem Heiligtum und der Vorstellung vom Tempel als 'imago mundi', nach der die einzelnen Teile des Heiligtums mit den verschiedenen Elementen des Kosmos korrespondieren[12]. A. APTOWITZER griff in seiner 1930/31 erschienenen Arbeit über das Motiv des himmlischen Tempels in der Aggada[13] zwar in seinen traditionsgeschichtlichen Erwägungen auf den Ansatz von A. JEREMIAS zurück, differenzierte aber auf synchroner Ebene zwischen der Urbild-Abbild-Relation und der lokalen Entsprechung von himmlischem und irdischem Heiligtum.

In jüngerer Zeit wurde gerade im Hinblick auf die Relation von oberem und unterem Jerusalem auf den Aspekt der Priorität des Irdischen als einer weiteren Kategorie zur Beschreibung der Relation von himmlischer und irdischer Welt verwiesen. E. URBACH verweist auf die im Midrasch Tanḥuma pᵉqude §1 zum Ausdruck gebrachte Anschauung, wonach Gott auf Grund seiner Liebe zum irdischen Jerusalem dieses auch vor dem himm-

---

7   E. BISCHOFF, Babylonisch-Astrales im Weltbilde des Thalmud und Midrasch, S.41 f., ferner: S. 261, wo die Länder der Erdenvölker genannt werden.
8   E. BISCHOFF, Babylonisch-Astrales im Weltbilde des Thalmud und Midrasch, S.48 ff.
9   E. BISCHOFF, Babylonisch-Astrales im Weltbilde des Thalmud und Midrasch, S.70 ff.
10 E. BISCHOFF, Babylonisch-Astrales im Weltbilde des Thalmud und Midrasch, S.22 ff.
11 H. BIETENHARD, Die himmlische Welt im Urchristentum und Spätjudentum (WUNT 2), Tübingen 1951, S. 13, ferner: S. 124. 129 f. 138; s.a. J.A. SELIGMAN, Yerushalayim be-maḥshevet ha-yehudit ha-hellenisṭit, in: Juda and Jerusalem. The Twelfth Archaeological Convention, Jerusalem 1957, S. 129-208, hier: S. 206.
12 E. BISCHOFF, Babylonisch-Astrales im Weltbilde des Thalmud und Midrasch, S.23.
13 A. APTOWITZER, Bet ha-miqdash shel ma'la 'al pi ha-aggada, in: Tarbiz 2 (1930/31), S. 137-153. 257-287.

lischen Jerusalem erschaffen habe[14]. R.J.Z. WERBLOWSKY unterstreicht im Anschluß an denselben Text die Tatsache, daß es in der frühjüdischen Literatur zu einer Umkehrung des traditionellen kosmologischen Konzeptes, das die himmlische Welt der irdischen vorordnet, kommt[15]. Auf den theologischen Aspekt einer solchen Umkehrung schließlich wurde von S. SAFRAI aufmerksam gemacht: Wenn Gott - wie dies bTaan 5a zum Ausdruck bringt - seine himmlische Stadt erst dann wieder betreten will, wenn er seine irdische betreten hat, so spiegelt dies die Teilnahme Gottes am Geschick seines Volkes und die Verbundenheit der himmlischen Welt mit der irdischen Welt wieder[16]. E. STAROBINSKI-SAFRAN hat diesen Sachverhalt in ihrer Arbeit 'Aspects de Jérusalem dans les écrits rabbiniques' mit folgenden Worten umschrieben: "Ce midrache, dont le caractère apologétique et polémique est évident, affirme l'antériorité, mais aussi la primauté de la Jerusalem terrestre sur la céleste... La Jérusalme d'en bas n'est pas plus rejetée que ne l'est le peuple d'Israël, comme le laisseraient croire les malheurs qui se sont abattus sur eux. Tous deux bénéficient de l'amour divin. Entre eux s'instaure une communauté de destinée... Lorsque les Israelites sont chasés de Jérusalem, Dieu lui-même participe à leur exil"[17].

Wenn somit auch einzelne Aspekte des Themas bereits aufgezeigt wurden, so liegt eine Gesamtdarstellung der verschiedenen Relationsstrukturen von himmlischer und irdischer Welt, die zudem nach den theologischen Implikationen der einzelnen Konzepte und nach deren Verhältnis untereinander fragt, bislang nicht vor.

Die zahlreichen rabbinischen Texte zeigen in der Tat, daß jede verallgemeinernde Kategorisierung, die das Verhältnis von himmlischer und irdischer Welt zu beschreiben versucht, inadäquat und korrekturbedürftig ist. Der oben formulierten Priorität der himmlischen Welt stehen - wie die bereits erwähnten Texte aus dem babylonischen Talmud und dem Midrasch Tanḥuma deutlich zeigen - Überlieferungen gegenüber, die ganz offensichtlich von einer Priorität der irdischen Welt ausgehen; der Terminus "Entsprechung zwischen Himmel und Erde"[18] ist zu undifferenziert: Auf analytischer Ebene muß zunächst sowohl zwischen dem Urbild-Abbild-Denken, das sehr eng mit der Vorstellung der praemundanen Erschaffung des Heiligtums verbunden ist, als auch einer lokalen und einer auf Analogien basierenden Entsprechung, wie sie dem weisheitlichen Denken zugrundeliegt, unterschieden werden. Das Motiv der Kultusgemeinschaft zwischen Engeln und Menschen stellt in diesem

14 E. URBACH, Yerushalayim shel ma'la w-Irushalayim shel maṭṭa, in: Jerusalem through the Ages. The Twenty-Fifth Archaeological Convention October 1967, Jerusalem 1968, S. 156-171, hier: S. 165.
15 R.J.Z. WERBLOWSKY, Meṭropolin le-kol ha-araṣot, in: Jerusalem through the Ages. The Twenty-Fifth Archaeological Convention October 1967, Jerusalem 1968, S. 172-178, hier: S. 177 f. - R.J.Z. WERBLOWSKY, Die Bedeutung Jerusalems für Juden, Christen und Moslems (Studiengruppe für Nahostfragen der israelischen Universitäten), Jerusalem 1980, S. 10.
16 S. SAFRAI, The Heavenly Jerusalem, in: Ariel 8 (1969), S. 11-16, hier: S. 16.
17 E. STAROBINSKY-SAFRAN, Aspects de Jérusalem dans les écrits rabbiniques, in: RThPh 112 (1980), S. 151-162, hier: S. 158. Zum modernen Judentum: E. STAROBINSKY-SAFRAN, De la vision mystique á la réalité concrète de Jérusalem. Reflexions juives sur la vocation de cette ville, in: Les cahiers du CEPOA. La ville dans le Proche Orient Ancien, Actes du colloque de Castigny 1979, Leuven 1983, S. 253-256.
18 So H. BIETENHARD, Die himmlische Welt im Urchristentum und Spätjudentum, S. 13: "Der Grundgedanke der altorientalischen Weltanschauung ist die Lehre von der Entsprechung zwischen Himmel und Erde."

Kontext einen weiteren Aspekt dar: Neben der Vorstellung einer zeitlichen Parallelität von himmlischem und irdischem Lobgesang steht das Motiv der Repräsentation des himmlischen Hohenpriesters durch den Hohenpriester im irdischen Heiligtum. Die Vorstellung der durch die Zerstörung des Tempels verursachten Substitution des irdischen Kultus durch die himmlische Welt bildet eine weitere Relationsstruktur, die sich der Kategorie einer "Entsprechung zwischen Himmel und Erde" entzieht.

Mit dieser Ausdifferenzierung und Korrektur des Entsprechungsdenkens wird auch die eindimensionale Ableitung des gesamten Vorstellungsmaterials aus dem babylonischen Denken obsolet; es gilt somit, nach den unterschiedlichen traditionsgeschichtlichen Wurzeln der einzelnen Kategorien und Bereiche zu fragen.

Die Textgrundlage dieser Arbeit bildet das sich in den beiden Talmuden und in den Midraschim befindende rabbinische Material zu den Motiven himmlischer Tempel, himmlischer Gottesdienst und himmlisches Jerusalem; zum Motiv der Kultusgemeinschaft zwischen Engeln und Menschen sowie zur Verdeutlichung des Aussagegehalts einzelner Texte wurde auch Material aus der Hekhalot-Literatur bzw. Auslegungen aus der nach-amoräischen Epoche herangezogen.

Bestimmend für die Anordnung der einzelnen Kapitel ist die Bedeutung, die der himmlischen bzw. irdischen Welt beigemessen wird. Zunächst erscheinen die Motive im Kontext des frühjüdischen Weltbildes (Kap. I); von einer Dominanz des Himmlischen (Kap. II) kommt es dann über diverse Konzepte der Entsprechung der beiden Bereiche (Kap. III, V und VI) und der Vorstellung einer Kultusgemeinschaft (Kap. IV) zu einer Dominanz des Irdischen (Kap. VII und Kap. VIII).

Im Materialteil eines jeden Kapitels werden zunächst die einzelnen Belege zusammengestellt; da ein Text oftmals aus mehreren Einzeltraditionen besteht, die das Verhältnis von himmlischer und irdischer Welt in verschiedenen Kategorien beschreiben, ließen sich Wiederholungen einzelner Passagen bzw. die Aufteilung eines fortlaufenden Textes auf verschiedene Kapitel nicht immer umgehen; entsprechende Anmerkungen verweisen dann jedoch auf den Gesamtkontext bzw. die Fortsetzung einer bestimmten Tradition.

Der sich jeweils an eine Textgruppe anschließende Kommentar versucht, die Bezüge der einzelnen Texte untereinander aufzuzeigen und so das literarische Wachstum einer Tradition zu rekonstruieren. Die zeitlichen Fixierungen dienen einer ersten Orientierung: Da der Tradent eines bestimmten Ausspruches nicht notwendigerweise mit dessen Autor identisch sein muß, sondern ebensogut auf eine schon bestehende Auslegung zurückgreifen kann, sagen diese Datierungen nur sehr wenig über das tatsächliche Alter einer bestimmten Tradition aus[19]. Wenn manche Texte aber mehrere Kategorien zum Verhältnis von himmlischer und irdischer Welt nennen, und diese zudem in Beziehung zueinander setzen, so sind relative Datierungen möglich, von denen auf die Uminterpretation einzelner Traditionen und Konzepte geschlossen werden kann. Generell kann die Abfolge der Texte aber nicht diachron verstanden werden; vielmehr ist von einem synchronen

---

19 Zur Datierungsproblematik: P. SCHÄFER, Studien zur Geschichte und Theologie des rabbinischen Judentums (AGJU 15), Leiden 1978, S. 2 ff. - P. SCHÄFER, Research into Rabbinic Literature: An Attempt to Define the Status Quaestionis, in: JJS 37 (1986), S. 139-152, hier: S. 141. 150.

Miteinander der verschiedenen Vorstellungen, die das Verhältnis von himmlischer und irdischer Welt zu fassen versuchen, auszugehen.

Da sich die rabbinische Literatur als konsequente Schriftauslegung versteht, wurde auf die Darstellung der Relation von Schriftbeweis und Argumentationsgang des Midrasch besonderen Wert gelegt.

Die Gesamtinterpretation eines jeden Kapitels versucht schließlich, den theologischen Gehalt, der durch die entsprechende Kategorie zum Ausdruck gebracht wird, sowie den traditionsgeschichtlichen und historischen Ort der jeweiligen Theologumena aufzuzeigen.

Eine Zusammenstellung der rabbinischen Terminologie zu den Motiven des himmlischen Heiligtums und der himmlischen Stadt schließt die Arbeit ab.

I. DAS FRÜHJÜDISCHE WELTBILD

Texte und Interpretationen

Textgruppe 1

bHag 12b

In Zebul ist Jerusalem und das Heiligtum (בית המקדש) und ein Altar erbaut, und Michael, der große Fürst, steht da und opfert auf ihm jeden Tag. Denn es heißt: "So habe ich denn wirklich gebaut ein Wohn-Haus (בית־זבול) für dich, eine Stätte dir zur Wohnung für immer" (I Reg 8,13). Und woher, daß dies [Zebul] Himmel heißt? Es heißt: "Blicke vom Himmel herab und schaue nieder von deiner heiligen und herrlichen Wohnung" (Jes 63,15).

MHG Ber S. 15: Es lehrten unsere Meister ...
Yalq I Reg §189 (376b): als Zitat aus *bHag 12b* gekennzeichnet
Yalq Ez §339 (417c): als Zitat aus *bHag 12b* gekennzeichnet

Seder Rabba di-Breshit
(P. Schäfer, Synopse zur Hekhalot-Literatur §772)

Oberhalb von Schechakim [ist Zebul][1], in dem sieben Paläste (היכלות) von Feuer und sieben Altäre von Glut erbaut sind, sieben Lager von Engeln stehen, sieben Klassen von Scharen bereit stehen, und Michael, der große Fürst, steht unter ihnen an ihrer Spitze, als Hoherpriester, gekleidet mit den Gewändern des Hohenpriesters, und bringt ein reines Feueropfer auf dem Altar des Herrn dar, opfert Räucherwerk auf dem Räucheraltar und läßt die Rauchsäulen der Lohe vom Altar aufsteigen, denn es heißt: "So habe ich denn wirklich gebaut ein Wohn-Haus für dich" (I Reg 8,13). Und woher, daß dies Himmel heißt ...?

s.a. Seder Rabba di-Breshit §39, BatM I, S. 41: mit kleinen Änderungen

---

1   Ergänzt nach Seder Rabba di-Breshit §39, BatM I, S. 41.

Ginze Schechter I, S. 186

Und in Schechakim ist eine Leiter aufgestellt, und ihre Spitze reicht bis nach Zebul, und in Zebul ist Jerusalem, der Tempel (היכל) und ein Altar erbaut, und Michael, der große Fürst, steht da und opfert auf ihm Räucherwerk an jedem Tag, denn es heißt: "So habe ich denn wirklich gebaut ein Wohn-Haus für dich, eine Stätte dir zur Wohnung für immer" (I Reg 8,13).

Interpretation

Der Text aus *bHag 12b* ist Teil der Beschreibung der sieben Himmel[2], wobei Zebul selbst den vierten Himmel darstellt. Das himmlische Jerusalem, der Tempel und Michaels Opferdienst[3]

---

2   Zur Tradition der sieben Himmel: MHG Ber S. 15, Anm. z.St. - (H.L. STRACK)/P. BILLERBECK, Kommentar zum Neuen Testament aus Talmud und Midrasch, Bd. III, München 1926, S. 531. - O. HOFIUS, Der Vorhang vor dem Thron Gottes. Eine exegetisch-religionsgeschichtliche Untersuchung zu Hebräer 6,19 f. und 10,19 f. (WUNT 14), Tübingen 1972, S. 20, Anm. 114. - U. SIMON, Heaven in the Christian Tradition, London 1958, S. 41 f. - C. ROWLAND, The Open Heaven. A Study of Apocalyptic in Judaism and Early Christianity, New York 1982, S. 81 f. - G. SARFATTI, Ha-qosmografia ha-talmudit, in: Tarbiz 35 (1965/66), S. 137-148, hier: S. 144 f. - H. BIETENHARD, Die himmlische Welt im Urchristentum und Spätjudentum, S. 8-10. Vergleichende Tabellen zu den Versionen über die sieben Himmel: N. SED, La mystique cosmologique juive (Ecole des Hautes Etudes en Sciences Sociales, Etudes Juives 16), Paris 1981, S. 263-277.

3   Die Texte mit dem Motiv vom himmlischen Priesterdienst Michaels verteilen sich folgendermaßen auf die verschiedenen Themenbereiche:

Text	Motiv	Kapitel dieser Arbeit
bHag 12b	Basismotiv	Kapitel I Textgruppe 1
Seder Rabba di-Breshit	literarische Ausschmückungen des Basismotivs	
Ginze Schechter I, S. 186		
bMen 110a MTeh 134 §1 (259b)	Ersatz der Tempelopfer	Kapitel II Textgruppe 1
Liqquṭim mi-Midrash Shoḥer Ṭov (BatM I, S. 296)	Ersatz der Tempelopfer durch den Dienst Elias im himmlischen Heiligtum	
Sefer Raziel (41b)	Lokalisierung des Kultortes	Kapitel V Textgruppe 4
bZev 62a	Legitimierung des Kultortes	
"Die göttliche Sophia" BHM V, S. 63	Nach der Zerstörung des Heiligtums bringt Michael die Seelen der Gerechten dar	Kapitel VIII Textgruppe 7
Seder Arqim OsM S. 70a/b		
Alfa Beta de Ben-Sira §6		
Midrasch der 10 Worte		

befinden sich so also in der Mitte der Himmel. "Dans la 'Aggadah en général, le Sanctuaire et l'autel marquent le centre du monde. Le Sanctuaire céleste du quatrième firmament occupe une place médiane entre les trois cieux inférieurs et les trois cieux supérieurs. Mika'el réside et officie au centre géométrique de l'axe vertical qui relie la terre au trône de la Gloire"[4].

Die spezielle Deutung des Begriffs זבול als Name eines Himmels resultiert aus Jes 63,15, wo eine direkte Verbindung der Begriffe שמים - 'Himmel' und זבול vorliegt. Auf der Basis der Gezera Schawa[5] ist diese spezielle Bedeutung auch für I Reg 8,13 anzunehmen: בית־זבול kann so als "Himmelshaus" interpretiert und als himmlischer Tempel verstanden werden.

Als sekundäre literarische Ausschmückungen zu *bHag 12b* sind die übrigen Texte zu betrachten: Speziell *Seder Rabba di-Breshit* weist durch das Stilelement der Reihung und die Zahlenmetaphorik typische Elemente der Hekhalot-Literatur auf[6], *Ginze Schechter I, S. 186* dagegen erweitert *bHag 12b* nur um das Motiv der Leiter, was sicherlich eine Anspielung auf Gen 28,12 ist[7].

Aufgrund der Tradentenangabe "Resch Lakisch" wäre *bHag 12b* als amoräischer Text zu bestimmen; da aber die Paralleltexte bzw. Listen über die Namen der sieben Himmel im Hinblick auf diese Aussage differieren[8], ist eine sichere zeitliche Fixierung nicht möglich.

Die Tradition als solche ist wohl auch kaum mit einem bestimmten Tradenten in Verbindung zu bringen; sie war vielmehr integraler Bestandteil des damaligen Weltbildes[9].

Midrash Elle Ezkera BHM II, S. 66	Darbringung der Seelen der Gerechten (ohne Angabe des Grundes, der Dauer usw.)
Midrash Elle Ezkera, 2. Rezension BHM IV, S. 22	
BamR 12,12 (49a)	Metatron bringt die Seelen der Gerechten dar

4   N. SED, La mystique cosmologique juive, S. 280.
5   J. HEINEMANN, Darkhe ha-aggada, Jerusalem [2]1953/54, S. 122 f. - H.L. STRACK/ G. STEMBERGER, Einleitung in Talmud und Midrasch, München [7]1982, S. 28 f.
6   Zum Stil der Hekhalot-Literatur: J. MAIER, Vom Kultus zur Gnosis. Studien zur Vor- und Frühgeschichte der "jüdischen Gnosis". Bundeslade, Gottesthron und Märkabah (Kairos (St.) 1), Salzburg 1964, S. 134. - G. SCHOLEM, Jewish Gnosticism, Merkabah Mysticism and Talmudic Tradition, New York 1960, S. 24, Anm. 143.
7   Die Leiter stellt die Weltachse dar; hierzu: S. 95 dieser Arbeit.
8   Z.B. MHG Ber S. 15: Baraita. ARN A §37 (55b): R. Meir (um 150); nach (H.L. STRACK)/ P. BILLERBECK, Kommentar zum Neuen Testament, Bd. III, S. 532 ist R. Meir als der ursprüngliche Tradent dieser Überlieferung zu betrachten. MTeh 114 §2 (236a): R. Eleasar.
9   H. BIETENHARD, Die himmlische Welt im Urchristentum und Spätjudentum, S. 10. - U. SIMON, Heaven in the Christian Tradition, S. 41 f. - R.H. CHARLES, The Apocrypha and Pseudepigrapha of the Old Testament, Oxford 1963 (= 1. Aufl. 1913), Bd. II: Pseudepigrapha, S. 304.

Textgruppe 2

bSan 94b

R. Chanina ben Papa wies auf einen Widerspruch hin[10], [denn einmal] ist geschrieben: "seine höchste Höhe" (Jes 37,24); [aber zum anderen] ist geschrieben: "seine höchste Herberge" (II Reg 19,23). Dieser Frevler sprach: Am Anfang werde ich die Wohnung unten (דירה של מטה) zerstören und nachher die Wohnung oben (דירה של מעלה).

Yalq Jes § 441 (395c)

Interpretation

Die Auslegung dieses amoräischen[11] Midrasch basiert auf einem der Textunterschiede in der Überlieferung vom Feldzug Sanheribs in Jes 36,1 - 39,8 und II Reg 18,13 - 20,19.

In Jes 37,24 heißt es in der Prahlrede[12] des Sanherib: "Mit vielen Streitwagen bin ich auf die Höhe der Berge hinaufgefahren, bis in des Libanon hintersten Bereich. Ich fällte seine hohen Zedern, seinen auserlesensten Wacholder. Ich drang bis zu seiner höchsten Höhe" (מרום קיצו)[13]. Da die Parallele II Reg 19,23 am Schluß "bis zu seiner höchsten Herberge" (מלון קצו) liest, wird geschlossen, daß es sich um zwei verschiedene Objekte handelt, nämlich um das himmlische und das irdische Heiligtum; nach Raschi ist dabei מרום קיצו auf dem Hintergrund von Jer 17,12 auf die himmmlische Wohnung zu beziehen[14]. Die Verbindung dieser Schriftstellen mit dem Tempel überhaupt beruht auf der traditionellen Identifikation des Begriffes "Libanon" mit dem Heiligtum. Dieses metaphorische Verständnis, das sich in der rabbinischen Literatur am häufigsten an die Auslegung von Dtn 3,25, Jes 10,34 und Sach 11,1 anschließt[15], ist auch in der

---

10 רמי - vgl. W. BACHER, Die exegetische Terminologie der jüdischen Traditionsliteratur, Bd. II: Die bibel- und traditionsexegetische Terminologie der Amoräer, Leipzig 1905, S. 211.

11 R. Chanina ben Papa ist ein palästinischer Amoräer der dritten Generation; vgl. H.L. STRACK/G. STEMBERGER, Einleitung in Talmud und Midrasch, S. 96.

12 H. WILDBERGER, Jesaja, 3. Teilband: Jesaja 28-39 (BK 10/3), Neukirchen-Vluyn 1982, S. 1431.

13 So nach H. WILDBERGER, Jesaja, 3. Teilband, S. 1415.

14 Siehe S. 52 f. dieser Arbeit.

15 yBer 2,4 (5a); SifBam Pineḥas §134 (S. 181); MekhSh zu Ex 17,14 (S. 124); MekhY 'Amaleq II (S. 183); EkhaR 1,51 (18c/d); AgBer §68 (S. 133); vgl. ShemR 23,5 (43a). Weitere Belege bei G. VERMES, The Symbolical Interpretation in the Targums: The Origin and Development of an Exegetical Tradition, in: JThS 9 (1958), S. 1-12, hier: S. 7 ff. - ferner: A. BÜCHLER, Studies of Sin and Atonement in the Rabbinic Literature of the First Century, London 1928, S. 321, Anm. 1. - W. BACHER, Die Agada der Tannaiten, Bd. I: Von Hillel bis Akiba, Straßburg 1884, S. 26, Anm. 2. Vgl. die Erzählung von R. Johanan b. Sakkais Weissagung an Vespasian: bGit 56b; ARN A §4 (12a); MMish 15,30 (40b), EkhaR 1,31 (16c/d).

Targumliteratur belegt[16]; nach G. VERMES geht diese Deutung, die hauptsächlich auf dem Hintergrund der Exegese von Dtn 3,25 entstanden ist, bereits auf die Zeit vor dem 2. Jhdt. v. Chr. zurück[17]. Die spätere Exegese hat diesen Bezug mit weiteren Belegen und Begründungen angereichert. So leitet ein Wortspiel diese Bezeichnung von der Sühnefunktion des Heiligtums her: "Baraita: Rabbi Simeon ben Jochai [sagte]: Wieso wird [der Tempel] Libanon (לבנון) genannt? Weil er die Sünden Israels weiß macht (מלבין) wie Schnee, denn es heißt: 'Wenn Eure Sünden sind wie Scharlach, sollen sie weiß werden wie Schnee; wenn sie rot sind wie Purpur, sollen sie werden wie Wolle' (Jes 1,18)"[18].

Aus dem Kontext der Schriftstellen folgt, daß zunächst wohl der Frevler Sanherib gemeint ist, dessen Hybris[19] zum Ausdruck gebracht werden soll. Der Faktor der Aktualisierbarkeit auf die jüngeren historischen Ereignisse und somit auf den Frevler Titus gehört zum weiteren Umfeld dieser Auslegung.

Textgruppe 3

TanB b^ereshit §13 (5a)

Eine andere Auslegung: "Dies ist die Geschichte des Himmels und der Erde, als sie geschaffen wurden" (Gen 2,4). Das ist, was die Schrift sagt: "Herrschaft und Schrecken bei ihm" (Hi 25,2). Deshalb sagte Hiob: "Wenn ich ihn doch finden könnte, [zu seiner Wohnstätte gelangen könnte]" (Hi 23,3). Es sprach R. Abba bar Kahana: Wenn er im Tempel oben (היכל של מעלה) ist, will ich zu seiner Wohnstätte gelangen, und wenn er im Tempel unten (היכל של מטה) ist, will ich zu seiner Wohnstätte gelangen. Denn תכונתו meint nichts anderes als den Tempel, denn es heißt: "Und sie errichteten den Altar an seiner Stätte (מכונתו)" (Esr 3,3). Deshalb also: Dies [bezieht sich auf] den Tempel.

Yalq Hi §912 (507b)

16 Vgl. TPsJ zu Dtn 1,7; TPsJ und TO zu Dtn 3,25; TPsJ zu Dtn 9,24 u.ö., weitere Belege bei G. VERMES, The Symbolical Interpretation in the Targums, S. 3 ff. Zur Rezeption des Begriffs in Qumran, die ebenfalls die Identifikation mit dem Tempel voraussetzt, vgl. G. VERMES, "Car le Liban c'est le Conseil de la Communauté." Notes sur Pesher d'Habacuc, 12, 3-4. Mélanges Bibliques rédigés en l'honneur de ANDRÉ ROBERT, Paris 1957, S. 316-25.
17 G. VERMES, The Symbolical Interpretation in the Targums, S. 11.
18 WaR 1,2 (2b); s.a. SifDev d^evarim §6 (S. 15); SifDev wa'ethannan §28 (S. 45); vgl. W. BACHER, Die Agada der Tannaiten, Bd. II: Von Akibas Tod bis zum Abschluß der Mischna, Straßburg 1890, S. 100, Anm. 2.
19 So z.B. ARN A §27 (42a/b) und BamR 9,24 (30b); beide Texte enthalten auch das Motiv von der Strafe des hochmütigen Frevlers. Vgl. bHag 13a; hierzu: J. MAIER, Vom Kultus zur Gnosis, S. 136.

Interpretation

Dieser amoräische[20] Midrasch deutet den Begriff תכונה in Hi 23,3 auf dem Hintergrund von Esr 3,3, wo der etymologisch und semantisch verwandte Begriff מכונה mit dem Tempel verbunden ist. Auf der Basis der Gezera Schawa[21] kann diese spezielle Konnotation auch auf Hi 23,3 bezogen werden. Die Deutung dieses Verses auf himmlisches und irdisches Heiligtum impliziert einen Al-Tiqre-Midrasch: תכונתו - 'seine Stätte' wird pluralisch, also im Sinne von תכונותיו gelesen[22].

Dieser Text greift aus der breiten und schillernden aggadischen Tradition zu Hiob[23] einen speziellen Aspekt auf: Hiob erscheint nicht als Prototyp des leidenden Gerechten, sondern ist Aufrührer und Ankläger, der sich Gott widersetzt, mit ihm streiten und rechten will.

Dies legt einerseits der Schriftkontext des zitierten Verses nahe; andererseits findet es seine Entsprechung in der rabbinischen Literatur. In bBB 16a heißt es im Namen Rabs: "Erde in den Mund Hiobs, gibt es denn einen Knecht, der mit seinen Herrn rechtet?" ShemR 30,11 (54a) vergleicht Hiob mit einem betrunkenen Soldaten, der Gefangene freilassen und den Statthalter Gerechtigkeit lehren will[24]. Das Motiv vom himmlischen Tempel dient in diesem Kontext zur Verdeutlichung der Vehemenz von Hiobs Aufbegehren. Berichtet der Schrifttext von der Bereitschaft Hiobs, alle vier Himmelsrichtungen zu durchforschen[25], und bringt er auf diese Weise die irdische Totalität zum Ausdruck, so fügt der Midrasch eine weitere Dimension hinzu: die der himmlischen Welt.

Hiobs Begehren, Gott in seinem himmlischen Heiligtum aufzusuchen, qualifiziert ihn - so die Aussage dieses Midrasch[26] - als Frevler.

Gesamtinterpretation

Wie die gesamte Antike, so stellte sich auch das Frühjudentum die Erde als Scheibe vor, die auf den Wassern der Urflut schwimmt. Darüber wölbt sich der Himmel, der nach rabbinischem Verständnis aus sieben einzelnen Sphären besteht[27].

---

20 R.Abba bar Kahana ist ein palästinischer Amoräer der dritten Generation; vgl. H.L. STRACK/G. STEMBERGER, Einleitung in Talmud und Midrasch, S. 96.

21 J. HEINEMANN, Darkhe ha-aggada, S. 122 f.; vgl. S. 8 dieser Arbeit, Anm. 5.

22 Esr 3,3 lautet: מכונתיו.

23 Zur aggadischen Tradition über Hiob: M.E. JERNENSKY, Art.: Hiob in der Aggada, in: EJ 8, Berlin 1931, Sp. 73-74. - J.M. TA-SHMA, Art.: Job in the Aggadah, in: EJ, Jerusalem 1971, Bd. X, Sp. 124-125.

24 Vgl. PesR 47 (190b/191a); L. GINZBERG, Legends of the Jews, Bd. V, Philadelphia 1955, S. 382 f., Anm. 4-6.

25 Hi 23,8 f.; TanB bᵉreshit §13 (5a) in der Fortsetzung.

26 Vgl. aber auch das durchaus positive Hiobbild in anderen rabbinischen Texten; z.B. bBB 15b; bBB 16a.

27 H. GESE, Die Frage des Weltbildes, in: H.G., Zur biblischen Theologie. Alttestamentliche Vorträge, München 1977, S. 202-222. - L. JACOBS, Die Juden, in: C. BLACKER/M. LOEWE, Weltformeln der Frühzeit. Die Kosmologien der alten Kulturvölker, Düsseldorf 1977, S. 68-85. Zur Tradition der sieben Himmel: S. 7 dieser Arbeit, Anm. 2.

bHag 12b stellt die Elemente Jerusalem, Tempel und Altar als integrale Bestandteile der himmlischen Welt dar, wodurch diese primär als kosmologische Größen klassifiziert werden.

bSan 94b und *TanB bᵉreshit §13* setzen das Motiv des himmlischen Heiligtums ebenfalls fraglos voraus: Der himmlische Tempel markiert die Transzendenz, die allein Gottes Bereich ist.

Während *bHag 12b* den frühesten Beleg für das Motiv von Michaels himmlischem Opferdienst darstellt[28], läßt sich die Vorstellung eines himmlischen Götterpalastes bis in die ugaritische Mythologie zurückverfolgen: Die Ras-Schamra-Texte erzählen von Baals Sieg über seinen Widersacher Jam, seinem Wunsch nach einem Königspalast und von dessen wunderbarer Erbauung mit Hilfe eines sieben Tage dauernden Feuers[29]. Dieser Palast liegt über dem Zafon, dem Berg der Götter, der in den Himmel hineinragt und diesen mit der Erde verbindet[30].

Auf Grund der Übertragung dieses Gottesbergmotivs auf den Zion[31] konnte die Vorstellung eines himmlischen Palastes in die israelitische Ideenwelt Eingang finden. Da man sich an der Stätte des irdischen Heiligtums bereits im himmlischen Bereich befindet, und so zwischen Gottes irdischer und himmlischer Wohnung zunächst kein prinzipieller Unterschied besteht,

---

28 Nach biblischem Verständnis ist Michael zunächst der Schutz- und Fürsprecherengel Israels; vgl. Dan 12,1. Zu Michael als Engel Israels: W. LUEKEN, Michael. Eine Darstellung und Vergleichung der jüdischen und morgenländisch-christlichen Tradition vom Erzengel Michael, Göttingen 1898, S. 13 ff.; s.a. P. SCHÄFER, Rivalität zwischen Engeln und Menschen. Untersuchungen zur rabbinischen Engelvorstellung (SJ 8), Berlin/New York 1975, S. 30.

29 Zum Baalsepos: H. GESE, Die Religionen Altsyriens, in: H. GESE/M. HÖFNER/K. RUDOLF (Hrsg.), Die Religionen Altsyriens, Altarabiens und der Mandäer (RM 10/2), Stuttgart/Berlin/Köln/Mainz 1970, S. 3-232, hier: S. 51-80, spez. zum Palastbau: S. 68 ff. - TH.H. GASTER, Thespis. Ritual, Myth, and Drama in the Ancient Near East, New York 1961, S. 114-244, spez. zum Palastbau: S. 172 ff. 186 ff. - U. CASSUTO, The Palace of Baal in Tablet II AB of Ras Shamra, in: U.C., Biblical and Oriental Studies, Bd. II: Bible and Ancient Oriental Texts, Jerusalem 1975, S. 113-139.

30 TH.H. GASTER, Thespis, S. 181 ff. 188. - U. CASSUTO, The Palace of Baal in Tablet II AB of Ras Shamra, S. 118. Zum Motiv des Götterbergs allgemein: E. BURROWS, Some Cosmological Patterns in Babylonian Religion, in: S.H. HOOKE (Hrsg.), The Labyrinth, London 1935, S. 45-70, hier: S. 54. - W.H. TURNER, From Temple to Meeting House. The Phenomenology and Theology of Places of Worship (RelSoc 16), Le Hague/ Paris/ New York 1979, S. 61. - J. MAIER, Vom Kultus zur Gnosis, S. 97 ff. - S. TALMON, Art.: הר, in: ThWAT II, Stuttgart/ Berlin/ Köln/ Mainz 1977, Sp. 459-483, hier: Sp. 470 ff. - M. ELIADE, Die Religionen und das Heilige. Elemente der Religionsgeschichte, Darmstadt 1976, S. 132-135. - M. METZGER, Himmlische und irdische Wohnstatt Jahwes, in: UF 2 (1970), S. 139-158, hier: S. 146 ff. Auf die traditionsgeschichtliche Relevanz der ugaritisch-kanaanäischen Mythologie für die frühjüdische Kosmologie verweist auch J. MAIER, Vom Kultus zur Gnosis, S. 101, Anm. 31; vgl. dagegen die sehr häufig in der Forschungsliteratur vertretene Herleitung des Motivs vom babylonischen Entsprechungsdenken, die auf die Ausführungen von A. JEREMIAS zurückgeht; siehe hierzu die Einleitung dieser Arbeit, S. 1; vgl. die Rezeption dieser These bei: E. BISCHOFF, Babylonisch-Astrales im Weltbilde des Thalmud und Midrasch, S. 1, und bei H. BIETENHARD, Die himmlische Welt in Urchristentum und Spätjudentum, S. 13, ferner: S. 124. 129 f. 138; s.a. E. KUTSCH, Das irdische und das himmlische Jerusalem, in: A. WENDEHORST/J. SCHNEIDER (Hrsg.), Hauptstädte. Entstehung, Struktur und Funktion. Referate des 3. interdisziplinären Colloquiums des Zentralinstituts, Neustadt a.d. Aisch 1971, S. 1-8, hier: S. 6. - S. SAFRAI, The Heavenly Jerusalem, S. 13. - J.A. SELIGMAN, Yerushalayim be-maḥshevet ha-yehudit ha-hellenisṭit, S. 206; s.a. E. URBACH, Yerushalayim shel ma'la w-Irushalayim shel matṭa, S. 165.

31 M. METZGER, Himmlische und irdische Wohnstatt Jahwes, S. 147. - J. MAIER, Vom Kultus zur Gnosis, S. 98 f. Vgl. bQid 69a: "Es wird gelehrt: 'So sollst du dich aufmachen und hinaufgehen nach dem Ort, den der Herr, dein Gott, erwählen wird' (Dtn 17,8): Dies lehrt, daß das Heiligtum höher ist als der Rest des Landes Israel, und das Land Israel ist höher als alle anderen Länder"; s.a. S. 95 f. dieser Arbeit.

differenzieren die Psalmen nicht explizit zwischen den beiden Aspekten[32]; aus dem Kontext einzelner Formulierungen jedoch läßt sich eindeutig auf die Vorstellung eines himmlischen Tempel-Palastes (היכל) oder Heiligtums (קדש) schließen[33]. So heißt es in Ps 102,20:

> "Er merkt auf von der Höhe seines Heiligtums (קָדְשׁוֹ),
> der Herr blickt vom Himmel auf die Erde!"

Entsprechend formuliert Ps 11,4:

> "Der Herr ist in seinem heiligen Tempel-Palast (היכל),
> des Herrn Thron ist im Himmel."

Die frühjüdische Kosmologie rezipierte diese Vorstellung. In TestLev 5,1[34], wird berichtet, daß Levi bei seiner Himmelsreise "den heiligen Tempel und auf dem Thron der Herrlichkeit den Höchsten" sieht[35]. Sehr eindrücklich ist die Schilderung im Wächterbuch des äthiopischen Henoch[36]: Henoch durchfährt die Himmelswelt mit ihren Wolken, Nebeln, Winden und Blitzen, bis er schließlich zum himmlischen Heiligtum gelangt; Hagelsteine, Feuerflammen und -zungen sind die Attribute, die dessen Herrlichkeit beschreiben[37].

Auch die Gemeinde von Qumran partizipierte an der Vorstellung eines himmlischen Tempels: Die "Shirot Olat ha-Shabbat"[38], eine aus dreizehn Hymnen bestehende Komposition[39], die in die späte Hasmonäer- und frühe Herodeszeit zu datieren ist[40], beschreiben das himmlische

---

32 M. METZGER, Himmlische und irdische Wohnstatt Jahwes, S. 149. 144. – J. MAIER, Vom Kultus und Gnosis, S. 101; siehe auch S. 94 f. dieser Arbeit, Anm. 73. Vgl. dagegen die "Namenstheologie" des Deuteronomiums und die Kabod-Theologie der Priesterschrift, wo eine Systematisierung der beiden Aspekte erfolgt. Gott selbst wohnt im Himmel, im irdischen Heiligtum ist nur sein Name bzw. sein Kabod anwesend; hierzu: M. METZGER, Himmlische und irdische Wohnstatt Jahwes, S. 150 ff. - H.D. PREUSS, Deuteronomium (EdF 164) Darmstadt 1982, S. 17 f. - M. WEINFELD, Deuteronomy and the Deuteronomic School, Oxford 1972, S. 191 ff.

33 M. METZGER, Himmlische und irdische Wohnstatt Jahwes, S. 140; s.a. Ps 29,9; 48,2-4; 93,5; evtl. 89,15-16; hierzu: TH.H. GASTER, Thespis, S. 442 ff. Im Anschluß an den Baalsmythos versteht TH.H. GASTER das Motiv der Errichtung eines himmlischen Palastes als integralen Bestandteil eines sogenannten 'ritual pattern'. Nach dem Sieg Gottes über das Chaoselement des Meeres oder einen Drachen wird der himmlische Wohnsitz als Zeichen der göttlichen Herrschaftsmacht errichtet; eine tabellarische Auflistung dieser Elemente und der entsprechenden biblischen Belegstellen: ibid., S. 452.

34 Vgl. auch TestLev 3,4β Aβ S¹ und 18,6; für G.B. GRAY, The Heavenly Temple and the Heavenly Altar, in: Expositor 5 (1908) 7. Series, S. 385-402. 530-546, hier: S. 387 und R.H. CHARLES, The Apocrypha and Pseudepigrapha of the Old Testament, Bd. II, S. 307, Anm. z.St. stellen die Zeugnisse aus diesem Werk den ältesten Beleg überhaupt für das Motiv eines himmlischen Heiligtums; vgl. jedoch die Ausführungen zu äthHen 14, 10-20. Der Grundstock des TestLev entstand in den ersten Jahrzehnten des 2. Jhdt. vor Chr.: J. BECKER, Die Testamente der zwölf Patriarchen (JSHRZ, Bd. III: Unterweisung in lehrhafter Form, Lieferung 1), Gütersloh 1980, S. 16.

35 Zitiert nach der Übersetzung von J. BECKER, Die Testamente der zwölf Patriarchen, S. 50.

36 Das sog. Wächterbuch, das zwischen dem Ende des 3. und der Mitte des 2. Jhdts. v. Chr. entstand, umfaßt Kap. I-XXXVI des äthiopischen Henoch; vgl. S. UHLIG, Das äthiopische Henochbuch (JSHRZ, Bd. V: Apokalypsen, Lieferung 6), Gütersloh, 1984, S. 494. 506.

37 Vgl. äth Hen 14,8 ff.; vgl. S. UHLIG, Das äthiopische Henochbuch, S. 538 ff.

38 Diese Texte wurden von C. NEWSOM, Songs of the Sabbath Sacrifice: A Critical Edition (Harvard Semitic Studies 27) Atlanta 1985, S. 85-387, ediert und kommentiert; zum Inhalt der einzelnen Lieder, ibid. S. 7-12.

39 Zu Aufbau und Komposition vgl. C. NEWSOM, Songs of the Sabbath Sacrifice, S. 13-17.

40 Palaeographische Untersuchungen haben erwiesen, daß die älteste Handschrift in die Zeit zwischen 75-50 v. Chr. zu datieren ist; vgl. C. NEWSOM, Songs of the Sabbath Sacrifice, S. 1.

Heiligtum, in welchem die Engel ihren Schöpfer preisen und verherrlichen[41]. Neben der Vorstellung *eines* Heiligtums steht die Vorstellung von sieben himmlischen 'Debirim'. Diese zwei Konzepte können nicht logisch-analytisch gegeneinandergestellt werden; der Übergang zwischen beiden ist fließend. Die Verwendung des Plurals und der Siebenzahl fungiert vielmehr als Medium zur Beschreibung der Herrlichkeit und Majestät der himmlischen Welt, die die menschliche Sprache an ihre Grenzen bringt[42].

Die häufige Erwähnung des Motivs in der Johannesapokalypse[43] zeigt, wie verbreitet die Vorstellung im 1. Jhdt. n. Chr. war[44]. In der Hekhalot-Literatur schließlich wird es geradezu konstitutiv für ein literarisches Genre. Der himmlische Tempel besteht aus sieben einzelnen Palästen oder Thronhallen[45], die der zur Merkaba aufsteigende Adept unter großen Gefahren zu durchschreiten hat. Vor den Palästen stehen Wächter, vor denen sich der Aufsteigende durch magische Siegel mit dem göttlichen Namen ausweisen muß; derjenige, der versucht, als Unwürdiger den himmlischen Tempel zu betreten, fällt dem Tode anheim[46].

---

41 C. NEWSOM, Songs of the Sabbath Sacrifice, S. 5 ff.; S. 39-50. 60. Zur Terminologie: "The most common terms in the Shirot are דביר and מקדש‎, with קודש, משכן and היכל also occuring" (S. 47); vgl. die Aufstellung der einzelnen Bezeichnungen, ibid. S. 39-47. - Vgl. vor allem die Beschreibung des himmlischen Heiligtums in den Liedern IX-XIII, hierzu: C. NEWSOM, Songs of the Sabbath Sacrifice, S. 15 f.: "Despite the broken condition of the text, it appears that the ninth through the thirteenth songs describe the heavenly temple in a systematic fashion, moving in a type of "temple tour" from the description of the outer features of the heavenly temple to the holy of holies, the merkabah, and its attendant priestly angels" (S. 16).

42 Vgl. die Ausführungen von C. NEWSOM, Songs of the Sabbath Sacrifice, S. 49 ff.

43 Apk 11,19; 14,15.17; 15,5-8. Zum Motiv des Tempels vgl. den Exkurs von W.W. READER, Die Stadt Gottes in der Johannesapokalypse (Diss.), Göttingen 1971. - G.B. GRAY, The Heavenly Temple and the Heavenly Altar, S. 387 ff.

44 Vgl. auch ApkAbr 25,3 f.; zum Motiv des himmlischen Thrones s. ApkAbr 18,2; vgl. B. PHILONENKO-SAYAR und M. PHILONENKO, Die Apokalypse Abrahams (JSHRZ, Bd. V: Apokalypsen, Lieferung 5) Gütersloh 1982; S. 447 und 440 f.

45 Daher auch die Bezeichnung 'Hekhalot-Literatur'. Zum Verhältnis der Hekhalot-Literatur zu den Sabbatliedern von Qumran: C. NEWSOM, Songs of the Sabbath Sacrifice, S. 51: "It may be that the Hekalot literature represents a later rationalizing of the elusive and numinous presentation of the heavenly temple as both one and seven found in the Sabbath Shirot and perhaps in other contemporary sources." Bereits G. SCHOLEM, Jewish Gnosticism, Merkabah Mysticism, and Talmudic Tradition, S. 3 machte auf eine mögliche Verbindung zwischen Qumran und der Hekhalot-Literatur aufmerksam. - Vgl. hierzu auch: I. GRUENWALD, Apocalyptic and Merkavah Mysticism (AGJU 14), Leiden/Köln 1980, S. 41 und L.H. SCHIFFMAN, Merkavah Speculation at Qumran: The 4Q Serekh Shirot 'Olat ha-Shabbat, in: J. REINHARZ/ D. SWETSCHINSKI (Hg.), Mystics, Philosophers, and Politicians. Essays in Jewish Intellectual History (Duke Monographs in Medieval and Renaissance Studies 5) Durham, North Carolina 1982, S. 15-47, hier: S. 45 ff.

46 G. STEMBERGER, Das klassische Judentum. Kultur und Geschichte der rabbinischen Zeit (70 n. Chr. - 1040 n. Chr.), München 1979, S. 177. Nach G. SCHOLEM, Ursprünge und Anfänge der Kabbala (SJ 3), Berlin 1962, S. 16, handelt es sich um Material, dessen zentrale Vorstellung bis ins 1. und 2. Jhdt. zurückreichen; s.a. G. SCHOLEM, Jewish Gnosticism, Merkabah Mysticism, and Talmudic Tradition, S. 7 f. und G. SCHOLEM, Die jüdische Mystik in ihren Hauptströmungen, Frankfurt a.M. 1967, S. 49. Zur Problematik der Datierung: H.L. STRACK/G. STEMBERGER, Einleitung in Talmud und Midrasch, S. 311.

Der früheste Beleg für die Vorstellung vom himmlischen Jerusalem findet sich in Gal 4,26[47]. Die beiden Frauen Abrahams, Hagar, die Sklavin, und Sara, die Freie, werden allegorisch auf die beiden Testamente bezogen und mit der Polarität Sinai und eschatologischer Zion bzw. jetziges und oberes Jerusalem verknüpft[48]. Im Kontext dieser Oppositionspaare ist das Motiv der himmlischen Stadt sowohl räumlich als auch zeitlich bestimmt; mit der Verknüpfung der beiden Kategorien zeigt Paulus, daß bereits die Gegenwart der Gemeinde eschatologisch qualifiziert ist[49].

Da das Alte Testament - hauptsächlich in der Verkündigung Tritojesajas - lediglich das Motiv der zukünftigen Erbauung Jerusalems in Glanz und Herrlichkeit kennt[50], kann angenommen werden, daß eine Spatialisierung dieses Gedankens erfolgte, und der kosmologisch-räumliche Aspekt des Motivs traditionsgeschichtlich sekundär ist[51]. Geht man aber davon aus, daß das Motiv der Himmelsstadt als rein kosmologische Größe bereits in der vorpaulinischen Zeit existierte, so liegt eine Motivverknüpfung zweier ursprünglich selbständiger Traditionen vor: Ausgehend von der Vorstellung eines himmlischen Tempels entwickelte sich die Idee einer

---

47 K.L. SCHMIDT, Jerusalem als Urbild und Abbild, in: Aus der Welt der Urbilder, Eranos-Jahrbuch 18 (1950), S. 207-248, hier: S. 212; ibid. S. 209-211: weitere Angaben zum Motiv der himmlischen Stadt im Neuen Testament. Vgl. dagegen N.W. PORTEOUS, Jerusalem-Zion: The Growth of a Symbol, in: A. KUSCHKE (Hrsg.), Verbannung und Heimkehr. Beiträge zur Geschichte und Theologie Israels im 5. und 6. Jhdt., FS W. RUDOLPH zum 70. Geburtstag, Tübingen 1961, S. 236-252, hier: S. 249. N.W. PORTEOUS sieht bereits in Jes 65,17 ff. einen Beleg für die himmlische Stadt.

48 H. GESE, Das Gesetz, in: H.G., Zur biblischen Theologie. Alttestamentliche Vorträge, München 1977, S. 55-84, hier: S. 83.

49 Vgl. die entsprechende Struktur in Hebr 12,22-24: Da Christus bereits zur Rechten Gottes sitzt (12,2), ist die Äonenwende schon eingetreten, die Endzeit hat bereits begonnen (1,2); hierzu: O. HOFIUS, Katapausis. Die Vorstellung vom endzeitlichen Ruheort im Hebräerbrief (WUNT 11), Tübingen 1970, S. 142. Zur Differenzierung der Kategorien 'Oben' und 'Neu': z.B. A. CAUSSE, Le mythe de la nouvelle Jérusalem du Deutero-Esaïe à la IIIe Sibylle, in: RHPhR 18 (1938), S. 377-414, hier: S. 394. - A. CAUSSE, De la Jérusalem terrestre à la Jérusalem céleste, in: RHPhR 27 (1947), S. 12-36, hier: S. 21. - D. FLUSSER, Yerushalayim be-sifrut ha-bayit ha-sheni, in: A. EBEN-SHOSHAN/A.SH. ELHANANI/A. BIER/A.M. HABERMANN/S. SHALEM (Hrsg.), We-Im Bigvurot. Fourscore Years. A Tribute to RUBIN and HANNA MASS on their 80. Birthdays, Jerusalem 1974, S. 263-294, hier: S. 286. - D. FLUSSER, Jerusalem in the Literature of the Second Temple Period, in: Immanuel 6 (1976), S. 43-45, hier: S. 44 (englische Zusammenfassung des hebräischsprachigen Artikels). - R.J.Z. WERBLOWSKY, Meṭropolin le-kol ha-araṣot, S. 175; vgl. dagegen K.L. SCHMIDT, Jerusalem als Urbild und Abbild, S. 207 ff.

50 Zur Erbauung der Stadt: z.B. Jes 54,11 ff.; 60,1 ff; 62,1 ff. - E. LOHSE, Art.: Σιών κτλ., B. Zion-Jerusalem im nachbiblischen Judentum, in: ThWNT VII, Stuttgart/Berlin/Köln/Mainz 1964, S. 318-336, hier: S. 325. - A. CAUSSE, Le mythe de la nouvelle Jérusalem du Deutero-Esaïe à la IIIe Sybille, S. 377 ff. - P. VOLZ, Die Eschatologie der jüdischen Gemeinde im neutestamentlichen Zeitalter, Tübingen ²1934, S. 371. - G. VON RAD, Theologie des Alten Testaments, Bd. II, S. 289 ff.

51 A. CAUSSE, De la Jérusalem terrestre à la Jérusalem céleste, S. 12 ff. - R. MARTIN-ACHARD, De la Jérusalem terrestre à la Jérusalem céleste (Ou comment Jérusalem, cité cananéenne est devenue Jérusalem, cité mystique!), in: Les cahiers du CEPOA. La ville dans le Proche Orient Ancien, Actes du colloque de Castigny 1979, Leuven 1983, S. 239-251, hier: S. 250. - R.L. UBIGLI, Dalla 'Nuova Gerusalemme' alla 'Gerusalemme Celeste'. Contributo per la comprensione dell'Apocalittica, in: Henoch 3 (1981), S. 69-80. - E. URBACH, Yerushalayim shel ma'la w-Irushalayim shel maṭṭa, S. 167 f., stellt die Entwicklung des Motivs der himmlischen Stadt in den Kontext der Bewältigung der Katastrophe des Jahres 70; damit übergeht er jedoch die Bedeutung von Gal 4,26; die Tempelzerstörung kann lediglich als Aktualisierungsfaktor gewertet werden.

himmlischen Stadt[52], die schließlich mit der zukünftigen identifiziert wurde[53]. Da beide Lösungen eine gewisse Wahrscheinlichkeit für sich haben, kann in diesem Fall in traditionsgeschichtlicher Hinsicht keine definitive Entscheidung gefällt werden.

In hellenistisch-römischer Zeit bilden die beiden Motive 'himmlischer Tempel' und 'himmlische Stadt' eine untrennbare Einheit. Dem kam sicherlich die enge Verknüpfung, die zwischen dem irdischen Jerusalem und dem Heiligtum bestand, entgegen. Die Heiligkeit des Tempels ging auf Jerusalem über, so daß die Stadt geradezu als 'vergrößerter Tempel' betrachtet werden kann; umgekehrt spiegelt sich im Tempel das Wesen der Stadt in konzentrierter Form[54].

---

52 So A. APTOWITZER, Bet ha-miqdash shel ma'la 'al pi ha-aggada, S. 266.

53 Auf diese Alternative der traditionsgeschichtlichen Herleitung verwies bereits R.J.Z. WERBLOWSKY, Meṭropolin le-kol ha-araṣot, S. 174. Im Sinne einer Motivvermischung argumentiert D. FLUSSER, Yerushalayim be-sifrut ha-bayit ha-sheni, S. 386 f.; vgl. D. FLUSSER, Jerusalem in the Literature of the Second Temple Period, S. 44. Die Ausführungen zur Identität der Motive himmlischer Tempel/himmlisches Jerusalem (so z.B. W.D. DAVIES, The Gospel and the Land. Early Christianity and Jewish Territorial Doctrine, Berkeley/Los Angeles/London 1974, S. 152. - S. SAFRAI, The Heavenly Jerusalem, S. 13) mögen auf der synchronen Ebene ihre Berechtigung haben; sie täuschen jedoch über die hier vorliegende traditionsgeschichtliche Problematik hinweg. Eine Herleitung des Motivs aus dem babylonischen Entsprechungsdenken (so: E. KUTSCH, Das irdische und das himmlische Jerusalem, S. 6. - A. APTOWITZER, Bet ha-miqdash shel ma'la 'al pi ha-aggada, S. 266. - S. SAFRAI, The Heavenly Jerusalem, S. 13. - H. BIETENHARD, Die himmlische Welt im Urchristentum und Spätjudentum, S. 193) ist wohl kaum anzunehmen; s. hierzu die Ausführungen auf S. 111 ff. dieser Arbeit.

54 Zur konzentrischen Heiligkeit vgl. mKel 1,6-9; siehe S. 124 dieser Arbeit. Vgl. auch Polybius von Megalopolis: "Kurze Zeit darauf unterwarfen sich ihm (erg.: Antiochus) auch die Juden, die um das Jerusalem genannte Heiligtum herumwohnen" (Josephus, Ant XII §136). - Vgl. M. STERN, Greek und Latin Authors on Jews and Judaism. Edited with Introductions, Translations and Commentary, Bd. I: From Herodotus to Plutarch, Jerusalem 1974, S. 113. 114, Anm. 136; s.a. Sib III, 702 f. Vgl. ferner Apk 21,22. Die Johannesapokalypse betont bei der Beschreibung der himmlischen Gottesstadt, die am Ende der Zeit auf die Erde kommen wird, ausdrücklich die Nicht-Existenz eines Tempels in ihrer Mitte. Durch den Tod Christi und die Präsenz Gottes in der gesamten neuen Schöpfung hat der Tempel seine Funktion als Ort der Sühne und der Gottesgegenwart verloren (W.W. READER, Die Stadt Gottes in der Johannesapokalypse, S. 118). Umgekehrt wird die Heiligkeit der ganzen Stadt in Analogie zum Heiligtum beschrieben: Wie das Allerheiligste des Jerusalemer Tempels hat auch die Stadt die Form eines Kubus (vgl. I Reg 6,20; II Chr 3,8; Ez 41,4 mit Apk 21,16; hierzu: W.W. READER, Die Stadt Gottes in der Johannesapokalypse, S. 94).

II. DIE HIMMLISCHE WELT ALS ERSATZ

Texte und Interpretationen

Textgruppe 1

bMen 110a

"[Siehe, ich will dem Namen des Herrn, meines Gottes, ein Haus bauen, um es ihm zu weihen, um vor ihm darzubringen wohlriechende Räucherweihe, die Brandopfer für den Morgen und den Abend, für die Sabbate und die Neumonde und an den Festen des Herrn unseres Gottes]; für immer (לעולם) ist dies die Pflicht Israels" (II Chr 2,3). Es sprach R. Giddel im Namen Rabs: Dies ist der erbaute Altar, und Michael, der große Fürst, steht da und bringt auf ihm Opfer dar.

MTeh 134 §1 (259b): wie oben

Liqquṭim Shoḥer Ṭov zu Ps 63
BatM I, S. 296

R. Pinhas sagte im Namen des R. Simon ben Lakisch: Pinhas, das ist Elia, seiner sei gedacht zum Guten und zum Segen, denn ohne ihn hätten wir kein Leben unter dem gottlosen Edom.

Das ist es, was unsere Lehrer sagten: Seit der Stunde, in der das Heiligtum zerstört wurde, opfert er zwei Tamid-Opfer an jedem Tag, um für die Sünden Israels zu sühnen.

Interpretation

bMen 110a, ein amoräischer Midrasch, stellt die Frage, wie die Pflicht des Opferdienstes, die nach II Chr 2,3 für alle Zeit Gültigkeit hat, nach der Tempelzerstörung erfüllt werden kann. Rab, ein babylonischer Amoräer der ersten Generation, der sich auch in Palästina aufgehalten hat[1], verweist auf den Opferdienst, den Michael, der große Fürst, am himmlischen Altar versieht. Die Unzulänglichkeit des Irdischen wird so kompensiert durch die Stabilität des Himmlischen; der himmlische Kult substituiert den irdischen Tempeldienst.

---

1   H.L. STRACK/G. STEMBERGER, Einleitung in Talmud und Midrasch, S. 90.

Auch der Text aus *Liqquṭim Shoḥer Ṭov zu Ps 63* formuliert diesen Gedanken; allerdings liegt hier der Hauptakzent auf der lebenserhaltenden Sühnefunktion der Opfer[2]. Allein diesem Umstand verdankt Israel sein Leben in der gegenwärtigen Zeit der Unterdrückung durch das römische Weltreich bzw. durch die christliche Herrschaft[3]. Auffällig ist die Übertragung des ursprünglich mit Michael verbundenen Motivs des himmlischen Opferdienstes auf die Figur des Elia[4]; die im Text vollzogene Identifikation von Pinhas und Elia, die hier ohne begründeten Schriftbeweis geführt wird, ist dagegen traditionell[5].

Das Konzept, das längerfristig für das Judentum relevant sein wird, bietet aber erst die Deutung des R. Johanan, eines Amoräers der zweiten Generation[6], zu II Chr 2,3. Im Anschluß an den oben zitierten Text heißt es nämlich: "R. Johanan sagte: Das sind die Schüler der Weisen, die sich mit den Vorschriften des Tempeldienstes beschäftigen. Die Schrift rechnet es ihnen an, als ob der Tempel in ihren Tagen erbaut würde." Das Studium der den Tempel betreffenden Halachot vermag also den eigentlichen Tempeldienst zu ersetzen; der Opferdienst wird transponiert in das Studium der Tora[7].

---

2 Zur lebenserhaltenden Funktion des Opferkultes vgl. die Ausführungen auf S. 21 ff. dieser Arbeit.

3 Zur Identifikation von Edom mit Rom bzw. dem Christentum vgl. L. GINZBERG, Legends of the Jews, Bd. V, S. 272. - L. ZUNZ, Die synagogale Poesie des Mittelalters, Berlin 1855, S. 437-452. - L. ZUNZ, Literaturgeschichte der synagogalen Poesie, Berlin 1865, S. 620.

4 Auf eine solche sekundäre Übertragung der Figuren Elia/Pinhas deutet auch die unmittelbare Fortsetzung des Texts: "Und er (erg. Elia/Pinhas) schreibt auf ihre Häute das Werk Tag für Tag." Gewöhnlich gilt Metatron, der seinerseits wieder mit Michael zu identifizieren ist, als himmlischer Schreiber; vgl. z.B. TPsJ zu Gen 5,24; hierzu: L. GINZBERG, Legends of the Jews, Bd. V, S. 156. Zur Identifikation von Michael und Metatron vgl. S. 127 dieser Arbeit, Anm. 7.

5 Den frühesten Beleg für die Ineinssetzung von Elia und Pinhas bietet LibAnt 48, 1-2; vgl. CHR. DIETZFELBINGER, Pseudo-Philo: Antiquitates Biblicae (Liber Antiquitatum Biblicarum) (JSHRZ, Bd. II: Unterweisung in erzählender Form, Lieferung 2), Gütersloh 1979, S. 230 f., Anm. XLVIII 1c)d). Weitere Belege bei L. GINZBERG, Legends of the Jews, Bd. VI, S. 315; ferner S. 184 und 214. - C. COLPE, Das samaritanische Pinehas-Grab in Awerta und die Beziehungen zwischen Ḫaḍir- und Georgslegende, in: ZDPV 85 (1969), S. 162-196, hier: S. 168-170. 172-173. - (H.L. STRACK)/P. BILLERBECK, Kommentar zum Neuen Testament, Bd. IV, S. 789 ff. Die exegetische Begründung für die Identität der beiden Figuren wird auf der Basis einer Gezera Schawa geführt. Unter dem Stichwort קנא - 'eifern' kann einerseits der Bezug zwischen Num 25,11 und I Reg 19,10 hergestellt werden (so z.B. PRE §28 (64b)). Eine weitere Verbindungsmöglichkeit wird andererseits durch den Ausdruck 'Bund des Friedens' bzw. 'Bund ewigen Priestertums' in Num 25,12 f. und durch Mal 2,5 gegeben (so z.B. Tan Pinḥas §1 (89b)). Der Bezug von Mal 2,5 zu Elia wiederum wird über die Verknüpfung dieses Verses mit Mal 3,1 und Mal 3,23 hergestellt.

6 H.L. STRACK/G. STEMBERGER, Einleitung in Talmud und Midrasch, S. 91.

7 Hierzu vgl. auch das ähnliche Konzept, das dem zitierten Text vorausgeht: "Ein Wallfahrtslied. Wohlan, preiset, all ihr Diener des Herrn, die ihr steht im Hause des Herrn in den Nächten' (Ps 134,1). Was [heißt] in den Nächten? Es sprach R. Johanan: Das sind die Schüler der Weisen, die sich des Nachts mit der Tora beschäftigen. Die Schrift rechnet es ihnen an, als ob sie sich mit dem Tempeldienst beschäftigten"; vgl. auch die tägliche Erwähnung der Opferabschnitte aus Tora, Mischna und Talmud im Morgengebet; siehe: Sidur Safa Berura, Basel o.J., S. 8 ff.; hierzu: E. MUNK, Die Welt der Gebete. Kommentar zu den Werktags- und Sabbatgebeten nebst Übersetzung, Bd. I: Die Werktagsgebete, Basel 1975, S. 62 ff.

Textgruppe 2

WaR 2,8 (4d)

Eine andere Auslegung: "Menschensohn" (Ez 2,1). Womit ist dies zu vergleichen? Einem König aus Fleisch und Blut, gegen den sich seine Frau und seine Söhne erhoben. Er stand auf, verstieß sie aus seinem Haus und führte sie nach draußen. Danach sandte er [Boten aus] und ließ einen ihrer Söhne bringen. Er sprach zu ihm: Sohn N.N., komm, und ich werde dir mein Haus und das Haus meiner Schechina (בית שכינתי) zeigen, welches ich ohne deine Mutter habe. Um nichts hat sich meine Herrlichkeit und meine Schechina verringert, obwohl deine Mutter draußen steht. So erging es Hesekiel, dem Sohn des Priesters Busi, denn es heißt: "Es begab sich im dreißigsten Jahr, im vierten [Monat], am fünften Tag ... [da erging] das Wort des Herrn" (Ez 1,1-3). Dies ist der erste Teil (שיטה ראשונה), und im zweiten [Teil] (בשניה) heißt es: "Und siehe, ein Sturmwind kam von Norden" (V. 4). Nachdem er ihm die ganze Merkaba gezeigt hatte, sagte er zu ihm: Das ist meine Herrlichkeit, mit welcher ich euch über die Nationen der Welt erhöhte. Um nichts verminderte sich meine Herrlichkeit und das Haus meiner Schechina für euch, denn es heißt: "Und wenn sie sich schämen für alles, was sie taten, die Gestalt des Hauses, seine Einrichtung, seine Ausgänge und Eingänge usw." (Ez 43,11). Vielleicht wirst du sagen, ich habe niemanden, der mir dient? Schon habe ich 496 000 Dienstengel vor mir, die [bereit-] stehen, um immer meinen großen Namen zu heiligen. Vom Aufgang der Sonne bis zu ihrem Untergang sagen sie: "Heilig, heilig, heilig" (Jes 6,3). Vom Untergang der Sonne bis zu ihrem Aufgang sagen sie: "Gepriesen sei die Herrlichkeit des Herrn von ihrem Orte her" (Ez 3,12).

SER 6(7) (S. 34): ... Komm, und ich zeige dir das Haus und das Haus, das ich baute (בית שבינתי) für deine Mutter ... Um nichts weniger ist meine Herrlichkeit und das Haus, welches ich für euch erbaute ...

Yalq Ez §340 (417d): mit kleinen Änderungen: ... das Haus, das ich baute ...; ... 906 000 Myriaden von Dienstengeln ...; als Zitat aus *SER* gekennzeichnet.

Interpretation

Der hier vorliegende anonyme Midrasch weist zahlreiche Defekte in der Überlieferung auf und muß zunächst rekonstruiert werden: Der Ausdruck שיטה ראשונה - 'erster Teil' korrespondiert mit der Schau der Merkaba in Ez 1; die Zitation von Ez 1,4 ist dementsprechend diesem Teil zuzurechnen und vorzuziehen. Mit dem Begriff בשניה - 'zweiter [Teil]' wird ein anderer Abschnitt eingeleitet, der sich auf die Schau des neuen Tempels am Ende des Hesekielbuches bezieht; dieser müßte eigentlich mit Ez 43 ff. beginnen[8]. Ein weiteres Problem ist textkritischer

---

8   So Maharso, z.St.; siehe auch die Rekonstruktion des Textes in der Übersetzung von J. ISRAELSTAM, Leviticus, in: H. FREEDMAN/M. SIMON (Hrsg.), Midrash Rabbah, London/Bornemouth 1951, Bd. IV, S. 26.

Art: *WaR 2,8* liest durchgängig בית שכינתי - 'das Haus meiner Schechina', *SER 6(7)* dagegen
liest בית שבניתי - 'das Haus, das ich baute'. Da der Ausdruck 'Haus meiner Schechina' von außen
in das Gleichnis hineingetragen wurde, ist die Lesart von *SER 6(7)* vorzuziehen[9].

Der Abschnitt über den himmlischen Gottesdienst, sicherlich eine ursprünglich selbständige
Traditionseinheit, ist inhaltlich dem ersten Teil zuzurechnen[10], da bei beiden der räumliche
Aspekt im Vordergrund steht.

Thema dieses Midrasch ist die Frage nach der Ehre und Herrlichkeit Gottes angesichts der
Tempelzerstörung und der Exilierung seines Volkes, die - das verdeutlicht das Gleichnis - als
Strafe Gottes verstanden wird. Obwohl aus diesem Geschehen die Einstellung des irdischen Kultus
resultiert, wurde Gottes Herrlichkeit nicht vermindert. Dies ist in doppelter Hinsicht zu
begründen: Der erste Teil des Textes, der nach der obigen Rekonstruktion eine Auslegung zu
Ez 1,1-4 darstellt und die Schau der Merkaba und den immerwährenden himmlischen Lobgesang
beschreibt, betont die Unabhängigkeit Gottes von seinem Volk; die himmlische Welt, der Glanz
der Merkaba und der überwältigende Lobpreis von Myriaden von Engeln vermögen den irdischen
Kultus zu ersetzen.

Nach dieser Darstellung ist die himmlische Welt der irdischen überlegen; sowohl Gott als
auch sein Hofstaat werden vom irdischen Geschehen nicht affiziert.

Im zweiten Teil des Midrasch, der Auslegung zu Ez 43, begründet der Zukunftsbezug die
fortdauernde Ehre Gottes. Wenn Israel von der Treulosigkeit der Vergangenheit abläßt und nach
Gottes Ordnung wandelt, dann soll der Tempel in Glanz und Herrlichkeit erbaut werden. Da Israel
so wieder im Horizont der Erwartungen steht, wird die Aussage des Anfangsteils modifiziert.

Unter dem motivgeschichtlichen Aspekt stellt sich die Frage, ob die Begriffe בית שכינתי
bzw. בית שבניתי auf ein himmlisches Heiligtum anspielen. Im ersten Fall würde es sich um
eine Identifizierung der Merkaba mit dem himmlischen Heiligtum handeln, im zweiten um die
Spatialisierung einer zeitlichen Vorstellung: der zukünftige Tempel existiert bereits jetzt im
Himmel.

Beide Motive sind aus rabbinischen Texten[11] bzw. aus den Pseudepigraphen[12] bekannt;
speziell im Hinblick auf diesen Midrasch läßt sich aber keine definitive Entscheidung fällen.

Gesamtinterpretation

Eine absolute Priorität der himmlischen Welt implizieren all jene Texte, die wissen, daß der
himmlische Kultus nach der Tempelzerstörung den irdischen substituiert. Wenn Israel selbst
nicht würdig und fähig ist, seinen Gott und Schöpfer zu preisen, so verkündigen Myriaden von
Engeln Gottes Herrlichkeit; die Aufgabe des Hohenpriesters, den Opferdienst, erfüllt Michael, der

---

9   Vgl. aber den Lösungsvorschlag Maharsos z. St.
10 So auch in der Übersetzung von J. ISRAELSTAM.
11 Siehe hierzu auch: *MRE S. 150*, S. 79 f. dieser Arbeit.
12 Siehe S. 15 f. dieser Arbeit; vgl. auch S. 25 f.

große Fürst, am himmlischen Altar.

Die Relevanz dieser Konzepte ist nur auf dem Hintergrund der Funktionen von Tempeldienst, Opferkult und Liturgie zu ermessen. Neben soziologischen, politischen und wirtschaftlichen Aspekten, die in Institutionen wie Wallfahrt und Tempelsteuer zum Ausdruck kommen[13], spielt – wie auch in anderen orientalischen Heiligtümern – die Tempelsymbolik eine ganz entscheidende Rolle. Wenn Himmel und Erde als großes harmonisches Ordnungsgefüge beschrieben werden können, so konstituiert den Tempel geradezu eine Verdichtung und ein Konzentrat dieser Ordnung, auf die sich die gesamte Schöpfung gründet. Der Tempel ist ein Mikrokosmos und eine imago mundi[14], seine einzelnen Teile korrespondieren mit den kosmischen Elementen. Als Beispiel für diese Vorstellung sei ein Beleg aus den Jüdischen Altertümern des Flavius Josephus zitiert[15]:

> "Denn indem er [erg.: der Gesetzgeber Mose] die Stiftshütte, die 30 Ellen hat, in drei Teile teilte und zwei Teile davon allen Priestern zugänglich machte, entsprechend irgendeinem gewöhnlichen Ort, stellte er die Erde und das Meer sinnbildlich dar, denn sie sind allen zugänglich. Aber den dritten Teil schrieb er Gott allein zu, weil der Himmel den Menschen unzugänglich ist. Auf den Tisch legte er zwölf Brote und stellte sinnbildlich das Jahr dar, das in die entsprechende Zahl von Monaten aufgeteilt ist.

---

13 J. MAIER, Tempel und Tempelkult, in: J. MAIER/J. SCHREINER (Hrsg.), Literatur und Religion des Frühjudentums. Eine Einführung, Würzburg 1973, S. 371–390, hier: S. 373. Zum soziologischen Aspekt: A. CAUSSE, Le mythe de la nouvelle Jérusalem du Deutero-Esaie à la IIIᵉ Sibylle, S. 378. Allgemein: J. MAIER, Geschichte der jüdischen Religion. Von der Zeit Alexanders des Grossen bis zur Aufklärung mit einem Ausblick auf das 19./20. Jahrhundert, Berlin/New York 1972, S. 31. – J.R. BROWN, Temple and Sacrifice in Rabbinic Judaism (The Winslow Lectures 1963), Evanston 1963.
14 Hierzu allgemein: M. ELIADE, Das Heilige und das Profane. Vom Wesen des Religiösen, Hamburg 1957, S. 26. – M. ELIADE, Die Religionen und das Heilige, S. 422. – M. ELIADE, Kosmos und Geschichte. Der Mythos der ewigen Wiederkehr, Frankfurt a.M. ²1984, S. 29. – W.F. ALBRIGHT, Archaeology and the Religion of Israel, Baltimore ³1953, S. 142–155. – J.R. BROWN, Temple and Sacrifice in Rabbinic Judaism, S. 7. – R.E. CLEMENTS, Temple and Land: A Significant Aspect of Israel's Worship, in: Glasgow Oriental Society Transactions 18 (1961–1962) S. 16–28. – J. DANIÉLOU, La symbolique du temple de Jérusalem chez Philon et Josèphe, in: Le symbolisme cosmique des monuments religieux (SOR 14), Rom 1957, S. 83–90. – E.L. EHRLICH, Die Kultsymbolik im Alten Testament und im nachbiblischen Judentum (SyR 3), Stuttgart 1959. – W. KORNFELD, Der Symbolismus der Tempelsäulen, in: ZAW 74 (1962), S. 50–57. – R. PATAI, Man and Temple in Ancient Jewish Myth and Ritual, London 1949, S. 105 ff. – G. WIDENGREN, Religionsphänomenologie, Berlin 1969, S. 328–339. – G. WIDENGREN, Aspetti simbolici dei Templi e Luoghi di Culto del Vicino Oriente Antico, in: Numen 7 (1960), S. 1–25. – G. E. WRIGHT, The Significance of the Temple in the Ancient Near East, Part 3: The Temple in Palestine-Syria, in: G.E. WRIGHT/D.N. FREEDMAN, The Biblical Archaeologist Reader, New York 1961, S. 169–184 (= BA 7 (1944), S. 65–77).
15 Als rabbinische Belege sind folgende Texte zu nennen: *Baraita der 49 Middot* §3, E.H. GRÜNHUT, Sefer ha-Liqquṭim II (3b–4a): "R. Nehemia sagte: Das Begegnungszelt, welches Mose in der Wüste machte, entsprechend dem Werk am Anfang; die Vorhänge entsprechend Himmel und Erde". Vgl. Yalq pᵉqude §419 (121d).– *Midrash Tadshe* §2, BHM III, S. 169 f.: "Die Wohnung wurde gemacht entsprechend der Schöpfung der Welt. Entsprechend den zwei heiligen Namen wurden die zwei Keruben an der Lade des Zeugnisses gemacht ... Entsprechend dem oberen Himmel wurde das Allerheiligste gemacht; und entsprechend der Erde wurde das äußere Haus des Heiligen gemacht; und entsprechend dem Meer wurde der Hof gemacht; und entsprechend dem oberen Himmel wurden elf Vorhänge der Wohnung gemacht ..." – *BamR 12,13* (49a): "... denn [das Heiligtum] wiegt entsprechend der Welt ..." – Vgl. *ShemR 33,4* (61c/d) (S. 111 f. dieser Arbeit); *PesK 1* (4b/5a) (S. 40 dieser Arbeit); Midrash Aggada zu Ex 38,21 (S. 189); MHG Shem S. 570; für weitere Belege siehe: L. GINZBERG, Legends of the Jews, Bd. III, Philadelphia 1954, S. 151; Bd. VI, Philadelphia 1956, S. 65 ff.; s.a. TS 20, S. 71, §4; TS 20, S. 79, §26. Vgl. das Motiv der Entsprechung von Tempel, Welt und dem Körper des Menschen in BerRbti zu Gen 1,6 (S. 32); siehe hierzu S. 123 dieser Arbeit.

Wenn er den aus 70 Teilen bestehenden Leuchter anfertigte, so bezeichnet er damit den Zehntel Raum der Planentenbahnen[16]. Seine sieben (Leucht)arme [bezeichen] den Lauf der Planeten selbst - entsprechend ihrer Zahl[17].

Auf der Basis des mythischen Weltverständnisses, das von der Identität von Signifikant und Signifikat, von Bild und Sache ausgeht[18], stehen "Kultordnung und Weltordnung" in einem "kausalen Wechselverhältnis"[19]; der korrekte Vollzug des Tempeldienstes bildet somit die Voraussetzung für den Bestand von Natur und Gesellschaft. So heißt es in ARN B §5 (9b): "Und du findest auch, daß in der ganzen Zeit, in welcher der Dienst am Hause des Heiligtums bestand, Segen auf der Erde war. Des Wohlfeilen, des Weins und des Getreides war viel, und die Menschen wurden satt, und das Vieh aß und wurde satt, denn es heißt: 'Und ich gebe deinem Vieh auf deinem Felde Gras [und du wirst dich satt essen können]' (Dtn 11,15). Seitdem das Haus des Heiligtums zerstört ist, gibt es keinen Segen auf der Erde mehr"[20]. Umgekehrt mußte unter diesen Bedingungen die Zerstörung des Tempels die Ordnung der Welt bedrohen und befürchten lassen, daß das Chaos an die Herrschaft gelangen könnte. Auf dieser Folie wird auch die Sühnefunktion des Tempels einsehbar, die integraler Bestandteil des Kultus ist[21]. Heiligkeit

---

16 Vgl. K.H. RENGSTORF, A Complete Concordance to Flavius Josephus, Bd. I, Leiden 1973, S. 419.

17 Ant III §181 f.; vgl. J.R. BROWN, Temple and Sacrifice, S. 7. - E.L. EHRLICH, Die Kultsymbolik im Alten Testament und im nachbiblischen Judentum, S. 30. - J. DANIÉLOU, La symbolique du Temple de Jérusalem chez Philon et Josèphe, S. 84.

18 E. CASSIRER, Philosophie der symbolischen Formen, Zweiter Teil: Das mythische Denken, Darmstadt 1964 (= 1. Aufl. 1923), S. 51: "Wo wir ein Verhältnis der bloßen 'Repräsentation' sehen, da besteht für den Mythos ... vielmehr ein Verhältnis realer Identität. Das 'Bild' stellt die 'Sache' nicht dar - es ist die Sache; es vertritt sie nicht nur, sondern es wirkt gleich ihr, so daß es sie in ihrer unmittelbaren Gegenwart ersetzt"; s.a. H. FRANKFORT und H.A. GRONEWEGEN FRANKFORT/ J.W. WILSON/ TH. JACOBSON, Alter Orient - Mythos und Wirklichkeit, Stuttgart ²1981, S. 20 f. - G. VON RAD, Theologie des Alten Testaments, München 1968, Bd. II, S. 105.

19 J. MAIER, Tempel und Tempelkult, S. 378. Speziell zur kosmoskonstituierenden Kraft des Gesangs siehe: K.E. GRÖZINGER, Musik und Gesang in der Theologie der frühen jüdischen Literatur. Talmud Midrasch Mystik (Texte und Studien zum Antiken Judentum 3), Tübingen 1982, S. 288. 299.

20 Wörtlich: hat sich der Segen von der Erde entfernt; vgl. ARN A §4 (10a/b). Zur Relation Tempeldienst-Fruchtbarkeit: Hag 1,7 ff.; mSot 9,12: "R. Simeon ben Gamaliel sagte im Namen R. Josuas : Seit dem Tag, an dem der Tempel zerstört ist, gibt es keinen Tag ohne Fluch, der Tau fällt nicht mehr zum Segen und den Früchten ist der Geschmack genommen"; vgl. u.a. tSot 15,2; bSot 49a; bBB 25a/b; bBer 32b; bBer 59a; bTaan 19b; yBer 2,4 (5c); s.a. R. PATAI, Man and Temple in Ancient Jewish Myth and Ritual, S. 87 ff. 123 ff. - J.Z. SMITH, Earth and Gods, in: Map is not Territory (SJLA 23), Leiden 1978, S. 114 ff. - J. MAIER, Geschichte der jüdischen Religion, S. 31. - J. MAIER, Tempel und Tempelkult, S. 378. Vgl. die Aussage, daß die ganze Welt erst mit der Errichtung des Heiligtums feststand: PesR 5 (16a); Tan naso §19 (256a); BamR 12,12 (49a). - Siehe auch die Tempelbau-Hymne des Gudea von Lagasch: "... guter Hirte Gudea/ am Tage an dem du mir getreulich daran Hand anlegen wirst/ werde ich von oben den Regen reifen/ wird dir vom Himmel Überfluß herabkommen/ wird sich das Volk mit dir in Überfluß recken./ Durch die Gründung meines Hauses/ wird Überfluß kommen/ die großen Getreidefelder werden dir üppig gedeihen, die Kanäle werden dir hohe Flutwasser bringen ..." (zitiert nach: A. FALKENSTEIN/W. VON SODEN, Sumerische und akkadische Hymnen und Gebete, Zürich 1953, S. 148). Auf der Restaurations-Stele des Tutenchamun heißt es: "... als die Tempel der Götter und Göttinnen von Elephantine bis in die Marschen des Deltas [...................... im Be]griffe waren, vergessen zu werden, und ihre Heiligtümer anfingen zu vergehen, indem sie Schutthügel wurden, mit Kraut bewachsen und ihre Allerheiligsten waren als seien sie nie gewesen, und ihre Gebäude ein Fußweg. So machte das Land eine Krankheit durch, und die Götter vernachlässigten dieses Land ..." (zitiert nach: W. HELCK, Urkunden der 18. Dynastie. Übersetzung zu den Heften 17-22, Berlin 1961, Nr. 772, S. 365 f.).

21 H.J. SCHOEPS, Die Tempelzerstörung des Jahres 70 in der jüdischen Religionsgeschichte. Ursachen-Folgen-Überwindung, in: H.J.S., Aus frühchristlicher Zeit. Religionsgeschichtliche Untersuchungen, Tübingen 1950, S. 144-183, hier: S. 168.

und Unheiligkeit sind für den antiken Menschen objektive Größen[22]; wenn Sünde das Land entweihte und so dessen Bewohner in höchste Gefahr brachte[23], dann konnten Israels Sünden durch den Tempeldienst gesühnt werden[24]. Dem Chaos, einst durch Gottes Schöpfungsakt ausgegrenzt[25] und durch die Sünde wieder herbeigeführt, setzte der Tempeldienst ordnende Kräfte entgegen; die Tempelzerstörung aber kommt so - um es symbolisch zu formulieren - der Sintflut gleich[26].

> "The Temple and its ritual serve as the cosmic pillars or the 'sacred pole' supporting the world. If this service is interrupted or broken, if an error is made, then the world, the blessing, the fertility, indeed all of creation which flows from the Center, will likewise be disrupted ... Whether through error or exile, the severing of this relationship is a cosmic disaster ... While the exile is an event which can be located chronologically as after A.D. 70, it is above all a thoroughly mythic event: the return to chaos, the decreation, the separation from the deity analogous to total catastrophe of the primeval flood"[27].

Eine Substitution des Kults wird so lebensnotwendig für Israel, das selbst aber geradezu zur Passivität verurteilt ist. Wenn aus *bMen 110a* noch geschlossen werden kann, daß diese Substitution des Kults für Israel erfolgt, so liegt der Skopus der Aussage von *WaR 2,8* allein auf der Ehre Gottes; die Position Israels scheint geradezu irrelevant zu sein.

Die Rezeption von Ez 43 in *WaR 2,8* verdeutlicht aber, daß diese Substitution lediglich eine Interimslösung darstellt; tatsächlich bildet die Restitution des Kults einen unverzichtbaren Bestandteil der jüdischen Zukunftshoffnung[28]. Aus der Vielzahl der Belege[29] sei hier nur auf die siebzehnte Bitte des Achtzehngebets verwiesen:

> "Habe Wohlgefallen, Ewiger, unser Gott, an deinem Volke Israel und ihrem Gebete, und bringe den Dienst wieder in das Heiligtum deines Hauses und die Feueropfer Israels und ihr Gebet nimm in Liebe auf mit Wohlgefallen, und zum Wohlgefallen sei beständig der Dienst deines Volkes Israel"[30].

---

22 Speziell zur kultischen Heiligkeit: W. PASCHEN, Rein und Unrein. Untersuchung zur biblischen Wortgeschichte (StANT 24), München 1970.

23 J. MAIER, Tempel und Tempelkult, S. 378.

24 Hierzu: A. BÜCHLER, Studies in Sin and Atonement, Kap. 5: Atonement of Sin by Sacrifice, S. 375-461, insbesondere S. 427.

25 H. GUNKEL, Schöpfung und Chaos in Urzeit und Endzeit. Eine religionsgeschichtliche Untersuchung über Gen. 1 und Ap. Joh. 12. Mit Beiträgen von H. ZIMMERN, Göttingen 1895, S. 91 ff.

26 Zur Sintflut allgemein: C. WESTERMANN, Genesis, 1. Teilband: Genesis 1-11 (BK 1/1), Neukirchen-Vluyn 1974, S. 583: "... daß die Katastrophe des Öffnens der Himmelsfenster darin zu sehen ist, daß die Wasser ohne das tragende Mittel der Wolken herabstürzen. Dies zusammen mit dem Durchbrechen der in der Tiefe lagernden Wasser bedeutet einen Einbruch des Chaos in die Ordnung des Geschaffenen, die Flut ist zu einem kosmischen Ereignis überhöht"; vgl. auch S. 639. Zum komplementären Verhältnis von Flut und Schöpfung: C. WESTERMANN, Genesis, 1. Teilband, S. 69: Sünde und Tempeldienst stehen in einem komplementären Verhältnis wie Flut und Schöpfung.

27 J.Z. SMITH, Earth and Gods, S. 118 f.; vgl. ferner: M. ELIADE, Das Okkulte und die Moderne Welt. Zeitströmungen in der Sicht der Religionsgeschichte, Salzburg 1978, S. 34f.

28 H. WENSCHKEWITZ, Die Spiritualisierung der Kultusbegriffe. Tempel, Priester und Opfer im Neuen Testament, in: Angelos 4 (1932), S. 70-230, hier: S. 28. 36. Zur Formel מהרה יבנה המקדש: bBekh 53b; bSuk 51a; bMen 48b.

29 P. VOLZ, Die Eschatologie der jüdischen Gemeinde im neutestamentlichen Zeitalter, S. 376 ff. - Siehe die Materialsammlung bei (H.L. STRACK)/P. BILLERBECK, Kommentar zum Neuen Testament, Bd. IV/2, München 1928, S. 919 ff.; vgl. S. 102 dieser Arbeit, Anm. 134 und 136.

30 Zitiert nach der Übersetzung des Sidur Safa Berura, S. 45; s.a. P. VOLZ, Die Eschatologie der jüdischen Gemeinde, S. 376 f. Nach I. ELBOGEN, Der jüdische Gottesdienst in seiner geschichtlichen Entwicklung, Hildesheim [4]1962 (= 1. Aufl. 1913), S. 55, geht die Bitte um die gnädige Annahme des Opfers auf die Zeit des Tempels zurück; die Bitte um die Wiederherstellung ist eine "Anpassung des alten Wortlautes an die neuen Verhältnisse" nach der Zerstörung.

Die geringe Anzahl der Texte, die das Konzept eines himmlischen Ersatzes nennen, weist aber darauf hin, daß diesem nur eine marginale Rolle bei der Bewältigung der Katastrophe des Jahres 70 n. Chr. zukommt. Bei der Substitution des Kults spielen andere Vorstellungen eine bedeutendere Rolle, die sich am Menschen und seiner Möglichkeit zum Handeln orientieren.

An den Text von Michaels Opferdienst in *bMen 110a*[31] schließt sich eine Auslegung an, welche die Äquivalenz von Torastudium und Opferdienst formuliert. Geradezu "weltbegründende" Kraft[32] hat die Tora nach MRE S. 254:

> "Jeder, der sich mit der Tora beschäftigt, befestigt Himmel und Erde, denn es heißt: 'Ich habe mein Wort in deinen Mund gelegt [...], um den Himmel zu pflanzen und die Erde zu gründen' (Jes 51,16)"[33].

Eine andere Erzählung formuliert die Relevanz der Nächstenliebe in diesem Kontext:

> "Einmal ging R. Johanan ben Sakkai aus Jerusalem hinaus und R. Josua ging hinter ihm und sah das zerstörte Haus des Heiligtums. Es sprach R. Josua: Wehe uns, daß der Platz, an dem die Sünden Israels gesühnt werden, zerstört ist. Er antwortete ihm: Mein Sohn, gräme dich nicht, wir haben eine Sühne, die wie diese ist. Und was ist dies? Es sind die Taten der Nächstenliebe, denn es heißt: 'Denn ich begehre Erbarmen und nicht Opfer' (Hos 6,6)"[34].

Neben diesen Aspekten der Lehre und des Wohltuns sind schließlich noch das Gebet, die Buße, die Demut und die Leiden als Substitutionsfaktoren zu erwähnen[35].

Wenn die Synagoge als מְעַט מִקְדָּשׁ - 'kleiner Tempel'[36] und als ἅγιος τόπος[37] bezeichnet werden kann, so wird deutlich, daß auch auf kultischer Ebene eine Substitution des Tempels erfolgen konnte[38]. Dies bestätigt vor allem der archäologische Befund, der zeigt, daß Elemente aus dem Tempel in der Synagoge reproduziert wurden. Der Grundriß der Synagoge wird dem des Tem-

---

31 Bzw. die Parallele MTeh 134 §1 (259b).

32 Zur kosmoskonstituierenden Kraft der Tora: J. MAIER, Aspekte der Kultfrömmigkeit im Lichte der Tempelrolle von Qumran, in: H.H. HENRIX (Hrsg.), Jüdische Liturgie. Geschichte-Struktur-Wesen (QD 86), Freiburg/Basel/Wien 1979, S. 33–46, hier: S. 43 ff.

33 Vgl. auch bSan 99b; die Ausdrücke "himmlischer" und "irdischer Palast" sind als Metaphern für Himmel und Erde zu interpretieren; s.a. Raschi z.St.

34 ARN A §4 (11a).

35 H. WENSCHKEWITZ, Die Spiritualisierung der Kultusbegriffe, S. 29–36; s.a. C. THOMA, Auswirkungen des jüdischen Krieges gegen Rom (66-70/73 n. Chr.) auf das rabbinische Judentum, in: BZ N.F. 12 (1968), S. 30–54. 186–210, hier: S. 199; siehe S. 161, Anm. 65 dieser Arbeit.

36 ARNOLD GOLDBERG, Service of the Heart: Liturgical Aspects of Synagogue Worship, in: A. FINKEL/L. FRIZELL (Hrsg.), Standing Before God. Studies in Prayer in Scriptures and in Tradition with Essays. In honor of JOHN M. OESTERREICHER, New York 1981, S. 195–211, hier: S. 199. – S. KRAUSS, Synagogale Altertümer, Hildesheim 1966 (= 1. Aufl. 1922), S. 17 f. Vgl. Yalq Ps §659 (445d/446a): "Wer zu unserer Zeit in der Synagoge betet, dem ist es so, als ob er im Heiligtum [in Jerusalem] beten würde, denn es heißt: 'Unter den Völkern werde ich ihnen zu einem kleinen Heiligtum sein' (Ez 11,16)".

37 M. HENGEL, Proseuche und Synagoge. Jüdische Gemeinde, Gotteshaus und Gottesdienst in der Diaspora und in Palästina, in: G. JEREMIAS/H.-W. KUHN/H. STEGEMANN (Hrsg.), Tradition und Glaube. Das frühe Christentum in seiner Umwelt, Festgabe für KARL GEORG KUHN zum 65. Geburtstag, Göttingen 1971, S. 157–189, hier: S. 166. – M. HENGEL, Die Synagogeninschrift von Stobi, in: ZNW 57 (1966), S. 145–183, hier: S. 173.

38 Textbelege bei (H.L. STRACK)/P. BILLERBECK, Kommentar zum Neuen Testament, Bd. IV/1, München 1928, S. 123 ff.; s.a. S. KRAUSS, Synagogale Altertümer, S. 97 ff. – J. GUTMANN, The Jewish Sanctuary (IOR 21/1), Leiden 1983, S. 2. – M. HENGEL, Proseuche und Synagoge, S. 166. – H.W. TURNER, From Temple to Meeting House, S. 102. – A. GOLDBERG, Untersuchungen über die Vorstellung von der Schekhinah in der frühen rabbinischen Literatur - Talmud und Midrasch - (SJ 5), Berlin 1969, S. 176 f. 507. – A. GOLDBERG, Service of the Heart, S. 199.

pels angeglichen; Menora, Schofar, Räucherpfanne, Lulab und Etrog sind häufig auf bildlichen Darstellungen zu finden und die Lade wird in adaptierter Form im Element des Toraschreines aufgenommen[39].

Dieses Konzept der dinglich-sakramentalen Heiligkeit findet tatsächlich erst nach der Zerstörung des Tempels Eingang in die Synagoge[40], die prinzipiell ja nicht als Haus Gottes, sondern lediglich als Versammlungsort der Gemeinde verstanden wurde[41].

Von hier aus erklären sich auch die rabbinischen Dicta, die die Gegenwart der Schechina in der Synagoge nicht auf den Ort als solchen, sondern auf die Gegenwart der Gemeinde zurückführen[42].

Da die verschiedenen Substitutionskonzepte nur als Interimslösungen bis zur Restauration des Kults gelten sollten[43], mußte eine allzu große Angleichung der Synagoge an den Tempel freilich vermieden werden[44]: Sie drohte ja dessen eschatologische Relevanz in Vergessenheit geraten zu lassen[45]. Weniger ambivalent ist dagegen die Beschäftigung mit der Lehre. Sie aktualisiert die Erinnerung an den Tempel und bereitet durch die ständige Konfrontation der Gegenwart mit dem Ideal der Vergangenheit die Restauration des Opferdienstes vor[46].

Durch diese Relativierung der Substitutionsfunktion der himmlischen Welt steht das rabbinische Denken der Vorstellungswelt der apokalyptischen Kreise kontrastiv gegenüber: Dort nämlich wird speziell das Motiv des oberen Jerusalem als eschatologische Größe vorgestellt. In IV Esr 8, 52 werden die Gerechten mit folgenden Worten getröstet: "Denn für euch ist das Paradies geöffnet, der Baum des Lebens gepflanzt, die kommende Welt bereitet, die Seligkeit vorbereitet, die Stadt erbaut, die Ruhe zugerüstet, die Güte vollkommen gemacht, die Weisheit vollendet."[47]

Am Ende der Tage aber wird diese himmlische Stadt zur Erde herabkommen; ihre gegenwärtige Existenz in der himmlischen Welt ist somit Garant für das zukünftige Heilshandeln Gottes. Die irdische Stadt aber muß der Vernichtung anheimfallen.

---

39 Zu den einzelnen Elementen: E.R. GOODENOUGH, Jewish Symbols in the Greco-Roman Period, Bd. IV: The Problems of Method. Symbols from Jewish Cult, New York 1954, S. 71-208. - H.G. MAY, Synagogues in Palestine, in: G.E. WRIGHT/D.N. FREEDMAN (Hrsg.), The Biblical Archaeologist Reader, New York 1961, S. 229-250, hier: S. 239. 243 ff. (= BA VII (1944), S. 1-20, hier: S. 11. 15 ff.); s.a. S. 101 dieser Arbeit.

40 M. HENGEL, Proseuche und Synagoge, S. 166. - M. HENGEL, Die Synagogeninschrift von Stobi, S. 173 ff.

41 H.W. TURNER, From Temple to Meeting House, S. 43. - M. HENGEL, Proseuche und Synagoge, S. 180.

42 A. GOLDBERG, Schekhinah, S. 474. 504; vgl. MekhY baḥodesh XI (S. 243): "Wo immer zehn Menschen in einer Synagoge zusammenkommen, ist die Schechina bei ihnen, denn es heißt: 'Gott steht in der Gottesgemeinde' (Ps 82,1)"; zum Text: A. GOLDBERG, Schekhinah, S. 385 f.

43 H. WENSCHKEWITZ, Die Spiritualisierung der Kultusbegriffe, S. 100. - C. THOMA, Auswirkungen des jüdischen Krieges gegen Rom, S. 199. - W.D. DAVIES, The Territorial Dimension of Judaism, Berkeley/Los Angeles/London 1982, S. 103.

44 S. KRAUSS, Synagogale Altertümer, S. 101.

45 A. GOLDBERG, Service of the Heart, S. 198.

46 G. STEMBERGER, Die Bedeutung des "Landes Israel" in der rabbinischen Tradition, in: Kairos 25 (1983), S. 176-199, hier: S. 177.

47 Zitiert nach J. SCHREINER, Das 4. Buch Esra (JSHRZ, Bd. V: Apokalypsen, Lieferung 4), Gütersloh 1981, S. 369. Zur Existenz der eschatologischen Heilsgüter in der Transzendenz, s.a.: Hebr 11,16; vgl. Hebr 1,2 und syrBar 4,3-6; zitiert auf S. 147 dieser Arbeit, hierzu: O. HOFIUS, Katapausis, S. 92.

"Es sprach Elijahu, sein Andenken sei gesegnet: Ich sehe eine schöne große Stadt, die vom Himmel herabkommt, und die erbaut ist, denn es heißt: 'Jerusalem, das erbaut ist als eine Stadt, die zusammengefügt ist' (Ps 122,3). Sie ist vollkommen erbaut und ihr Volk wohnt in ihr, und sie hat 3000 Türme, zwischen jedem Turm sind 20 Stadien, und jedes Stadium sind 25 000 Ellen von Smaragden, Edelsteinen und Perlen, denn es heißt: 'Ich will deine Zinnen von Rubinen machen' (Jes 54,12)"[48].

Dies läßt sich auf dem Hintergrund einer dualistischen Weltsicht[49] verstehen: Da, wo der irdische Bereich pejorativ besetzt ist, wo Himmel und Erde kontrastiert werden, ist nur das Motiv der Herabkunft einer himmlischen Stadt, die die irdische ersetzt, sinnvoll. Lediglich wenn das Irdische bereits in der Gegenwart als wertvoll erachtet wird, kann es die Potenz zukünftiger Herrlichkeit in sich tragen.

---

48 Apokalyse des Elia, BHM III, S. 67; es handelt sich hier um einen relativ späten Midrasch, der aber ältere Erzählmuster rezipiert; vgl. Apk 21,2: "Und ich sah die heilige Stadt, das neue Jerusalem, herabkommen aus dem Himmel von Gott, bereitet wie eine Braut, die geschmückt ist für ihren Mann"; vgl. IV Esr 7,26; 13,36 und 10,53 ff., wo vom "Erscheinen" der Stadt gesprochen wird. Auch Hebr 11,10; 11,16 und 13,14 spielen auf diese Vorstellung an; siehe: O. HOFIUS, Katapausis, S. 92.

49 Zur Weltverneinung der apokalytischen Bewegung: J. SCHREINER, Die apokalyptische Bewegung, in: J. MAIER/J. SCHREINER (Hrsg.), Literatur und Religion des Frühjudentums. Eine Einführung, Würzburg 1973, S. 214-253, hier: S. 224 ff.: "Dieses künftige Reich, das den endgültigen Heilszustand bringt, kommt aus dem überirdischen Bereich. Es ist transzendent, jenseitig. Keinerlei Verbindung besteht zwischen ihm und der jetzigen Welt ..." (S. 225). "Durch sein Wesen und die Art seines Kommens mit seinem zuverlässig geschenkten Heil und seiner ungestörten Dauer tritt das Gottesreich in einen scharfen Gegensatz zur jetzigen Welt. Zwischen den beiden Welten ist ein tiefer Einschnitt, die eschatologische Wende" (S. 226); s.a. C. THOMA, Auswirkungen des jüdischen Krieges gegen Rom, S. 33 f.

III. HIMMLISCHE VORBILDER UND DIE PRAEMUNDANE ERSCHAFFUNG DES HIMMLISCHEN HEILIGTUMS

Texte und Interpretationen

III.1 Die Errichtung des Tempels und seiner Geräte

Textgruppe 1

bMen 29a

In einer Baraita wurde gelehrt[1]: R. Jose ben R. Juda sagt: Eine Lade aus Feuer, ein Tisch aus Feuer und eine Menora aus Feuer kamen vom Himmel herab, Mose sah sie und machte ihresgleichen, denn es heißt: "Siehe und mache entsprechend ihrem Vorbild (כתבניתם)[2], das dir auf dem Berge gezeigt worden ist" (Ex 25,40). Aber es heißt auch: "Und errichte die Wohnung entsprechend ihrer Vorschrift, die dir auf dem Berge gezeigt worden ist" (Ex 26,30). Wie also ist dies zu verstehen? Hier ist geschrieben: "entsprechend ihrer Vorschrift" (כמשפטו), dort ist geschrieben: "entsprechend ihrem Vorbild" (בתבניתם).

Yalq tᵉruma §369 (109 a/b)

MHG Shem S. 572

"Entsprechend allem, was ich dir zeige" (Ex 25,9) – In einer Baraita wurde gelehrt[3]: Es sagte R. Jose ben R. Juda: Eine Lade aus Feuer, ein Tisch aus Feuer und eine Menora aus Feuer kamen vom Himmel herab und Mose sah sie und machte [die irdischen Gegenstücke] entsprechend ihrem Vorbild.

Ist denn die Wohnung [wirklich vom Himmel herabgekommen?[4] Hier wird doch nur gesagt], daß ihre Geräte vom Himmel herabkamen?

---

1 תניא.
2 Im Bibeltext aber בתבניתם.
3 תני.
4 Dieser Satz wird mit dem Terminus אין לי אלא eingeleitet. "Mit אין לי אלא wird constatirt, daß der Inhalt eines Textes sich auf das durch seinen Wortlaut bezeichnete Gebiet beschränkt, um die Erweiterung dieses Gebiets anderweitig zu deduciren." (W. BACHER, Die exegetische Terminologie der jüdischen Traditionsliteratur, Bd. I: Die bibelexegetische Terminologie der Tannaiten, Leipzig 1899, S. 5).

Woraus [kann man dann schließen], daß auch das Heiligtum, das Salomo erbaute, [vom Himmel herabkam]? Die Schrift sagt: "All dies legte er mir dar in einer Schrift von der Hand des Herrn; die ganze Arbeit des Vorbildes" (I Chr 28,19).

Interpretation

Die tannaitische Auslegung in *bMen 29a* basiert auf der Frage, worauf der Begriff תבנית - 'das Vorbild', das dem Mose auf dem Berge gezeigt wurde, zu beziehen ist.

Ausgehend von dem Possessivsuffix der 3. Person Plural ם־ , das mit dem Ausdruck in Ex 25,40 verbunden ist, kann eine direkte Verbindung zum vorhergehenden Vers hergestellt werden, der nun seinerseits in der Formulierung את כל הכלים האלה auf die Beschreibung von Lade (V.10-22), Schaubrottisch (V.23-30) und Menora (V.31-38) zurückverweist.

Das Element des Feuers ist das himmlische Element schlechthin[5]; eventuell beruht die Rezeption dieses Motivs auch auf der klanglichen Ähnlichkeit zwischen dem Relativpronomen אשר, das sich an den Terminus תבנית in Ex 25,40 anschließt, und dem Begriff אש - 'Feuer'; das Motiv der Herabkunft resultiert vermutlich aus der Ortsangabe "auf dem Berge"[6].

Wenn Ex 26,30 durch die Formulierung "die dir auf dem Berge gezeigt worden ist" in engem Bezug zu Ex 25,40 steht, stellt sich die Frage, ob denn auch ein Vorbild der *Wohnung* vom Himmel herabgekommen und dem Mose gezeigt worden sei[7]. Da in Ex 26,30 aber nicht der Begriff תבנית - 'Vorbild' erscheint, sondern משפט - 'Vorschrift, Rechtssatz, Satzung', wird dies verneint.

Dieser Text macht keine generellen Aussagen über die Existenz eines himmlischen Heiligtums[8], grenzt sich aber ganz deutlich gegen die Vorstellung ab, Mose habe auf dem Berge ein reales Modell des Tempels gesehen. Eine solche Vision konkreter Gegenstände bezieht sich nur auf die Geräte; der Tempel erhält seine Legitimation auf Grund einer Wortoffenbarung. Nach Raschi wurden Mose die Halachot für den Tempel gesagt.

MHG Shem S. 572 ist von *bMen 29a* abhängig; R. Jose ben R. Juda ist sicherlich nur der Autor des mit *bMen 29a* identischen Teiles; ab אין לי אלא liegt ein anonym tradierter Zusatz vor. Da

---

5   So bereits II Reg 2,11; 6,17; Jes 10,17; Sach 2,4; vgl. V. HAMP, Art.: אש II-V; in: ThWAT I, Stuttgart/Berlin/Köln/Mainz 1973, Sp. 417-463, hier: Sp. 461; vgl. Act 2,3. Zur rabbinischen Literatur: H. FUCHS, Art.: Feuer, in: Jüdisches Lexikon, Bd. II, Berlin 1928, Sp. 637-639.

6   So nach der Erklärung der Tosafisten, z.St.; vgl. hierzu die Auslegung der Tosafisten, die Ex 25,9 in die Auslegung miteinbeziehen: "Bezüglich der Wohnung ist auch geschrieben: 'das Vorbild der Wohnung und das Vorbild all ihrer Geräte' (Ex 25,9). Man muß aber sagen, daß hier nicht geschrieben ist 'auf dem Berg' und dort [Ex 25,40] ist geschrieben: 'auf dem Berg'. Das heißt, daß sie vom Himmel herabkamen." Durch den Begriff תבנית in Bezug auf den Tempel scheint Ex 25,9 der Auslegung von *bMen 29a* zu widersprechen; dies ist aber nur scheinbar. Da der Ausdruck "auf dem Berge" fehlt, kann gerade nicht auf eine Herabkunft geschlossen werden.

7   So mit Raschi, z.St.; vgl. aber die Auslegung von A. APTOWITZER, Bet ha-miqdash shel ma'ala 'al pi ha-aggada, S. 150, der diesen Einwand mit einer Betonung des Begriffes משפט liest und so annimmt, dieser Einwand ziele auf die Feststellung, daß Mose die Gegenstände nur visionär und nicht real gesehen habe.

8   Gegen A. APTOWITZER, der in der Aussage dieses Midrasch einen Widerspruch zur Existenz eines himmlischen Tempels sieht. Weil aber die Intention dieses Textes ganz auf die Legitimation der irdischen Kultgegenstände abzielt, kann auch nicht - wie es dort der Fall ist - auf eine ad-hoc-Erschaffung der Geräte geschlossen werden.

die Quelle für diesen Teil der Auslegung nicht bekannt ist[9], läßt sich über dessen Alter keine Aussage machen.

Der Text beweist aber, daß nicht nur die Geräte - so bereits *bMen 29a* - als Vorbild für die irdischen Gegenstücke vom Himmel herabkamen, sondern auch das Heiligtum. Exegetisch begründet wird dies mit einer Gezera Schawa: Da sich der Begriff תבנית in I Chr 28,19 auf den Tempel bezieht, kann dies auch für Ex 25,40 angenommen werden.

Textgruppe 2

bMen 29a

In der Schule R. Ismaels wurde gelehrt: Mit drei Dingen tat Mose sich schwer, bis sie ihm der Heilige, gepriesen sei Er, mit seinem Finger zeigte. Und das sind sie: Die Menora, der Monatsanfang und die Tiere, die auf dem Boden kriechen. Die Menora, denn es ist geschrieben: "Und *dies* ist das Werk der Menora" (Num 8,4). Der Monatsanfang, denn es ist geschrieben: "*Dieser* Monat soll euch der erste der Monate sein" (Ex 12,2). Die Tiere, die auf dem Boden kriechen, denn es heißt: "Und *diese* sollen euch unrein sein" (Lev 11,29). Und manche sagen: Auch die Bestimmungen über das Schlachten, denn es heißt: "Und *dies* sollst du auf den Altar tun" (Ex 29,38).

Yalq t^eruma §369 (109b)

Midrash Shelosha wa-arba'a §9
BatM II, S. 50

anonym: Drei Dinge waren schwer für Mose

MekhY pisha I (S. 6), zu Ex 12,2

"*Dieser* Monat soll euch [der erste Monat sein]" (Ex 12,2) ... R. Akiba sagt: Dies ist eines von den drei Dingen, mit denen sich Mose schwer tat, und die ihm der Heilige, gepriesen sei Er, mit dem Finger zeigte. Ebenso: Man sagt: "Und *diese* sollen euch unrein sein" (Lev 11,29). Ebenso: "Und *dies* ist das Werk der Menora" (Num 8,4). Und manche sagen, daß Mose sich auch mit dem

---

9   MHG Shem S. 572, Anm. zu Zeile 17.

Schlachten schwer tat, denn es heißt: "Und *dies* sollst du auf dem Altar darbringen" (Ex 29,38).

Yalq bo §188 (61b)

SekhT zu Ex 12,2 (S. 70): identisch, bis auf das zweite 'Ebenso' (כיוצא בו).

SifBam b^eha'alot^ekha §61 (S. 58 f.)

"Und *dies* ist das Werk der Menora, eine getriebene Arbeit (מקשה) aus Gold, von ihrem Gestell bis zu ihren Blüten, eine getriebene Arbeit; entsprechend dem Bilde usw." R. Akiba sagt: Dies ist eines von drei Dingen ...

מקשה ist nicht [im Sinne von "getriebene Arbeit" zu verstehen,] sondern [heißt:] etwas Schweres (מין קשה).

Yalq b^eha'alot^ekha § 719 (235b)

"Und *dies* ist das Werk der Menora" (Num 8,4). R. Akiba sagt: Dies ist eines von den drei Dingen, mit denen sich Mose schwer tat, und die ihm der Heilige, gepriesen sei Er, mit dem Finger zeigte. Ebenso: Man sagt: *"Dieser* Monat soll euch usw." (Ex 12,2). Ebenso: Man sagt: "Und *diese* sollen euch unrein sein" (Lev 11,29). מקשה ist nicht [im Sinne von] "getriebene Arbeit" [zu verstehen,] sondern [heißt:] etwas Schweres (מין קשה).

ShemR 15,28 (31d)

Eine andere Auslegung: *"Dieser* Monat soll euch" (Ex 12,2). Dies ist eines von den vier Dingen, die der Heilige, gepriesen sei Er, Mose mit seinem Finger zeigte, weil er sich mit ihnen schwer tat. Er zeigte ihm das Werk des Salböls, denn es heißt: "Ein heiliges Salböl soll *dies* mir sein usw." (Ex 30,31). Er zeigte ihm das Werk der Menora ... Tiere ... Mond (הלבנה).

BamR 15,4 (64d/65a)

Eine andere Auslegung: "Beim Aufsetzen [der Lampen auf die Menora]" (Num 8,2). Du findest, daß sich Mose mit dem Werk der Menora schwerer tat als mit allen anderen Geräten der Wohnung, bis der Heilige, gepriesen sei Er, es ihm mit dem Finger zeigte; und auch bei den Klauen der Tiere ... und auch beim Mond (ירח) ... und auch bei der Menora: "Und *dies* ist das Werk der Menora, eine getriebene Arbeit aus Gold" (Num 8,4) – das will sagen: Wie schwer (מה קשה) ist sie anzufertigen, denn Mose mühte sich sehr damit ab ...[10].

---

10 Es folgt eine Auslegung, die sich an die Passivform תיעשה in Ex 25,31 anschließt: Nicht Mose macht schließlich die Menora, diese wird vielmehr von Gott selbst angefertigt.

Tan b^eha'alot^ekha §3 (260a)

Eine andere Auslegung. "Beim Aufsetzen der Lampen" (Num 8,2). Du findest, daß sich Mose mit
dem Werke der Menora schwerer tat als mit allen anderen Geräten der Wohnung, bis es ihm der
Heilige, gepriesen sei Er, mit dem Finger zeigte. In drei Dingen tat sich Mose schwer usw. {s.o.
sh^emini §8}, Was bedeutet "eine getriebene Arbeit"? (מה מקשה) - das will sagen: wie schwer
(מה קשה) ist sie anzufertigen! Denn Mose bemühte sich sehr, ehe er die Menora machte ...[11].

TanB b^eha'alot^ekha §4 (23b/24a)

Eine andere Auslegung: "Beim Aufsetzen der Lampen {usw. Und *dies* ist das Werk der Menora}"
(Num 8,2.4). Du findest ... Menora ... Und so war es auch bei den Klauen der reinen Tiere ... und
auch beim Mond (ירח) ... auch bei der Menora. Was bedeutet מקשה ? Das will sagen: Wie schwer
(מה קשה) ist sie anzufertigen! Denn Mose bemühte sich sehr, ehe die Menora gemacht wurde.
Denn es heißt auch: "Als getriebene Arbeit wird die Menora gemacht" (Ex 25,31). {Wie ein Mensch,
der sagt: Wie schwer ist für mich diese Arbeit!}[12].

PesK 5 (54b)

Es lehrte R. Simeon ben Jochai: Mit drei Dingen tat Mose sich schwer, und der Heilige, gepriesen
sei Er, zeigte sie ihm mit dem Finger. Und das sind sie: Die Menora ... die Tiere ... und der Mond
(לבנה).

PesR 15 (78a)

{"*Dieser* Monat soll euch"} (Ex 12,2). Es lehrte R. Simeon ben Jochai: ... und der Heilige, gepriesen
sei Er, zeigte sie ihm gleichsam mit dem Finger. Und das sind sie: die Menora, die Tiere und der
Mond (לבנה).

Interpretation

Die hier aufgeführten Texte basieren zunächst alle auf demselben Auslegungsschema: Aus dem
Demonstrativpronomen זה in Ex 12,2, Ex 29,38, Ex 30,31, Lev 11,29 und Num 8,4 wird auf einen
konkreten Akt des Zeigens und somit auch auf real gezeigte Dinge wie den Neumond, das

---

11 Siehe oben, Anm. 10.
12 Von S. BUBER nach HS Rom ergänzt; TanB z.St. S. 24a, Anm. 18. Zur Fortsetzung des Textes
siehe oben, Anm. 10.

Altaropfer, die reinen und unreinen Tiere und die Menora geschlossen[13]. Weder in amoräischer noch in tannaitischer Zeit hatte man wegen solcher Anthropomorphismen Bedenken; der Ausdruck כְּאִילוּ vor dem Begriff "mit dem Finger" in *PesR 15* (78a) ist als sekundäre spätere Ergänzung zu betrachten[14].

Eine Schlüsselstellung nimmt die Auslegung zur Menora auf der Basis von Num 8,4 ein, da sich von hier aus auch das Element des "Schwer-Seins" exegetisch ableitet. Zugrunde liegt ein Al-Tiqre-Midrasch: מִקְשָׁה wird nicht als Terminus technicus für "getriebene Arbeit" verstanden, sondern mit Hilfe des Wortes קֹשֶׁה - 'schwer', das etymologisch dem Begriff tatsächlich zugrunde liegt, gedeutet: Anstelle von מִקְשָׁה ist מַה קֹשֶׁה - 'wie schwer!' oder מִין קֹשֶׁה - 'etwas Schweres' - zu lesen.

Da der Midrasch sowohl mit der Schule des R. Ismael, mit R. Akiba und R. Simeon ben Jochai verbunden ist, als auch anonym tradiert wird, läßt sich der eigentliche Autor der Auslegung nicht bestimmen. Sicher ist nur, daß der Midrasch in tannaitischer Zeit bereits bekannt war.

Vermutlich lagen zunächst Einzeltraditionen vor, die sekundär miteinander verbunden wurden; sowohl die Tradition über die Schau des Mondes als auch die über die Schau der reinen Tiere existierten für sich gesondert[15].

Die exegetische Sonderstellung der Auslegung zu Num 8,4 läßt vermuten, daß diese den Traditionsprozeß initiierte und die anderen, bereits in frühen Texten wie *bMen 29a* oder *MekhY pisḥa 1* erscheinenden Auslegungen zum Neumond und den Tieren auf Grund einer Analogiebildung entstanden. Die auch einzeln vorliegenden Traditionen zur Schau des Leuchters, des Mondes und der unreinen Tiere sind ja in keinem Fall älter als *MekhY pisḥa 1*. In einem späteren Stadium des Traditionsprozesses wurden die nur vereinzelt belegten Motive von der Schau der unreinen Tiere (zu Lev 11,29), des Schlachtopfers (zu Ex 29,38) und des Salböls (zu Ex 30,31) hinzugefügt.

---

13   Unter dem Aspekt des Verhältnisses von himmlischem und irdischem Tempel ist speziell die Schau der Menora und des Altaropfers relevant. Zur Legitimation der Speisegesetze s.a. *WaR 13,4* (18d): "Folgendes: R. Abbahu sprach: Der Heilige, gepriesen sei Er, zeigte Mose etwas wie einen Schädel aus Feuer unter dem Thron der Herrlichkeit und sagte zu ihm: Wenn die Haut des Gehirns durchlöchert ist - und sei es nur leicht, dann ist es verboten, das Tier zu essen." Parallelen: Yalq shᵉmini §536 (156c); MHG Wa S. 242. Diese Auslegung ist eine Erklärung zu mHul 3,1.- *bHul 42a*: "In der Schule R. Ismaels wurde gelehrt: 'Und *dies* ist das Getier, das ihr essen sollt' (Lev 11,2). Dies lehrt, daß der Heilige, gepriesen sei Er, jede Art [von Tier] anfaßte, sie Mose zeigte und sprach: Das dürft ihr essen und das nicht." - *Sifra shᵉmini parasha 2,2* (47d): "Mose faßte jede Tierart an und zeigte sie Israel ... Dies eßt und dies eßt nicht." - Eine sekundäre Weiterbildung zum Motiv des Mondes stellt *TanB bo* §10 (24b) dar: "Es sprach R. Samuel bar Abba: Jeden Monat, der von sechs Stunden an abwärts beginnt (wörtlich: geboren wird), den zu sehen, hat das Auge Kraft. [Jeden Monat,] der von sechs Stunden aufwärts beginnt, den zu sehen, hat das Auge keine Kraft. Und dieser Monat, von dem der Heilige, gepriesen sei Er, zu Mose sprach, begann von sechs Stunden aufwärts und es war keine Kraft im Auge, ihn zu sehen. Und der Heilige, gepriesen sei Er, zeigte ihn ihm mit dem Finger und sagte zu ihm: '*Dieser* Monat' (Ex 12,2)"; s.a. LeqT zu Ex 12,2 (27b); vgl. PesK 5 (54b) und PesR 15 (78a) (ohne das Motiv des Zeigens); ferner: MekhY pisḥa II (S. 6).

14   M.Z. FOX, 'Ke-illu ba-eṣba'. Toledot ha-nosaḥ shel biṭṭuy le-harḥaqat ha-hagshama, in: Tarbiz 49 (1979/1980), S. 278-290, hier: S. 286.

15   Siehe oben, Anm. 13.

Textgruppe 3

Midrash Aggada zu Ex 25,9 (S. 135)

"Entsprechend allem, was ich dir zeige" (Ex 25,9). Dies lehrt, daß der Heilige, gepriesen sei Er, Mose alle Formen der Geräte in der Gestalt von Feuer (בדמות של אש) zeigte. Und der Beweis? "Und so (וכן) sollt ihr es machen" (Ex 25,9).

LeqT zu Ex 25,9 (89a)

"Entsprechend allem, was ich dir zeige" (Ex 25,9). Dies lehrt, daß der Heilige, gepriesen sei Er, Mose die ganze Arbeit des Vorbildes der Wohnung (כל מלאכת תבנית המשכן) zeigte. Alles zeigte er ihm in der Gestalt von Feuer.

Handschrift eines Pentateuchkommentars
(Zitiert nach TS 20, S. 22, §87)

... (Ex 25,9). Dies lehrt, daß der Heilige, gepriesen sei Er, Mose das ganze Vorbild der Wohnung (כל תבנית המשכן) und alle ihre Geräte im Aussehen von Feuer zeigte.

Handschrift Yalq Ma'ayan Gannim
(Zitiert nach TS 20, S. 22, §87)

... (Ex 25,9). Dies lehrt, daß der Heilige, gepriesen sei Er, Mose die Gestalt der Wohnung (דמות המשכן) und der Geräte im Himmel zeigte und sagte: Wie dies (כזה) mache es unten!

Handschrift Ramze R. Yishma'el
(Zitiert nach TS 20, S. 22, §87)

"Das Vorbild der Wohnung" (Ex 25,9) - zwei Wohnungen: [eine] oben und ihr gegenüber [eine] unten.

Interpretation

In diesen spät zu datierenden Texten findet sich eine ähnliche Auslegungsstruktur wie im Midrasch von den Dingen, die Mose schwerfielen: Aus dem Wort כן - 'so' wird auf den Akt des Zeigens und auf himmlische Vorbilder geschlossen; *Handschrift Yalq Ma'ayan Gannim* ersetzt sogar das biblische וכן durch וזה , wodurch die Beeinflussung des Textes durch *bMen 29a* ganz offensichtlich wird.

Allerdings gibt es nach diesen Texten nicht nur für den Leuchter ein himmlisches Vorbild: Nach *Midrash Aggada zu Ex 25,9* sah Mose die Formen *aller* Geräte; die anderen Texte *LeqT zu Ex 25,9*, *Handschrift Yalq Ma'ayan Gannim* und *Ramze R. Yishma'el* beziehen auch den himmlischen Tempel mit ein.

Das Element des Feuers erklärt sich einerseits durch dessen überirdische Qualität, andererseits könnte aber durch die klangliche Ähnlichkeit von אש und אשר auch eine direkte Verknüpfung zwischen dem Schriftbeleg Ex 25,9 und dem Motiv des Feuers bestehen.

Textgruppe 4

SifBam b^eha'alot^ekha §61 (S. 59)

"Entsprechend dem Bild, welches der Herr dem Mose zeigte, [so machte er die Menora]" (Num 8,4). Um dir vom Preis des Mose zu künden, denn wie es ihm Gott sagte, so tat er es. R. Nathan sagte: Dies braucht man [so] nicht [auszulegen], denn siehe, es ist schon gesagt: "Siehe und mache" (Ex 25,40). Dieser Vers [hier] sagt, daß der Heilige, gepriesen sei Er, dem Mose die Geräte, die verfertigt waren, und die Menora, die verfertigt war (עשׂויה), zeigte und diese angefertigt wurde (ונעשׂית), wie es heißt: "Entsprechend dem Bild, welches der Herr dem Mose zeigte (כמראה ... אשר הראה), so machte er die Menora" (Num 8,4).

Yalq b^eha'alot^ekha §719 (235b/c)
Yalq t^eruma §369 (109 a/b)

SifZ b^eha'alot^ekha §4 (S. 256)

"Entsprechend dem Bild, welches der Herr" (Num 8,4). Dies lehrt, daß er sie ihm viermal zeigte. Er sah sie mit dem Rest der Geräte und vergaß sie. Und er kehrte zurück und sah sie ein zweites Mal: Michael steht da und salbt sie, und er sah sie, und sie wurde verfertigt (ונעשׂית). Und er kehrte zurück und sah sie verfertigt (עשׂויה). Deshalb heißt es: "so machte er die Menora" (Num 8,4).

MHG Bam S. 124: wie oben
Yalq b^eha'alot^ekha §719 (235c)

LeqT zu Num 8,4 (96b)

Rabbi Nathan sagte: Es zeigte der Heilige, gepriesen sei Er, Mose Geräte, die verfertigt waren

(עָשׂוּי), und eine Menora, die verfertigt wurde, und so machte Bezalel die Menora einschließlich der Geräte der Menora.

MHG Shem S. 588

"Siehe und mache entsprechend ihrem Vorbild, das dir auf dem Berge gezeigt worden ist" (Ex 25,40). Was brauche ich dies? Und ist denn nicht schon gesagt: "entsprechend allem, was ich dir zeige" (Ex 25,9). Nämlich: Dies lehrt, daß Mose die Menora viermal sah. Das erste Mal durch die Schechina und er vergaß sie. Und er kehrte zurück, und Michael zeigte sie ihm. Und er sah sie in der Stunde, in der sie verfertigt wurde. Und er sah sie, nachdem sie verfertigt war.

Interpretation

In *SifBam §61* schließt die anonyme Auslegung zu Beginn des Abschnitts aus der Abfolge der Verben "zeigen" und "tun" in Num 8,4 auf den Gehorsam des Mose als entscheidende Grundstruktur von dessen Handeln: Gott zeigte dem Mose die Geräte des Heiligtums, und dieser verfertigte sie nach diesem Vorbild. Nach R. Nathan, einem Tannaiten der vierten Generation, kann Num 8,4 so nicht ausgelegt werden, weil bereits Ex 25,40 all diese Elemente impliziert. Da jeder Schriftvers Sinn und Notwendigkeit hat, muß Num 8,4 folglich anders interpretiert werden.

Im Gegensatz zu Ex 25,40 geht es in Num 8,4 - so der Midrasch - nicht mehr um die Schau von bereits fertig vorliegenden Geräten, sondern vielmehr um den Produktionsprozeß des Leuchters selbst, den Gott vor den Augen des Mose anfertigt. Num 8,4 muß also ohne Subjektswechsel folgendermaßen gelesen werden: "Entsprechend dem Bild, welches der Herr Mose zeigte, so machte [der Herr] die Menora". *LeqT zu Num 8,4* faßt diese Auslegung zusammen und nennt zusätzlich noch Bezalel als den Schöpfer der Geräte.

SifZ §4 und *MHG Shem S. 588* führen diese Auslegung fort: Da die Schrift mehrfach erwähnt, daß Gott Mose die Menora zeigt, und jeder Vers für sich notwendig ist, muß geschlossen werden, daß Mose die Menora mehrmals sah.

Problematisch ist, daß die einzelnen Schriftbelege nicht explizit zitiert werden, und so die Beziehung zwischen Aussage und Schriftbeweis nicht in jedem Fall festzustellen ist.

SifZ §4 zitiert lediglich zu Beginn Num 8,4, was auf Grund von *SifBam §61* der Aussage: "er sieht sie, und sie wird gemacht" zuzuordnen ist; die erste Angabe dieses Textes in *SifZ §4* "er sah sie mit dem Rest der Geräte" stützt sich wahrscheinlich auf Ex 25,9.

Das Motiv vom Engelfürsten Michael, der die Menora salbt, wird auf dem Hintergrund von dessen Funktion als himmlischer Hoherpriester[16] verständlich, in deren Kontext er mit der Pflege der himmlischen Kultgeräte betraut ist. Unklar bleibt dagegen das Element, daß Mose die Menora ein viertes Mal verfertigt sieht.

---

16 Zu Michael als himmlischem Hohepriester vgl. S. 6 ff. 17 f. 158 ff.

MHG Shem S.588 beginnt mit Ex 25,40 und Ex 25,9. Der Text unterscheidet sich von *SifZ §4* durch die Aussage, Mose habe die Menora das erste Mal durch die Schechina gesehen.

Bis auf die obengenannte Zuordnung von Num 8,4 und die Verbindung zwischen dem himmlischen Hohenpriester Michael und den Kultgeräten des himmlischen Heiligtums bleiben die Elemente dieses Midrasch ebenfalls unklar.

Textgruppe 5

bMen 29a

Es sprach R. Chija bar Abba im Namen R. Johanans: Gabriel war mit einer Art Schürze umgürtet und zeigte Mose das Werk der Menora, denn es heißt: "Und *dies* ist das Werk der Menora" (Num 8,4).

Yalq t^{e}ruma §369 (109b)

Interpretation

In *bMen 29a* wird – wie bereits aus der Textgruppe "Drei Dinge, die Mose schwerfielen" bekannt – vom Demonstrativpronomen זה auf einen konkreten Akt des Zeigens und somit auch auf dessen Objekt geschlossen. Subjekt ist aber nicht mehr Gott, sondern der Engel Gabriel.

Da der Begriff מעשה nicht nur im Sinne von 'vollendetem Werk', sondern auch in der Bedeutung 'Herstellungsweise' verwendet werden kann, ist es durchaus denkbar, daß der Text auch das Motiv der Verfertigung des Leuchters – wie es aus *SifBam §61 (S. 59)* bekannt ist – impliziert.

Als Tradent der Überlieferung wird R. Chija, ein palästinischer Amoräer der zweiten Generation genannt.

Textgruppe 6

TanB sh^{e}mini §11 (14b/15a)

["Und *dies* ist das Getier, das ihr essen sollt"] (Lev 11,2). Mit drei Dingen tat sich Mose schwer: mit dem Werk der Menora, dem Mond (ירד) und mit den Tieren, die auf dem Boden kriechen. Wie [war es mit] dem Werk der Menora? In der Stunde, in der Mose hinaufstieg, zeigte ihm der Heilige, gepriesen sei Er, auf dem Berg, wie er die Wohnung machen sollte. Als er ihm das Werk der

Menora zeigte, tat sich Mose schwer damit. Da sprach der Heilige, gepriesen sei Er: Siehe, ich will sie vor deinen Augen verfertigen. Was machte der Heilige, gepriesen sei Er? Er zeigte ihm weißes, {rotes}, schwarzes und grünes Feuer und machte daraus die Menora, ihre Schalen, ihre Knäufe, ihre Blumen, sechs Arme und spricht zu ihm: "Dies ist das Werk der Menora" {Num 8,4}, denn der Heilige, gepriesen sei Er, zeigte sie ihm mit dem Finger. Und dennoch tat sich Mose schwer damit. Was machte der Heilige, gepriesen sei Er? Er zeichnete sie auf seine Hand[17] [und] sagte zu ihm: Steige hinab und mache sie so wie ich sie auf deine Hand gezeichnet habe, denn es heißt: "Siehe und mache entsprechend ihrem Vorbild"[18] {Ex 25,40}. Und woher [kann man schließen], daß er sie in seine Hand zeichnete? Weil es heißt: "Und er streckte das Vorbild (תבנית) einer Hand aus[19]" {Ez 8,3}. Und es gibt kein Vorbild außer beim Werk der Menora, denn es heißt: "Siehe und mache entsprechend ihrem Vorbild usw." Und dennoch tat er sich schwer damit und er sagte: "Als getriebene Arbeit (מקשה) {wird die Menora gemacht}" {Ex 25,31}. Wie schwer (מה קשה) ist sie zu machen! ...[20]

Er zeigte ihm mit dem Finger diesen Monat (החורש הזה).

Und woher [wissen wir] über die Kriechtiere? Denn es heißt: "Und diese sollen euch unrein sein {unter dem Getier, das auf der Erde wimmelt}" {Lev 11,29}.

Der Heilige, gepriesen sei Er, ergriff jede Art für sich und zeigte sie dem Mose und sagte: Dies sollst du essen und dies sollst du nicht essen, {denn es heißt:} "Und dies ist das Getier, das ihr essen sollt {usw., aber dies sollt ihr nicht essen}" {Lev 11,2.4}.

Tan shemini §8 (198a)

Mit drei Dingen tat sich Mose schwer, und der Heilige, gepriesen sei Er, zeigte sie ihm mit dem Finger. Und dies sind ... zitiert Ex 25 richtig: בתבניתם .

Midrash Aggada zu Lev 11,2 (S. 173)

Eine andere Auslegung: "Dies ist das Getier" {Lev 11,2}. Wie Tan shemini §8 mit kleinen Änderungen: ... Es brachte der Heilige, gepriesen sei Er, vor ihn jedes Haustier (בהמה), [andere] Tier (חיה) und Kriechtier ...

BamR 15,10 (65d)

R. Levi bar Rabbi sagt: Eine reine Menora kam vom Himmel herab. Denn der Heilige, gepriesen sei Er, sagte zu Mose: "Und du sollst eine Menora aus reinem Gold machen" {Ex 25,31}. Er sprach zu ihm: Wie wird sie gemacht? "Als getriebene Arbeit wird die Menora gemacht!" {ibid}. Dennoch tat

---

17 Wörtlich: er ritzte sie in seine Hand ein ...
18 Im Text כתבניתם. BUBER verbessert entsprechend dem Bibeltext בתבניתם.
19 Luther-Bibel: "etwas wie eine Hand".
20 Es folgt die Aggada mit der auf dem Passiv basierenden Auslegung: die Menora wurde gemacht; siehe oben, Anm. 10.

sich Mose schwer damit und er stieg herab und vergaß ihre Herstellungsweise. Er stieg hinauf und sprach: Mein Herr, wie wird sie gemacht? Er sprach zu ihm: "Als getriebene Arbeit (מקשה) wird die Menora gemacht" (ibid).

Dennoch tat sich Mose schwer damit, und er stieg hinab und vergaß [ihre Herstellungsweise]. Er stieg [wieder] hinauf und sprach: Mein Herr, ich habe sie vergessen. Er zeigte sie dem Mose, und der tat sich immer noch schwer damit. Er sprach zu ihm: "Siehe und mache" (Ex 25,40) - bis er eine Münze aus Feuer hervorholte und Mose ihre Herstellungsweise sagte. Und dennoch tat sich Mose schwer damit. Da sprach der Heilige, gepriesen sei Er, zu ihm: Gehe zu Bezalel, und er wird sie machen. Und er sprach mit Bezalel; sofort machte er sie. Er begann, sich zu wundern, und sprach: Wieviele Male zeigte der Heilige, gepriesen sei Er, mir [ihre Herstellungsweise], und es fiel mir schwer, sie zu machen. Und du, der du sie nicht gesehen hast, willst sie aus eigener Kenntnis gemacht haben? Bezalel - im Schatten Gottes (בצל אל) standest du, als der Heilige, gepriesen sei Er, mir ihre Herstellungsweise zeigte. Und deshalb - als das Heiligtum zerstört wurde, wurde die Menora aufbewahrt[21].

TanB b^eha'alot^ekha §11 (25a)

Es sprach R. Levi: Eine reine Menora kam vom Himmel herab. Wieso? Denn es sagte der Heilige, gepriesen sei Er, zu Mose: "Du sollst eine Menora aus reinem Gold machen" (Ex 25,31). Er sprach zu ihm: Wie wird sie gemacht? Er sprach zu ihm: "Als getriebene Arbeit wird die Menora gemacht" (ibid). Dennoch tat sich Mose schwer damit, er stieg hinab und vergaß deren Herstellungsweise. Er stieg hinauf und sprach: Herr der Welt, ich habe vergessen. Er sprach zu ihm: "Siehe und mache" (Ex 25,40). Denn er nahm eine Münze von Feuer hervor und zeigte ihm ihre Herstellung. Und immer noch tat sich Mose schwer damit ... Fortsetzung ähnlich wie BamR 15,10.

Tan b^eha'alot^ekha §6 (261a)

... Rabbi Levi bar Rabbi: ... Ich vergaß ihre Herstellungsweise.

---

21 Aus dem Bezug der irdischen Menora zum himmlischen Vorbild resultiert deren Unzerstörbarkeit. Der Text fährt fort: "Und dies ist eines von den fünf Dingen, die aufbewahrt wurden: Die Lade, der Leuchter, das Feuer, der Heilige Geist und die Keruben. Wenn der Heilige, gepriesen sei Er, mit seinem Erbarmen zurückkehren und sein Haus und seinen Palast erbauen wird, wird er sie an ihren Platz zurückbringen, um Jerusalem zu erfreuen, denn es heißt: 'Die Wüste und Einöde wird frohlocken und die Steppe wird jubeln ... Sie wird blühen und jubeln usw.' (Jes 35,12)"; s.a. S. 60, Anm. 94. - Vgl. den Midrasch von den fünf Dingen, in denen sich das erste Heiligtum vom zweiten unterschied: z.B. bYom 21b: "R. Samuel ben Inja sagte: 'Daß ich daran Wohlgefallen habe und geehrt werde (ואכבד)' (Hag 1,8). Man liest aber: ואכברה. Warum fehlt das ה ? Das sind die fünf Dinge, die das erste Heiligtum vom zweiten Heiligtum unterschied. Und diese sind es: Die Lade samt Deckplatte und Keruben, das Feuer und die Schechina und der Heilige Geist und das Orakelschild ...". - s.a. yTaan 2,1 (65a); yHor 3,3 (47c); Pirqe Rabbenu ha-Qadosh 5, 12, OsM S. 511b; Ḥuppat Eliyyahu 5, 10, OsM S. 173b; hierzu: P. SCHÄFER, Die Vorstellung vom heiligen Geist in der rabbinischen Literatur (StANT 28), München 1972, S. 89-94; ibid. weitere Belege.

Interpretation

TanB *sh^{e}mini* §11 hat als Rahmen den Midrasch von den drei Dingen, die Mose schwerfielen und die ihm Gott mit dem Finger zeigte; daneben wird Num 8,4 aber auch im Hinblick auf den Verfertigungsprozeß des Leuchters zitiert.

Spezifisch für den Text ist die Auslegung des Begriffes תבנית in Ex 25,40. Auf Grund der vorhergehenden Verse ist der Bezug zur Menora gegeben, die direkte Verknüpfung der Begriffe 'Hand' und תבנית erfolgt in Ez 8,3; auf der Basis der Gezera Schawa gilt diese Verbindung auch für Ex 25,40.

Hinter der pointierten Aussage, תבנית sei auf nichts anderes als auf die Menora zu beziehen, steht eine dezidierte Absage an das Konzept, daß das gesamte Heiligtum nach einem himmlischen תבנית gebaut worden sei; eine polemische Tendenz ist nicht auszuschließen.

In *BamR 15,10* findet sich eine weitere Tradition zur Entstehung des Leuchters. Das Motiv der Herabkunft des himmlischen Leuchters läßt vermuten, daß dieser Text von *bMen 29a* beeinflußt ist, vermutlich bezieht sich dieses Motiv auf das später im Text erscheinende Zitat von Ex 25,40.

Die sich zunächst anschließende Auslegung basiert auf Ex 25,31: Der Satz wird in seine syntaktischen Einheiten zerlegt, die dann jeweils für sich Einzelaussagen des Gesprächs bilden. Der thematische Hintergrund ist durch die etymologische Verknüpfung von קשה und מקשה gegeben.

Nach dem Scheitern Moses bei der Herstellung des Leuchters gelingt dies Bezalel, denn – so die Namensätiologie – er stand im Schatten Gottes (בצל אל), als dieser Mose die Verfertigung der himmlischen Geräte zeigte.

Die ursprüngliche Fassung dieses Midrasch bietet *BamR 15,10*; in TanB *b^{e}ha'alot^{e}kha* §11 fehlt die Auslegung des letzten Teils von Ex 25,31; auch das Erzählelement vom Zeigen der Münze gehört nicht ursprünglich zu diesem Midrasch, sondern ist sekundär von einer Auslegung zu Ex 30,12 über das Lösegeld der Gemusterten[22] eingedrungen.

Der Tradent der Auslegung, R. Levi, ist ein palästinischer Amoräer der dritten Generation; die Bezeichnung 'Sohn Rabbis' ist nicht als tatsächliche Verwandtschaftsangabe zu verstehen, sondern "ist dem Namen des großen Agadisten wahrscheinlich von einem späteren Tradenten in auszeichnender Weise beigefügt worden"[23].

---

22 Vgl. *yShek 1,6 (46b)*: "Es sprach R. Meir: Eine Art Münze aus Feuer holte der Heilige, gepriesen sei Er, unter dem Thron seiner Herrlichkeit hervor, zeigte sie Mose und sagte zu ihm: '*Dies* sollen sie geben' (Ex 30,13). [Lies hier:] wie dies sollen sie geben."– S.a. PesR 10 (40a); BamR 12,3 (45d); TanB ki tissa §7 (54b/55a); Tan ki tissa §9 (154a); TanB naso §19 (18a). – Zur Auslegungstechnik siehe *bMen 29a*, Textgruppe 2, S. 31 f. זז wird hier zudem als Derivat der aramäischen Wurzel אזה bzw. אזא – 'anzünden, heizen' (vgl. Dan 3,19.22) verstanden; vgl. auch MTeh 68 §5 (159a); hierzu: W.G. BRAUDE, Pesikta Rabbati, New Haven/London 1968, Bd. I, S. 190, Anm. 86.
23 W. BACHER, Die Agada der Palästinensischen Amoräer, Bd. II, Straßburg 1896, S. 296, Anm. 1.

Textgruppe 7

PesK 1 (4b/5a)

R. Simeon von Sichnin sagte im Namen des R. Levi: In der Stunde, in welcher der Heilige, gepriesen sei Er, zu Mose sprach: 'Mache mir eine Wohnung', sollte er da etwa vier Stangen bringen und die Wohnung darüber ausbreiten? Es lehrt vielmehr, daß der Heilige, gepriesen sei Er, Mose rotes, grünes, schwarzes und weißes Feuer zeigte und zu ihm sprach: Mache mir eine Wohnung.

Da sprach Mose zum Heiligen, gepriesen sei Er: Herr der Welten, woher habe ich rotes, grünes, schwarzes und weißes Feuer? Er sagte zu ihm: "Entsprechend ihrem Vorbild (כתבניתם), das dir auf dem Berge gezeigt worden ist" (Ex 25,40). R. Berechja [sagte] im Namen des R. Levi: [Dies gleicht] einem König, der vor seinem Haussohn in einem Kleid voller Perlen erschien. Er sprach zu ihm: Mache mir ein solches. Da sagte er zu ihm: Mein Herr König, woher habe ich ein solches Kleid voller Perlen? Er sprach zu ihm: Du mit deinen Farben und ich mit meiner Herrlichkeit. So sprach auch der Heilige, gepriesen sei Er, zu Mose: Wenn du das, was oben ist, unten machst, dann verlasse ich meine Ratsversammlung oben und steige herab und beschränke meine Schechina zwischen euch unten. Wie oben "Seraphen stehen" (Jes 6,2), so unten: "Akazienhölzer, die stehen" (Ex 26,15); wie oben Sterne sind, so sind unten Haken. Es sprach Abba: Dies lehrt, daß die goldenen Haken in der Wohnung erscheinen wie die Sterne, die am Firmament erscheinen.

Yalq t^eruma §369 (109c)

ShirR zu Cant 3,11 (22d): R. Josua im Namen des R. Levi ...; R. Berechja im Namen R. Bezalels

MHG Shem S. 754

R. Josua im Namen des R. Levi ...; R. Berechja im Namen R. Bozlas ...;
am Schluß anders: "Wie oben Seraphen stehen" (Jes 6,2), so unten: "Akazienhölzer, die stehen" (Ex 26,15). So wie oben Keruben [sind], denn es heißt: "Er thront auf den Keruben" (Ps 80,2), so unten: "Und es waren Keruben" (Ex 37,9). Wie oben: "Und die Räder neben ihnen" (Ez 1,19), so unten: "Und die Räder waren wie Wagenräder" (I Reg 7,33). So wie oben Sterne sind, so unten. Es sprach R. Chija bar Abba ...

ShemR 35,6 (63d/64a)

Eine andere Auslegung: "Du sollst die Bretter machen für die Wohnung" (Ex 26,15). Es sprach R. Abin: Ein Gleichnis von einem König, der ein schönes Bild besaß. Er sprach zu seinem Haussohn: Mache mir ein Bild, das dem gleich ist. Da sprach jener zu ihm: Mein Herr König, wie kann ich denn ein ihm gleiches machen? Er antwortet ihm: Du mit deinen Farben und ich mit meiner Herrlichkeit. So sprach Gott zu Mose: "Siehe und mache [entsprechend dem Vorbild, das dir auf dem Berge gezeigt worden ist]" (Ex 25,40). Da sprach er zu ihm: Herr der Welt, bin ich denn ein Gott, daß ich so etwas machen kann? Da sprach er zu ihm: "Entsprechend ihrem Vorbild" (Ex 25,40). "In Techelet und Argaman und Tola'at Schani"[24] (Ex 26,1). Und so, wie du es oben siehst, so mache es unten, denn es heißt: "Akazienhölzer, die stehen" (Ex 26,15) – wie sie im Himmelsheer gegeben sind. Und wenn du das, was oben ist, unten machst, dann verlasse ich meine Ratsversammlung oben und lasse meine Schechina zwischen euch unten wohnen. Wie oben "Seraphen stehen" (Jes 6,2), so unten: "Akazienhölzer, die stehen" (Ex 26,15). Wie oben Sterne, so auch unten. Es sprach R. Chija bar Abba: Dies lehrt, daß die goldenen Haken in der Wohnung erscheinen, wie die Sterne am Firmament erscheinen.

BamR 12,8 (48b)

R. Josua von Sichnin sagte im Namen des R. Levi: In der Stunde, in der der Heilige, gepriesen sei Er, zu Mose sprach: 'Macht mir eine Wohnung', sollte er da [etwa] vier Stangen aufstellen und die Wohnung darüber ausbreiten? Es lehrt vielmehr, daß der Heilige, gepriesen sei Er, Mose oben rotes, grünes, schwarzes und weißes Feuer zeigte und zu ihm sprach: "Entsprechend ihrem Vorbild, das dir auf dem Berge gezeigt worden ist" (Ex 25,40).

R. Berechja im Namen R. Bozlas: [Das gleicht] einem König, der ein vorzügliches perlenbesetztes Kleid hatte. Er sprach zu seinem Diener: Mache mir ein solches. Da sagte er zu ihm: Mein Herr König, wie kann ich so etwas machen? Er sprach zu ihm: Ich mit meiner Herrlichkeit und du mit deinen Farben. So sprach auch Mose vor dem Heiligen, gepriesen sei Er: Mein Gott, wie kann ich so etwas machen? Er sprach zu ihm: "Entsprechend ihrem Vorbild ... In Techelet und Argaman, Tola'at Schani und Schesch" (Ex 26,1).

Der Heilige, gepriesen sei Er, sprach zu Mose: Wenn du das, was oben ist, unten machst, dann verlasse ich meine Ratsversammlung oben und werde heruntersteigen und beschränke meine Schechina zwischen ihnen unten. Oben: "Seraphen stehen" (Jes 6,2) – auch unten: "Akazienhölzer, die stehen" (Ex 26,15). Es ist hier nicht geschrieben: Stelle auf (העמד), sondern: "stehen" – wie sie im Himmelsheer oben gegeben sind, denn es heißt: "Seraphen stehen über ihm" (Jes 6,2). Wie oben Sterne, so auch unten. Es sprach R. Chija ben Abba: Dies lehrt, daß die goldenen Haken in der Wohnung erscheinen wie die Sterne, die am Firmament befestigt sind.

PesR 20 (98a/b)

Sofort, als Mose in die Höhe gestiegen war, öffnete der Heilige, gepriesen sei Er, die sieben Himmel und zeigte ihm das Heiligtum oben (בית המקדש של מעלה) und zeigte ihm die vier Farben,

---

24 Auf Grund der nicht eindeutigen Zuordnung der modernen Farbbegriffe zu denen der Antike wurde hier bewußt auf eine Übersetzung verzichtet. Nach G. SCHOLEM lassen sich die Bezeichnungen folgendermaßen umschreiben: Techelet – reines Blau; Argaman – rot, blau bis violett, schimmerndes Purpur; Tola'at Schani – Scharlach- oder Karmesinrot; Schesch, der gezwirnt ist – glänzendes Weiß (G. SCHOLEM, Farben und ihre Symbolik in der jüdischen Überlieferung und Mystik, in: Die Welt der Farben, Eranos-Jahrbuch 41 (1972), S. 1-50, hier: S. 11).

mit denen er die Wohnung gemacht hatte, denn es heißt: "Errichte die Wohnung {entsprechend ihrer Vorschrift, die dir auf dem Berge gezeigt worden ist}" (Ex 26,30). Er sprach vor ihm: Herr der Welt, ich kenne nicht die irdische Entsprechung[25] der vier Farben.

Er sagte zu ihm: Wende Dich {nach rechts}. Er wandte sich um und sah eine Schar von Engeln, gekleidet mit einem Gewand, das dem Meer ähnelte. Er sprach zu ihm: Das ist "Techelet". Er sagte zu ihm: Wende dich nach links. Er wandte sich um und sah Menschen, gekleidet mit einem roten Gewand. Er sprach zu ihm: Was siehst du? Er sagte zu ihm: Menschen, gekleidet mit einem roten Gewand. Er sprach zu ihm: Das ist "Argaman". Er wandte sich nach hinten und sah eine Schar, die weder mit roten noch mit grünen Gewändern bekleidet war. Er sagte zu ihm: Das ist "Tola'at Schani". Er wandte sich nach vorn und sah vor sich Scharen, gekleidet mit einem weißen Gewand. Das ist "Schesch", der gezwirnt ist.

Interpretation

Die ursprüngliche Fassung dieses Midrasch ist vermutlich *PesK 1* (4b/5a)[26]; *BamR 12,8* und *ShemR 35,6* führen noch zusätzlich Ex 26,1 als Schriftbeleg für die Farben an; *MHG Shem S. 754* hat - vermutlich beeinflußt durch *ShemR 33,4* (61c/d)[27] - Erweiterungen im Schlußteil. *ShemR 35,6* belegt eine andere Version des Gleichnisses, die auch in *ShirR zu Cant 3,11* eingedrungen ist.

Alle Versionen nennen R. Levi, einen Amoräer der dritten Generation, als Autor des ersten Textteils; das Gleichnis vom Bild wird im Namen des R. Abin tradiert; es kann jedoch nicht entschieden werden, ob es sich um R. Abin I, einen Amoräer der vierten Generation, oder um R. Abin II aus der darauffolgenden Generation handelt[28].

Ob das Gleichnis von der Anfertigung des Kleides ursprünglich mit R. Levi oder mit R. Bezalel[29] verbunden war, ist ebenfalls unsicher; vermutlich wurde die Lesart "R. Levi" aber durch den Beginn des Textes beeinflußt, so daß R. Bezalel, ein Amoräer des 4. Jhdts.[30], als Tradent angesehen werden müßte. In jedem Falle entstammt auch dieses Gleichnis der amoräischen Zeit. In *PesK 1* (4b/5a) *par.* erscheinen verschiedene Konzepte zum Verhältnis von Heiligtum und himmlischer Welt. Wenn im Schlußteil der Texte die Seraphen mit den Akazienhölzern und die Sterne mit den Haken der Wohnung verbunden werden, so entspricht dies einer frühen, bereits für die babylonischen und ägyptischen Tempel belegten Heiligtumstradition: Der Tempel ist Mikrokosmos, imago mundi, der die einzelnen Teile der Welt symbolisiert und repräsentiert[31]. Die Verknüpfung der Seraphen mit den Akazienhölzern, die auf der Basis von Jes 6,2 und Ex 26,15 durch Gezera Schawa hergestellt wird, ist auch in *ShemR 33,4* belegt[32], die Kombination von den

---

25 Wörtlich: רמות = Abbild.
26 A. GOLDBERG, Schekhinah, S. 51. - P. KUHN, Gottes Selbsterniedrigung in der Theologie der Rabbinen (StANT 17), München 1968, S. 53, Anm. 222.
27 Siehe S. 111 f. dieser Arbeit.
28 H.L. STRACK/G. STEMBERGER, Einleitung in Talmud und Midrasch, S. 98.
29 Nach W. BACHER, Die Agada der Palästinensischen Amoräer, Bd. III: Die letzten Amoräer des heiligen Landes, Straßburg 1899, S. 667, Anm. 2.
30 W. BACHER, Die Agada der Palästinensischen Amoräer, Bd. III, S. 666 f.
31 Hierzu S. 21 ff. dieser Arbeit.
32 Vgl. S. 114 dieser Arbeit.

Sternen und den Haken der Wohnung geht auf die tannaitische Zeit zurück. In einer Baraita in bShab 99a heißt es nämlich: "Die Haken an den Schleifen sahen aus wie die Sterne am Firmament"[33]. Das Gleichnis vom König, dessen Diener ihm nach einem Vorbild ein kostbares Kleid bzw. Bild anfertigen soll, läßt eher an die Vorstellung eines himmlischen Urbildes denken, nach dem die irdische Wohnung gestaltet wurde. Auf der Sachhälfte entspricht der Schau des Kleides bzw. des Bildes allerdings nicht die Schau der himmlischen Wohnung, sondern die der vier Farben: Aus *ShemR 35,6* und *BamR 12,8*, die explizit auf Ex 26,1 verweisen, geht deutlich hervor, daß dieser Vers zum Verständnis von Ex 25,40 herangezogen werden muß. Auslegungstechnisch werden so zwei getrennte Sätze enger zusammengezogen, als vom ursprünglichen Schriftsinn intendiert war[34]. Das Possessivsuffix der 3. Person Plural an dem Ausdruck תבנית ist auf die im folgenden Vers genannten Farben zu beziehen. Mose sah also rotes, grünes, schwarzes und weißes Feuer als himmlisches Vorbild der vier Kultfarben Techelet, Argaman, Tola'at Scheni und Schesch[35], der gezwirnt ist.

Die Verbindung mit dem Gleichnis legt es nahe, diese vier himmlischen Farben als pars pro toto des himmlischen Heiligtums zu verstehen[36].

Das Motiv der vier Farben impliziert auch eine Verbindung mit dem Konzept vom Heiligtum als imago mundi, wie es ja am Ende des Textes genannt wird, denn diese stehen in Relation zum Kosmos. Josephus entfaltet diese Farbsymbolik folgendermaßen:

"Die aus vier Stoffen gewobenen Vorhänge bezeichnen die Natur der Elemente; der Byssus [ἡ βύσσος = שׁשׁ] scheint nämlich die Erde zu bezeichnen, aus der der Flachs hervorwächst; der Purpur [ἡ πορφύρα = ארגמן] hingegen das Meer, das vom Blut der Fische rot gefärbt ist. Der Hyazinth [ὁ ὑάκινθος = תכלת] aber will die Luft darstellen und der Scharlach [ὁ φοῖνιξ = תולעת שני] mag ein Zeichen für das Feuer sein"[37].

PesK 1 (4b/5a) par. problematisiert das Konzept der Korrespondenz von himmlischen und irdischen Elementen. Die Differenz zwischen Himmel und Erde - so läßt sich aus dem Einwand Mose auf die göttliche Aufforderung schließen - ist zu groß, um eine analogia entis zwischen beiden Bereichen zuzulassen. Die Weiterführung des Textes begegnet diesem Unvergleichbarkeitsmotiv und verdeutlicht, daß die himmlischen Farben tatsächlich ein irdisches Pendant haben[38], nämlich die in Ex 26,1 genannten Kultfarben; entscheidend für den Wert des Heiligtums aber ist nicht diese Übersetzung himmlischer Elemente in irdische Korrelate, sondern die Herrlichkeit Gottes, seine Einwohnung in dem nach Menschenmaß[39]

33 Vgl. LeqT zu Ex 26,6 (91b); yMeg 1,14 (72c/d); Baraita di-Mlekhet ha-Mishkan §2, BHM III, S. 145.
34 J. HEINEMANN, Darkhe ha-aggada, S. 135 f.
35 G. SCHOLEM, Farben und ihre Symbolik, S. 13: "Das heißt also: die vier Farben, die Moses beim Bau der 'Wohnung' verwendete, entsprechen himmlischen Farben, in denen sich die Glorie Gottes manifestiert".
36 Vgl. aber K.E. GRÖZINGER, Ich bin der Herr, dein Gott. Eine rabbinische Homilie zum Ersten Gebot (PesR 20) (FJSt 2), Frankfurt a.M. 1976, S. 195, der betont, daß es lediglich um die Schau der vier Farben, und nicht um die des Tempels gehe.
37 Ant III §182; Fortsetzung des Zitats von S. 21 f. dieser Arbeit. Vgl. G. SCHOLEM, Farben und ihre Symbolik, S. 13. - J.R. BROWN, Temple and Sacrifice, S. 7. Nach PRE §11 (27b) ist der Staub der vier Enden der Erde rot, schwarz, weiß und grün; zur Entsprechung von Farben und Himmelsrichtungen: H. GESE, Anfang und Ende der Apokalyptik, dargestellt am Sacharjabuch, in: H.G., Vom Sinai zum Zion. Alttestamentliche Beiträge zur biblischen Theologie, München 1974, S. 202-230, hier: S. 15 f.; vgl. G. HÖLSCHER, Drei Erdkarten. Ein Beitrag zur Erkenntnis des hebräischen Altertums, Heidelberg 1949, S. 65.
38 A. GOLDBERG, Schekhinah, S. 51.
39 Vgl. TanB naso §19 (18a).

erbauten Heiligtum; diese ist, angesichts der irdischen Unzulänglichkeit, nichts anderes als Ausdruck der Liebe Gottes[40]. Eine anonyme Weiterbildung dieser Texte stellt *PesR 20 (98a/b)* dar: Das Motiv der Himmelsreise des Mose sowie das Motiv des himmlischen Heiligtums werden explizit genannt; die vier Farben, deren irdische Entsprechungen als Material für die Wohnung dienen, werden personifiziert und Mose einzeln gezeigt.

III.2 Himmlische Vorbilder des Gottesdienstes

Textgruppe 1

DevR 2,36 (104d)

Eine andere Auslegung: "Höre, Israel" (Dtn 6,4). Unsere Meister sagen: In der Stunde, in der Mose in die Höhe stieg, da hörte er die Dienstengel, die vor dem Heiligen, gepriesen sei Er, sagten: "Gepriesen sei der Name der Herrlichkeit seiner Königsherrschaft in alle Ewigkeit". Und er brachte es für Israel herab. Und warum spricht Israel es nicht so, daß es für alle bemerkbar[41] ist?

R. Assi sprach: Womit ist dies zu vergleichen? Einem, der Schmuck aus dem Königspalast gestohlen hatte, ihn seiner Frau gab und zu ihr sagte: Schmücke dich damit nicht so, daß es für alle bemerkbar[42] ist, sondern [nur] in deinem Hause.

Aber am Versöhnungstag, wenn sie rein sind wie die Engel, dann sprechen sie es für alle bemerkbar[43]: "Gepriesen sei der Name der Herrlichkeit seiner Königsherrschaft in alle Ewigkeit".

Yalq wa'ethannan §834 (291a): als Zitat aus *DevR* gekennzeichnet.

vgl. *DevR Liebermann S. 68 f.*: Kap. VII, Textgruppe 4.1, S. 133 f.

Tan q^edoshim §6 (221a)

... Wisse, daß in der Stunde, in der Mose in die Höhe stieg, er die Stimme der Dienstengel preisen hörte. So stieg er herab und lehrte Israel, daß sie flüsternd sagen sollen: "Gepriesen sei der Name der Herrlichkeit seiner Königsherrschaft in alle Ewigkeit".

zum Kontext: Kap. VII, Textgruppe 4.1, S. 132

---

40 Hierzu vgl. auch TanB b^eha'alot^ekha §9 (25a): Gott benützt die gewöhnlichen, von den Menschen hergestellten Kultgeräte und sagt: "Bei eurem Leben, um meiner Liebe zu euch willen erachte ich alles für untauglich und benutze das eurige ..."

41 Wörtlich: öffentlich.

42 Wörtlich: öffentlich.

43 Wörtlich: öffentlich.

Interpretation

Diese Texte erzählen, daß Mose während seiner Himmelsreise die Liturgie der Engel belauscht und das Wissen darum den Menschen herabbringt. Der himmlische Gottesdienst bildet somit den Maßstab für den irdischen; durch die Orientierung auf das himmlische Vorbild hin findet das Irdische seine Legitimation. In der Tat spiegelt sich in diesem Text die gottesdienstliche Praxis. Gewöhnlich wird die Formel "Gepriesen sei der Name der Herrlichkeit seiner Königsherrschaft" nach dem ersten Satz des 'Schema' leise gebetet; am Versöhnungstag dagegen wird die Benediktion laut ausgesprochen[44].

Da zu diesem Zeitpunkt die distanzschaffende Sünde nicht existiert, kann es zu einer vollkommenen Entsprechung zwischen Engeln und Menschen kommen. Diese Kongruenz formuliert PRE §46 (111a):

> "Der Satan[45] sah, daß am Versöhnungstag keine Sünde unter ihnen war. Er sprach vor dem Heiligen, gepriesen sei Er: Du hast ein Volk auf Erden, [das] wie die Dienstengel im Himmel [ist]. So wie die Dienstengel keine Gelenke haben, so steht Israel am Versöhnungstag auf den Füßen. So wie es für die Dienstengel kein Essen und kein Trinken gibt, so gibt es auch für Israel am Versöhnungstag kein Essen und kein Trinken. So wie die Dienstengel rein sind von aller Sünde, so ist auch Israel am Versöhnungstag rein von aller Sünde. So wie die Dienstengel Frieden untereinander haben, so hat auch Israel am Versöhnungstag Frieden untereinander."

De facto impliziert dieser Midrasch - trotz der Hochschätzung Israels am Versöhnungstag - dessen prinzipielle Unterlegenheit gegenüber den Engeln.

Da der Text in allen Versionen anonym tradiert wird und die Tradentenangaben für das Gleichnis zudem differieren, ist eine exakte Datierung des Midrasch nicht möglich.

Textgruppe 2

SifDev ha'azinu §306 (S. 341)

"Denn den Namen des Herrn rufe ich" (Dt 32,3). Wir finden, daß Mose den Namen des Heiligen, gepriesen sei Er, erst nach einundzwanzig Wörtern nennt. Von wem lernte er [dies]? Von den Dienstengeln. Denn die Dienstengel nennen den Namen erst, nachdem [sie] dreimal "Heilig" [gesagt

---

44 I. ELBOGEN, Der jüdische Gottesdienst, S. 22. 26. - J. HEINEMANN, Prayer in the Talmud. Forms and Patterns (SJ 9), Berlin/New York 1977, S. 135 f. Zur Verwendung der Formel im Tempelgottesdienst des Versöhnungstages vgl. mYom 3,8; 4,1; 4,2 und 6,2.

45 So mit Ed. Warschau 1851/52 mit Kommentar von D. Lurya; andere Lesart: Samael; siehe Ed. Warschau 1879, S. 93; Codex C.M. HOROWITZ, Jerusalem 1972, S. 169 und Ed. Wilna 1838, mit Kommentar von A.A. BRODA, o.S. und die Ausgabe von M. HIGGER, Pirke de Rabbi Eliezer, in: Horeb 8 (1944), S. 82-119; Horeb 9 (1946 f.), S. 94-166 und Horeb 10 (1948), S. 185-294, hier: S. 233.

haben], denn es heißt: "Und einer rief dem anderen zu und sagte: Heilig, heilig, heilig ist der Herr der Heerscharen" (Jes 6,3). Moses sprach: Es ist genug, daß ich 1/7 der Dienstengel bin.

MTann zu Dtn 32,3 (S. 186): fast wörtlich

TFrag zu Dtn 32,3

Moses, der Prophet, sagte: Wehe den Frevlern, die den heiligen Namen lästern, denn keinem der Engel der Höhe ist es möglich, den unaussprechlichen Gottesnamen zu nennen, bevor sie nicht dreimal gesagt haben: "Heilig, heilig, heilig" (Jes 6,3). Von ihnen lernte Moses und sprach den unaussprechlichen Gottesnamen nicht aus, ehe er nicht seinen Mund vorbereitete mit 21 Wörtern, die aus 85 Buchstaben bestehen ...

TPsJ z.St.: fast wörtlich
CN z.St: ... denn keinem der Dienstengel ist es möglich, den heiligen Namen zu nennen ...

Interpretation

Nach diesen anonym tradierten Texten ist das himmlische Geschehen die Richtschnur für das kultische Verhalten der Menschen; der Ausspruch des Mose impliziert zudem eine prinzipielle Anerkennung der himmlischen Superiorität. Das für die Engel typische Liturgieelement ist Jes 6,3; der Gottesname wird nach drei Wörtern genannt. Dem korrespondiert als irdisches Pendant das Sanktus der Gemeinde[46]. Sowohl in der Keduscha, die während des Morgengebets bei der Wiederholung des Achtzehngebets[47] gesprochen wird, als auch in der des Mussaf-Gebets[48] wird auf Grund der Einleitungen der Gottesname erst nach 21 Wörtern genannt. Die Angabe über die Zahl der Buchstaben, wie sie *TFrag zu Dtn 32,3* noch gegeben wird, läßt sich dagegen nur an der Einleitung zur Keduscha des Mussaf-Gebets verifizieren.

---

46 Allgemein zur Keduscha: I. ELBOGEN, Der jüdische Gottesdienst, S. 61 ff. Speziell zur Relation von himmlischem und irdischem Sanktus: Kapitel IV, S. 62 ff. dieser Arbeit; dort weitere Literaturangaben.
47 Z.B. Sidur Safa Berura, S. 41.
48 Z.B. Sidur Safa Berura, S. 126.

III.3 Die praemundane Erschaffung des himmlischen Heiligtums

Textgruppe 1

SifDev 'eqev §37 (S. 70)

Und so findest du es auch nach der Art und Weise Gottes, daß jedes, das geliebt ist, seinem Nächsten vorhergeht. Die Tora, weil sie geliebter ist als alles, wurde vor allem erschaffen, denn es heißt: "Der Herr erwarb mich am Anfang seines Weges, vor seinen Werken, von jeher" (Prov 8,22), und es ist gesagt: "Von Ewigkeit her bin ich geweiht, von Anfang, vom Anbeginn der Erde" (Prov 8,23).

Das Heiligtum (בית המקדש), weil es geliebter war als alles, wurde vor allem erschaffen, denn es heißt: "Ein Thron der Herrlichkeit [in] der Höhe von Anfang an ist der Ort unseres Heiligtums" (Jer 17,12).

Das Land Israel, weil es geliebter war als alles, wurde vor allem geschaffen, denn es heißt: "Bevor er das Land und das Draußen gemacht hatte, [der Anfang des Staubes des Festlandes]" (Prov 8,26).

Yalq sh^elaḥ §743 (243d)
Yalq Prov §943 (490b)

Textgruppe 2.1

bPes 54a

Es wurde gelehrt: Sieben Dinge wurden geschaffen, bevor die Welt geschaffen wurde, und das sind sie: die Tora, die Buße, der Garten Eden, der Gehinnam, der Thron der Herrlichkeit, das Heiligtum (בית המקדש) und der Name des Messias ... Der Thron der Herrlichkeit und das Heiligtum, denn es heißt: "Der Thron der Herrlichkeit [in] der Höhe von Anfang an ist der Ort unseres Heiligtums" (Jer 17,12).

Yalq Jer §298 (413a): Es lehrten unsere Lehrer ...; als Zitat aus *bPes 54a* gekennzeichnet.

MHG Ber S. 8: mit geringfügigen Änderungen. Die Motive "Thron der Herrlichkeit" und "Heiligtum" sind in der Reihenfolge vertauscht.

bNed 39b

Es wurde gelehrt: ... Der Thron der Herrlichkeit, denn es heißt: Fest ist dein Thron von jeher ... (Ps 93,2). Das Heiligtum, denn es heißt: ... (Jer 17,12).

MMish 8,9 (30a)

Dort lehrten sie: ... Die Tora[49], der Thron der Herrlichkeit, der Tempel (היכל), die Umkehr, der Garten Eden, der Gehinnam und der Name des Messias.

Pirqe Rabbenu ha-Qadosh 7,1
Sefer ha-Liqquṭim III (S. 76)
OsM S. 512b

Sieben Dinge wurden vor der Erschaffung der Welt geschaffen: Der Thron der Herrlichkeit, das Heiligtum, die Tora, der Garten Eden, die Umkehr, der Gehinnam, der Name des Messias.

Textgruppe 2.2

PRE §3 (5b-6b)

Als die Welt noch nicht geschaffen war, da war der Heilige, gepriesen sei Er, und sein großer Name allein, und es stieg in seinen Gedanken auf, die Welt zu schaffen, und er zeichnete vor sich die Welt auf, und sie stand nicht. Sie machten ein Gleichnis: Womit ist die Sache zu vergleichen? [Sie gleicht] einem König, der seinen Palast bauen möchte. Wenn er seine Fundamente, seine Eingänge und Ausgänge nicht auf die Erde gezeichnet hat, fängt er nicht zu bauen an.

So zeichnete auch der Heilige, gepriesen sei Er, vor sich die Welt, und sie stand nicht, bis er die Umkehr schuf. Sieben Dinge wurden geschaffen, als die Welt noch nicht geschaffen war. Und das sind sie: die Tora, der Gehinnam, der Garten Eden, der Thron der Herrlichkeit, das Heiligtum (בית המקדש), die Buße und der Name des Messias ...

Der Thron der Herrlichkeit, woher? Denn es heißt: "Fest ist dein Thron von jeher" (Ps 93,2). - "Von jeher" [meint]: als die Welt noch nicht erschaffen war. Das Heiligtum, woher? Denn es heißt: "Der Thron der Herrlichkeit [in] der Höhe von Anfang an [ist die Stätte unseres Heiligtums]" (Jer 17,12). "Von Anfang an" [meint]: als die Welt noch nicht erschaffen war[50].

---

49 Zur praemundanen Erschaffung der Tora vgl. auch Ginzé Midrash Mishle 2, in: Z.M. RABINOWITZ, Ginzé Midrash. The Oldest Forms of Rabbinic Midrashim according to Geniza Manuscripts, Tel Aviv 1976, S. 235.

50 Vgl. die Aufnahme von PRE §3 in M. GASTER (Hrsg.), The Chronicles of Jerahmeel or the Hebrew Bible Historiale, London 1899, S. 5.

Pesiqta Ḥadeta
BHM VI, S. 59
OsM S. 494b

Als in Gedanken des Heiligen, gepriesen sei Er, aufstieg, die Welt zu erschaffen, dachte er darüber nach, wie er die Welt schaffen könnte, so daß sie auch Bestand hätte. Wegen der Sünde des Menschen, die er in Zukunft begehen würde, schuf er zuvor die Umkehr und danach schuf er die Welt. Und sieben Dinge wurden geschaffen, bevor er die Welt schuf. Und das sind sie: Die Tora, der Thron der Herrlichkeit, der Garten Eden, der Gehinnam, die Umkehr, das Heiligtum und der Name des Messias.

SER 31(29) (S. 160)

Sechs Dinge wurden vorher [vor der Weltschöpfung] geschaffen: Tora, Gehinnam, Garten Eden, Thron der Herrlichkeit, Name des Messias und das Heiligtum ...

Es schließen sich die Schriftbeweise und zusätzliche Erweiterungen zum 'Gehinnam' an.

MTeh 90 §12 (196a/b)

R. Abbahu ben Ze'ira sagte: Groß ist die Umkehr, denn sie ging der Erschaffung der Welt voraus. Und was ist die Umkehr? Eine Hallstimme, die ausruft: "Kehrt um, Menschenkinder!" (Ps 90,3).
Sieben Dinge gingen der Welt um 2000 Jahre voraus: die Tora, der Thron der Herrlichkeit, der Garten Eden, der Gehinnam, die Umkehr, das obere Heiligtum (בית המקדש של מעלה) und der Name des Messias. Und wohin war die Tora geschrieben? Mit schwarzem Feuer auf weißes Feuer, und sie lag auf den Knien des Heiligen, gepriesen sei Er, und der Heilige, gepriesen sei Er, saß auf dem Thron der Herrlichkeit, und der Thron der Herrlichkeit war durch die Gnade des Heiligen, gepriesen sei Er, über dem Firmament bereitet, der sich über den Köpfen der Tiere befindet – aber die Tiere waren zu dieser Stunde noch nicht. Und der Garten Eden befand sich zur Rechten des Heiligen, gepriesen sei Er, und der Gehinnam zur Linken, und das Heiligtum (בית המקדש) war vor ihm errichtet, und der Name des Messias war eingegraben auf einen kostbaren Stein auf dem Altar ...

Parallele: Fragment zu MTeh, BHM V, S. 164

TanB naso §19 (17b/18a)

Es lehre uns unser Lehrer: Wieviele Dinge gingen dem Schöpfungswerk voran? So lehrten unsere Lehrer: Sieben Dinge gingen der Welt voran. Und das sind sie: der Thron der Herrlichkeit, die

Tora, das Heiligtum, die Väter der Welt, {Israel}, der Name des Messias, die Umkehr. Und manche sagen: Auch der Garten Eden und der Gehinnam ... (es folgen die Schriftbeweise ...).

Komm und sieh: In der Stunde, als der Heilige, gepriesen sei Er, Mose befahl, Israel zu sagen, sie sollten ihm eine Wohnung machen, da sprach der Heilige, gepriesen sei Er, zu Mose: Sage zu Israel: Wenn man so sagen kann, nicht, weil ich nichts habe, wo ich wohne, sage ich euch, ihr sollt mir eine Wohnung machen. Als die Welt noch nicht erschaffen war, siehe, da war mein Heiligtum oben schon erbaut (מקרשי בנוי למעלה), denn es heißt: "Der Thron der Herrlichkeit [in] der Höhe von Anfang an" (Jer 17,12). Und dort ist der Tempel (היכל) für meinen Thron erbaut, denn es heißt: "Der Herr ist in seinem heiligen Tempel usw." (Hab 2,20). Und auch Jesaja sagte: "Und ich sah den {Herrn} sitzen auf einem hohen und erhabenen Thron" (Jes 6,1).

Aber der Liebe zu euch wegen verlasse ich das obere Heiligtum, das bestand, als die Welt noch nicht erschaffen war, und ich will herabsteigen und unter euch wohnen, denn es heißt: "{Und sie sollen mir ein Heiligtum machen} und ich will unter ihnen wohnen" (Ex 25,8).

YalqM Teh 11 §12 (35a): am Anfang kürzer. Hinweis auf *Tan* und *TanB*

Tan naso §11 (253b/254a)

Es lehre uns unser Lehrer: Wieviele Dinge gingen dem Schöpfungswerk voran? So lehrten unsere Lehrer: Sieben Dinge wurden geschaffen, bevor die Welt geschaffen war. Das sind sie: Der Thron der Herrlichkeit, die Tora, das Heiligtum, die Väter der Welt, Israel, der Name des Messias, die Umkehr und manche sagen: Auch der Garten Eden und der Gehinnam ... (es folgen die Schriftbeweise).

Komm und sieh: In der Stunde, in der der Heilige, gepriesen sei Er, Mose befahl, Israel zu sagen, sie sollten ihm eine Wohnung machen, da sprach der Heilige, gepriesen sei Er, zu Mose: Mose, siehe, mein Heiligtum ist oben erbaut (מקרשי בנוי למעלה), denn es heißt: "Der Thron der Herrlichkeit [in] der Höhe von Anfang an" (Jer 17,12). Und dort ist der Tempel (היכל) erbaut, denn es ist gesagt: "Der Herr ist in seinem heiligen Tempel, es sei stille vor ihm die ganze Erde" (Hab 2,20). Und dort ist der Thron seiner Herrlichkeit erbaut, denn es ist gesagt: "Der Herr hat seinen Thron im Himmel errichtet" (Ps 103,19). Und auch Jesaja sagt: "[Und ich sah den Herrn] sitzen auf einem hohen und erhabenen Thron und sein Saum füllt den Tempel" (Jes 6,1). Aber der Liebe zu euch wegen verlasse ich das obere Heiligtum, das bestand, als die Welt noch nicht erschaffen war, und ich werde herabsteigen und unter euch wohnen, denn es heißt: "Und ich will unter den Kindern Israels wohnen" (Ex 29,45). Und es ist geschrieben: "Und sie sollen mir ein Heiligtum machen, und ich will unter ihnen wohnen" (Ex 25,8).

Kommentar des David Kimchi zu Jer 17,12

Und unsere Lehrer legten [dies] in Bezug auf das Heiligtum aus, denn sie sagten: Sieben Dinge wurden erschaffen, bevor die Welt erschaffen wurde. Und eins davon ist der Ort des Heiligtums, wie es heißt: ... (Jer 17,12). "Von Anfang an" (מראשון) - bevor die Welt erschaffen wurde.

s.a. die Fortsetzung in Kap. V, Textgruppe 6.2, S. 81 f.

MMishRbti zu Prov 8,9 (10a)

Dort lehrten sie: Sieben Dinge wurden geschaffen, bevor die Welt erschaffen wurde. Und das sind sie: Thron der Herrlichkeit, König Messias ... Tora ... Israel ... Umkehr ... Gehinnam ...[51].

Interpretation

Die oben genannten Texte nennen insgesamt neun Elemente, die bereits vor der Weltschöpfung von Gott erschaffen wurden. *SifDev §37* führt die Tora, das Heiligtum und das Land Israel an, in den anderen Midraschim sind die Motive Tora, Thron der Herrlichkeit, Heiligtum und der Name des Messias konstant, wohingegen die anderen Elemente - die Umkehr, die Väter und Israel, der Garten Eden und der Gehinnam - variabel sind.

SifDev §37	bPes 54a	SER 31(29)	TanB naso §19	MMish Rbti zu Prov 8,9
Tora	Tora	Tora	Thron der Herrlichkeit	Thron der Herrlichkeit
Heiligtum	Umkehr	-	Tora	König Messias
Land	Garten Eden	Gehinnam	Heiligtum	Tora
	Gehinnam	Garten Eden	Väter der Welt	Israel
	Thron	Thron	Israel	Heiligtum
	Heiligtum	Name des Messias	Name des Messias	Umkehr
	Name des Messias	Heiligtum	Umkehr	Gehinnam
			Manche sagen: Garten Eden Gehinnam	

---

51 MTeh 72 §6 (164a) nennt nur die ersten drei Glieder der Aufzählung; hierzu: G. SCHIMANOWSKI, Weisheit und Messias (WUNT 2. Reihe 17), Tübingen 1985, S. 265.

Dieselben Elemente wie *bPes 54a* in anderer Reihenfolge:

MMish 8,9

Ma'ase Tora, siehe Kap. V, Textgruppe 6.2, S. 81 f.

Ḥuppat Eliyyahu, siehe Kap. V, Textgruppe 6.2, S. 81 f.

Pirqe Rabbenu

PRE §3

Pesiqta Ḥadeta

MTeh 90 §12: "oberes Heiligtum"

Vermutlich lagen zunächst einzelne Elemente vor, die man im Laufe des Traditionsprozesses zu verschiedenen Gruppen zusammenfaßte[52]. Am weitesten verbreitet ist - aus obiger Zusammenstellung unschwer zu erkennen - die Siebenzahl, die ja auch sonst in der Antike eine bedeutende Rolle spielt. Die Sechsergruppe basiert auf einem Al-Tiqre-Midrasch: Anstelle von בְּרֵאשִׁית wird בָּרָא שִׁית gelesen: er schuf sechs [Dinge][53].

Hier interessieren speziell die Aussagen zum praemundan erschaffenen Heiligtum[54]. Jer 17,12 bildet den traditionellen Schriftbeweis: מָרוֹם - 'Höhe' wird als himmlischer Wohnort Gottes verstanden[55], מֵרִאשׁוֹן - 'von Anfang an' belegt die Erschaffung am Beginn des Schöpfungswerkes; implizit klingt der Hinweis auf den Ausdruck בְּרֵאשִׁית in Gen 1,1 an. Der Vers muß also folgendermaßen gelesen werden: "Der Thron der Herrlichkeit [in] der Höhe von Anfang an ist die Stätte unseres Heiligtums".

Frühester Beleg der Tradition ist die Baraita[56] in *bPes 54a* bzw. *bNed 39b*, die in ihrer knappen Formulierung keine explizite Aussage über den Modus der praemundanen Existenz macht; auf Grund der Rezeption von Jer 17,12 kann man aber durchaus annehmen, daß ursprünglich an eine reale Existenz gedacht wurde. Dies gilt sicher ebenso für den anonym tradierten Midrasch in *SifDev §37*, der wohl auch zu den relativ frühen Belegen des Motivs gerechnet werden muß.

In diesem Sinne versteht auch der spätere anonym tradierte Text *MTeh 90 §12*[57] diese Baraita, wenn explizit vom oberen Heiligtum, das 2000 Jahre vor der Weltschöpfung[58] erschaffen wurde, gesprochen wird; die Fortsetzungen der Texte in *TanB naso §19* bzw. *Tan naso §11* bilden einen

---

52 A.J. HESCHEL, Tora min ha-shamayim, Bd. I, London/New York 1962, S. 226. - A. GOLDBERG, Schöpfung und Geschichte. Der Midrasch von den Dingen, die vor der Welt erschaffen wurden, in: Judaica 24 (1968), S. 27-44, hier: S. 35. Zur Problematik der traditionsgeschichtlichen Fragestellung: G. SCHIMANOWSKI, Weisheit und Messias, S. 237.

53 Aram. שִׁית = hebr. שֵׁשׁ. Es handelt sich hier um ein Notarikon zu בְּרֵאשִׁית; siehe: G. SCHIMANOWSKI, Weisheit und Messias, S. 271. Vgl. auch die anderen Midraschim dieser Auslegung: BerR 1,8 (9a) - sechs Urstoffe; MHG Ber S. 12 - sechs Richtungen des Raumes.

54 Zur Gesamtkonzeption der einzelnen Midraschim siehe: G. SCHIMANOWSKI, Weisheit und Messias, S. 233 ff. und A. GOLDBERG, Schöpfung und Geschichte, S. 27 ff.

55 Die LXX liest hier im Sinne des Partizip Hof'al zu רוּם ὑψώμενος, demgemäß die Übersetzung 'erhaben'; so auch in der Zürcher Bibel, der Jerusalemer Bibel und der Einheitsübersetzung. מָרוֹם als Wohnort Gottes: Jes 33,5; 57,15; Jer 25,30; Ps 102,20; Hi 25,2; II Sam 22,17 u.ö.

56 Zu den verschiedenen Einleitungsformeln: G. SCHIMANOWSKI, Weisheit und Messias, S. 238 f.

57 Das Dictum von R. Abbahu ben Ze'ira endet vermutlich mit dem Zitat von Ps 90,3.

58 Die exakte Zahlenangabe beruht auf einer Gezera Schawa, die Ps 90,4 mit Prov 8,30 kombiniert; hierzu: G. SCHIMANOWSKI, Weisheit und Messias, S. 255 f.

zusätzlichen Beleg für eine solche konkrete Auffassung. Wenn die Funktion dieses Motives auch darin besteht, den Plan Gottes aufzuzeigen, der von den Menschen im Laufe der Geschichte verwirklicht werden soll[59], so impliziert diese Vorstellung doch zunächst die prinzipielle Priorität der himmlischen Welt.

Andere Texte reduzieren das Motiv auf seinen funktionalen Aspekt und zeigen somit, daß das Mythologumenon vom praemundan erschaffenen Tempel keineswegs generell akzeptiert wurde. So versteht *PRE §3* unter dem praemundan erschaffenen Tempel nur noch den Bauplan für das irdische Heiligtum. Eine andere Weiterinterpretation zur Baraita in *bPes 54a* begegnet in BerR 1,4 (7c), wo zwischen einem tatsächlichen, realen Geschaffensein und einer ideellen Präexistenz, die wohl auch im Sinne eines Planes verstanden werden kann[60], unterschieden wird. Es heißt nämlich: "'Am Anfang schuf Gott' (Gen 1,1). Sechs Dinge gingen der Erschaffung der Welt voraus. Einige von ihnen wurden geschaffen, und einige von ihnen stiegen in Gedanken auf, um geschaffen zu werden. Die Tora und der Thron der Herrlichkeit wurden geschaffen ... Die Väter, Israel, das Heiligtum und der Name des Messias stiegen in Gedanken auf, um erschaffen zu werden ..."[61].

Die anonym tradierte Fortsetzung des Midrasch in *TanB naso §19* bzw. *Tan naso §11* reflektiert über die Gründe Gottes, seine Wohnung - angesichts der himmlischen Herrlichkeit - auf der Erde bei den Menschen zu errichten. Ausgangspunkt ist das Motiv der Existenz eines himmlischen praemundan erschaffenen Heiligtums, das ja schon in der Aufzählung zu Anfang der Texte genannt wurde. Den Schriftbeweis bildet wieder Jer 17,12. Jes 6,1 belegt die Existenz des himmlischen Tempels auf Grund des Ausdrucks רם ונשא [62]; Hab 2,20 ist als antithetischer Parallelismus membrorum zu lesen, der erste Halbvers bezieht sich auf den Himmel, der zweite auf die Erde[63].

Tan naso §11 führt als weiteren Beleg noch Ps 103,19 an, wo der Bezug zur himmlischen Welt durch den Begriff שמים gegeben ist.

Angesichts des qualitativen Abstands zwischen himmlischem und irdischem Heiligtum wird nach der Legitimation der irdischen Wohnung gefragt; weder ihre Entsprechung zum

---

59 A. GOLDBERG, Schöpfung und Geschichte, S. 44. - P. SCHÄFER, Zur Geschichtsauffassung des rabbinischen Judentums, in: A.G., Studien zur Geschichte und Theologie des rabbinischen Judentums (AGJU 15), Leiden 1978, S. 23-44, hier: S. 28.

60 A. GOLDBERG, Erlösung durch Leiden. Drei rabbinische Homilien über die Trauernden Zions und den leidenden Messias Efraim (PesR 34.36.37) (FJSt 4), Frankfurt a.M. 1979, S. 105.

61 Siehe auch: *YalqM Teh 74 §2 (3b)*, wie BerR 1,4: "... R. Huna im Namen R. Isaaks: Der Gedanke an Israel ging allem voran." - *MTeh 93 §3 (207b)*: "Dies ist eines von den sechs Dingen, die in Gedanken aufstiegen, bevor die Welt erschaffen wurde, und diese sind es: Der Thron der Herrlichkeit, der König Messias, die Tora und Israel und das Heiligtum und die Umkehr ..."; vgl. YalqM Teh 93 §7 (52a).- *Yalq Prov §942 (490b)*: "Manche sagen: Die Tora und der Thron der Herrlichkeit wurden geschaffen, die Umkehr, der Garten Eden, der Gehinnam, das Heiligtum und der Name des Messias stiegen in Gedanken auf, um geschaffen zu werden."

62 Der Bezug von Jes 6,1 f. auf das himmlische Heiligtum ist traditionell in der rabbinischen Exegese; vgl. S. 94 dieser Arbeit, Anm. 74.

63 Vgl. MRE S. 216: "[So ist es] die Regel [bei einem Menschen] aus Fleisch und Blut: Wenn er [d.h. der König] in seinem Palast ist, ist er nicht im Land [draußen], und wenn er im Land [draußen] ist, ist er nicht im Palast. Aber der Heilige, gepriesen sei Er, ist nicht so; er befindet sich ständig bei den Oberen und bei den Unteren, denn es heißt: 'Der Herr ist in seinem heiligen Tempel, stille vor ihm die ganze Erde' (Hab 2,20)".

himmlischen Heiligtum noch ihre Lokalisation diesem gegenüber bilden ein Kriterium, sondern lediglich die Liebe Gottes zu Israel. Gerade der Kontrast zwischen 'Urbild' und 'Abbild' veranschaulicht diese Liebe Gottes, "der das vorzeitliche, von Ihm selbst erschaffene Heiligtum gegen eine von Menschenhand errichtete 'Hütte' einzutauschen bereit ist, um bei ihnen [erg. seinem Volk] Wohnung zu nehmen".[64]

Dieser Faktor der Liebe Gottes führt also zu einer Verschiebung des traditionellen Wertsystems von der Priorität der himmlischen Welt; das Motiv von der praemundanen Erschaffung des himmlischen Heiligtums, wie es ja am Anfang des Textes im Midrasch von den "sieben Dingen, die der Welt vorangingen" erschien, wird zwar beibehalten, aber im Sinne einer Dominanz des Irdischen akzentuiert, so daß diese Auslegung einen weiteren Beleg für die kritische Auseinandersetzung mit dem Motiv der praemundanen Erschaffung des Heiligtums bildet.

Vermutlich impliziert dieser Midrasch durch die Ausdrucksweise: "Ich verlasse die Oberen ..." auch eine polemische Spitze gegen die Engel[65].

Textgruppe 3

TanB b^{e}ḥuqqotay §5 (55b)

"Wenn ihr in meinen Satzungen wandelt" (Lev 26,3). Was ist dort geschrieben: "Und ich will meine Wohnung unter euch geben" (Lev 26,11). Wenn ihr meine Gebote haltet, dann verlasse ich die Oberen und werde herabsteigen und unter euch wohnen, denn es heißt: "Und ich werde unter den Kindern Israels wohnen" (Ex 29,45). Denn deshalb zogen sie aus Ägypten, um die Wohnung zu machen und daß die Schechina unter ihnen wohne, denn es heißt: "Und sie werden erkennen, daß ich der Herr, ihr Gott, bin, welcher sie aus dem Lande Ägypten herausführte, damit ich unter ihnen wohne" (Ex 29,46). Und wenn sie meinen Willen tun, dann weicht meine Schechina nicht von ihnen. Weshalb? Es sprach R. Samuel bar Ammi[66]: Der Heilige, gepriesen sei Er, begehrte, daß er so, wie er oben eine Wohnung (דירה למעלה) hat, auch unten eine Wohnung (דירה למטה) habe. Denn so spricht er zum ersten Menschen: Wenn du es verdienst, dann mache ich dich zum König über die Unteren, so wie ich König über die Oberen bin ...[67]. Und er tat nicht so, denn als Adam sündigte, da entfernte er seine Schechina von ihm, und als Israel aufstand, sprach der

---

64 K.-E. GRÖZINGER, Ich bin der Herr, dein Gott, S. 193; vgl. in diesem Kontext auch A. MARMORSTEIN, The Old Rabbinic Doctrine of God, Bd. II: Essays in Anthropomorphism (JCP 14), London 1937, S. 82.

65 P. SCHÄFER, Rivalität zwischen Engeln und Menschen, S. 163, Anm. 22; dort weitere Texte.

66 So verbessert S. BUBER, TanB, z.St., Anm. 16, den Textbestand "R. Samuel bar Abba"; nach A. GOLDBERG, Schekhinah, S. 31, ist dies mit großer Wahrscheinlichkeit der ursprüngliche Tradent des ersten Satzes; *Midrash Aggada zu Lev 26,3* (S. 205) bestätigt diese Lesart.

67 Es folgt ein Einschub über die Erhöhung des Menschen, der nach A. GOLDBERG, Schekhinah, S. 21, ursprünglich nicht hierher gehört.

Heilige, gepriesen sei Er, zu ihnen: Ihr seid nur deshalb aus Ägypten ausgezogen, um mir eine Wohnung zu machen, und damit ich meine Schechina unter euch wohnen lassen kann, denn es heißt: "Sie sollen mir eine Wohnung machen [und ich werde in ihrer Mitte wohnen]" (Ex 25,8).

Midrash Jelamdenu
BatM I, S. 143

Es sprach R. Ammi: Der Heilige, gepriesen sei Er, begehrte ... Er [Adam] tat nicht so, sondern sündigte. Sofort entfernte er seine Schechina, denn es heißt: "Sie hörten die Stimme des Herrn, Gottes, wandeln (מתהלך) im Garten" (Gen 3,8). Bis Israel kam, und er kehrte zurück, um unter ihnen zu wohnen.

Midrash Aggada zu Lev 26,3 (S. 205)

Es sprach R. Ammi ... Wenn ihr die Tora haltet ...

TanB naso §24 (19a)

Als der Heilige, gepriesen sei Er, die Welt schuf, da begehrte er, daß er bei den Unteren eine Wohnung (דירה) habe, so wie er eine bei den Oberen hat. Er rief Adam und befahl ihm und sagte zu ihm: "Von allen Bäumen des Gartens kannst du essen, nur vom Baum der Erkenntnis von Gut und Böse sollst du nicht essen" (Gen 2,16). Dieser [aber] übertrat sein Gebot. Da sprach der Heilige, gepriesen sei Er, zu ihm: So sehr begehrte ich, daß ich so, wie ich eine Wohnung bei den Oberen habe (דירה בעליונים), auch eine bei den Unteren hätte! Und [nur] eine Sache gebot ich dir, und du hast sie nicht erfüllt! Sofort entfernte der Heilige, gepriesen sei Er, seine Schechina in den Rakia. Woher? Denn es heißt: "Und sie hörten die Stimme des Herrn, Gottes, wandeln im Garten zum Wind des Tages" (Gen 3,8).

Tan naso §16 (255a/b): R. Samuel ben Nachman
HS Rom: R. Samuel b. Abba
HS 4[68]: R. Samuel b. Chama

Interpretation

Der amoräische[69] Midrasch *TanB b^eḥuqqotay §5 par.* setzt die Vorstellung eines praemundan erschaffenen Heiligtums voraus, dem das untere als Zeichen der Gemeinschaft Gottes mit den

68 S. BUBER, Einleitung zu TanB, S. 71a.
69 Samuel bar Ammi ist ein Amoräer der vierten Generation.

Menschen korrespondieren soll; bezeichnend für den Text ist die Verbindung zwischen מֹשְׁכָּן und שְׁכִינָה , wie sie durch die Rezeption von Ex 25,8 zum Ausdruck kommt[70].

Gottes ursprünglicher und eigentlicher Plan war, dieses Entsprechungsverhältnis zu Beginn der Schöpfung in Kraft treten zu lassen; die tatsächliche zeitliche Differenz zwischen Weltschöpfung und Errichtung der irdischen Wohnung wird durch die Sünde Adams erklärt. Erst nach dem Auszug aus Ägypten konnte Gottes Ziel, die Gemeinschaft mit den Menschen mittels der Errichtung des Wüstenheiligtums, verwirklicht werden. Auszug und Einwohnung Gottes folgen aber nicht nur temporal aufeinander, sondern werden - ausgehend von der Präposition לְ in Ex 29,46 - auch final miteinander verbunden: Gott führte Israel mit dem Ziel aus Ägypten, die Gemeinschaft mit seinem Volk zu verwirklichen. Zeichen dafür ist die Errichtung der Stiftshütte.

TanB naso §24 erzählt ebenfalls vom Wunsch Gottes, zu Beginn der Schöpfung das irdische Heiligtum entsprechend dem himmlischen zu errichten, sowie von der Vereitelung dieses Plans durch Adams Sünde. Speziell der letzte Punkt bestimmt die Erzählung; das Motiv vom Auszug aus Ägypten und von der Errichtung der Stiftshütte wird nicht genannt. Die Entfernung der Schechina begründet sich exegetisch auf dem Verb מִתְהַלֵּךְ in Gen 3,8[71].

Da dieser Midrasch im Namen verschiedener Tradenten überliefert ist, läßt er sich zeitlich nicht fixieren, vermutlich handelt es sich um einen amoräischen Midrasch.

Gesamtinterpretation

Innerhalb des Vorstellungskomplexes von der Priorität der himmlischen Welt kann das Verhältnis von himmlischem und irdischem Heiligtum als Urbild-Abbild-Relation beschrieben werden: Der himmlische Tempel diente bei der Erbauung des irdischen Heiligtums als Modell.

Dieses Motiv, auf das in der Sekundärliteratur häufig hingewiesen wurde[72], scheint bereits in zwischen- bzw. neutestamentlicher Zeit ein verbreiteter Topos gewesen zu sein. In Weish 9,8,

---

70 Vgl. auch S. 120 dieser Arbeit.
71 Hierzu siehe auch: BerR 3,9 (14c); BamR 13,6 (52c); PesR 7 (27b); diese Texte mit Kommentar bei A. GOLDBERG, Schekhinah, S. 26-28.
72 E.L. EHRLICH, Die Kultsymbolik im Alten Testament und im nachbiblischen Judentum, S. 31. - J.R. BROWN, Temple and Sacrifice in Rabbinic Judaism, S. 7. - M. LIMBECK, Die Ordnung des Heils. Untersuchungen zum Gesetzesverständnis des Frühjudentums, Düsseldorf 1971, S. 55. - H. GESE, Das Gesetz, S. 67. - G. FOHRER, Geschichte der israelitischen Religion, Berlin 1969, S. 198. - G. VON RAD, Theologie des Alten Testaments, Bd. II, S. 299. 388 ff. - H. BIETENHARD, Die himmlische Welt im Urchristentum und Spätjudentum, S. 123 ff. - M. ELIADE, Kosmos und Geschichte, S. 19 ff. Auch die samaritanische Tradition kennt eine solche Vorstellung: Mose sieht auf dem Garizim den himmlischen Tempel als Vorbild für die zu errichtende Stiftshütte; hierzu: H.G. KIPPENBERG, Garizim und Synagoge. Traditionsgeschichtliche Untersuchungen zur samaritanischen Religion der aramäischen Periode (RVV 30), Berlin/New York 1971, S. 236 ff.

einem Werk, das im 1. Jhdt. v. Chr. entstand[73], heißt es: "Du hast geheißen, einen Tempel auf deinem heiligen Berge zu bauen und einen Altar in der Stadt deines Zeltes, eine Nachbildung des heiligen Zeltes, welches du vorher bereitet hast seit Uranfang"[74].

Hebr 8,5 setzt diese Urbild-Abbild-Relation bereits voraus und interpretiert sie neu, indem sie als Begründung für die "Unvollkommenheit und Vorläufigkeit des irdischen Heiligtums" gedeutet wird[75].

Die LXX gibt den Begriff תבנית in Ex 25,9 und I Chr 28, 11.12.18.19 mit παράδειγμα[76] wieder; LXX Ex 25,40 dagegen spricht von τύπος. Dieser Terminus ist auch in Act 7,44 und Hebr 8,5 aufgenommen. Zudem interpretiert die LXX die Vision Hesekiels vom neuen Tempel in Ez 40-48, die zunächst als prophetische Schau eines zukünftigen Geschehens gelesen werden kann, im Sinne der Tabnitvorstellung. Der Begriff ὑπόδειγμα τοῦ οἴκου in LXX Ez 42,15 deutet auf eine Identifizierung des prophetisch geschauten Tempels mit dem himmlischen Vorbild des Heiligtums hin[77].

Die im Materialteil zusammengestellten Texte zeigen, daß auch die rabbinische Vorstellungswelt an diesem Urbild-Abbild-Denken partizipiert[78].

Die frühen, tannaitischen Texte explizieren dies im Hinblick auf einzelne Kultgegenstände wie die Menora, den Schaubrottisch und den Leuchter; *PesK 1 (4b/5a)*, ein amoräischer Text, spricht explizit lediglich von einem himmlischen Vorbild für die vier Kultfarben Techelet, Argaman, Schesch und Tola'at Schani. Spätere Texte dagegen, wie *PesR 20 (98a/b)* und *MHG Shem* S. 572 beziehen diesen Topos auf den Tempel in seiner Gesamtheit; da diese Midraschim nun sekundäre Weiterbildungen der Traditionen über die einzelnen Kultgeräte bzw. Farben darstellen, können die in den frühen Texten genannten Einzelobjekte wohl in der Regel als pars pro toto für den gesamten Tempel verstanden werden[79].

---

73 L. ROST, Einleitung in die alttestamentlichen Apokryphen und Pseudepigraphen einschließlich der großen Qumranhandschriften, Heidelberg 1971, S. 43.

74 Zitiert nach der Übersetzung D. GEORGI, Weisheit Salomos (JSHRZ, Bd. III: Unterweisung in lehrhafter Form, Lieferung 4), Gütersloh 1980, S. 435. Siehe auch Euseb, Hist.Eccl. X, 4,25: "In keiner Weise steht er jenem Bezalel nach, den Gott selbst mit dem Geist der Weisheit, der Einsicht und der Geschicklichkeit in Kunst und Wissenschaft erfüllte und berief zum Schöpfer eines Heiligtums, errichtet gemäß den Kennzeichen himmlischer Vorbilder (τῶν οὐρανίων τύπων διὰ συμβόλων)"; übersetzt nach: Eusèbe de Césarée, Histoire Ecclesiastique, Livres VIII-X. Texte grec, traduction et notes par G. BARDY (SC 55), Paris 1958, S. 89.

75 O. HOFIUS, Der Vorhang vor dem Thron Gottes, S. 72.

76 Vgl. aber Hebr 8,5 und Hebr 9,23 f., wo der Begriff ὑπόδειγμα die irdischen Abbilder bezeichnet.

77 H. SCHLIER, Art.: δείκνυμι κτλ., in: ThWNT II, Stuttgart 1957, S. 26-33, hier: S. 32: ὑπόδειγμα und παράδειγμα wechseln in der LXX beliebig. Zur Verbindung von Ex 25,9.40 und Ez 40-48: P.R. ACKROYD, Exile and Restoration. A Study of Hebrew Thought of the Sixth Century B.C., London 1968, S. 98. - TH. CHARY, Les Prophètes et le Culte à partir de l'exil, Tournai 1955, S. 24 f.: "Les chapitres 40-48 d'Ezéchiel veulent être une longue description du modèle que le prophète devra faire réaliser. Ce plan est présenté, non par Dieu lui-même, mais par un intermédiaire, un ange du Yahweh. C'est dans une vision qu'il est communiqué au prophète, bemar'ôt: Ezech. 40,2, exactement comme celui du sanctuaire mosaique est révélé par Dieu lors de la théophanie sur la montagne: Ex 25,9.40"; vgl. H.G.M. WIlLIAMSON, 1 and 2 Chronicles (The New Century Bible Commentary), London 1982, S. 182.

78 Kap. III.1, S. 27 ff. dieser Arbeit; eine Übertragung des Urbild-Abbild-Denkens auf die Relation von himmlischem und irdischem Jerusalem ist nicht belegt; vgl. dagegen den Ansatz von K.L. SCHMIDT, Jerusalem als Urbild und Abbild.

79 Zu *bMen 29a* und *TanB sheͨmini §11* siehe S. 142 dieser Arbeit, Anm. 44.

Die alttestamentliche Grundlage dieser Spekulationen bildet Ex 25,9.40. Während der zentrale Begriff תבנית im Kontext dieser Verse in seinem gesamten Bedeutungsspektrum im Sinne von Urbild, Vorbild, Modell oder Bauplan verstanden werden kann, denkt die rabbinische Exegese an ein konkretes himmlisches Heiligtum, dessen Gestalt Mose auf dem Sinai offenbart wird. Das Modell des Tempels wird also mit der himmlischen Wohnung Gottes identifiziert[80]. In I Chr 28,11.12.18.19 dagegen, dem zweiten alttestamentlichen Beleg für diesen Terminus, fügt sich lediglich der Bedeutungsaspekt "Bauplan" in den Kontext ein[81].

Formgeschichtlich sind die Midraschim von der Schau des himmlischen Tempels, seiner Geräte und Farben als Kultätiologien[82] zu bestimmen: Während das ätiologische Denken ganz allgemein den Ursprung bestehender Phänomene nennt und so als vorwissenschaftliche Weltbemächtigung zu definieren ist[83], sind speziell die Kultätiologien auf dem Hintergrund der Struktur des Heiligen, das als Konstituens der kultischen Sphäre bezeichnet werden kann, zu verstehen. Das Heilige ist das Wirkliche schlechthin, das die Homogenität des Profanen durchbricht.

---

80 Vgl. auch C. NEWSOM, Songs of the Sabbath Sacrifice, S. 60: "The reference in Exod 25:9,40 (cf. also 1 Chr 28:19) to the pattern (תבנית) which God shows to Moses as the model for Israel's cultus may have been an impetus to speculation about a heavenly temple in later tradition (cf. Heb 8:5), but it does not in itself necessarily reflect a belief in a heavenly temple corresponding to an earthly one."

81 Eine semantische Untersuchung zum Begriff תבנית steht noch aus; die verschiedenen Übersetzungen beweisen lediglich das breite Bedeutungsspektrum des Begriffs. Mit Ausnahme von H.G.M. WILLIAMSON wird nicht zwischen der Bedeutung des Begriffs in Ex und Chr differenziert. Vgl. die unterschiedliche Terminologie: *Modell* - G. VON RAD, Theologie des Alten Testaments, Bd. II, S. 299. - G.H. DAVIES, Exodus. Introduction and Commentary, London 1967, S. 201. - B. BAENTSCH, Exodus-Leviticus-Numeri (HK, 1. Abt. 2), Göttingen 1903, S. 223. *Plan* - R.E. CLEMENTS, God and Temple. The Idea of the Divine Presence in Ancient Israel, Oxford 1965, S. 129, (zu Ex and Chr.). - M. HARAN, Shiloh and Jerusalem, in: JBL 81 (1962), S. 14-24, hier: S. 19 (zu Ex). - J.M. MYERS, I. Chronicles (AncB 12), New York 1965, S. 192 (zu Chr). - H.G.M. WILLIAMSON, 1. and 2. Chronicles, S. 182 (Ex; aber für Chr: Inspiration). *Modell* - B. PELZL, Thesen zur Entstehung des Zeltbauberichts von Ex 25 ff. und seiner Geschichte, in: UF 8 (1976), S. 323-326, hier: S. 324. *Abbild*, (*Plan*) - J.A. BEWER, Textkritische Bemerkungen zum Alten Testament, in: Festschrift für ALFRED BERTHOLET zum 80. Geburtstag, Tübingen 1950, S. 65-76, hier: S. 75 f., (zu Ex). *Vision der Kultgeräte* - P. HEINISCH, Das Buch Exodus, Bonn 1934, S. 200 (zu Ex): Mose sieht die Dinge im Geiste. *Likeness of the object* - U. CASSUTO, A Commentary on the Book of Exodus, Jerusalem 1967, S. 321 (zu Ex). Eine Verbalinspiration nehmen folgende Kommentatoren an: E.L. CURTIS, A Critical and Exegetical Commentary on the Books of Chronicles (ICC 27), Edinburgh 1952 (= 1. Aufl. 1910), S. 298 f. (zu Ex and Chr). - V. HUROWITZ, The Priestly Account of Building the Tabernacle, in: JAOS 105 (1985), S. 21-30, hier: S. 22; ibid. Anm. 4 (zu Ex). Im Sinne von "Plan" rezipiert auch die rabbinische Exegese den Beleg aus der Chronik: In AgBer §38A (S. 76 f.) heißt es z.B.: ומסר להם מגילת הבית; s.a. auch MShem § 15 (ed. S. BUBER, Krakau 1883, S. 46b): Mose erhält von Gott die מגילת בית המקדש, die bis David von Generation zu Generation überliefert wird. Der Schluß dieses Midrasch dagegen spricht, in Aufnahme von I Chr 28,12.19, nicht von einer materiellen Schriftrolle, sondern von einer "Überlieferung im Geiste".

82 Zur Ätiologie allgemein: H. GUNKEL, Genesis, Göttingen [7]1966 (= 1. Aufl. 1901), S. XX ff. - K. KOCH, Was ist Formgeschichte? Methoden der Bibelexegese, Neukirchen-Vluyn [4]1981, S. 187. - W.H. SCHMIDT, Einführung in das Alte Testament, Berlin/ New York 1979, S. 65 ff. - O. EISSFELDT, Einleitung in das Alte Testament, unter Einschluß der Apokryphen und pseudepigraphenartigen Qumranhandschriften. Entstehungsgeschichte des Alten Testaments, Tübingen [3]1964, S. 57 f. - O. KAISER, Einleitung in das Alte Testament, Gütersloh [5]1984, S. 61 ff. Speziell zum gegenwärtigen Forschungsstand: F.W. GOLKA, The Aetiologies in the Old Testament, Part I, VT 26 (1976), S. 410-428; Part II, VT 27 (1977), S. 36-47.

83 H. GUNKEL, Genesis, S. XX, XXV.

"Jede, auch die elementarste Religion ist eine Ontologie: Sie offenbart das *Sein* der heiligen Dinge und der göttlichen Gestaltung, sie zeigt, *was in Wirklichkeit* ist, und gründet damit eine Welt, die nicht mehr unverständlich und flüchtig ist, wie sie es in den Alpträumen ist und wie sie es immer wieder wird, wenn das Dasein im 'Chaos' völliger Relativität zu versinken droht, wenn kein 'Zentrum' aufstieg, um eine Orientierung zu sichern"[84].

Das Heilige ist somit immer notwendig und niemals zufällig; deshalb kann es nie durch eine menschliche Entscheidung begründet werden, sondern bedarf vielmehr einer göttlichen Offenbarung[85], von der die Kultätiologie erzählt[86].

Verbreitet im Alten Orient ist der Inspirationstraum als Offenbarungsmedium für Kultbauten: Gudea von Lagasch legt sich neben den bereits zusammengetragenen Bauelementen zum Schlafe nieder, um eines solchen Traumes teilhaftig zu werden. Tatsächlich erscheint ihm ein Tempel mit sämtlichen architektonischen Details, der so als Vorbild für das zu errichtende Heiligtum fungiert[87].

Die hier zusammengestellten Texte erzählen von einer Vision, durch die Mose Einsicht in die himmlische Wirklichkeit gewährt wird. Durch die Identifikation des himmlischen Tempels mit dem תבנית gründet der Transzendenzbezug des Heiligtums nicht nur auf einem göttlichen Befehl, sondern auf dem Korrespondenzverhältnis von himmlischem Tempel als Vorbild und seinem irdischem Abbild. Auf Grund der mythischen Denkstruktur, die auf der Identität von Bild

---

84 M. ELIADE, Mythen, Träume und Mysterien, Salzburg 1961, S. 15 (Hervorhebungen im Original).

85 H.W. TURNER, From Temple to Meeting House, S. 52. - R.E. CLEMENTS, Exodus (CNEB), Cambridge 1972, S. 163.

86 G. FOHRER, Geschichte der israelitischen Religion, S. 365: "Kennzeichnend ist die enge Verbindung von Geschichtserzählung und Gesetz ... Die Erzählung begründet das ewige Gesetz und das ewige Gesetz erfordert die Darbietung der Erzählung".

87 L. OPPENHEIM, The Interpretation of Dreams in the Ancient Near East, with a Translation of an Assyrian Dreambook (TAPhS 46 N.S. Part 3), Philadelphia 1956, S. 224, ferner: S. 193. 209.- F. JEREMIAS, Das orientalische Heiligtum, in: Angelos 4 (1932), S. 56-69, hier: S. 61 f. Diese Vorstellung bildete einen weiteren Ansatzpunkt für die traditionsgeschichtliche Herleitung des Motivs aus dem babylonischen Denken; vgl. A. JEREMIAS, Babylonisches im Neuen Testament, S. 62. - A. JEREMIAS, Handbuch der altorientalischen Geisteskultur, S. 184; (2. Auflage: S. 114). - A. JEREMIAS, Das Alte Testament im Lichte des Alten Orients, S. 53. Für eine Identifikation des Traumbildes Gudeas mit einer himmlischen Wohnung Gottes liegen aber keine Anhaltspunkte vor; das Motiv des himmlischen Tempels ist zunächst von der Vorstellung eines himmlischen Tempelplans zu trennen. Auf diesen Sachverhalt wurde bereits im Jahre 1908, unmittelbar nach der Veröffentlichung der These von A. JEREMIAS, aufmerksam gemacht, vgl. G.B. GRAY, The Heavenly Temple and the Heavenly Altar, S. 394 f. 400 ff. Von diesem Aspekt her sind auch all jene Versuche zurückzuweisen, die das Motiv des himmlischen Heiligtums mit der platonischen Ideenlehre verknüpfen (z.B. M. JOEL, Blicke in die Religionsgeschichte zu Anfang des zweiten christlichen Jahrhunderts, Bd. I, Amsterdam 1971 (Nachdruck der 1. Aufl. 1880-1883), S. 117). Zwar kann eine gewisse Nähe zur platonischen Vorstellung nicht geleugnet werden; während es aber dort um eine Welt abstrakter Ideen geht, werden die himmlischen Vorbilder nach rabbinischem Denken ganz gegenständlich-real verstanden; hierzu: A. APTOWITZER, Bet ha-miqdash shel ma'la 'al pi ha-aggada, S. 273. - S. SAFRAI, The Heavenly Jerusalem, S. 13. - K.L. SCHMIDT, Jerusalem als Urbild und Abbild, S. 212. Dies schließt eine spätere Rezeption der Vorstellung im Sinne der platonischen Ideenlehre nicht aus; hierzu: K.L. SCHMIDT, Jerusalem als Urbild und Abbild, S. 212. Weitere Beispiele für "relevatory events": H.W. TURNER, From Temple to Meeting House, S. 52 f; s.a. II Sam 7,4 ff. als Umkehrung des traditionellen Musters.

und Sache basiert[88], ist der irdische Tempel nicht nur zeichenhafte Repräsentation des himmlischen Heiligtums, sondern damit geradezu identisch. Am Orte des Tempels durchdringen sich Immanenz und Transzendenz; unter dieser Voraussetzung ist der irdische Kult gleichzeitig himmlischer Kult.

Die göttliche Herkunft begründet die immerwährende Gültigkeit solcher Einrichtungen. Auf dieser Basis ist die Analogie in der Baustruktur von Stiftshütte, dem ersten und dem zweiten Tempel zu verstehen[89]; die Rezeption von I Chr 28,11.12.18.19 in der rabbinischen Literatur verdeutlicht, daß der nach göttlichem Plan erbaute Tempel nur durch andere göttliche Anweisungen, aber niemals auf Grund von menschlichen Entscheidungen verändert werden darf[90].

Eng verknüpft mit dem Urbild-Abbild-Denken ist so die Vorstellung der praemundanen Erschaffung des himmlischen Tempels, die in der rabbinischen Literatur traditionell mit Jer 17,12 begründet wird[91]. Das himmlische Heiligtum kann nur als immergeltendes Vorbild fungieren, wenn es nicht nur vor dem irdischen Heiligtum, sondern auch außerhalb der sich immer wieder verändernden Historie geschaffen wurde. Ein Beleg für diese Verbindung findet sich in dem oben zitierten Vers aus der Weisheit Salomos; syrBar 4, 3-7 spricht von einem Bau, der bei Gott seit seinem Entschluß, das Paradies zu schaffen, bereitet ist und der Adam, Abraham und Mose gezeigt wurde; der Bezug zu Ex 25,9.40 ist also ganz evident[92].

Von diesem Aspekt der Unbedingtheit des göttlichen Anspruchs her läßt sich die Relevanz dieser Midraschim im historischen Kontext entfalten: Wenn in einer Zeit, in der der Tempel nicht mehr besteht, eine Affirmation des Kultischen formuliert wird[93], so geschieht dies nicht, um gleichsam retrospektiv und nostalgisch an den Tempeldienst zu erinnern, sondern im Hinblick auf eine Neukonstituierung des Kultus[94]. Diese war ja, wie im letzten Kapitel bereits erwähnt,

---

88   Siehe S. 21 dieser Arbeit und S. 192 f., Anm. 13.

89   H.W. TURNER, From Temple to Meeting House, S. 53 f. - M. HARAN, Shiloh and Jerusalem, S. 19.

90   Siehe hierzu: bHul 83b; bEr 104a; bZev 62a; bZev 33a; bSuk 51b.

91   Texte III.3, S. 47 ff. dieser Arbeit.

92   Zitiert auf S. 147 dieser Arbeit, Anm. 16.

93   Dies entspricht durchaus dem historischen Ort der Ätiologie, die von besonderer Relevanz ist, wenn das zu begründende Objekt   n o c h   n i c h t   bzw.   n i c h t   m e h r   selbstverständlich ist. "The affirmative character of aetiology ... does not lie in the attempt to explain the existing order as meaningful, but in the fact that one refers to the authority of the forefathers for the unsolved problems of the present" (F.W. GOLKA, The Aetiologies in the Old Testament, Part I, S. 47).

94   Siehe analog hierzu auch die Priesterschrift, die zwar explizit keine eschatologischen Aussagen macht, aber dennoch als Zukunftsentwurf interpretiert werden kann; so z.B. P.R. ACKROYD, Exile and Restoration, S. 98; weitere Literaturangaben zu dieser These: W.H. SCHMIDT, Einführung in das Alte Testament, S. 99.   Parallel hierzu ist auch die Intention der Überlieferungen vom Verbergen der Kultgeräte zu betrachten. Aus der Verfertigung nach einem himmlischen Vorbild resultierte nach *BamR 15,10* nicht nur die ideelle, sondern auch die materielle Unzerstörbarkeit der Menora (s. S. 37 f. dieser Arbeit). Dies greift eine ältere Tradition auf: Nach II Makk 2,4 ff. verbirgt Jeremia Zelt, Bundeslade und Rauchopferaltar in einer Höhle; das Entbergen der Gegenstände ist ein eschatologisches Ereignis, das mit der Sammlung der Exilierten einhergehen wird; weiteres Material zu dieser Tradition: J. JEREMIAS, Art.: 'Ιερεμίας, in: ThWNT III, Stuttgart 1957, S. 218-221, hier: S. 219, Anm. 9. Zur rabbinischen Vorstellung: (H.L. STRACK)/P. BILLERBECK, Kommentar zum Neuen Testament, Bd. II, München 1924, S. 179 ff.; vgl. MHG Bam S. 216. - J.T. MILIK, Le rouleau de cuivre de Qumran, in: RB 66 (1959), S. 321-357, hier: S. 350. - L. GINZBERG, Legends of the Jews, Bd. III, S. 158, Bd. VI, S. 65, Anm. 323. Zum Motiv bei den Samaritanern: H.G. KIPPENBERG, Garizim und Synagoge, S. 250 ff.; vgl. ibid., S. 113 f.

integraler Bestandteil der jüdischen Zukunftshoffnung. Der göttliche Ursprung postuliert die fortdauernde Gültigkeit, der in der Zukunft wieder zu ihrem Recht verholfen werden soll.

Rein formal betrachtet stellen diese Erzählungen, verstanden als Beschäftigung mit der Lehre, aber auch eine Substitution des Tempeldienstes dar[95]. Auf Grund dieser doppelten Implikation von Substitution und Neukonstitution des Tempeldienstes können die Texte so als aggadisches Pendant zu den diversen Kultushalachot in Mischna und Talmud bestimmt werden: Sowohl im Medium der Lehre[96] als auch im Medium der Erzählung wird der Tempeldienst zum einen ersetzt, zum anderen aber dessen bleibende Relevanz für die Zukunft formuliert.

Die Orientierung nach himmlischen Vorbildern spielt aber auch für die Gegenwart der Rabbinen eine Rolle. *DevR 2,36* weiß von der himmlischen Herkunft des Synagogengesangs zu berichten; die irdische Liturgie findet durch ihre Zugehörigkeit zur Engelliturgie ihre Legitimation[97].

---

95 Siehe S. 17 f. und S. 23 f. dieser Arbeit.
96 J. NEUSNER, Map without Territory: Mishnah's System of Sacrifice and Sanctuary, in: HR 19 (1979/80), S. 103–127, hier: S. 125.
97 Hierzu Texte III.2, S. 44 ff. dieser Arbeit; allgemein: K.E. GRÖZINGER, Musik und Gesang in der Theologie der frühen jüdischen Literatur, S. 86.

IV. KULTISCHE GEMEINSCHAFT VON ENGELN UND MENSCHEN

Texte und Interpretationen

Textgruppe 1

yYom 7,2 (44b)

Es sprach R. Chija bar Abba: Wie der Dienst oben, so auch der Dienst unten. Wie oben: "Ein Mann unter ihnen gekleidet in Leinen" (Ez 9,2), so auch unten: "Er soll das heilige Leinengewand anlegen" (Lev 16,4).

WaR 21,11 (30d): R. Berechja und R. Jeremia im Namen des R. Chija ...

PesK 27 (177b): wie WaR 21,11 (30d)
Yalq aḥare mot §571 (178c)
s.a. *ShemR 33,4 (61c/d)*, S. 111 f. dieser Arbeit

Interpretation

Diese Auslegung verbindet Ez 9,2 mit Lev 16,4 auf Grund des in beiden Versen genannten Begriffs Leinen (בד) bzw. Leinengewand (כתנת בד). Da Ez 9,2 im Rahmen einer himmlischen Schau genannt ist und sich Lev 16,4 auf den irdischen Priesterdienst bezieht, kann auf die Entsprechung von himmlischem und irdischem Priesterdienst geschlossen werden. Dieses Korrespondenzverhältnis fungiert einerseits im Hinblick auf eine Legitimation des irdischen Gottesdienstes[1], und begründet andererseits eine Kultusgemeinschaft von Engeln und Priestern[2].

Ein Tradent namens R. Chija bar Abba ist sowohl aus tannaitischer als auch aus amoräischer Zeit bekannt[3], so daß speziell dieser Ausspruch nicht exakt zu datieren ist.

---

1   Zur Legitimation des Gottesdienstes siehe S. 44 ff. dieser Arbeit; speziell zur Legitimation des Priestertums mittels eines himmlischen Vorbilds vgl. C. NEWSOM, Songs of the Sabbath Sacrifice, S. 65.

2   P. SCHÄFER, Rivalität zwischen Engeln und Menschen, S. 228. Zu Qumran: ibid., S. 36 ff. Allgemein zur Entsprechung von himmlischem und irdischem Priesterdienst: O. HOFIUS, Der Vorhang vor dem Thron Gottes, S. 15. 19. – J. MAIER, Tempel und Tempelkult, S. 385. Vgl. auch die Ausführungen von C. NEWSOM, Songs of the Sabbath Sacrifice, S. 63 ff. Die Aspekte 'Kultusgemeinschaft' und 'Legitimation des irdischen Priesterdienstes' können zwar analytisch getrennt, aber nicht antithetisch gegeneinander gestellt werden; auf Grund der Qualität des Heiligtums als Repräsentant der Transzendenz ist der Übergang der beiden Konzepte fließend, so daß lediglich von der Dominanz einer der beiden Komponenten gesprochen werden kann.

3   H.L. STRACK/G. STEMBERGER, Einleitung in Talmud und Midrasch, S. 87 f. 94.

Textgruppe 2.1

PRE §4 *(11a)*

Zwei Seraphen stehen da, einer zur Rechten des Heiligen, gepriesen sei Er, und einer zu seiner Linken. "Jeder von ihnen hat sechs Flügel ... und mit zweien fliegen sie", und preisen und heiligen seinen großen Namen. Und dieser antwortet und jener ruft und sie sagen: "Heilig, heilig, heilig ist der Herr der Heerscharen, alle Lande sind seiner Herrlichkeit voll!" (Jes 6,3). Und die Tiere stehen bei seiner Herrlichkeit und kennen [doch nicht] den Ort seiner Herrlichkeit. Sie antworten und sprechen: An jedem Ort, an dem seine Herrlichkeit ist: "Gepriesen sei die Herrlichkeit des Herrn von ihrem Orte her" (Ez 3,12). Und Israel, das einzige Volk, das die Einzigkeit seines Namens immer, Tag für Tag, verkündet, antwortet und sagt: "Höre, Israel, der Herr, unser Gott, ist ein Herr" (Dtn 6,4). Und er erwidert seinem Volk Israel: Ich bin der Herr, euer Gott, der euch aus jeder Not errettet.

Interpretation

Dieser anonyme Midrasch, ein früher Text der Merkaba-Literatur, die die Herrlichkeit der himmlischen Welt preisend zum Ausdruck bringt[4], schildert einen himmlischen Gottesdienst mit dem Trishagion und der Rezitation von Ez 3,12[5]; Israel ist der Teilnahme würdig und respondiert mit dem "Höre, Israel", auf das Gott wiederum mit der Zusage: 'Ich bin der Herr, euer Gott, der euch aus jeder Not errettet' antwortet. Es handelt sich somit um eine gemeinsame Liturgie von Engeln und Menschen. Die Elemente Jes 6,3 und Ez 3,12, die den Nukleus der Keduscha des Synagogengottesdienstes[6] bilden, sind den Engeln vorbehalten, Israels Lobpreis besteht in der Rezitation des "Höre, Israel", sein Bekenntnis von der Einzigkeit des göttlichen Namens bildet den Höhepunkt der Liturgie.

---

4   Zur Merkaba-Literatur allgemein: G. STEMBERGER, Das klassische Judentum, S. 176-180. - I. GRUENWALD, Apocalyptic and Merkabah Mysticism (AGJU 14), Leiden/Köln 1980. - W. BOUSSET/H. GRESSMANN, Die Religion des Judentums im späthellenistischen Zeitalter (HNT 21), Tübingen [4]1966, S. 355-357.

5   Zur Kombination von Jes 6,3 und Ez 3,12 siehe auch: SER 17 (S. 84); SEZ 12 (S. 193); vgl. PesR 20 (97a); hierzu: K.E. GRÖZINGER, Musik und Gesang in der Theologie der frühen jüdischen Literatur, S. 84, ferner: S. 13. 90. Das Flattern der Flügel ist mit dem Preisgesang identisch; siehe hierzu: S. 153 f. dieser Arbeit.

6   Zur Keduscha allgemein: J. ELBOGEN, Der jüdische Gottesdienst, S. 61 ff. - J. MAIER, Geschichte der jüdischen Religion, S. 33 f. 137 f. - Die sog. "Qedusha shel 'Amida" fügt den beiden Versen Jes 6,3 und Ez 3,12 noch Ps 146,10 hinzu.

Textgruppe 2.2

Midrash Konen
BHM II, S. 39

Eine andere Auslegung: "[Der Herr hat mit Weisheit die Erde gegründet], er hat mit Einsicht die
Himmel gefestigt" (Prov 3,19). [Dies bezieht sich auf] die Oberen, die er erschaffen hat zu seinem
Gedächtnis, zu preisen seinen Namen! Wie [ist das zu verstehen]? Jeden Morgen steht ein Engel vor
ihm und hebt an zu sagen: "Der Herr wird König sein für immer und ewig" (Ex 15,18). Und alle
Starken der Höhe stimmen mit ein. Und ein Tier steht in der Mitte des Firmaments, Israel ist sein
Name, und sagt: "Preiset den Herrn, den gepriesenen." Und alle Scharen der Höhe stimmen ein:
"Preiset den Herrn, den gepriesenen, für immer und ewig!" Und wenn sie das Wort beendet haben,
dann sagen die Seraphen: "Heilig, heilig, heilig ist der Herr der Heerscharen usw." (Jes 6,3). Und
die Ophannim und die heiligen Tiere lassen die Welt erbeben und sagen: "Gepriesen sei die
Herrlichkeit des Herrn von ihrem Orte her" (Ez 3,12), bis sich alle Fürsten der Höhe und alle
Scharen versammeln, und jeder einzelne sagt zu diesem Tier, dessen Name Israel ist, und auf
dessen Stirn "Israel" geschrieben ist: "Höre Israel, der Herr, unser Gott, ist ein Herr" (Dtn 6,4). Und
deshalb heißt es: "Er hat mit Einsicht die Himmel gefestigt".

HekhR
(P. Schäfer, Synopse zur Hekhalot-Literatur §296)

Es sprach R. Akiba: Jeden Tag steht ein Engel am Morgen in der Mitte des Firmaments und hebt an
zu sagen: Der Herr ist König. Und das ganze Heer der Höhe stimmt mit ein, bis es beim "Preiset
[den Herrn]" angelangt ist. Wenn es beim "Preiset [den Herrn]" angelangt ist, ist da ein Tier,
dessen Name Israel ist und auf dessen Stirn geschrieben ist: Israel. Und es sagt: "Preiset den Herrn,
den gepriesenen." Und alle Fürsten der Höhe stimmen mit ein: "Preiset den Herrn, den
gepriesenen, auf immer und ewig!" Ehe ihre Worte noch beendet sind, beben und zittern die
Ophannim und lassen die ganze Welt erzittern und sagen: "Gesegnet sei die Herrlichkeit des Herrn
von ihrem Orte her" (Ez 3,12). Und dieses Tier steht in der Mitte des Firmaments, bis alle Fürsten
der Höhe und die Schreiber und die Scharen und alle Lager zittern, und jeder einzelne sagt im
Stehen zu dem Tier: "Höre, Israel, der Herr, unser Gott, ist ein Herr" (Dtn 6,4).

s.a. Pirqe Hekhalot Rabbati §31,4, BatM I, S. 116 f.: mit kleinen Änderungen: ... ist da ein Tier,
dessen Name Israel ist und auf dessen Stirne geschrieben ist: Mein Volk für mich.

Pesiqta Ḥadeta
BHM VI, S. 49

... (Prov 3,19). Denn auch die Oberen schuf er nur zu seinem Preis. Wie? Denn jeden Morgen steht ein Engel vor ihm und sagt: "Der Herr war König, der Herr ist König, der Herr wird König sein auf immer und ewig!"[7] Und alle Scharen der Höhe stimmen mit ein, und ein Tier steht in der Mitte des Firmaments, Israel ist sein Name, und sagt: Gepriesen sei der Herr, der gepriesene, auf immer und ewig. Und bevor sie geendet haben, stehen die Seraphen da und vollenden jenes: "Heilig, heilig, heilig" (Jes 6,3). Und die heiligen Tiere beben und erzittern und sagen: "Gepriesen sei die Herrlichkeit des Herrn von ihrem Orte her" (Ez 3,12). Und danach stehen alle und sagen einstimmig: "Der Herr wird König sein auf immer usw." (Ex 15,18). Der Herr, ihr Gott, der Herr der Wahrheit.

Interpretation

Jede dieser drei Versionen beschreibt einen himmlischen Gottesdienst; das Bekenntnis zum Königtum Gottes und die Verkündigung der Einzigkeit seines Namens bilden zwei einander entsprechende Größen.

Die Beschreibung Israels als 'Tier' (חיה) ist auf dem Hintergrund der rabbinischen Angelologie verständlich. Die 'vier heiligen Tiere' bilden nach bHag 12b neben den Seraphen, Keruben und Ophannim eine bedeutende Engelklasse[8]. Diese Analogie drückt die Hochschätzung Israels aus, das am himmlischen Gottesdienst partizipiert und mit Gottes Engeln in kultischer Gemeinschaft steht.

Im ersten Teil unterscheiden sich die Fassungen lediglich durch die Anzahl ihrer liturgischen Elemente: *Midrash Konen* ist am ausführlichsten, in *HekhR* fehlt das Trishagion und in der *Pesiqta Ḥadeta* das Einstimmen der Fürsten bzw. Scharen in Israels Lobgesang.

Israel spricht seinen Teil zwar nicht am Anfang der Liturgie, aber doch vor der Rezitation von Jes 6,3 und Ez 3,12 durch die Engel.

Während in Pesiqta Ḥadeta der himmlische Gesang mit einem einstimmigen Chor von Ex 15,18 und "Der Herr, ihr Gott, der Herr der Wahrheit" endet, also die kultische Gemeinschaft von Engeln und Menschen betont, exponieren die beiden anderen Texte die Bedeutung Israels: Die Wesen des himmlischen Hofstaats huldigen Israel, in dem sie ihm zugewandt das "Höre, Israel" sprechen.

---

7   Zur Königsherrschaft Gottes vgl. auch S. 70 dieser Arbeit.
8   Vgl. Ez 1; H. BIETENHARD, Die himmlische Welt im Urchristentum und Spätjudentum, S. 56. 76 f. 105. - G. SCHOLEM, Hauptströmungen der jüdischen Mystik, S. 47. Zur frühjüdischen Angelologie für die Zeit von Alexander d. Gr. bis Titus vgl. M. MACH, Meḥqarim be-torat ha-malakhim (angelologia) ha-yehudit ba-tqufa ha-hellenistit-romit (Diss.), Tel Aviv 1986.

Textgruppe 2.3

HekhR 8,4
BHM III, S. 90
P. Schäfer, Synopse zur Hekhalot-Literatur §161 (O1531)

Ströme der Freude, Ströme des Jubels, Ströme des Frohlockens, Ströme des Wohlgefallens, Ströme der Liebe, Ströme der Freundschaft ergießen sich und gehen aus vom Thron der Herrlichkeit, werden mächtig und fließen in den Torpfaden von Arabot und Rakia, vom Klang des Lautenspiels seiner Tiere, vom Klang der Musik der Pauken seiner Ophannim, vom Klang der Lieder der Pauken seiner Keruben. Der Klang wird mächtiger und geht mit großem Schall in der Keduscha (בקדושה) hinaus in der Stunde, in der Israel vor ihm spricht: "Heilig, heilig, heilig" (Jes 6,3).

HekhR 10,3
BatM I, S. 85

... und geht mit Schall hinaus, in der Stunde, da Israel vor ihm spricht: "Heilig, heilig, heilig" (Jes 6,3).

3. Hen 22 B8
H. Odeberg, 3. Henoch, S. 35

Es strömen Ströme der Freude, Bäche des Jubels, Ströme des Frohlockens, Bäche des Gesangs, Ströme der Liebe, Bäche der Freundschaft ... und geht mit Schall hinaus, wenn [Israel spricht:] "Heilig, heilig, heilig ist der Herr der Heerscharen, alle Lande sind seiner Herrlichkeit voll" (Jes 6,3).

Interpretation

Das bestimmende Motiv dieses Textes, der wegen der Anhäufung von Begriffen aus dem Bereich der hymnischen Sprache eindeutig der Hekhalot-Literatur zugerechnet werden kann[9], ist die Engeln und Menschen gemeinsame Darbringung des Trishagion.

Dem irdischen Gesang korrespondiert der himmlische; diese zeitliche Entsprechung fungiert als Medium der Partizipation Israels am Gottesdienst der Engel. Diese Vorstellung begegnet noch heute im Rahmen der synagogalen Liturgie in der sogenannten "Qedusha shel 'Amida",

---

9   Zum Stil der Hekhalot-Literatur: S. 8 dieser Arbeit, Anm. 6.

einem Segensspruch der dritten Benediktion des Achtzehngebets. Nach dem Mahzor Vitry lautet dieses liturgische Element, in dem sich auch die Zusammengehörigkeit von Gottes Königtum mit der Einzigkeit seines Namens ausdrückt, am Festtag folgendermaßen:

> "Mit einer Krone wollen wir den Herrn krönen und mit Segnungen den Gesegneten segnen und die Königsherrschaft des Königs ausrufen; und den Namen des Einzigen wollen wir gemeinsam als einzigartig preisen; zusammen mit den Versammelten der Höhe wollen wir die dreifache Keduscha dem Heiligen darbringen"[10].

Neben der "Qedusha shel 'Amida" existiert noch die "Qedusha de-Joṣer"[11], eine Benediktion des "Höre, Israel", und die "Qedusha de Sidra" am Ende des Morgengebets[12]. Zwar spricht die Gemeinde auch in diesen Texten die Worte der himmlischen Wesen aus Jes 6,3 und Ez 3,12 und deutet somit einen gemeinsamen Kultus von Engeln und Menschen an[13]; explizit in einem eigenen Spruch wird dieses Motiv jedoch nicht genannt.

Textgruppe 2.4

HekhR 3,3
BHM III, S. 85
P. Schäfer, Synopse zur Hekhalot-Literatur §100.101

Wunderbarer Stolz und wundersame Herrschaft, Stolz der Hoheit und Herrschaft der Erhabenheit des Engels des Angesichts. Dreimal am Tag geht er damit um im oberen Gerichtshof (בבית דין של מעלה), wenn er geht und zum Firmament kommt, das oberhalb der Köpfe der Keruben, oberhalb der Köpfe der Ophannim und oberhalb der Köpfe der heiligen Tiere ist. Und die Keruben, Ophannim und heiligen Tiere sind gegürtet und stehen unter dem Thron der Herrlichkeit. Und wenn alle, die in der Höhe sind, sehen, daß er geht und zum Firmament Arabot kommt, das oberhalb der Köpfe der Keruben, oberhalb der Köpfe der Ophannim und oberhalb der Köpfe der heiligen Tiere ist, da erzittern sie, erschrecken, werden ohnmächtig und fallen nach hinten.

Denn näher als 5180 Myriaden Parasangen kann kein Geschöpf an diesen Ort herankommen, wegen der Feuerströme, die aus dem Mund der Keruben, aus dem Mund der Ophannim und aus dem Mund der heiligen Tiere fließen und hervorgehen, die ihren Mund öffnen, um zu sagen: "Heilig",

---

10 Maḥzor Vitry, ed. S.H. HURWITZ, Nürnberg 1922/23 (Nachdruck Jerusalem 1963), S. 175 §192. - Siddur Oṣar ha-Tefilla. Nosaḥ Sefarad, Jerusalem 1959/60, S. 728; weitere Belege: K.E. GRÖZINGER, Musik und Gesang in der Theologie der frühen jüdischen Literatur, S. 320.
11 Bestehend aus Jes 6,3 und Ez 3,12.
12 Bestehend aus Jes 6,3, Ez 3,12 und Ex 15,8.
13 H. LIETZMANN, Messe und Herrenmahl. Eine Studie zur Geschichte der Liturgie (AKG 8), Bonn 1926, S. 132.

in der Stunde, in der Israel vor ihm das "Heilig" sagt, entsprechend dem Wort, das heißt: "Heilig, heilig, heilig ist der Herr der Heerscharen" (Jes 6,3).

Parallele: Pirqe Hekhalot Rabbati §3,5-4,1, BatM I, S. 70 f.

Interpretation

Dreimal am Tag, wenn das Trishagion erklingt, nähert sich Gott dem Firmament; da der Ausdruck רקיע - 'Firmament' speziell zur Bezeichnung des zweiten Himmels[14] dient, impliziert diese Aussage die Annäherung an die Erde.

Die Reaktion der Keruben, Ophannim und heiligen Tiere ist im Sinne des "Mysterium tremendum"[15] zu verstehen.

Die Reihung von Synonymen aus dem Bereich der hymnischen Sprache und die Verwendung der Feuermetaphorik sind als typische Formelemente der Hekhalot-Literatur zu betrachten[16]. Durch die zeitliche Kongruenz von himmlischer und irdischer Keduscha-Liturgie partizipiert Israel am Gesang der Engel, der den gesamten Kosmos durchwaltet[17].

Eine Andeutung der Priorität Israels läßt sich bereits aus der Formulierung des hier zitierten Texts entnehmen: Nicht Israel stimmt in den Gesang der Himmlischen ein, sondern diese schließen sich dem irdischen Preislied an[18].

Gesamtinterpretation

Bereits das im vorigen Kapitel dargestellte Urbild-Abbild-Denken implizierte das Motiv der Kultusgemeinschaft: Auf Grund des antiken Symbolverständnisses, das auf der Einheit von Bild und Sache basiert, ist der irdische Kultus nicht nur zeichenhafte Repräsentation des himmlischen Kultus, sondern mit diesem geradezu identisch[19].

Unter diesem Aspekt läßt sich zunächst die Parallelität von himmlischem und irdischem Opferdienst, wie sie in *yYom* 7,2 (44b) formuliert ist, verstehen. Entsprechend heißt es im

---

14 bHag 12b; siehe S. 6 dieser Arbeit. Zur Tradition der sieben Himmel: S. 7 dieser Arbeit, Anm. 2.

15 R. OTTO, Das Heilige. Über das Irrationale in der Idee des Göttlichen und sein Verhältnis zum Rationalen, Breslau 1917, S. 13-34.

16 Siehe S. 8 dieser Arbeit, Anm. 6.

17 K.E. GRÖZINGER, Musik und Gesang in der Theologie der frühen jüdischen Literatur, S. 289; vgl. HekhR 2,5, BHM III, S. 84.

18 P. SCHÄFER, Engel und Menschen in der Hekhalot-Literatur, in: Kairos 22 (1980), S. 201-225, hier: S. 216.

19 Siehe S. 12 f. 60. 62 dieser Arbeit. Wenn andere Versionen der "Qedusha shel 'Amida" weniger die zeitliche Kongruenz von himmlischer und irdischer Liturgie betonen, sondern deren Relation eher im Sinne einer Nachahmung des Engelkultes formulieren, so ist hiermit der Unterschied zwischen beiden Konzepten nicht prinzipieller, sondern lediglich gradueller Art; der

Levi-Segen des Jubiläenbuches: "Dich segne der Herr aller Dinge, er, der Herr aller Ewigkeiten. Und der Herr gebe dir und deinem Samen hohe Größe des Ruhms. Und dich und deinen Samen bringe er zu sich aus allem, was Fleisch ist, daß er diene in seinem Heiligtum wie die Engel des Angesichts und wie die Heiligen ..."[20].

Diese Vorstellung der Kultusgemeinschaft von himmlischem und irdischem Hohepriester ist als integraler Bestandteil der Tempelliturgie zu betrachten[21].

Die Partizipation Israels am himmlischen Preisgesang kann auf verschiedene Art und Weise zum Ausdruck gebracht werden: Nach *PRE §4* respondiert Israel auf den Gesang der Engel[22]; *Midrash Konen* veranschaulicht den Sachverhalt in räumlichen Kategorien: Israel befindet sich in der himmlischen Welt.

HekhR 8,4 und *HekhR 3,3* schließlich beschreiben die Relation von himmlischem und irdischem Preisgesang im Sinne einer temporalen Kongruenz: Israel spricht das Trishagion zur selben Zeit wie die Engel; die temporale Parallelität fungiert so als Medium der Partizipation der Gemeinde am Gesang der Engel: Die Grenzen zwischen Himmel und Erde lösen sich auf, die beiden Bereiche durchdringen einander, die Immanenz öffnet sich hin zur Transzendenz[23].

Die Annäherung der Gemeinde an die himmlische Welt erfährt während des Gottesdienstes auch einen symbolischen Ausdruck: Während der Rezitation der Keduscha stellen sich die Betenden auf die Zehenspitzen.

> "'Und mit zweien fliegt er' (Jes 6,2). Fliegt er denn mit Flügeln? [Nein,] sondern von hier aus ordneten [die Weisen], ihr Andenken sei zum Segen, an, daß der Mensch auf seinen Füßen hochfliege zur Stunde, da der Vorbeter spricht: "Heilig, heilig, heilig ist der Herr der Heerscharen."[24]

Übergang von der einen zur anderen Vorstellung ist fließend. Im Morgengebet für Werktage heißt es im Sidur Safa Berura: "Wir wollen deinen Namen auf Erden heiligen, wie man ihn in den Himmeln heiligt" (S. 41); s.a. Siddur Tefillat Israel. Noṣaḥ Ashkenaz, Tel Aviv o.J., S. 47. 133; vgl. die Formulierung im Musaf für Shabbat, Safa Berura S. 126: Wir wollen dich preisen und dich heiligen gleich den erhabenen Worten der heiligen Seraphim, die deinen Namen in Heiligkeit heiligen"; vgl. hierzu: D. FLUSSER, Sanktus und Gloria, in: O. BETZ/M. HENGEL/P. SCHMIDT (Hrsg.), Abraham unser Vater. Juden und Christen im Gespräch über die Bibel, FS für O. MICHEL zum 60. Geburtstag, Leiden/Köln 1963, S. 129-153, hier: S. 135 f. - K.E. GRÖZINGER, Musik und Gesang in der Theologie der frühen jüdischen Literatur, S. 320-323. - P. SCHÄFER, Engel und Menschen in der Hekhalot-Literatur, S. 215, Anm. 50, beschreibt ebenfalls lediglich eine graduelle Differenz; vgl. dagegen K.E. GRÖZINGER, Musik und Gesang in der frühen jüdischen Literatur, S. 320 ff.

20 Jub 31,13 ff.; zitiert nach: K. BERGER, Das Buch der Jubiläen (JSHRZ, Bd. II: Unterweisung in erzählender Form, Lieferung 3), Gütersloh 1981, S. 475. Weitere Beispiele für die Entsprechung von himmlischem und irdischem Priesterdienst finden sich bei C. NEWSOM, Songs of Sabbath Sacrifice, S. 67-71; vgl. auch Anm. 2 zu diesem Kapitel.

21 J. MAIER, Tempel und Tempelkult, S. 385 f. Zum Motiv der Kultusgemeinschaft generell vgl. auch H. BIETENHARD, Die himmlische Welt im Urchristentum und Spätjudentum, S. 137-142. - C. NEWSOM, Songs of the Sabbath Sacrifice, S. 58.

22 Vgl. auch die Darstellung eines himmlischen Gottesdienstes in Apk 4,8-11: Die 24 Ältesten respondieren dem Trishagion der Engel.

23 Vgl. Hebr 12,22, wo der christlichen Gemeinde die eschatologische Kultgemeinschaft als unmittelbar bevorstehend verheißen wird.

24 Tan ṣaw §13 (191b); hierzu: K.E. GRÖZINGER, Musik und Gesang in der Theologie der frühen jüdischen Literatur, S. 316. - A. GOLDBERG, Service of the Heart, S. 205. - E. MUNK, Die Welt der Gebete, Bd. I, S. 165.

Das Motiv des gemeinsamen Kultgesangs von Engeln und Menschen bringt den Inhalt von Jes 6,3, Ez 3,12 und Ex 15,18, die Heiligkeit und Herrlichkeit Gottes und sein Königtum direkt zum Ausdruck: Himmel und Erde, Engel und Menschen, die sich zum Lob Gottes versammelt haben, sind Zeugnis des allumfassenden Königtums des Weltschöpfers[25]. Israels Einstimmen in den Gesang der Engel impliziert das Wissen um Gottes Schöpfungsordnung und somit gleichzeitig die Anerkennung dieses Schöpfungsplanes[26]. Durch den Kultus, dem eine transzendente Wirklichkeit entspricht, erhält Israel Anteil an der Heiligkeit, so daß man geradezu von einer 'reziproken Heiligung' sprechen kann. Die Gemeinde heiligt sich, indem sie im Einklang mit den himmlischen Scharen Gottes Heiligkeit verkündet[27].

Die Beziehung der diversen Keduschatypen zueinander sowie deren Vorgeschichte ist ungeklärt[28]. Der Nukleus der Keduscha, die Kombination von Jes 6,3 und Ez 3,12 ist in tBer 1,9 bereits für die tannaitische Zeit belegt; da diese Verse aber ohne Einleitung zitiert werden, bietet der Text inhaltlich keinen expliziten Hinweis auf das Motiv einer Kultusgemeinschaft und läßt in formaler Hinsicht die Zuordnung zu einem spezifischen Keduschatypus offen[29].

Bereits die Sabbatlieder aus Qumran aber, die in die späthasmonäische und frühherodianische Zeit zu datieren sind, weisen auf Jes 6,3 und Ez 3,12 im Kontext der Kultusgemeinschaft von Engeln und Menschen hin[30].

---

25 Vgl. auch Ps 148 und die Ausführungen von H.-J. KRAUS, Psalmen, 2. Teilband: Psalmen 60-150, Neukirchen-Vluyn [5]1978, S. 1139-1144.

26 Zur kosmischen Relevanz des Gesanges: K.E. GRÖZINGER, Musik und Gesang in der frühen jüdischen Literatur, S. 288. 299. - E. MUNK, Die Welt der Gebete, Bd. I, S. 165; in diesem Sinne verbindet auch *ShemR 33,4 (64c/d)* die Korrespondenz von himmlischem und irdischem Gottes- und Opferdienst mit dem Weltordnungsdenken; siehe S. 111 f. 121 f. dieser Arbeit. Zur Harmonie des Kosmos: H. BIETENHARD, Die himmlische Welt im Urchristentum und Spätjudentum, S. 269.

27 Vgl. analog hierzu das Kultusverständnis der Priesterschrift: H. GESE, Das Gesetz, S. 66: Durch den Kultus erhält Israel Anteil an der Heiligkeit. "Ziel des priesterschriftlichen Gesetzes [ist] das Heiligsein, die Heiligkeit, die der offenbarte Kult eröffnet, die das heilige Leben ermöglicht und die erst den in der Offenbarung liegenden Heilsbezug Gott-Israel setzt: 'Ihr sollt heilig sein; denn ich bin heilig'." Zur Relevanz des Motivs der Kultusgemeinschaft für die Gemeinde von Qumran vgl. C. NEWSOM, Songs of the Sabbath Sacrifice, S. 63 ff. 71 f. Zur Heiligkeit Gottes generell vgl. A. MARMORSTEIN, The Old Rabbinic Doctrine of God, Bd. I: The Names & Attributes of God (JCP 10), London 1927, S. 214.

28 Siehe die Forschungsberichte bei E. WERNER, The Doxology in Synagogue and Church. A Liturgic - Musical Study, in: HUCA 19(1945-46), S. 275-351, hier: S. 293-298 und E. WERNER, The Sacred Bridge. The Interdependence of Liturgy and Music in Synagogue and Church during the First Millenium, London 1959, S. 283 ff. - J. HEINEMANN, Prayer in the Talmud, S. 233.

29 J. HEINEMANN, Prayer in the Talmud, S. 230 f. Die älteste bekannte Gebetseinleitung, die das Motiv der Kultusgemeinschaft nennt, stammt aus nachtalmudischer Zeit; zu den Einleitungen: I. ELBOGEN, Der jüdische Gottesdienst, S. 64.

30 Zu einer möglichen Herleitung der Keduscha aus Qumran: L.H. SCHIFFMAN, Merkavah Speculation at Qumran, S. 20 f. Vgl. spez. das 7. Sabbatlied, das die Keduscha zwar nicht zitiert, aber in ihrem Vollzug schildert (4Q 403 I, 31); hierzu: C. NEWSOM, Songs of the Sabbath Sacrifice, S. 209 ff. und S. 20 f.; ferner: S. 59 ff. Zum Motiv des gemeinsamen Gesangs von Engeln und Menschen allgemein: J. STRUGNELL, Angelic Liturgy at Qumran. 4Q Serek Śîrôt 'Ôlat Haššabat, in: VT.S 7 (1960), S. 318-345. - P. SCHÄFER, Rivalität zwischen Engeln und Menschen, S. 36 ff.

Für ein hohes Alter der Vorstellung generell spricht auch die Tatsache, daß das Motiv im 1. Jhdt. nach Chr. in christlichen Quellen, nämlich im 1. Clemensbrief 34,5-7 erscheint; die Herkunft aus der synagogalen Liturgie ist anzunehmen[31].

> "Wir wollen uns seinem (Gottes) Willen unterordnen und hinschauen auf die ganze Schar seiner Engel, wie sie bei ihm stehen und seinem Willen dienen. Denn die Schrift sagt: 'Zehntausend mal zehntausend standen bei ihm und tausend mal tausend dienten ihm' (Dan 7,10) 'und sie schrien: Heilig, heilig, heilig ist der Herr Zebaoth, voll ist die ganze Schöpfung seiner Herrlichkeit' (Jes 6,3). So wollen auch wir in Eintracht an einem Ort versammelt andächtig wie aus einem Munde inständig zu ihm schreien, daß wir seine großen und herrlichen Verheißungen erlangen"[32].

Vermutlich geht die Verwendung von Jes 6,3 und Ez 3,12 entsprechend zur Vorstellung der Kultusgemeinschaft von himmlischem und irdischem Priester bereits auf die Tempelliturgie zurück[33]. Während aber der Tempel in seiner Eigenschaft als mythischer Raum, in dem sich himmlischer und irdischer Bereich durchdringen[34], eine solche Kultusgemeinschaft von Engeln und Menschen begründet, konstituiert umgekehrt in der Synagoge gerade die gemeinsame Keduscha von Engeln und Menschen einen solchen heiligen Raum. Auf diese Weise kreiert die Gemeinde einen "kleinen Tempel"; die Synagoge wird tatsächlich, im Gegensatz zu ihrer

---

31 D. FLUSSER, Sanctus und Gloria, S. 133-137. - H. LIETZMANN, Messe und Herrenmahl, S. 167 f. S. 168, Anm. 1: "Selbstverständlich ist die Sitte aus der Synagoge übernommen, womit also ein Terminus ante quem für diese 'eingliedrige' Form der Keduscha gewonnen ist ..." Die für unseren Zusammenhang so signifikante Kombination von Jes 6,3 und Ez 3,12 findet sich auch in den Apostolischen Konstitutionen 5,33f., einem Text aus dem 4. Jahrhundert. Es handelt sich hier um eine jüdische Grundschrift, die christlich überarbeitet wurde. Die Abhängigkeit der christlichen Liturgie von der synagogalen ist ganz deutlich; s.a. W. BOUSSET, Eine jüdische Gebetssammlung im siebenten Buch der apostolischen Konstitutionen (NGWG, Philologisch-historische Klasse aus dem Jahre 1915), Berlin 1916, S. 435-489. - A. BAUMSTARK, Trishagion und Keduscha, in: JLW 3 (1923), S. 18-32. Vgl. ferner: D. FLUSSER, Jewish Roots of the Liturgical Trishagion im: Immanuel 3 (1973), S. 37-43; bes. S. 42 f.

32 Zitiert nach H. LIETZMANN, Messe und Herrenmahl, S. 167. Von dieser Überlieferung aus konnte das Trishagion in die Liturgie des Abendmahls eindringen; vgl. H. LIETZMANN, Messe und Herrenmahl, S. 167. Zum christlichen Verständnis des Sanktus: E. PETERSON, Das Buch von den Engeln, Leipzig 1935. - E. PETERSON, Himmlische und irdische Liturgie, in: BenM 16 (1934), S. 39-47. - J. DANIÉLOU, Liturgie und Bibel. Die Symbolik der Sakramente bei den Kirchenvätern, München 1963, S. 131-144.

33 J. MAIER, Vom Kultus zur Gnosis, S. 134. - J. MAIER, Tempel und Tempeldienst, S. 384. - A. GOLDBERG, Service of the Heart, S. 204. - A. BAUMSTARK, Trishagion und Keduscha, S. 19. C. THOMA sieht auch in Neh 9,6 einen "Nachhall der Tempelkeduscha"; die Ausführungen C. THOMAs zur Auffassung der Keduscha im Gottesdienst bei Esra und Nehemia entbehren jedoch jeder literarischen Grundlage; s. C.T., Biblisches Erbe im Synagogen-Gottesdienst, in: H.H. HENRIX (Hrsg.), Jüdische Liturgie. Geschichte-Struktur-Wesen (QD 86), Freiburg/Basel/Wien 1979, S. 47-65, hier: S. 57.

34 Siehe S. 12 f. dieser Arbeit.

ursprünglichen Konzeption, zum Ersatz des Tempels[35]. Freilich sollte die Rolle der Keduscha im Synagogengottesdienst nicht überschätzt werden. Sie repräsentiert lediglich einen Aspekt der Liturgie und erhält niemals eine zentrale Position; der Synagogengottesdienst in seiner Ganzheit kann nicht mit einem himmlischen Geschehen parallelisiert werden; die Hauptfunktion des Synagogengottesdienstes in diesem Kontext besteht vielmehr darin, an den zerstörten Tempel zu erinnern und im Gebet die Hoffnung auf dessen baldige Restauration zu formulieren[36].

---

35 "The temporal perspective, the past and above all the future, is suspended only for the moment and is changed into a spatial sacred perspective." (A. GOLDBERG, Service of the Heart, S. 206). Von hier aus ist die These, die Keduscha im Synagogengottesdienst sei auf den Einfluß von Merkabamystikern zurückzuführen (I. ELBOGEN, Der jüdische Gottesdienst, S. 18 f.; A.Z. IDELSOHN, Jewish Liturgy and its Development, New York 1960 [= 1. Aufl. 1932], S. 98) zu modifizieren. Tatsächlich spielt Jes 6,3 in der Hekhalot-Literatur eine ganz entscheidende Rolle. Zum einen dienen die sogenannten Keduschahymnen als Aufstiegslieder, mit deren Hilfe sich der Adept bei seiner Himmelsreise vor den ihn bedrohenden Engeln schützt (A. ALTMANN, Shire-qedusha be-sifrut-ha-hekhalot ha-qeduma, in: Melila 2 (1946), S. 1–24, hier: S. 3); zum anderen darf dieser aber auch den großartigen Gesängen der himmlischen Wesen lauschen, die mit der Bezeugung der Heiligkeit Gottes enden. (A. ALTMANN, Shire-qedusha ..., S. 2). In beiden Fällen handelt es sich also um das Individuum, das in den Himmel aufsteigt oder aufgestiegen ist, der irdische Bereich und die Gemeinde finden gar keine Erwähnung. So bemerkt H. ODEBERG (Hrsg.), 3 Enoch or the Hebrew Book of Enoch, Cambridge 1928, S. 184: "3 Enoch dwells exclusively upon the celestial hymns, songs and praises omitting all references to the terrestrial Qᵉduššā or other songs, chanted by men on earth, e.g. by the congregation of Israel". Die Übernahme der Keduscha in den Synagogengottesdienstes scheint eher auf Kräfte zurückzugehen, die einer möglichst großen Angleichung des Synagogengottesdienstes an die Tempelliturgie Relevanz beimaßen und gleichzeitig für eine "Demokratisierung" der esoterisch individuellen Strömungen eintraten: Nicht nur der einzelne Auserwählte hat die Möglichkeit, in den Himmel aufzusteigen und die Herrlichkeit Gottes zu schauen, sondern die gesamte Gemeinde darf am himmlischen Gottesdienst partizipieren; s.a. A. GOLDBERG, Einige Bemerkungen zu den Quellen und den redaktionellen Einheiten der Großen Hekhalot, in: FJB 1 (1973), S. 2–49, hier: S. 46: "Die Liturgie der Yorde Merkava bezieht den Beter, das betende Israel, in die himmlische Liturgie ein. Auch hier wird der Himmel geöffnet, aber nicht für den, der ihn ersteigt, sondern auch für den, der unten bleibt." Vgl. aber PH. BLOCH, Die מרכבה יורדי, die Mystiker der Gaonenzeit, und ihr Einfluß auf die Liturgie, in: MGWJ 37 (1893) S. 18–20. 69–79. 257–266. 305–311, der zwei Keduschatypen unterscheidet: Während "der dritte Segenspruch der Schemone essreh ... dazu bestimmt [war], die Heiligkeit Gottes seitens der Gemeinde Israels zu feiern, ... gingen die יורדי מרכבה darauf aus, durch ihn die Verherrlichung der Heiligkeit Gottes seitens der Merkabah-Engel zum Ausdruck zu bringen" (S. 310). Diese Alternative klammert den Aspekt der Kultusgemeinschaft gänzlich aus.

36 A. GOLDBERG, Service of the Heart, S. 205.

V. DIE LOKALE ENTSPRECHUNG VON HIMMLISCHEM UND IRDISCHEM HEILIGTUM

Texte und Interpretationen

Textgruppe 1

MekhY shirata X (S. 149 f.); zu Ex 15,17

"Eine Stätte (מכון) dir zur Wohnung" (Ex 15,17) - [Lies:] ausgerichtet (מכוון) zu deiner Wohnung. Dies ist einer der Belege[1] dafür, daß der Thron unten ausgerichtet ist gegenüber dem Thron oben, denn so heißt es: "Der Herr ist in seinem heiligen Tempel, des Herrn Thron ist im Himmel" (Ps 11,4) und es heißt: "So habe ich denn wirklich gebaut ein Wohn-Haus (בית־זבול) für dich, eine Stätte dir zur Wohnung (מכון לשבתך) für immer" (I Reg 8,13).

Yalq b^eshallaḥ §253 (77c)
Yalq I Reg §189 (376b) beginnt mit I Reg 8,13
Yalq Ps §653 (445b)

Raschi, z.St.: Das Heiligtum unten ist ausgerichtet gegenüber dem Thron oben.

Tan mishpaṭim §18 (138a)

"[Siehe, ich sende einen Engel vor dir her,] um dich auf dem Weg zu behüten und dich an den Ort zu bringen, den ich bestimmt habe (הכינותי)" (Ex 23,20). Dies ist eine von den Schriftstellen, die klarmachen (המקראות המחוורות), daß das Heiligtum unten ausgerichtet ist gegenüber dem Heiligtum oben (בית המקדש שלמעלן).

---

1 Textkritisch ist diese Stelle problematisch, da - entsprechend des Bedeutungsspektrums von דבר als Wort oder Sache - zwei Verstehensmöglichkeiten vorliegen, denen sich wiederum die einzelnen Lesarten zuordnen lassen. Entsprechend der Lesart der Ausgabe von FRIEDMANN ist *MekhY shirata X (S. 149 f.)* folgendermaßen wiederzugeben: "Dies ist eines der Dinge {von unten}, welches gegenüber einem von oben liegt". Wie der Kommentar z.St. deutlich macht, steht hinter einer solchen Lesart *ShemR 33,4 (61c/d)* (S. 111 f. dieser Arbeit), wo an verschiedenen Beispielen die Korrespondenz von himmlischen und irdischen Elementen aufgezeigt wird. Entsprechend dem Vorschlag von A. APTOWITZER, Bet ha-miqdash shel ma'la 'al pi ha-aggada, S. 145, heißt es dagegen: "Dies ist eines von den Schriftworten, {die bezeugen}, daß der Thron unten gegenüber dem Thron oben liegt". Begründet wird dieses Verständnis durch die in verschiedenen Handschriften bezeugten Versionen מקומות bzw. מקורות, die beide in diesem Sinne zu übersetzen sind. (Eine Auflistung der verschiedenen Lesarten bei A. APTOWITZER, ibid., S. 145, Anm. 4). J. GOLDIN, The Song of the Sea, New Haven/London 1971, S. 234 übersetzt: "This is one of the (scriptural) statements to the effect that the terrestrial Throne faces over against the celestial Throne."

SekhT zu Ex 15,17 (S. 199)

"Eine Stätte dir zur Wohnung" (מכון לשבתך) (Ex 15,17). Dies ist einer von den Belegen, die beweisen (הדברים שמוכיחים), daß der Thron unten ausgerichtet ist gegenüber dem Thron oben.

LeqT zu Ex 23,20 (86a)

"Das Heiligtum, Herr, das deine Hände bereitet haben" (Ex 15,17) ... Die Weisen Israels sagten: Von hierher der Beweis, daß der Ort des Heiligtums unten ausgerichtet ist gegenüber dem Heiligtum oben (מקדש של מעלה); und so sagt die Schrift: "Jerusalem, das erbaut ist als eine Stadt, die zusammengefügt ist" (Ps 122,3), und es heißt: "Dies ist nichts anderes als das Haus Gottes und dies ist das Tor des Himmels" (Gen 28,17).

zur Auslegung von Ps 122,3: Kap. VIII, Textgruppe 1, S. 143 ff.
zur Auslegung von Gen 28,17: Textgruppe 11, S. 94 ff.

MekhSh zu Ex 15,17 (S. 99)

... (Ex 15,17). Dies ist eine von den [Beleg-]Stellen (מקומות), daß der Thron unten ausgerichtet ist gegenüber dem Thron oben, denn es heißt: "So spricht der Herr: "Der Himmel ist mein Thron [und die Erde der Schemel meiner Füße]" (Jes 66,1), und es heißt: "Menschensohn, der Ort meines Thrones und der Ort meiner Fußsohlen usw." (Ez 43,7); "Der Herr ist in seinem heiligen Palast, des Herrn Thron ist im Himmel" (Ps 11,4) und es heißt: "So habe ich denn wirklich gebaut ein Wohn-Haus für dich, [eine Stätte dir zur Wohnung für immer]" (I Reg 8,13).

MHG Shem S. 310

"Eine Stätte dir zur Wohnung, die du, Herr, gemacht hast" (Ex 15,17). Dies ist eine der Schriftstellen (מקראות) ...

Interpretation

MekhY zu Ex 15,17 ist ein Al-Tiqre-Midrasch[2], der die Worte מכון לשבתך - wörtlich: 'eine Stätte dir zur Wohnung' - im Sinne von מכוון לשבתך - 'ausgerichtet zu deiner Wohnung' liest.

---

2   J. HEINEMANN, Darkhe ha-aggada, S. 128f.

Ex 15,17 lautet dann folgendermaßen: "Du wirst sie hinbringen und sie einpflanzen auf dem Berge deines Erbbesitzes, ausgerichtet gegenüber deiner Wohnung, die du, Herr, gemacht hast, dem Heiligtum, Herr, das deine Hände bereitet haben."

Durch diese semantische Veränderung wird - auf syntaktischer Ebene - der synonyme dreigliedrige Parallelismus membrorum mit den Elementen "Berg", "Stätte" und "Heiligtum" sozusagen aufgeklappt, der "Berg des Erbbesitzes" meint nicht nur die Stätte des irdischen Heiligtums, sondern auch den Ort, der dem himmlischen Heiligtum direkt gegenüber liegt. Obwohl man in der weiteren Auslegung Ps 11,4 als Beleg für das obere und I Reg 8,13 als Beleg für das untere Heiligtum verstehen kann[3], liegt es doch näher, die Opposition von himmlischem und irdischem Tempel aus jedem einzelnen Vers gesondert zu beweisen. Analog zur Auslegung von Ex 15,17 kann auch in I Reg 8,13 מכון לשבתך im Sinne von מכוון לשבתך gelesen werden, so daß man folgendermaßen übersetzen muß: "So habe ich denn wirklich gebaut ein Wohn-Haus (בית־זבול) für dich gegenüber deiner Wohnung für immer (מכוון לשבתך עולמים)"[4]. In Ps 11,4 muß der synonyme Parallelismus membrorum antithetisch verstanden werden.

Für diese Interpretation spricht auch die um Jes 66,1 und Ez 43,7 erweiterte Fassung des Textes in *MekhSh S. 99*; jeder dieser Verse belegt sowohl Gottes himmlisches als auch Gottes irdisches Wohnen.

Textgruppe 2

yBer 4,5 (8c)

[Mischna]: Und wenn nicht, soll man sich in Gedanken gegen das Allerheiligste wenden.

Gegen welches Allerheiligste? R. Chija, der Ältere, [sagte]: Gegen das Allerheiligste, das oben (קדשי הקדשים של מעלן) ist. R. Simeon ben Chalafta sagte: Gegen das Allerheiligste, das unten ist. R. Pinhas sagte: Das ist kein Widerspruch. Denn das Allerheiligste unten ist ausgerichtet gegenüber dem Allerheiligsten oben, [denn es heißt]: "Eine Stätte dir zur Wohnung (מכון לשבתך)" (Ex 15,17). [Lies:] ausgerichtet gegenüber deiner Wohnung (מכוון לשבתך).

ShirR zu Cant 4,4 (25c): wie oben

---

3 So die Rezeption dieser Schriftstellen in *ShemR 33,4 (61c/d)*; siehe S. 111 f. 113. 115 dieser Arbeit.

4 Siehe auch *Midrash Ḥadash*, J. MANN, The Bible as Read and Preached in the Synagogue, Bd. I, S. 266 (S. 78 dieser Arbeit); so auch: J.Z. LAUTERBACH, Mekilta de-Rabbi Ishmael, Philadelphia 1933, Bd. II, S. 78, Anm. 2: "I have built thee a house of habitation corresponding to Thy eternal throne in heaven." J. GOLDIN, The Song of the Sea, S. 235, übersetzt: "... a house of habitation, directly facing Thine eternal abode."

MTeh 30 §1 (117a)

"Psalm [und] Lied bei der Einweihung des Hauses. Von David (לדוד)" (Ps 30,1). R. Chisda sprach: Darüber, daß das Heiligtum unten ausgerichtet ist gegenüber (מכוון כנגד) dem Heiligtum oben (בית המקרש של מעלה), gibt es keine Auseinandersetzung. Denn es heißt: "eine Stätte dir zur Wohnung" (Ex 15,17). Lies nicht: "Stätte", sondern: ausgerichtet (מכוון).

Yalq Ps §713 (452d)

Am Anfang ausführlicher:

"Psalm [und] Lied bei der Einweihung des Hauses. Von David" (Ps 30,1). Baute dies etwa David?. Wieso [heißt es dann]: "Psalm [und] Lied". Entsprechend dem Heiligtum oben und dem Heiligtum unten[5]. R. Chisda sprach ... wie *MTeh 30 §1 (117a)*.

Interpretation

Der Al-Tiqre-Midrasch zu Ex 15,17 wird hier mit der Erklärung einer Mischna verbunden. In mBer 4,5 heißt es: "Wenn man auf einem Esel reitet, soll man absteigen, [um das Achtzehngebet zu verrichten]. Wenn man nicht kann, soll man sein Gesicht [gegen Jerusalem und das Allerheiligste] wenden. Und wenn nicht, dann soll man sich in Gedanken gegen das Allerheiligste wenden ..."[6].

Durch diesen Kontext ergibt sich auch die entsprechende Terminologie: Anstelle der Aufnahme des in Ex 15,17 gegebenen Stichwortes מקרש wird die Opposition von himmlischem und irdischem Allerheiligsten genannt. Durch diese vertikale Entsprechung löst der Amoräer R. Pinhas[7] den Widerspruch, der in den konträren Auffassungen der Tannaiten R. Chija[8] und R. Simeon ben Chalafta[9] vorliegt.

yBer 4,5 bildet die Quelle für *MTeh 30 §1*[10]. Der Text ist allerdings verderbt, es fehlt der Anfang, zudem muß R. Chisda[11] durch R. Pinhas ersetzt werden[12]. Die Verbindung zwischen Schriftstelle und Auslegung scheint assoziativ zu erfolgen; Ps 30 ist auf den Tempel bezogen, da dieser Text an Chanukka gelesen wurde[13].

---

5   W.G. BRAUDE, The Midrash on Psalms, New Haven 1959, Bd. II, S. 466, Anm. 1:"Did David build the Sanctuary? If not, why does Scripture say: A psalm and a song at the dedication of the House of David? Dedication, however, may apply to the sanctuary above as well as to the sanctuary below."
6   Die Ergänzungen in den Klammern in Anlehnung an die Ausgabe Ḥ. ALBECK, Shisha Sidre Mishna, Bd. I: Zera'im, Jerusalem/Tel Aviv 1957, S. 21.
7   Ein Amoräer der fünften Generation.
8   Vermutlich R. Chija b. Abba; ein Tannait der fünften Generation.
9   Ein Tannait der fünften Generation.
10 Ein babylonischer Amoräer der dritten Generation.
11 S. BUBER, MTeh 30 §1 (117a) z.St.
12 Ibid.
13 W.G. BRAUDE, Pesikta Rabbati, Bd. I, S. 50, Anm. 1.

Yalq Ps §*713* ist ausführlicher und sucht nach einer engeren Verbindung zwischen Ps 30,1 und der Auslegung von Ex 15,17. Der Anachronismus, daß David bei der Einweihung des Tempels zugegen war[14], wird mit dem Verweis auf das obere Heiligtum aufgelöst, das bereits vor dem irdischen Tempel bestand[15].

Hier soll speziell die Funktion der Auslegung zu Ex 15,17 in der ursprünglichen Fassung im Jerusalmer Talmud interessieren. Durch die Opposition von himmlischem und irdischem Heiligtum entsteht eine Fix-Achse, der sich der Betende[16] zuwendet. Besonderes Gewicht erhält diese Vorstellung nach der Zerstörung des Tempels, als sich - so die theologische Deutung der meisten diesbezüglichen Midraschim - die Schechina vom Tempelplatz entfernt hatte[17].

> "In orienting oneself towards the earthly Holy of Holies, one orients oneself at the same time
> to that in heaven. This ancient concept that the heavenly Temple faces the earthly one
> provides a special reason for directing the prayer of Eighteen Benedictions toward the site
> of the Sanctuary even after the destruction of the Temple, that is, after the Shekhina had
> declared 'I will go and return to My place'"[18].

Das Motiv des himmlischen Tempels formulierte und legitimierte den Ortsbezug des Judentums auf Jerusalem auch nach der Zerstörung des Tempels[19].

Textgruppe 3

Tan p^e qude §2 (*17 1b*)

"Dies sind die Kostenberechnungen für die Wohnung" (Ex 38,21). Denn es heißt: "Herr, ich habe lieb den Platz deines Hauses (מעון ביתך) [und den Ort der Wohnung deiner Herrlichkeit] (מקום משכן כבודך)" (Ps 26,8). Dies ist der Tempel, der ausgerichtet ist zum Ort (מכון במקום) der Wohnung deiner Herrlichkeit. R. Simeon ben Jochai sprach: Dies bedeutet, daß der Tempel unten ausgerichtet ist gegenüber dem Tempel oben (היכל של מעלה), denn es heißt: "eine Stätte (מכון) dir zur Wohnung, die du, Herr, gemacht hast, das Heiligtum, Herr, das deine Hände bereitet haben" (Ex 15,17).

YalqM Teh 26 §13 (88b): ... ausgerichtet gegenüber der Wohnung deiner Herrlichkeit ...; als Zitat aus *Tan* gekennzeichnet.

---

14 Dies impliziert, daß ל in der Überschrift als ל-auctoris verstanden wird; hierzu: H.J. KRAUS, Psalmen. 1. Teilband: Psalmen 1-59 (BK 15/1), Neukirchen-Vluyn 51978, S. XIX; siehe hierzu auch: PesR 2 (7a): Weil David sein ganzes Leben den Tempel errichten wollte, wird ihm - und nicht Salomo - dessen Erbauung zugeschrieben.

15 Siehe S. 47 ff. dieser Arbeit.

16 Zur Gebetsrichtung allgemein: E. PETERSON, Die geschichtliche Bedeutung der jüdischen Gebetsrichtung, in: E.P., Frühkirche, Judentum und Gnosis, Freiburg 1959, S. 1-14.

17 Zum Motiv der Entfernung der Schechina vom Tempel: A. GOLDBERG, Schekhinah, S. 125 ff.

18 E. URBACH, The Sages - Their Concepts and Beliefs, Jerusalem 1979, Bd. I, S. 59.

19 Hierzu s.a.: L. GINZBERG, Perushim w-ḥiddushim b'Irushalmi, New York 1941, Bd. III, S. 403.

Midrash Ḥadash

J. Mann, The Bible as Read and Preached in the Synagogue, Bd. I, S. 266

Es ist geschrieben: "Herr, ich habe lieb den Platz deines Hauses usw." Das heißt, daß die Wohnung unten (משכן למטה) ausgerichtet ist gegenüber dem Tempel oben (היכל למעלה), denn es heißt: "eine Stätte dir zur Wohnung für immer (מכון לשבתך עולמים)" (I Reg 8,13) [Lies:] gegenüber (מכוון) deiner Wohnung für immer.

Interpretation

Im Rahmen eines homiletischen Midrasch wird hier Ex 15,17 zur Erklärung von Ps 26,8 herangezogen. Die Bezeichnungen "Platz deines Hauses" (מעון ביתך) und "Ort der Wohnung deiner Herrlichkeit" (מקום משכן כבודך) werden in dieser Auslegung nicht als Synonyme verstanden, wie dies gemäß der Struktur eines synonymen Parallelismus membrorum aufzufassen ist. Vielmehr werden die beiden Satzteile nach dem Muster der bereits dargestellten Auslegung zu Ex 15,17 getrennt[20], jeder Teil wird für sich gelesen; einer wird als Hinweis auf das obere, der andere als Hinweis auf das untere Heiligtum verstanden.

Dieser Midrasch stellt eine sekundäre Erweiterung zur Auslegung von Ex 15,17 dar; da gerade diese Verbindung mit Ps 26,8 anomym überliefert ist, lassen sich keine Aussagen über die Datierung machen. Abhängig davon ist der Text aus *Midrash Ḥadash*, der nicht Ex 15,17, sondern I Reg 8,13 zitiert, ein Vers, mit dem, wie ja in der Interpretation zu *MekhY shirata X (149 f.)* deutlich wurde, ebenfalls mit Hilfe des Al-Tiqre מכון ‏-‎ מכוון die Opposition von himmlischem und irdischem Heiligtum belegt werden kann.

Textgruppe 4

Sefer Raziel, S. 41b

Oberhalb von Schechakim befindet sich מכון ; dort ist ein Heiligtum (מקדש) erbaut, ein Räucheraltar und ein Brandopferaltar, und Michael, der große Fürst, steht da und opfert auf dem Altar und läßt aufsteigen das Brandopfer auf dem Brandopferaltar, denn es heißt: "eine Stätte (מכון) dir zur Wohnung ..." (Ex 15,17).

---

20   S. 74 f. dieser Arbeit.

bZev 62a

Woher aber wußten sie [den Platz] des Altars? Es sprach R. Eleasar: Sie sahen einen erbauten Altar, und Michael, der große Fürst, steht da und bringt darauf Opfer dar.

s.a. *BamR 12,12*: Kap. VII, Textgruppe 1, S. 125

Interpretation

bZev 62a und *Sefer Raziel S. 41b* sind als sekundäre Weiterbildung von *bHag 12b* zu klassifizieren[21]. Während dort die Auslegung an den Terminus זבול in I Reg 8,13 anknüpfte, basiert *Sefer Raziel S. 41b* auf Ex 15,17 als Schriftbeleg. Dieser Wechsel erklärt sich durch den beiden Belegstellen gemeinsamen Begriff מכון לשבתך. Wenn in *MekhY zu Ex 15,17*[22] und *Midrash Ḥadash S. 266*[23] I Reg 8,13 bereits auf der Folie von Ex 15,17 interpretiert wurde, so wird hier dieser Vers als Schriftbeleg völlig eliminiert. Neben der Lokalisierung des himmlischen Heiligtums und des Opferdienstes im vierten Himmel wird hier auch dessen lokale Opposition gegenüber dem irdischen Heiligtum formuliert.

In *bZev 62a* dient das Motiv vom himmlischen Opferdienst mit Michael als dem Hohenpriester zur Legitimation der Lokalisierung des Altars.

R. Eleasar[24], ein Amoräer der dritten Generation, der von Babylon nach Palästina übersiedelte, beantwortet die den Abschnitt einleitende Schulfrage, woher die aus der babylonischen Gefangenschaft Heimkehrenden Kenntnis über den Platz des Altars gehabt hätten, mit der Aussage, sie hätten Michael beim himmlischen Priesterdienst gesehen. Wenn diese Auslegung auch keinen Schriftbeweis nennt, so ist diese Lokalisation doch nur auf der Basis der lokalen Entsprechung von himmlischem und irdischem Tempel und Opferdienst, wie sie im vorigen Text expliziert wird, möglich.

Textgruppe 5

MRE S. 150

Größe war dem Mose gegeben, denn weder Engel noch Seraph hatten die Erlaubnis, einzutreten {in den Raum, den Mose betrat}, denn es heißt: "Und das Volk stand in der Ferne, und Mose nahte sich

---

21 Vgl. S. 6 f. dieser Arbeit.
22 Textgruppe 1, S. 73 ff. dieser Arbeit.
23 Textgruppe 3, S. 77 f. dieser Arbeit.
24 Gemeint ist R. Eleasar ben Pedat; siehe auch: W. BACHER, Die Agada der Palästinensischen Amoräer, Bd. II, S. 65.

dem Dunkel (ערפל), [in welchem Gott war]" (Ex 20,21). R. Jose sagt: Dieses Dunkel war ausgerichtet gegenüber (מכוון כנגד) dem Heiligtum, und deshalb wird das Heiligtum 'Dunkel' (ערפל) genannt, denn es heißt: "Damals sprach Salomo: Der Herr sagte, er wolle im Dunkel wohnen; [so habe ich denn wirklich gebaut ein Wohn-Haus für dich, eine Stätte dir zur Wohnung für immer]" (I Reg 8,12 f.). Und nicht nur das, sondern er ergriff (אחז) auch den Thron der Herrlichkeit, denn es heißt: "Er ergriff den Anblick seines Thrones und er breitete darüber sein Gewölk" (Hi 26,9) – der Heilige, gepriesen sei Er, veranlaßte, daß er ihn ergriff[25].

Er gab ihm die Erlaubnis und die Einsicht, die Gestalt der Merkaba zu bilden (לצור צורה), die Hesekiel sah; er bildete sie in der Wohnung (ציירה במשכן) – dies sind die Keruben. Und woher, daß die Keruben in der Gestalt der Merkaba [sind], die Hesekiel sah? Denn es heißt: "Dies ist das Tier, welches ich sah unter dem Gotte Israels am Fluß Kebar, und ich merkte, daß es Keruben waren" (Ez 10,20). Und auch David sagt: "für das Vorbild der Merkaba goldene Keruben" (I Chr 28,18).

Interpretation

Dieser tannaitische Midrasch liest I Reg 8,12 f. ebenfalls auf der Folie der Auslegung von Ex 15,17: Salomos Tempel befindet sich gegenüber Gottes himmlischer Wohnstatt: I Reg 8,12 belegt die Bezeichnung ערפל – 'Dunkel' für das irdische Heiligtum und Ex 20,21 verweist – eine Himmelsreise des Mose vorausgesetzt[26] – auf das himmlische ערפל ; der Text gibt allerdings keinen Aufschluß, ob dieser Begriff im Sinne eines konkreten himmlischen Heiligtums interpretiert wurde.

Im zweiten, für die hier vorliegende Fragestellung relevanten Teil wird ein Entsprechungsverhältnis zwischen der Merkaba und den sich im Heiligtum befindenden Keruben

---

25 Diese Auslegung spielt auf eine Tradition an, nach der Mose bei seiner Himmelsreise von den Engeln bedroht wird und am Thron der Herrlichkeit Schutz und Asyl findet. Im Sinne eines Al-Tiqre-Midrasch ist das Verb אחז nicht im Piel zu lesen, sondern im Hif'il. De facto liegt ein Subjektwechsel gegenüber der Lesart der Schrift vor: Mose ergreift den Thron der Herrlichkeit, und Gott breitet über ihn sein Gewölk; siehe auch: bShab 88b; ShemR Ende 41 (69d/70a); ShemR 42,4 (70d); PesR 20 (98a); TanB ki tissa §13 (57a); hierzu: K.-E. GRÖZINGER, Ich bin der Herr, dein Gott, S. 177-180. – W.A. MEEKS, The Prophet-King. Moses Traditions and the Johannine Christology (NT.S 14), Leiden 1967, S. 205 (mit weiteren Belegen).
26 Diese Vorstellung, die Moses Aufenthalt auf dem Sinai auf der Grundlage von Ex 19,3 als Himmelsreise interpretiert, ist in der rabbinischen Literatur sehr häufig belegt; vgl. u.a. MTeh 25 §5 (102b): "So kannte auch Mose, der in die Höhe (למרום) stieg, die Oberen und die Unteren...". MTeh 106 §2 (227a): "Nicht einmal Mose, der in den Rakia hinaufstieg und die Tora empfing aus [Gottes] Hand (in die Hand), vermochte [die Geheimnisse des Himmels] zu ergründen"; s.a. PesR 20 (96b-98b); Ma'ayan Hokhma, BHM I, S. 58-61; vgl. W.A. MEEKS, The Prophet-King, S. 205 ff. – K.E. GRÖZINGER, Ich bin der Herr, dein Gott, S. 130. 142 ff. – L. GINZBERG, Legends of the Jews, Bd. V, S. 417. – A. HESCHEL, Tora min ha-shamayim, Bd. II, London/New York 1965, S. 33-40 (mit zahlreichen Belegen). In Tan ki tissa §32 (163b) wird explizit auf auf Ex 20,18 verwiesen: "'Mose nahte sich dem Dunkel' – Mose wandelte im Rakia wie ein Kolias [-Vogel], bis er zum Heiligen, gepriesen sei Er, aufgestiegen war ...". Für Belege der Vorstellung in Pseudepigraphen und Apokryphen vgl. W.A. MEEKS, The Prophet-King, S. 197 ff. Von zentraler Bedeutung ist das Motiv bei den Samaritanern: Moses betritt die unsichtbare Welt, wo er nicht nur die Tora erhält, sondern in einen Engel verwandelt und als Priester des himmlischen Heiligtums eingesetzt wird; hierzu: W.A. MEEKS, The Prophet-King, S. 241 ff.

aufgezeigt: Während in I Chr 28,18 die beiden für die Exegese relevanten Begriffe erscheinen und syntaktisch miteinander verbunden sind, nennt Ez 10, ja das gesamte Hesekielbuch überhaupt, den Begriff 'Merkaba' nicht; erst im 2. Jhdt. v. Chr. erscheint der Terminus, an den sich dann die "Geheimlehre über das Wesen Gottes, seine Wohnung und die ihn umgebenden Geister", der sogenannte מרכבה מעשׂה anschließt[27]. So heißt es in Sir 49,8: "Hesekiel sah eine Vision und beschrieb die Gestalten am Thronwagen".

Zum Verständnis dieses Schriftbeweises ist der Teil des vorherigen Verses mit zu berücksichtigen, wo es heißt: "Und die Keruben, erhoben ihre Flügel ... und die Räder (אופנים) waren ihnen gegenüber (לעומתם) ... und die Herrlichkeit des Gottes Israel war über ihnen oben (למעלה)" (Ez 10,19). Versteht man die Räder als pars pro toto des Wagens, so wird hier das vom Text aufgezeigte Entsprechungsverhältnis von Merkaba und Keruben begründet.

Textgruppe 6.1

Tan pᵉqude §1 (171b)

"Dies sind die Kostenberechnungen für die Wohnung" (Ex 38,21). Denn es heißt: "Der Thron der Herrlichkeit [in] der Höhe von Anfang an, der Ort (מקום) unseres Heiligtums" (Jer 17,12). Dort [ist zu lesen]: ausgerichtet zu (מכון) unserem Heiligtum. Und es heißt auch: "eine Stätte dir zur Wohnung, die du, Herr, gemacht hast, das Heiligtum, Herr, das deine Hände bereitet haben" (Ex 15,17). Und du findest auch, daß Jerusalem oben ausgerichtet (ירושלים מכוונת למעלה) ist wie Jerusalem unten ...

Fortsetzung des Textes in Kap. VIII, Textgruppe 1, S. 144

Textgruppe 6.2

Ḥuppat Eliyyahu Rabba §26
OsM S. 164b

Sieben Dinge wurden vor der Erschaffung der Welt geschaffen: Tora, Garten Eden, Gehinnam, der Name des Messias, der Thron der Herrlichkeit, die Buße und das Heiligtum (בית המקרש)... Das Heiligtum, denn es heißt: "das Heiligtum, Herr, das deine Hände bereitet haben" (Ex 15,17).

---

27 W. ZIMMERLI, Ezechiel, 1. Teilband: Ezechiel 1-24 (BK 13/1), Neukirchen-Vluyn 1969, S. 64. Vgl. auch 4Q Shirot 'Olat ha-Shabbat, hierzu: L.H. SCHIFFMAN, Merkavah Speculation at Qumran, S. 38. 42 und 46. - J. GRUENWALD, Apocalyptic and Merkavah Mysticism, S. 74. - C. NEWSOM, Songs of the Sabbath Sacrifice, S. 44; auf S. 430 findet sich eine Aufstellung aller Belege des Begriffes in den Sabbatliedern. Zum Ma'ase Merkaba: S. 63 dieser Arbeit, Anm. 4.

Midrash Ma'ase Tora
BHM II, S. 99

Sieben Dinge wurden vor der Erschaffung der Welt geschaffen: Tora, Garten Eden, Gehinnam, Name des Messias, Thron, Heiligtum, Umkehr ... Das Heiligtum, denn es heißt ... (Ex 15,17).

Kommentar des David Kimchi zu Jer 17,12

... Und weiter sagten sie, daß das Heiligtum ausgerichtet ist gegenüber dem Thron der Herrlichkeit, denn es heißt: ... (Jer 17,12).

Anfang des Textes in Kap. III.3; Textgruppe 2.2, S. 50

Interpretation

In *Tan p^equde* §1, einem anonym tradierten Midrasch, wird das Auslegungsmuster von Ex 15,17 auf Jer 17,12 angewandt: Schlüsselwort für die Interpretation ist der Begriff מקום, der in einem Al-Tiqre-Midrasch analog zu מכון in Ex 15,17 als מכוון gelesen wird; erklärbar ist dies sowohl durch die klangliche Ähnlichkeit wie auch durch die Überschneidung der semantischen Felder dieser beiden Begriffe[28].

Formal wird der synonyme Parallelismus von Jer 17,12 durch den Begriff מכוון - 'ausgerichtet' in einen antithetischen Parallelismus membrorum verwandelt.

Da Jer 17,12 traditionell in der rabbinischen Exegese mit der Vorstellung vom praemundan erschaffenen Heiligtum verbunden wird[29], ist die Möglichkeit einer bewußten Neuakzentuierung dieses Gedankens nicht auszuschließen.

Der Vorstellung vom himmlischen, praemundan erschaffenen Heiligtum wird durch diese Auslegung zwar nicht widersprochen, entscheidend für das Verhältnis von oberem und unterem Heiligtum aber ist der Ortsbezug. Unter diesem Aspekt interpretieren auch die anderen aufgeführten Texte, die als sekundäre Weiterbildungen zu *bPes 54a*[30] zu bestimmen sind, den Bezug zwischen diesen Elementen. Während sich D. Kimchi lediglich in der Terminologie an die Auslegung von Ex 15,17 anlehnt, nennen *Ḥuppat Eliyyahu Rabba* und *Midrash Ma'ase Tora* diesen Vers anstelle des traditionellen Schriftbeleges Jer 17,12.

Da die übrigen Auslegungen zu Ex 15,17 die lokale Opposition nur im Hinblick auf Tempel und Altar formulieren, und lediglich *Tan p^equde* §1 die Entsprechung von oberem und unterem Jerusalem nennt, ist zu schließen, daß dieses Motiv erst sekundär mit der Vorstellung der lokalen Entsprechung verbunden wurde.

---

28 מכון - 'Stelle, Stätte, Wohnstätte'; מקום - 'Ort, Stelle, Stätte'.
29 Hierzu S. 47 ff. und S. 52 dieser Arbeit.
30 Siehe S. 47 f. dieser Arbeit.

Textgruppe 7

BamR 4,13 (12b/c)

R. Nathan sagt: Geliebt ist das Werk der Lade wie der Thron der Herrlichkeit oben, denn es heißt:
"eine Stätte dir zur Wohnung, die du, Herr, gemacht hast" (Ex 15,17). Denn das Heiligtum
(המקדש) ist ausgerichtet gegenüber dem Heiligtum (בית המקדש) und die Lade gegenüber
dem Thron. Er hatte darüber einen Deckel gemacht, entsprechend den Seraphen, die über ihm
stehen. Darauf hatte er zwei Keruben gemacht, die geliebt sind, entsprechend Himmel und Erde,
denn in ihnen war der Sitz des Heiligen, gepriesen sei Er, denn es heißt: "Eine Kerub von der einen
Seite, [und einer von der anderen]" (Ex 25,19). Und wie der Himmel seinen Schatz der Erde öffnet,
denn es heißt: "Der Herr wird dir seinen guten Schatz auftun, den Himmel" (Dtn 28,12), so ist auch
die Schechina über die beiden Keruben gesetzt, welche einander gegenüber stehen und sich
einander zuneigen, wie es heißt: "Ihre Gesichter, eins zum anderen" (Ex 25,20), entsprechend dem
Thron der Herrlichkeit, der ausgerichtet ist gegenüber dem Heiligen, gepriesen sei Er, denn es
heißt: "Vom Zion, von der Schönheit Vollendung, erscheint Gott" (Ps 50,2). Auch in der Stunde, in
der sie aufbrachen, breiteten sie weder ein Gewand von Argaman noch von Tola'at Schani
darüber, sonderen ein Gewand ganz aus Techelet. Warum? Weil das Techelet dem Meer ähnelt und
das Meer ähnelt dem Firmament (רקיע), und das Firmament ähnelt dem Thron der Herrlichkeit,
denn es heißt: "Und über dem Firmament, das über ihrem Kopf war, vom Aussehen eines
Saphirsteines, in der Gestalt eines Thrones, [und auf dem Thron saß einer, der aussah wie ein
Mensch]" (Ez 1,26). Dies, um dich zu lehren, daß die Lade dem Thron der Herrlichkeit ähnlich ist,
und deshalb heißt es auch: "ganz Techelet", weil sie ihm gänzlich ähnelte. Und weil ihm die Lade
ähnlich war, deshalb war ein Gewand von Techelet von oben ausgebreitet, sein Aussehen
entsprechend dem Firmament, das ihm ähnelte. Dies findest du nicht beim Rest der Geräte, daß sie
Techelet-Gewand oben haben, sondern sie haben ein Techelet-Gewand unten und eine Decke von
Tachaschfell oben, aber bei der Lade ist eine Decke von Tachaschfell unten und ein Gewand von
Techelet oben.

Tan wayaqhel §7 (169a/b)

R. Nathan sagt: Geliebt ist das Werk der Lade wie der Thron der Herrlichkeit oben, denn es heißt:
"Eine Stätte dir zur Wohnung, die du, Herr, gemacht hast, das Heiligtum usw." (Ex 15,17). Denn das
Heiligtum oben (המקדש של מעלה) ist ausgerichtet gegenüber (מכון כנגד) dem Heiligtum
unten und die Lade ist ausgerichtet gegenüber dem Thron der Herrlichkeit oben, denn es heißt:
"Der Thron der Herrlichkeit [in] der Höhe von Anfang an" (Jer 17,12). Und an welchem Ort war
der Ort unseres Heiligtums? Daher: "das du, Herr, gemacht hast, das Heiligtum, Herr, das deine
Hände bereitet haben" (Ex 15,17). Lies nicht: "Stätte" (מכון), sondern: ausgerichtet gegenüber
(מכון כנגד) dem Thron der Herrlichkeit, der darüber gemacht ist, denn sie sind Sühne. Er
machte darüber einen Sühnedeckel, denn die Seraphen stehen auf ihm, und er machte daran

zwei Keruben, denn sie sind geliebt von ihm entsprechend Himmel und Erde, denn auf ihnen war der Sitz des Heiligen, gepriesen sei Er, denn es heißt: "Ich werde dort mit dir reden vom Sühnedeckel her, der auf der Lade des Zeugnisses zwischen den beiden Keruben ist" (Ex 25,22). Und es ist geschrieben: "Ein Kerub von der einen Seite und einer von der anderen" (Ex 25,19). Und wie der Himmel seinen Schatz der Erde öffnet, denn es heißt: "Der Herr wird dir seinen guten Schatz auftun, den Himmel, den Regen deines Landes zu seiner Zeit geben" (Dtn 28,12), so ist die Schechina über die beiden Keruben gesetzt, welche auf diese und auf jene Seite gegeben sind, und sie lobpreisen Israel wegen der Tafeln, denn es heißt von ihnen: "Von dieser und von dieser [Seite] sind sie beschrieben" (Ex 32,15). Sie stehen einander gegenüber, denn es heißt: "Ihre Gesichter eines zum anderen" (Ex 25,20) entsprechend dem Thron der Herrlichkeit, der ausgerichtet war gegenüber den beiden Keruben, denn es heißt: "Vom Zion, von der Schönheit Vollendung, erscheint Gott" (Ps 50,2).

Siehe, wie geliebt die Lade war, denn die ganze Stiftshütte wurde nur für die Lade gemacht, in der die Schechina war, und alle Wunder, die für Israel durch die Lade geschahen, wurden getan, weil die Schechina darinnen war. Siehe, was darüber geschrieben ist: "Und die Lade des Bundes des Herrn zog vor ihnen die drei Tagesreisen her, um ihnen die Ruhestätte zu erkunden" (Num 10,33), und sie tötete Schlangen und Skorpione und verbrannte die Dornen und tötete die, die Israel hassen.

Interpretation

Diese Midraschim verbinden die Entsprechung von himmlischem und irdischem Heiligtum mit dem Motiv der Lade, die gegenüber dem Thron der Herrlichkeit ausgerichtet ist. Damit verliert diese aber ihre Bedeutung als transportables Heiligtum, vielmehr herrscht der lokale Aspekt vor[31].

Da der Text in beiden Versionen verderbt und unzuverlässig ist, kann eine ursprüngliche Fassung nicht ausgemacht werden[32]. *Tan wayaqhel* §7 ist ausführlicher in der Argumentation und belegt die Opposition von Lade und Thron der Herrlichkeit auch mit Jer 17,12, einem Vers, der traditionell auf die Existenz eines praemundan erschaffenen Heiligtums bzw. Throns bezogen wird[33], aber auch, wie in *Tan pᵉqude* §1, auf das lokale Entsprechungsverhältnis von himmlischem und irdischem Tempel hin interpretiert werden kann[34].

Während aber *Tan wayaqhel* §7 das Geliebtsein der Lade durch die in ihrer Nähe geschehenen Wunder darstellt, begründet *BamR 4,13* die Entsprechung zwischen der Lade und dem Thron der Herrlichkeit noch auf anderem Wege und betont so die Besonderheit der Lade gegenüber den restlichen Geräten; von Bedeutung ist hier aber nicht mehr der lokale Aspekt, sondern eine

---

31 Vgl. dagegen das Konzept am Ende von Tan wayaqhel §7: Die Wunder, die im Zusammenhang mit der Lade geschahen, werden durch die Schechina, die sich in ihr befand, begründet. Dem Ortsbezug widerspricht auch die vorhergehende Auslegung: Die Lade war wegen der sich in ihr befindenden Tora geliebt. Zur Lade allgemein: J. MAIER, Vom Kultus zur Gnosis, S. 55-93. Rabbinisches Material bei: (H.L. STRACK)/P. BILLERBECK, Kommentar zum Neuen Testament, Bd. III, S. 165 ff.

32 A. GOLDBERG, Schekhinah, S. 53.

33 S. 47 ff. und S. 52 dieser Arbeit.

34 Hierzu Textgruppe 6.1, S. 81 f. dieser Arbeit.

optische Analogie: Der Überwurf der Lade, das Meer und der Thron der Herrlichkeit haben die Farbe Techelet[35].

Nach A. GOLDBERG reichte die ursprüngliche Fassung des Textes nicht weiter als das Zitat Jer 17,12[36], daher kann nur der erste Teil der Midraschim, nämlich die Auslegung des Tradenten R. Nathan als tannaitisch bestimmt werden. Wenn in den sich anschließenden sekundären Erweiterungen auch die einzelnen Bezüge zwischen den Elementen und den Schriftbelegen nicht mehr nachvollziehbar sind[37], so kann doch auf Grund der verknüpfenden Präposition כנגד auf einen zugrundeliegenden Analogiemidrasch geschlossen werden[38]. Die noch erkennbare Verbindung der Keruben mit Himmel und Erde legt die Vermutung nahe, daß dieser Text inhaltlich mit der Vorstellung vom Tempel als "imago mundi" gefüllt war[39].

Somit erfolgte hier eine Verknüpfung ursprünglich eigenständiger Traditionen; prinzipiell muß ja zwischen dem Konzept der direkten Opposition von himmlischem und irdischem Heiligtum und der Vorstellung vom Heiligtum als "imago mundi" unterschieden werden[40].

Textgruppe 8.1

ShirR zu Cant 3,9 (22b)

Eine andere Auslegung: "Eine Sänfte" (Cant 3,9) - dies ist die Welt, "machte sich der König Salomo" (ibid.) - der König, dem der Friede gehört; "aus den Hölzern des Libanon" (ibid.) - denn [die Welt] wurde gebaut vom Haus des Allerheiligsten aus, das unten ist. Denn wir lehrten: Nachdem die Lade weggenommen war, seit den Tagen der ersten Propheten, war dort ein Stein und er wurde Schetija-[Stein] genannt. Und warum wurde er Schetija-[Stein] genannt? Denn von ihm aus wurde die ganze Welt gegründet (הושתת), wie es heißt: "Vom Zion, von der Schönheit Vollendung [erscheint Gott]" (Ps 50,2).

Eine andere Auslegung: "Eine Sänfte" - dies ist der Thron der Herrlichkeit, "machte sich der König Salomo" - der König, dem der Friede gehört, "aus den Hölzern des Libanon" - dies ist das Allerheiligste[41] oben (בית קדשי הקרשים של מעלה), das gegenüber dem Allerheiligsten unten ausgerichtet ist, denn es heißt: "eine Stätte dir zur Wohnung (מכון לשבתך)" (Ex 15,17). [Lies:] ausgerichtet gegenüber deiner Wohnung (מכוון כנגד שבתך).

---

35 J. MAIER, Vom Kultus zur Gnosis, S. 92. Zu Techelet: G. SCHOLEM, Farben und ihre Symbolik, S. 8 ff.

36 A. GOLDBERG, Schekhinah, S. 53.

37 Ibid.

38 J. HEINEMANN, Darkhe ha-aggada, S. 62. Zum "organischen Denken" und der Analogie allgemein: ibid., S. 8 ff.

39 Siehe hierzu S. 21 f. dieser Arbeit.

40 Vgl. *ShemR 33,4 (61c/d)*, S. 111 ff. dieser Arbeit.

41 S. DORNSKI, Midrash Rabba. Shir ha-Shirim, Jerusalem/Tel Aviv 1980, S. 96, liest בית הקרשים.

Textgruppe 8.2

Tan pᵉqude §3 (172b)

Eine andere Auslegung: Es ist geschrieben: "Der Herr hat mit Weisheit die Erde gegründet usw."
(Prov 3,19) und es heißt: "Und ich habe ihn erfüllt mit dem Geist Gottes, mit Weisheit" (Ex 31,3).
Dies um dich zu lehren, daß die Stiftshütte in ihrer Bedeutung der ganzen Welt entspricht[42] und
der Erschaffung des Menschen, denn er ist eine kleine Welt[43]. Wie [ist das zu verstehen]? Als der
Heilige, gepriesen sei Er, seine Welt schuf, da schuf er sie wie einen vom Weibe Geborenen. Wie
der vom Weibe Geborene am Nabel anfängt und sich hierhin und dorthin nach allen vier Seiten
erstreckt (מותח), so begann der Heilige, gepriesen sei Er, am Anfang, seine Welt beim
Schetija-Stein (אבן שתיה) zu erschaffen, und von ihm aus wurde die Welt gegründet
(הושתת)[44]. Und wieso wird er mit dem Namen Schetija-Stein bezeichnet? Weil von ihm aus der
Heilige, gepriesen sei Er, begann, seine Welt zu erschaffen. Und er schuf das Heiligtum oben
(בית המקדש למעלה), denn es heißt: "eine Stätte dir zur Wohnung, die du, Herr, gemacht hast"
(Ex 15,17). Lies nicht: "Stätte" (מכון), sondern: ausgerichtet (מכוון) gegenüber deiner
Wohnung, gegenüber (כנגד) dem Thron der Herrlichkeit, wie ja oben deutlich wurde.

Die göttliche Sophia
BHM V, S. 63

"Der Herr hat mit Weisheit die Erde gegründet usw." (Prov 3,19). Denn der Heilige, gepriesen sei
Er, schuf die Welt wie einen vom Weibe Geborenen. Wie der Mensch am Anfang mit dem Nabel
beginnt und von dort beginnt und [weiter] geht, so begann der Heilige, gepriesen sei Er, mit der
Welt beim Nabel, und von dort erstreckte (נמתח) sie sich dahin und dorthin. Und wie [ist dies zu
verstehen]? Dieser Nabel ist Jerusalem, das Zentrum des Nabels[45] ist der Altar. Und wieso wurde
er Schetija-Stein genannt? Weil von ihm aus die ganze Welt gegründet wurde (הושתת). Und der
Heilige, gepriesen sei Er, schuf das Heiligtum unten, daß es gegenüber dem Heiligtum oben (בית
המקדש למעלה) liegt, eines zum anderen hin ausgerichtet, denn es heißt: "Du brachtest sie
hinein und pflanztest sie ein auf dem Berge deines Erbbesitzes, einer Stätte dir zur Wohnung"
(Ex 15,17) ...

Fortsetzung: Kap. VIII, Textgruppe 7, S. 158.

---

42 Wörtlich: entsprechend der ganzen Welt gewogen ist. Zur Entsprechung von Welt und
Tempel: S. 21 ff. dieser Arbeit. Tan pᵉqude §3 fährt auch mit Ausführungen zur Entsprechung von
Welt- und Tempelschöpfung fort.
43 Siehe S. 90, Anm. 58.
44 Vgl. *Alfa Beta de Ben Sira* §7, ms. hebr. oct. 35 der Stadt- und Universitätsbibliothek
Frankfurt a.M.: "Und ferner fragten sie: Woher weißt du das? Weil das Heiligtum wie ein vom
Weibe Geborener ist. Wie ein vom Weibe Geborener an ihrem Nabel seinen Anfang nimmt, so ist
auch das Heiligtum der Nabel der Welt."
45 Wörtlich: der Nabel selbst.

Seder Arqim
OsM S. 70a

"Der Herr hat mit Weisheit die Erde gegründet, gefestigt den Himmel mit Einsicht" (Prov 3,19).
Von hier [lernen wir], daß der Heilige, gepriesen sei Er, seine Welt wie einen vom Weibe
Geborenen erschuf. Er beginnt beim Nabel und erstreckt sich dahin und dorthin, so schuf der
Heilige, gepriesen sei Er, die ganze Welt. Er begann vom Platz des Heiligtums aus, und die ganze
Welt erstreckte sich (הומתח) von ihm nach dahin und dorthin. Deshalb wurde er Schetija-Stein
genannt, denn von ihm aus wurde die ganze Welt gegründet (הושתת). Und bei ihm (ובה) schuf
der Heilige, gepriesen sei Er, das Heiligtum unten und das Heiligtum oben (בית המקרש של
מעלה מטה ובית המקרש של), eines dem anderen gegenüber, denn es heißt: "eine Stätte dir zur
Wohnung, die du, Herr, gemacht hast, das Heiligtum, Herr, das deine Hände bereitet haben"
(Ex 15,17). Das Heiligtum und eine Stätte dir zur Wohnung - eines dem anderen gegenüber (זה
כנגד זה) ...

Fortsetzung: Kap VIII, Textgruppe 7, S. 159

Sefer Ḥibbuṭ la-Qebber §1
M. Higger, Treatise Semaḥot, S. 23

... so begann der Heilige, gepriesen sei Er, die Welt zu schaffen vom Schetija-Stein und vom
Allerheiligsten aus, und von ihm aus wurde die Welt gegründet (הושתת). Und er schuf das
Heiligtum oben im Himmel und das Heiligtum unten auf der Erde, eines dem anderen gegenüber ...

Textgruppe 8.3

Alfa Beta de Ben Sira §5.6
nach ms. hebr. oct. 35 der Stadt- und Universitätsbibliothek Frankfurt a. M.

Und ferner fragte er ihn: An welchem Ort ist die Hälfte des Himmels? Er sprach zu ihm: Im
Heiligtum oben, und das liegt dem Heiligtum unten genau gegenüber. Er sprach zu ihm: Wer
weiß, ob es in der Mitte des Himmels liegt oder nicht? Er sprach zu ihm: Schicke deine Knechte,
damit sie messen. Er sprach zu ihm: "Wer fährt hinauf zum Himmel und wieder herab?"
(Prov 30,4). Er sprach zu ihm: Wenn das so ist, glaube mir! Alsbald glaubte er. Und ferner fragte
er ihn: An welchem Ort ist die Hälfte der Erde? Er sprach zu ihm: Im unteren Heiligtum. Und
wenn der Priester unten an ihm Rauchopfer darbringt, bringt Michael oben die Seelen der
Gerechten als Rauchopfer dar. Und da die Opfer aufhörten, bringt man oben keine Opfer mehr da.
Aber der Heilige wird sie wiederbringen, wie gesagt ist: "Und die Erlösten des Herrn werden
wiederkommen" (Jes 35,10).

Zum Motiv von Michaels Opferdienst: Kap. VIII, Textgruppe 7, S. 6 f. 17 f. 158 ff. dieser Arbeit.

Interpretation

In den Midraschim dieser Textgruppe wird die Auslegung zu Ex 15,17 von der lokalen Entsprechung von himmlischem und irdischem Heiligtum mit dem Motiv vom Schetija-Stein[46] bzw. der Vorstellung vom Zion als Weltmitte verbunden. Der früheste uns erhaltene Beleg dieser Vorstellung ist mYom 5,2; hier wird berichtet, daß sich seit der Wegführung der Lade, seit der Zeit der ersten Propheten, ein Stein im Allerheiligsten befunden habe, der drei Finger breit aus der Erde herausragte und auf den der Hohepriester die Pfanne mit dem Räucherwerk setzte. Die Tosefta tYom 3,6 weiß, daß die Bundeslade ursprünglich auf diesem Stein stand, auf ihr wurde die Pfanne mit dem Räucherwerk abgestellt. Im Namen R. Joses wird auch eine Namensätiologie tradiert: Der Stein heißt Schetija-Stein, weil von ihm aus die Welt gegründet wurde (הושתת)[47].

Diese Namensätiologie wird in anderen Texten im Namen des R. Johanan (ben Nappacha) oder anonym tradiert[48], tatsächlich handelt es sich hier aber um eine Heiligtumstradition, die in die Zeit des Tempels zurückreicht[49].

D. NOY erklärt die widersprüchlichen Zeitangaben über das Vorhandensein der Lade im Tempel mit der These, man habe das der biblischen Schöpfungserzählung entgegenstehende Konzept der Weltschöpfung vom Zion aus marginalisieren wollen und so sekundär die Zeitangabe "seit der Wegführung der Lade, seit den Tagen der Propheten" eingefügt[50].

Neben seiner Funktion als Gründungsstein hatte dieser Stein auch präsentische Bedeutung: Er lag nämlich über dem Zugang zur Urflut und hatte die Funktion, diese zurückzuhalten und daran zu hindern, die Welt zu zerstören[51]; somit ermöglichte er das rechte Maß an Feuchtigkeit und Bewässerung für die Erde; die Basis hierfür aber bildete der rechte Vollzug des Tempeldienstes[52].

Formal besteht der aus *ShirR zu Cant 3,9* zitierte Text aus zwei einzelnen Auslegungen, die aber - da sie inhaltlich miteinander verknüpft sind - beide dargestellt werden sollen. Der Text beginnt mit einer allegorischen Auslegung[53] zu Cant 3,9: "Eine Sänfte machte sich der König

---

46 Hierzu: L. GINZBERG, Legends of the Jews, Bd. V., S. 15 f., Anm. 39; R.J. McKELVEY, The New Temple. The Church in the New Testament, Oxford 1969, Appendix A, S. 188-192; s.a. die Literaturangaben der folgenden Anmerkungen.

47 P. SCHÄFER, Tempel und Schöpfung. Zur Interpretation einiger Heiligtumstraditionen in der rabbinischen Literatur, in: Kairos 16 (1974), S. 122-133, hier: S. 123.

48 R. Jose ben Chalafta: Tan aḥare mot §3 (115a); WaR 20,4 (28b); BamR 12,4 (46c). Anonym: bYom 54b; Tan qᵉdoshim §10 (222b); TanB qᵉdoshim §10 (39b); MTeh 11 §2 (49b) (Identifikation von Gerechtem mit dem Gründungsstein); R. Johanan: yYom 5,4 (42c).

49 P. SCHÄFER, Tempel und Schöpfung, S. 126.

50 D. NOY, Even ha-shetiya we-reshit ha-bri'a, in: We-1-Irushalayim, Qobeṣ sifruti, Jerusalem 1967/68, S. 360-394, hier: S. 365 f.

51 So erzählt ein Midrasch, daß David versuchte, die Abflußkanäle für den Tempel zu graben, aber durch Wasser, das aus der Erde emporquoll und die Welt zu überfluten drohte, daran gehindert wurde; siehe z.B. bSuk 53a/b; bMak 11a; weitere Belege: R. PATAI, Man and Temple, S. 59 ff. - P. SCHÄFER, Tempel und Schöpfung, S. 126.

52 Zum Verhältnis von Schetija-Stein und Regen: D. FEUCHTWANG, Das Wasseropfer und die damit verbundenen Zeremonien, in: MGWJ 54 (1910), S. 535-552. 713-729; spez. S. 720 ff.; MGWJ 55 (1911), S. 43-63. - R. PATAI, Man and Temple, S. 24 ff. 85 ff. - P. SCHÄFER, Tempel und Schöpfung, S. 127. - D. NOY, Even ha-shetiya we-reshit ha-bri'a, S. 366. - Zur Etymologie mit שתה - 'trinken': ibid., S. 366 ff.

53 Zur Allegorese allgemein: J. HEINEMANN, Darkhe ha-aggada, S. 151 f. 158 f.

aus den Hölzern des Libanon". Die Sänfte wird als die Welt gedeutet; der Begriff 'König' wird –
wie es in der Exegese des Hohenliedes üblich ist[54] – auf Gott bezogen, und die Hölzer des Libanon
werden mit dem Heiligtum in Verbindung gebracht. Diese Beziehung ist in der rabbinischen
Tradition häufig belegt[55].

Die Addition all dieser Einzelauslegungen ergibt die Aussage, daß Gott die Welt vom Tempel
aus geschaffen hat; diese Überlieferung wird nun – eingeleitet durch רתנין – mit der bereits
dargestellten Tradition über den Schetijā-Stein in Mischna und Tosefta weitergeführt[56].

Ps 50,2 ist hier im Sinne eines Al-Tiqre-Midrasch zu lesen: Es heißt nicht מכלל יופי,
sondern מוכלל יופיו של העולם – 'vom Zion aus hat sich die Schönheit der Welt entfaltet'[57].

Die sich anschließende zweite Auslegung nimmt Cant 3,9 noch einmal als Grundlage einer
Allegorese auf, bezieht nun aber die Sänfte auf den Thron der Herrlichkeit und die Hölzer des
Libanon auf das himmlische Heiligtum; der Begriff 'König' wird wiederum als Gott gedeutet.

Um diese Einzelübertragungen in eine schlüssige und kohärente Gesamtaussage übersetzen zu
können, muß die Präposition מ im Sinne von מתוך gelesen werden, wodurch sich folgender Sinn
ergibt: Gott machte den Thron der Herrlichkeit im himmlischen Heiligtum.

Durch die Aufnahme von Ex 15,17 werden die beiden rein formal getrennten Allegoresen zu
Cant 3,9 miteinander verklammert: Das himmlische Heiligtum mit dem Thron der Herrlichkeit
liegt genau gegenüber dem irdischen Heiligtum, in dem sich wiederum der Stein befindet, von
dem aus die Welt geschaffen wurde.

Die anonym tradierten und somit nicht exakt datierbaren Midraschim *Tan pᵉqude* §3 par., die
vermutlich eine gemeinsame Quelle haben, erwähnen neben der Verbindung von Ex 15,17 mit
dem Motiv von Schetija-Stein noch die Analogie von Welt- und Menschenschöpfung und
implizieren so die Gleichsetzung des Ortstopos "Nabel der Welt" mit dem Motiv des
Schetija-Steins. Während die Vorstellung von Schetija-Stein eine genuin
palästinisch-rabbinische Tradition darstellt, wird das Omphalos-Motiv bereits im Alten
Testament genannt[58]. *Tan pᵉqude* §3 erwähnt noch die Bezeichnung des Menschen als "kleine

---

54 Siehe hierzu die Diskussion in ShirR zu Cant 1,1 (4a).
55 Siehe hierzu S. 9 f. dieser Arbeit.
56 Zur Verbindung von Cant 3,9 mit dem Motiv vom Gründungsstein: BamR 12,4 (46c).
57 So in bYom 54b; MHG Ber S. 12 dagegen liest: ממנו נכלל יפיו שלעולם.
58 So Ez 5,5; vgl. auch Jdc 9,37, wo der Begriff auf Sichem bezogen wird; hierzu: S. 105. 107
dieser Arbeit. Siehe auch: W. ZIMMERLI, Ezechiel, 1. Teilband: Ezechiel 1-24, S. 133. S. 955 f. –
H. SCHMIDT, Der heilige Fels in Jerusalem, Tübingen 1933, S. 37 f. – D. NOY, Even ha-shetiya
we-reshit ha-bri'a, S. 363 f. Das Omphalos-Motiv ist in sehr vielen Kulturen verbreitet; hierzu:
W.H. ROSCHER: Omphalos. Eine philologisch-archäologisch-volkskundliche Abhandlung über die
Vorstellung der Griechen und anderer Völker vom "Nabel der Erde" (ASGW.PH Bd. 29, Nr. 9),
Leipzig 1913. – W.H. ROSCHER, Neue Omphalosstudien. Ein archäologischer Beitrag zur
vergleichenden Religionswissenschaft (ASGW.PH Bd. 31, Nr. 1), Leipzig 1915. – W.H. ROSCHER, Der
Omphalosgedanke bei verschiedenen Völkern, besonders dem semitischen (BVSGW,
Philologisch-historische Klasse Bd. 70, Heft 2), Leipzig 1918. – A.J. WENSINCK, The Ideas of the
Western Semites concerning the Navel of the Earth (VNAW, Nieuwe Reeks 17, No. 1), Amsterdam
1916. – W. GAERTE, Kosmische Vorstellungen im Bilde prähistorischer Zeit: Erdberg,
Himmelsberg, Erdnabel und Weltenströme, in: Anthropos 11 (1914), S. 956-979. – E. LOHSE, Art.:
Σιών B., S. 323. Vgl. auch S. UHLIG, Das äthiopische Henochbuch, S. 562, Anm. XXVI 1a). –
M. ELIADE, Die Religionen und das Heilige, S. 265-268. In der griechischen Vorstellungswelt galt

Welt" - עולם קטן[59] und die Entsprechung zwischen Welt und Tempel[60].

Speziell die Formulierung im Midrasch *"Die göttliche Sophia"*: הטבור עצמו המזבח ,
wörtlich: 'der Nabel selbst ist der Altar', läßt vermuten, daß bei diesem Text eine antichristliche
Polemik mitschwingt: Seit dem 4. Jahrhundert wurden die klassischen, mit dem Heiligtum
verbundenen Traditionen, wie z.B. die Opferung Isaaks, Jakobs Traum von der Himmelsleiter und
die Vorstellung vom Gründungsstein und vom Nabel der Welt von christlicher Seite für den
Golgathafelsen beansprucht[61].

Durch die Aufnahme des Motivs vom Gründungsstein sind diese Midraschim auf dem
Hintergrund der rabbinischen Auseinandersetzung über die Erschaffung der Welt zu sehen.
Ausgangsfrage war, ob die Welt von innen, d.h. von ihrer Mitte, vom Zion aus geschaffen wurde,
oder von den Seiten, also vom Himmel her. In bYom 54b heißt es:

> R. Elieser sagte: Die Welt wurde von ihrer Mitte aus erschaffen, denn es heißt: "Beim
> Zusammenfließen des Staubs zum Gußwerk und die Schollen kleben beieinander" (Hi 38,38).
> R. Josua sagt: Die Welt wurde von ihren Seiten her erschaffen, denn es heißt: "Denn zum
> Schnee spricht er: Werde Land und so auch zum Regenguß und den Regengüssen in ihrer
> Stärke" (Hi 37,6) ... Die Weisen sagen: Vom Zion aus wurde sie erschaffen, denn es heißt: "Ein
> Psalm Asaphs. Ein Gott der Götter ist der Herr" (Ps 50,1). "Vom Zion, von der Schönheit
> Vollendung (מכלל יופי) (V.2)" - von ihm aus hat sich die Schönheit der Welt entfaltet
> (מוכלל יופיו של העולם).

Die Vorstellung von der Mitte der Welt, wie sie in dieser Auslegung genannt wird, ist mit dem

---

Delphi als Mittelpunkt der Erde; vgl. die Belege bei W.H. ROSCHER, Omphalos, S. 54-105. - W.H.
ROSCHER, Neue Omphalosstudien, S. 31-58. Eine direkte traditionsgeschichtliche Verbindung zum
rabbinischen Denken, wie sie von F. BÖHL, Über das Verhältnis von Shetija-Stein und Nabel der
Welt in der Kosmologie der Rabbinen, in: ZDMG 124 (1974), S. 253-270, hier: S. 267 und J. A.
SELIGMAN, Yerushalayim be-maḥshevet ha-yehudit ha-hellenisṭit, S. 198 ff. vorgeschlagen wird,
ist jedoch wegen der Belege des Alten Testaments (s.o.) nicht anzunehmen.

59 P. SCHÄFER, Tempel und Schöpfung, S. 130, weist darauf hin, daß anolog zur Kontroverse,
ob die Welt von innen oder von außen geschaffen wurde, auch die Diskussion existierte, ob der
Mensch vom Staub der vier Enden der Erde oder aus der Erde am Platze des Heiligtums geschaffen
wurde. Daraus schließt er: "Es gab also offenbar Kreise im rabbinischen Judentum, die sich Adam
als Mikrokosmos vorstellten, der in genauer Analogie zum Makrokosmos geschaffen wurde". Diese
Vorstellung stammt vermutlich aus dem griechischen Denken (R. MEYER, Hellenistisches in der
rabbinischen Anthropologie. Rabbinische Vorstellungen vom Werden des Menschen (BWANT,
4. Folge, Heft 22), Stuttgart 1937, S. 124 ff.); der Begriff עולם קטן ist eine wörtliche
Übertragung des griechischen Terminus μικρὸς κόσμος, der bei Aristoteles, Physik 8,2 zum ersten
Mal literarisch belegt ist. (J. KRAEMER, Art.: Microcosm, in: EJ, Jerusalem 1971, Bd. 11,
Sp. 1501 ff., hier: Sp. 1501); vgl. dagegen A. JELLINEK, Bet ha-Midrasch, Bd. V, S. XXV, Jerusalem
³1967: Der Begriff עולם קטן ist der haggadischen Terminologie fremd, er stammt vielmehr aus
der arabischen Literatur; so auch: A. ALTMANN, The Delphic Maxim in Medieval Islam and
Judaism, in: A.A., Studies in Religious Philosophy and Mysticism, London 1969, S. 1-40, hier: S. 21.
Zur Analogie von Welt- und Menschenschöpfung: MHG Ber S. 36; ARN A §31 (46a); TanB wayera
§18 (17b); MTeh 19 §1 (82a); Aggadat 'Olam Qaṭan, BHM V, S. 57-59 u.ö.; Mensch und Tempel: MHG
Shem S. 579; Kosmos/Tempel/Mensch: BerRbti zu Ex 26,33 (S. 32); ferner: A. BERLINER, Midrasch
des R. Schemaja Schoschanni zum Abschnitt תרומה , in: MGWJ 13 (1864), S. 224-231. 259-264. -
L. GINZBERG, Legends of the Jews, Bd. V, S. 64 f., Anm. 4. - J. KRAEMER, Art.: Microcosm,
Sp. 1501-1503. - M. ELIADE, Das Heilige und das Profane, S. 101 ff.

60 S. 21 f. dieser Arbeit.

61 H. DONNER, Der Felsen und der Tempel, in: ZDPV 93 (1977), S. 1-11, hier: S. 10. - H. DONNER,
Pilgerfahrt ins Heilige Land. Die ältesten christlichen Palästinapilger (4.-7. Jahrhundert),
Stuttgart 1979, S. 26 f. - J. JEREMIAS, Golgotha und der heilige Felsen. Eine Untersuchung zur
Symbolsprache des Neuen Testaments, in: Angelos 2 (1926), S. 74-128.

Omphalosmotiv identisch[62]. So verknüpft auch der hier vorliegende Text aus dem *Alfa Beta de Ben Sira* §5.6 das Motiv der lokalen Entsprechung von himmlischem und irdischem Heiligtum mit dieser Vorstellung[63], analog zur Erdmitte wird von der Himmelsmitte gesprochen.

Textgruppe 9

BerR 55,7 (112c)

"Und gehe nach dem Lande Morija" (Gen 22,2) ... Es sprach R. Simeon ben Jochai: [Gehe] zu dem Ort, der ausersehen ist (ראוי) gegenüber (כנגד) dem Heiligtum oben (בית המקרש של מעלן) zu liegen.

Yalq wayera §96 (29a): יראוי

TanB wayera §45 (56b)

R.Simeon ben Jochai sagt: Was bedeutet Morija? Der Ort, der gezielt ausgerichtet ist genau gegenüber (מורה מכוון כנגד) dem Heiligtum oben (בית המקרש של מעלה), denn es heißt: "eine Stätte, dir zur Wohnung, die du, Herr, [gemacht hast, das Heiligtum, Herr, das deine Hände bereitet haben]" (Ex 15,17).

PesR 40 (170a)

Eine andere Auslegung: Was bedeutet Morija? Es sprach R. Simeon ben Jochai: In dem Lande, das genau gezielt ist (מקושטת) gegenüber dem Altar oben (מזבח של מעלן), [denn es heißt]: [Keine Hand soll ihn anrühren, sondern er soll gesteinigt oder] erschossen werden (ירה יירה י") (Ex 19,13).

Interpretation

Wurde Ex 15,17 einerseits auf die lokale Entsprechung von himmlischem und irdischem Heiligtum hin ausgelegt, und andererseits – im Zuge einer "Jerusalemisierung" der verschiedenen

---

62   W.H. ROSCHER, Neue Omphalosstudien, S. 6 f.
63   Vgl. bBekh 8b.

Kulttraditionen, Morija mit dem Tempelberg identifiziert[64], so war eine direkte Verbindung von Ex 15,17 mit Morija nur allzu naheliegend.

Vermutlich wurde in einer Urfassung, die nicht mehr erhalten ist, die exegetische Verknüpfung über das Wort ירוי hergestellt: Es ist Synonym zu מכון und fungiert gleichzeitig als Etymon zu Morija.

In *TanB wayera* §45 ist dies am deutlichsten zu sehen: מורה ist dort als Partizip Hof'al im Sinne von ירוי - 'gezielt, gerichtet' zu lesen[65]. In *BerR 55,7* konnten auf Grund des fehlenden Schriftbeleges andere Lesarten eindringen. Die Version ראוי von ראה - 'sehen'[66] geht vermutlich auf die etymologische Ätiologie zum Namen Morija zurück, die der Bibeltext selbst in Gen 22,14 nennt; eine andere Lesart zu *BerR 55,7*, die im vorliegenden Kontext allerdings keinen Sinn ergibt, lautet ירֿאוי von ירֿא - 'fürchten'[67], sie wurde vermutlich durch eine ebenfalls in *BerR 55,7* enthaltene Erklärung des Namens Morija beeinflußt; R. Jannai bezeichnet Morija als den Ort, von dem die Furcht (ירֿאה) in die Welt kommt.

Tatsächlich ist in beiden Fällen aber ירוי im Sinne von 'gezielt, gerichtet' zu lesen[68]. Ebenso ist auch die Lesart des *Yalq wayera* §96 ירֿאוי zu verbessern[69].

Bezüglich der Version in *PesR 40 (170a)* bestreitet FRIEDMANN zu Recht den Vorschlag des Kommentators Maharso, Ex 19,13 zu streichen, da dieser Vers von der Auslegung des R. Samuel, die sich weiter oben im Text befindet, eingedrungen sei und sich mit dem in *TanB wayera* §45 folgenden Ausspruch des R. Juda ben Palma vermischt habe. Stattdessen weist FRIEDMANN auf die semantische Äquivalenz von קשט und ירה hin[70], so daß auch diesem Midrasch die Vorstellung von der lokalen Entsprechung zwischen himmlischem und irdischem Heiligtum zugrundeliegt.

Alle drei Midraschim nennen R. Simeon ben Jochai, einen Tannaiten der dritten Generation, als Tradenten; die vorliegende Auslegung bildet damit den frühesten exakt datierbaren Beleg für die Vorstellung der Entsprechung von himmlischem und irdischem Heiligtum.

Der Midrasch betont und legitimiert die Heiligkeit des Ortes in zeitlicher und räumlicher Hinsicht: Jerusalem ist bereits seit den Tagen Abrahams mit der Geschichte Israels verbunden, seine spezifische Qualität als heiliger Ort begründet sich durch die lokale Entsprechung zum himmlischen Heiligtum, das einen kosmologischen Fixpunkt darstellt.

---

64 So bereits II Chr 3,1; vgl. bZev 62a: Die aus dem Exil Zurückkehrenden sahen die Asche Isaaks und kannten so den Platz des Altars; s.a. BerR 56,10 (115a); PesR 39 (155b); vgl. H. DONNER, Der Felsen und der Tempel, S. 6, Anm. 26. Vgl. aber die samaritanische Tradition, die Morija mit dem Garizim identifiziert; hierzu: S. 107 f. dieser Arbeit.

65 W. BACHER, Die Agada der Tannaiten, Bd. II, S. 100.

66 So J. THEODOR/CH. ALBECK, Bereschit Rabba mit kritischem Apparat und Kommentar, Bd. II, Berlin 1927, S. 591; dort die Handschriften mit dieser Lesart.

67 Ibid; dort auch die entsprechenden Handschriften mit dieser Lesart.

68 M. FRIEDMANN zu PesR 40 (170a). - W. BACHER, Die Agada der Tannaiten, Bd. II, S. 100.

69 M. FRIEDMANN zu PesR 40 (170a).

70 Ibid.; so z.B in TPsJ zu Ex 19,13; s.a. W. BACHER, Die Agada der Tannaiten, Bd. II, S. 100 mit weiteren Belegen.

Textgruppe 10

TanB wayera §41 (55a)

"Und er sagte: Nimm doch [deinen Sohn, deinen einzigen, den du lieb hast ...]" (Gen 22,2). Sofort "stand Abraham früh am Morgen auf" (Gen 22,3), ging und baute den Altar und gab Isaak oben auf den Altar, denn es heißt: "und er band Isaak, seinen Sohn, [und legte ihn auf den Altar, oberhalb der Hölzer (ממעל לעצים)]" (Gen 22,9). Was heißt "oberhalb"? - Dies lehrt, daß er den Altar ausgerichtet gegenüber dem Thron der Herrlichkeit (מכוון כנגד כסא הכבוד) machte, wie es heißt: "Seraphen stehen über ihm (ממעל לו)" (Jes 6,2).

Yalq wayera §101 (29d)

AgBer §31 (S. 62)

"Und legte ihn auf den Altar oberhalb der Hölzer (ממעל לעצים)" (Gen 22,9). Es sagte R. Chanina[71]: Was heißt "oberhalb" (ממעל)? Daß er den Altar ausgerichtet gegenüber dem Thron der Herrlichkeit (מכוון כנגד כסא הכבוד) machte, denn es heißt: "Seraphen stehen über ihm (ממעל לו)" (Jes 6,2) - oberhalb von dem Altar.

Interpretation

Wie *BerR 55,7 par.* implizieren auch diese Midraschim die Identifikation von Morija mit dem Jerusalemer Tempelplatz[72].

Da der Begriff ממעל - 'oberhalb' sowohl in Gen 22,10 als auch in Jes 6,2 erscheint, können die beiden Verse im Sinne der Gezera Schawa[73] aufeinander bezogen werden: Der Altar Abrahams befand sich an dem Ort, der genau gegenüber dem himmlischen Altar liegt.

Explizit wird Ex 15,17 in diesen Midraschim nicht genannt, jedoch weist der Ausdruck מכוון כנגד auf diesen Vers als Hintergrund der Auslegung hin; vermutlich sind diese Midraschim eine sekundäre Weiterbildung zur bereits sehr früh belegten Vorstellung von der Entsprechung von himmlischem und irdischem Heiligtum.

Die Verwendung von Jes 6,2 impliziert die Lokalisierung dieser Vision im himmlischen

---

71 In der Handschrift zu AgBer §31: Es sagte R. Hananja ...
72 Siehe S. 91 dieser Arbeit.
73 H.L. STRACK/G. STEMBERGER, Einleitung in Talmud und Midrasch, S. 28 f. - J. HEINEMANN, Darkhe ha-aggada, S. 122 f.

Tempel, was auch dem Verständnis der traditionellen rabbinischen Exegese entspricht[74]. Da *TanB wayera* §41 anonym tradiert ist und der in *AgBer* §31 genannte R. Chanina nicht identifiziert werden kann, läßt die Auslegung keine zeitliche Fixierung zu[75].

Textgruppe 11

BerR 69,7 (136c)

"Dies ist nichts anderes als das Haus Gottes (בית אלהים) und dies das Tor des Himmels (שער השמים)" (Gen 28,17) ...

Es sprach R. Simeon ben Jochai: Das Heiligtum oben (בית המקדש של מעלן) liegt nicht höher als 18 Meilen über dem unteren. Was ist der Schriftgrund? "Und dies (וזה) das Tor des Himmels". Der Zahlenwert [der Buchstaben von] וזה (= und dies) beträgt 18.

Yalq wayeṣe §120 (37b)

SekhT zu Gen 30,13 (S. 142)

Interpretation

Wenn im Zuge einer "Jerusalemisierung" der Heiligtumslegenden des Alten Testaments Bethel mit Jerusalem als dem Ort des Heiligtums identifiziert wurde[76] und man andererseits unter

---

74 Vgl. *ShemR 33,4 (61c/d)*; PesK 33 (150b); PesK 1 (4b/5a) mit den entsprechenden Parallelen; s.a. S. SAFRAI, The Heavenly Jerusalem, S. 14. - B. UFFENHEIMER, The Consecration of Isaiah in Rabbinic Exegesis, in: J. HEINEMANN/D. NOY (Hrsg.), Studies in Aggadah and Folk-Literature (ScrHie 22), Jerusalem 1971, S. 233-246, hier: S. 238 ff.; vgl. auch S. 118 dieser Arbeit. Da der Begriff היכל auch den himmlischen Tempel bezeichnen kann, geht man auch in der alttestamentlichen Exegese zuweilen davon aus, daß Jesaja von der himmlischen Wohnstätte spricht; z.B. G. FOHRER, Das Buch Jesaja (ZBK), Zürich/Stuttgart ²1966, Bd. I: Kapitel 1-23, S. 95; weitere Literaturhinweise bei H. WILDBERGER, Jesaja, 1. Teilband: Jesaja 1-12 (BK 10/1), Neukirchen-Vluyn 1972, S. 246; Belege aus der älteren Literatur bei A. APTOWITZER, Bet ha-miqdash shel ma'la 'al pi ha-aggada, S. 140 f., Anm. 2. Mit Recht wendet J. MAIER, Vom Kultus zur Gnosis, S. 101, ein, daß sich "eine glatte Aufteilung der Aussagen über den Gottesthron nach dem Schema Oben-Unten einfach nicht durchführen läßt, ebensowenig wie [die Aufteilung] jener [Aussagen] über ... das Heiligtum als Ganzes. Schon bei einer flüchtigen Betrachtung der einschlägigen atl. Stellen erweist sich die überirdische, kosmische Bedeutung des im irdischen Tempel lokalisierten Gottesthrones"; siehe auch: H. WILDBERGER, Jesaja, 1. Teilband, S. 246: "... die Alternative irdisches oder himmlisches Heiligtum will trennen, wo der antike Mensch keine Scheidung vollzieht"; vgl. S. 12 dieser Arbeit.

75 Sowohl in der ersten und zweiten Tannaitengeneration als auch in der dritten und vierten Generation der palästinischen Amoräer ist ein Tradent namens Chanina belegt; siehe: H.L. STRACK/G. STEMBERGER, Einleitung in Talmud und Midrasch, S. 75. 82. 98.

76 PesR 39 (165b); MTeh 81 §2 (183a); MHG Ber S. 507; siehe: D. NOY, Even ha-shetiya we-reshit ha-bri'a, S. 367. - H. DONNER, Der Felsen und der Tempel, S. 12 f. Vgl. dagegen die samaritanische Identifikation von Bethel und Garizim; hierzu: S. 108 dieser Arbeit.

Bezug auf Ex 15,17 die lokale Entsprechung von himmlischem und irdischem Heiligtum annahm, so lag die Verbindung von Bethel mit dem himmlischen Tempel, wie sie in der hier vorliegenden tannaitischen Tradition erscheint, nahe.

In Gen 28,17 beziehen sich die Begriffe "Haus Gottes" und "Tor des Himmels" auf Bethel; durch das Prädikat "Tor des Himmels" wird dieser Platz als "Gottes Haus" qualifiziert, da sich der heilige Raum durch seine Verbindung zur Transzendenz konstituiert[77].

Die Midraschauslegung trennt nun diese einander ergänzenden Bezeichnungen und deutet jeden Ausdruck für sich: "Haus Gottes" (בית אלהים) wird dem irdischen Heiligtum zugeordnet, und "Tor des Himmels" (שער השמים) dem himmlischen. Die Verbindungslinie zwischen himmlischem und irdischem Heiligtum ist die 'axis mundi', die – in der Begrifflichkeit von Gen 28, 12 - als Himmelstreppe (סלם) bezeichnet werden kann.

Da die Worte זה und וזה nun nicht mehr die Funktion haben, die beiden Begriffe miteinander zu identifizieren, stehen sie der Neuinterpretation offen. Rein formal werden die Termini בית אלהים und שער השמים in die Vertikale gedreht, da sich וזה - wiederum rein formal - zwischen den beiden Ausdrücken befindet, kann es auf den Abstand zwischen himmlischem und irdischem Heiligtum gedeutet werden, der mit Hilfe der Gematria auf 18 (ו + ז + ה) Meilen berechnet wird[78].

Diese Auslegung impliziert das Mythologumenon vom Gottesberg[79]. Die Maßangabe '18 Meilen' will die relative Nähe des Tempels zum Himmel ausdrücken, als Folge daraus resultiert – in geographischen Kategorien formuliert - dessen Lage auf einem hohen Berg, der an dem "räumlichen Symbolismus der Transzendenz" teilhat[80].

> "For the Jew who journeys 'up to Jerusalem' (and the journey to Jerusalem is always 'up', though it stands only 2,200 - 2,310 feet above sea level and is surpassed in height by places such as Bethel and Hebron), he is undergoing what must be described as a mystical ascent. He is ascending to the center, to that one place on earth which is closest to heaven ..."[81]

Im Kontrast zur Aussage dieses Midrasch betonen andere Texte, die nicht mit Jerusalem verbunden sind, gerade den großen Abstand zwischen Himmel und Erde: Nach bHag 13a beträgt die Differenz zwischen der Erde und dem ersten Firmament sowie zwischen den einzelnen weiteren Firmamenten jeweils 500 Jahrtage[82].

---

77 Siehe: M: ELIADE, Die Religionen und das Heilige, S. 424.
78 So auch: W. BACHER, Die Agada der Tannaiten, Bd. II, S. 100. - E. BISCHOFF, Babylonisch-Astrales im Weltbilde des Thalmud und Midrasch, S. 24 f. Vgl. aber Yefe To'ar, wo der Komparativ nicht auf den Abstand zwischen himmlischem und irdischem Tempel bezogen wird, sondern auf den himmlischen Tempel als solchen, der dann um 18 Mil größer wäre als der irdische.
79 Siehe S. 12 dieser Arbeit.
80 M. ELIADE, Die Religionen und das Heilige, S. 132.
81 J.Z. SMITH, Earth and Gods, S. 113.
82 H. BIETENHARD, Die himmlische Welt im Urchristentum und Spätjudentum, S. 19. - J. MAIER, Vom Kultus zur Gnosis, S. 136.

Gesamtinterpretation

Während Ex 15,17 zwar Berg, Thron und Heiligtum als Elemente der Gottesbergvorstellung nennt[83], aber - wie das Alte Testament in diesem Kontext generell[84] - nicht zwischen dem himmlischen und dem irdischen Heiligtum differenziert, erfolgt in der rabbinischen Exegese dieses Verses eine systematische Entfaltung der beiden Aspekte: Der himmlische Tempel liegt genau gegenüber dem irdischen Tempel.

Das Muster dieser Auslegung, ein Al-Tiqre-Midrasch, der an Stelle von מכון - 'Stätte' מכוון - 'gegenüber' liest, wird sekundär auf I Reg 8,13[85] bzw. Ps 26,8[86] und Jer 17,12[87] angewendet. In allen Fällen liegt dieselbe Struktur vor: Die beiden Teile eines Parallelismus membrorum, die das Heiligtum in seiner 'himmlisch-irdischen' Doppeldimension beschreiben, werden auseinandergenommen und analytisch auf die beiden Bereiche Himmel und Erde verteilt; in Ps 11,4[88] und Gen 28,17[89] erfolgt dieselbe Gegenüberstellung ohne das entsprechende Bindeglied.

Der Ausspruch des R. Simeon b. Jochai in *BerR 55,7* stellt den frühesten exakt datierbaren Beleg dar; da hier aber bereits eine Verknüpfung mit "Morija" erfolgt, ist anzunehmen, daß ein entsprechender Auslegungsmidrasch zu Ex 15,17, wie er z.B. in *MekhY shirata X (149 f.)* anonym tradiert wird, bereits vorlag. Man wird dementsprechend mit dem frühtannaitischen Ursprung dieser Auslegung rechnen können.

Das Motiv der lokalen Entsprechung von himmlischem und irdischem Heiligtum betont die lokale Position des Tempels und somit die Bedeutung Jerusalems als einzigem Kultort; der himmlische Tempel fungiert geradezu als kosmologischer Garant für die Heiligkeit dieses Ortes.

Dieser bereits im Basismotiv implizierte Ortsbezug entfaltet sich im anschließenden Traditionsprozeß, in dem eine Verknüpfung des Motivs mit "klassischen" aggadischen Heiligtumstraditionen wie dem Topos vom Gründungsstein, vom Nabel bzw. der Mitte der Welt[90] und dem Gottesberg[91] erfolgt; andere Kultorte aus der frühisraelitischen Geschichte wie Morija[92] oder Bethel[93] werden mit Jerusalem identifiziert[94]. Dieser "Jerusalem-zentrischen" Tendenz

---

83 M. METZGER, Himmlische und irdische Wohnstatt Jahwes, S. 147. Zur Gottesbergvorstellung allgemein: S. 12 dieser Arbeit. Durch den Ausdruck "Berg deines Erbbesitzes" wird gerade für Ex 15,17 der Bezug zu ugaritischen Quellen deutlich: C.H. GORDON, Ugarit Manual, Rom 1955, Bd. II: Texts in Transliteration, 'nt III, 26 ff.: "auf meinem Berge, des Gottes Zaphon, am Heiligtum, auf dem Berg meines Erbes, am lieblichen Ort, am Hügel Miyt"; zitiert nach der Übersetzung von J. MAIER, Von Kultus zur Gnosis, S. 97; vgl. ibid., Anm. 13; S. 99 f., Anm. 27; s.a. M. METZGER, Himmlische und irdische Wohnstatt Jahwes, S. 147 f.
84 M. METZGER, Himmlische und irdische Wohnstatt Jahwes, S. 149; siehe S. 12 dieser Arbeit.
85 *MekhY shirata X (S. 149 f.)*, S. 73 ff. dieser Arbeit; Textgruppe 3, S. 77 f.; Textgruppe 5, S. 79 ff.; vgl. Textgruppe 4, S. 78 f.
86 Textgruppe 3, S. 77 f.
87 Textgruppe 6, S. 81 f.
88 Vgl. *MekhY shirata X (S. 149 f.)*, S. 73 ff. dieser Arbeit.
89 Textgruppe 11; vgl. *LeqT zu Ex 23,20 (86a)*, S. 74 dieser Arbeit; s.a. die Rezeption von Jes 66,1 und Ez 43,7 in *MekhSh zu Ex 15,17 (S. 99)*, S. 74 dieser Arbeit.
90 Textgruppe 8, S. 85 ff.
91 Textgruppe 11, S. 94 f.
92 Textgruppe 9-10, S. 91 ff.
93 Textgruppe 11, S. 94 f.
94 Allgemein zur Identifizierung der Kultorte: J.Z. SMITH, Earth and Gods, S. 116. - E. STAROBINSKY-SAFRAN, Aspects de Jérusalem dans les écrits rabbiniques, S. 159; vgl. auch S. 94 dieser Arbeit.

entspricht auf halachischer Ebene die Verknüpfung des Motivs mit der Begründung der Gebetsrichtung[95].

Im Gegensatz zum Alten Testament, das die Erwählung des Zion als geschichtliches Ereignis in den Vordergrund rückt[96], steht durch die Verknüpfung mit den oben genannten Motiven die enge, seit Beginn der Schöpfung bestehende Verbundenheit Gottes mit dem Tempelplatz und dessen geradezu naturhafte Heiligkeit im Zentrum der Betrachtungen[97].

Aus der Ortsheiligkeit resultiert die halachische Sonderposition Jerusalems gegenüber dem Lande Israel und die des Landes gegenüber allen anderen Ländern. Jerusalem ist der einzige Ort, an dem Opfer dargebracht werden[98]. "Für die Wahrung der rituellen Reinheit, die sich im wesentlichen auf das Betreten des Tempels sowie auf die Behandlung der Opfer und der heiligen Speisen auswirkt, mußte in Jerusalem, der Stadt des Tempels, der Priester und Opfer, besondere Vorsorge getroffen werden"[99]. Dies zeigt sich ganz deutlich an den Bestimmungen über den menschlichen Leichnam: Da dieser als "die stärkste Quelle der Unreinheit gilt", darf es in Jerusalem keine Gräber geben, ein Leichnam muß sogar noch am Todestag aus der Stadt gebracht werden[100].

Vom Tempel, genauer vom Allerheiligsten aus, erstreckt sich diese Heiligkeit in konzentrischen Kreisen auf das gesamte Land[101]. So nennt mKel 1,6-9 zehn Heiligkeitsgrade, denen wiederum entsprechende Vorschriften über Reinheit und Unreinheit korrespondieren, nämlich das Land Israel, die Städte, das Gebiet innerhalb der Mauer Jerusalems, den Tempelberg, den Heidenvorhof, den Frauenvorhof, den Vorhof der Israeliten, den Priestervorhof, das Gebiet zwischen der Vorhalle und dem Altar und das Allerheiligste[102].

Die zu Beginn der zweiten Tempelperiode entstandene Überlieferung mQid 1,9 formuliert das Verhältnis zwischen dem Land und den Geboten folgendermaßen[103]: "Jedes Gebot, das sich auf das

---

95 Textgruppe 2, S. 75 ff. dieser Arbeit.

96 So z.B. O. KEEL, Die Welt der altorientalischen Bildsymbolik und das Alte Testament, Neukirchen-Vluyn [3]1980, S. 105.

97 Diese beiden Aspekte können nicht gegeneinander ausgespielt werden: Selbstverständlich spielen für das Alte Testament auch die mythologischen Vorstellungen vom Gottesberg eine Rolle; nirgends wird aber von einer Erschaffung der Welt vom Zion aus gesprochen, oder werden die vor der Kultusreform bestehenden Heiligtümer mit Jerusalem identifiziert. Umgekehrt kennt die rabbinische Literatur aber auch die Erwählung des Zion: WaR 13,2 (18c); hierzu: G.D. COHEN, Zion in Rabbinic Literature, in: A.S. HALKIN (Hrsg.), Zion in Jewish Literature, New York 1961, S. 38-64, hier: S. 39.

98 D.J. BORNSTEIN, Art.: Jerusalem in der talmudischen Literatur, in: EJ 8, Berlin 1931, Sp. 1187-1197, hier: Sp. 1187.

99 ibid. Sp. 1190.

100 ibid. Sp. 1190.

101 J. MAIER, Aspekte der Kultfrömmigkeit im Lichte der Tempelrolle von Qumran, S. 34. – J. MAIER, Die Tempelrolle vom Toten Meer, München 1978, S. 12 f.

102 Vgl. Tan q[e]doshim §10 (222b): "Das Land Israel liegt in der Mitte der Welt, und Jerusalem in der Mitte des Landes Israel, und das Heiligtum in der Mitte Jerusalems, und das Allerheiligste in der Mitte des Tempels, und die Lade in der Mitte des Allerheiligsten ..." Zu Jerusalem als Mitte der Welt vgl. auch M.ELIADE, Das Okkulte und die Moderne Welt, S.33

103 Zum Verhältnis von Land und Gesetz: S. SAFRAI, The Land of Israel in Tannaitic Halacha, in: G. STRECKER (Hrsg.), Das Land Israel in biblischer Zeit. Jerusalem - Symposium 1981 der Hebräischen Universität und der Georg-August-Universität (GTA 25), Göttingen 1983, S. 201-215, hier: S. 202. – G.D. COHEN, Zion in Rabbinic Literature, S. 41.

Land bezieht, wird nur im Land ausgeführt; [jedes Gebot,] das sich nicht auf das Land bezieht, wird sowohl im Land, als auch außerhalb des Landes ausgeführt."

Das Sabbatgebot, das Verbot des Götzendienstes, die verschiedenen Bestimmungen, die das soziale Leben regeln, sind somit ortsunabhängig, während Miṣwot, die mit der Landwirtschaft zu tun haben, wie z.B. die Abgabe des Zehnten oder das Sabbat- und Jubeljahr, nur im Lande Israel ihre Gültigkeit haben[104].

Während der Tempel so Träger konzentrierter Heiligkeit ist und diese von dort in das gesamte Land ausströmt, ist alles Land außerhalb der Grenzen von Ereṣ Israel[105] unrein[106].

Die häufige Rezeption der Vorstellung vom himmlischen Tempel in tannaitischer und amoräischer Zeit[107] verweist auf die aktuelle Relevanz des Motivs in der Epoche nach der Zerstörung des Tempels.

---

104 S. SAFRAI, The Land of Israel in Tannaitic Halacha, S. 202.

105 Auf diesem Hintergrund ist die genaue Festlegung der Grenzen des Landes zu verstehen; hierzu: S. SAFRAI, The Land of Israel in Tannaitic Halacha, S. 207 ff.

106 S. SAFRAI, The Land of Israel in Tannaitic Halacha, S. 206 f. Diese Ausführungen basieren auf palästinischen Quellen. Für die babylonischen Juden hat das Land zwar eschatologische, aber keine aktuelle Relevanz; "Ihre neue Heimat ist ihnen für das Interim der Geschichte ein vollgültiges Äquivalent für das Land Israel" (G. STEMBERGER, Die Bedeutung des "Landes Israel" in der rabbinischen Tradition, S. 197). Dieser Aspekt erklärt auch die Tatsache, daß das Motiv der lokalen Entsprechung von himmlischem und irdischem Heiligtum nur in Texten palästinischen Ursprungs belegt ist (s.a. L. GINZBERG, Perushim we-ḥiddushim b-Irushalmi (TSJTSA 12), Teil III: Berakot IV, S. 403). Mit der Einnahme Jerusalems ging die demographische und wirtschaftliche Verödung des gesamten Landes einher: Der Boden fiel in die Hände der Römer, jüdische Bauern wurden zu Pächtern; ganze Siedlungen wurden zerstört, und viele durch die Katastrophe Geschädigten verließen das Land und zogen in die blühende, zahlenmäßig stärkere Diaspora. (P. SCHÄFER, Geschichte der Juden in der Antike. Die Juden Palästinas von Alexander dem Großen bis zur arabischen Eroberung, Neukirchen-Vluyn/ Stuttgart 1983, S. 145. – S.W. BARON, A Social and Religious History of the Jews. Bd. I, New York ²1952, S. 167-170. – W.D. DAVIES, The Territorial Dimension of Judaism, S. 34. – J. PETUCHOWSKI, Diaspora Judaism – An Abnormality? The Testimony of History, in: Judaism 9 (1960), S. 17-28, hier: S. 18 ff.). Im Zuge einer Auswanderungswelle nach dem Bar-Kochba-Aufstand verlagerte sich auch das intellektuelle Zentrum: Ab der Mitte des 2. Jahrhunderts entstehen in Babylonien Lehrhäuser, welche die palästinischen an Bedeutung überragten (C. THOMA, Das Land Israel in der rabbinischen Tradition, in: W.P. ECKERT/N.P. LEVINSON/M. STÖHR (Hrsg.), Jüdisches Volk – Gelobtes Land (ACJD 3), München 1970, S. 37-51, hier: S. 46. – S. SAFRAI, Das Zeitalter der Mischna und des Talmuds (70-640), in: H. BEN-SASSON (Hrsg.), Geschichte des jüdischen Volkes, Bd. I: Von den Anfängen bis zum 7. Jhdt., München 1979, S. 337-469, hier: S. 463 f.). Das Selbstbewußtsein der babylonischen Gemeinden kommt in ihrem Anspruch auf ursprünglich palästinische Privilegien zum Ausdruck. So verbietet um 200 eine Delegation aus Palästina den Babyloniern die Einlösung des Getreidezehnten; wegen des Bezugs zur Landwirtschaft darf eine solche Halacha nur im Lande selbst ausgeführt werden. Begleitet werden solche Auseinandersetzungen zwischen Israel und Babel durch eine lebhafte Polemik (C. THOMA, Das Land Israel in der rabbinischen Tradition, S. 46 f.), in deren Kontext die babylonischen Rabbinen wohl gar kein unmittelbares Interesse an der Akzentuierung der Heiligkeit des Landes hatten. Auf palästinischer Seite wird dagegen gerade in einer Zeit, in der die faktische Relevanz des Landes schwindet, versucht, die Bindung an das Land zu festigen; die Halacha entwickelt so ein vollständiges System, um dem Verfallsprozeß des Landes entgegen zu wirken (E.M. MEYERS/J.F. STRANGE, Archaeology, the Rabbis and Early Christianity, London 1981, S. 159; s.a. S. SAFRAI, The Land of Israel in Tannaitic Halacha, S. 211. – C.D. COHEN, Zion in Rabbinic Literature, S. 45. – W.D. DAVIES, The Territorial Dimension of Judaism, S. 35). Zu den positiven wirtschaftlichen Verhältnissen vor dem Krieg vgl. L. MILDENBERG, The Coinage of the Bar Kochba War (Typos. Monographien zur antiken Numismatik 6), Aarau/Frankfurt a.M., Salzburg 1984, S. 103, ferner: S. 27. – M. HENGEL, Rezension zu L. MILDENBERG, The Coinage of the Bar Kokhba War, in: Gnomon 88 (1986) S. 326-331, hier: S. 328.

107 Das Motiv der lokalen Entsprechung von himmlischem und irdischem Tempel bildet die am häufigsten formulierte Aussage über das Verhältnis der beiden Größen überhaupt.

Der Anspruch Jerusalems, religiös-nationales Zentrum des Judentums[108] zu sein, steht zunächst in krassem Widerspruch zu den politischen und religiösen Gegebenheiten. Mit der Tempelzerstörung war der Opferdienst eingestellt worden[109]; im Jahre 130 n. Chr. befiehlt Hadrian den Ausbau der Stadt zur römischen Kolonie[110]. Auf dem Tempelplatz läßt er eine Kaiserstatue aufstellen[111]; der römische Historiker Dio Cassius berichtet zudem von einem Jupitertempel, der an der Stelle des Heiligtums errichtet worden sei.[112]

Im Anschluß an den Bar-Kochba-Aufstand verschärfen sich die Probleme der jüdischen Bevölkerung gerade in lokaler Hinsicht: Das Hadriansedikt verbietet den Juden den Zutritt zum gesamten Gebiet Aelia Capitolina, das nicht nur die Stadt und den Tempelplatz umfaßte, sondern "auch die Toparchien von Oreini, Gophna und Herodium", d.h. ein Gebiet im Umkreis von 30 km um die Stadt[113]. Wenn dieses Gebot auch in der Praxis nicht in aller Strenge aufrecht erhalten werden konnte und der Besuch der Stadt bzw. die Ansiedlung im umliegenden Gebiet[114] von den römischen Behörden geduldet wurde, so blieb es den Juden doch auf Jahrhunderte versagt, in Jerusalem selbst Besitz zu erwerben oder zu wohnen[115]. Der vollständigen Paganisierung der Stadt stand also nichts mehr entgegen[116].

In diesem Kontext formuliert das Motiv des himmlischen Heiligtums zunächst den Fortbestand der Heiligkeit Jerusalems; einer möglichen Leugnung der spezifischen Qualität des Zion ist durch die kosmische Verankerung der Heiligkeit jede Grundlage entzogen. Dies aber

108 S. TALMON, Die Bedeutung Jerusalems in der Bibel, in: W.P. ECKERT/ N.P. LEVINSON/ M. STÖHR (Hrsg.), Jüdisches Volk - Gelobtes Land (ACJD 3), München 1970, S. 135-152, hier: S. 143. - R.J.Z. WERBLOWSKY, Die Bedeutung Jerusalems für Juden, Christen und Muslims, S. 13.
109 A. GUTTMANN, The End of Jewish Sacrificial Cult, in: HUCA 38 (1967), S. 137-148, hier: S. 140.
110 P. SCHÄFER, Geschichte der Juden in der Antike, S. 174.- C. KOPP, Die heiligen Stätten der Evangelien, Regensburg ²1964, S. 356.
111 G. STEMBERGER, Juden und Christen im Heiligen Land. Palästina unter Konstantin und Theodosius, München 1987, S. 54. - P. SCHÄFER, Geschichte der Juden in der Antike, S. 174.
112 Die Existenz eines Jupitertempels am Platz des Heiligtums, von der Dio Cassius berichtet, gilt jedoch auf Grund der Quellenlage und dem Fehlen archäologischer Belege als ungesichert. In seiner jüngst erschienenen Studie 'Juden und Christen im Heiligen Land' tendiert G. STEMBERGER zu dem Schluß, daß der Tempelplatz in byzantinischer Zeit in Ruinen blieb. Ein wichtiges Indiz hierfür stellt die Tatsache dar, "daß zahlreiche Bauteile des herodianischen Tempels *über* den byzantinischen Schichten ausgegraben und viele Teile des herodianischen Huldators als Baumaterial in frühislamischen Bauten, nie jedoch in byzantinischen Bauwerken verwendet wurden"; vgl. G. STEMBERGER, Juden und Christen im Heiligen Land, S. 51-54, hier: S. 51 f. - Gegen die Existenz eines solchen hadrianischen Tempels spricht sich auch P. SCHÄFER, Geschichte der Juden in der Antike, S. 174 aus. Vgl. aber W. MICHAELIS, Art.: Jerusalem in der römisch-byzantinischen Zeit, in EJ 8, Berlin 1931, Sp. 1143 f., hier: Sp. 1143. - B. MAZAR, Der Berg des Herrn. Neue Ausgrabungen in Jerusalem, Bergisch Gladbach 1974, S. 17. - E. OTTO, Jerusalem - die Geschichte der Heiligen Stadt. Von den Anfängen bis zur Kreuzfahrerzeit, Stuttgart/Berlin/Köln/Mainz 1980, S. 171 f. - C. KOPP, Die heiligen Stätten der Evangelien, S. 357.
113 M. AVI-YONAH, Geschichte der Juden im Zeitalter des Talmud in den Tagen von Rom und Byzanz (SJ 2), Basel 1962, S. 50 f. Vgl. auch die Karte; ibid. S. 17. - P. SCHÄFER, Geschichte der Juden in der Antike, S. 174.
114 Dies läßt sich u.a. daraus schließen, daß Hieronymus in Bethlehem mit Juden Umgang hatte; vgl. G. STEMBERGER, Juden und Christen im Heiligen Land, S. 44.
115 A. HERZBERG, Ein Land, das ich dir zeigen werde, in: W.P. ECKERT/N.P. LEVINSON/ M. STÖHR (Hrsg.), Jüdisches Volk - Gelobtes Land (ACJD 3), München 1970, S. 15-36, hier: S. 20. - M. AVI-YONAH, Geschichte der Juden im Zeitalter des Talmud, S. 80 f. - E. OTTO, Jerusalem - die Geschichte der Heiligen Stadt, S. 173.
116 J. NEUSNER, Map without Territory, S. 105-110.

impliziert, daß die Ausübung des Kultus an anderer Stelle weiterhin illegitim ist. Während die Einstellung des öffentlichen Kultus ganz evident ist[117], sind unmittelbar nach der Zerstörung für kurze Zeit Privatopfer auch außerhalb Jerusalems dargebracht worden[118].

> "R. Isaak sagte: Ich habe gehört, daß gegenwärtig im Oniastempel geopfert werden darf. Er war der Meinung, daß der Oniastempel kein Haus des Götzendienstes war. Und er war der Meinung, daß die erste Heiligkeit [Jerusalems] für diese Stunde und nicht für die Zukunft heiligte."[119]

Sicherlich sind solche Tendenzen als marginal zu betrachten; prinzipiell ging es den Rabbinen ja viel eher darum, eine kultische Substitution des Tempels und somit eine Re-Etablierung der Priester zu verhindern. "The concern of the rabbis was much more to prevent any possible alternatives to this worship. They explained that the holiness of the place of the Temple remained, even though they could have denied this since the Temple had been destroyed"[120]. Während in persisch-hellenistischer Zeit zahlreiche jüdische Konkurrenz-heiligtümer, wie z.B. Elephantine, Leontopolis oder die Tempelanlage Qaṣr des Hyrkanos im Ostjordanland existierten, unternahm das rabbinische Judentum nach 70 keinerlei Versuche, an anderer Stelle einen Ersatztempel zu errichten[121]; der Opferdienst im oben genannten Oniastempel wurde auf Befehl Vespasians im Jahre 73 eingestellt[122]. Dem römischen Programm der Paganisierung der Stadt stand auf jüdischer Seite somit die fortdauernde Verbundenheit mit Jerusalem gegenüber.

So berichtet der Pilger von Bordeaux im Jahre 333 vom jüdischen Brauch, am Jahrestag der Zerstörung des Heiligtums den Tempelplatz zu besuchen:"Sunt ibi et statuae duae Adriani, est et non longe de statuas lapis pertusus, ad quem veniunt Iudaei singulis annis et unguent eum et lamentant se cum gemitu et vestimenta sua scindunt et sic recedunt."[123]

---

117 A. GUTTMANN, The End of Jewish Sacrificial Cult, S. 139.
118 Ibid., S. 138.
119 bMeg 10a; weitere Belege zu dieser Diskussion: J. GERSOWSKY u.a., Art.: Bet ha-miqdash, in: Enṣyqlopedya talmudit, Bd. III, Jerusalem 1951, S. 224-241, hier: S. 233 f.
120 A. GOLDBERG, Service of the Heart, S. 197; vgl. M. HENGEL, Judentum und Hellenismus. Studien zu ihrer Begegnung unter besonderer Berücksichtigung Palästinas bis zur Mitte des 2. Jh. v. Chr. (WUNT 10), Tübingen ²1973, S. 500, Anm. 110: "Wie eifersüchtig die Rabbinen in Palästina jedoch darüber wachten, daß keine kultischen Tempelfunktionen auf die Diaspora übertragen wurden, zeigt die Theudas-Affäre in Rom." Theudas wollte den Brauch des Passalamms in Rom einführen und wurde daher von den Rabbinen mit dem Bann bedroht.
121 M. HENGEL, Judentum und Hellenismus. S. 499 f. - Y. AHARONI, "Solar Shrine" at Lachish, in: IEJ 18 (1968), S. 157-169, hier: S. 161 f. - F.M. CROSS, Aspects of Samaritan and Jewish History in Late Persian and Hellenistic Times, in: HThR 59 (1966), S. 201-211, hier: S. 207.
122 E.L. EHRLICH, Geschichte Israels von den Anfängen bis zur Zerstörung des Tempels, Berlin 1958, S. 108.
123 Zitiert nach D. BALDI, Enchiridion Locorum Sanctorum. Documenta S. Evangelii Loca Respicientia, Jerusalem 1982, S. 445 f.; s.a. Hieronymus, In Sophoniam I, 15.16, S. Hieronymi Presbyteri Opera, Pars I: Opera Exegetica 6: Commentarii in Prophetas Minores (CChr.SL 76 A (1969)), S. 673 f.: ... sed usque ad praesentem diem, perfidi coloni post interfectionem seruorum, ed ad extremum Filii Dei, excepto planctu, prohibentur ingredi Hierusalem; et ut ruinam suae eis flere liceat ciuitatis, pretio redimunt, ut qui quondam emerant sanguinem Christi, emant lacrimas suas, et ne fletus quidem eis gratuitus sit. Videas in die quo capta est a Romanis et diruta Hierusalem, uenire populum lugubrem, confluere decrepitas mulierculas, et senes pannis annisque obsitos, in corporis et in habitu suo iram Domini demonstrantes. (...) Vlulant super cineres sanctuarii, et super altare destructum ..."; vgl. D. BALDI, Enchiridion

Mit der bereits beschriebenen Substitution des Tempelkultes durch die Tora, das Gebet und die Synagoge in der Zeit nach 70[124] verstärken sich aber andere dezentrale Tendenzen im Judentum, für die der Lokalbezug gerade keine Relevanz hat[125]. So ist das gemeinsame Lernen und Beten nicht an einen bestimmten Ort, sondern lediglich an die praktizierende Gemeinde gebunden. Überall da nämlich ist Gottes Schechina, wo die Tora, sei es in Form der Lehre oder des Gebets, lebendig ist[126]. Im Hinblick auf die Mischna formuliert J. NEUSNER diesen Sachverhalt folgendermaßen: "Mishna permits the people, Israel, to carry that world along through time, until the center and more will be regained ... Obviously, Mishna is mobile. Memorizing its words is the guarantee of ubiquity"[127]. "Now the focus will be upon people, not place; any where, not some where"[128].

In diesem Sinne läßt sich zunächst auch die Institution der Synagoge zu verstehen: "It could be established with ease wherever the people of god were, in exile or in dispersion or in smallest community, and so had a trend of mobility about it"[129]. Die bereits dargestellte Spannung zwischen der Synagoge als Versammlungshaus der Gemeinde oder als "kleinem Tempel" löst sich gerade an diesem Punkte auf: Auch für das Konzept der dinglich-sakramentalen Heiligkeit, das nach der Tempelzerstörung Einzug in die Synagoge findet, spielt deren geographische Lage keine Rolle. Wenn die Synagoge de facto auch den Tempel ersetzt, indem sie Elemente, wie die Struktur des Gottesdienstes oder einzelne Kultgeräte in adaptierter Form aufnimmt[130], so zeigt sich doch gerade in der Frage des Kultortes ihre Loyalität gegenüber Jerusalem[131]. Deutlichster Ausdruck hierfür ist die synagogale Baustruktur: Bereits die verschiedenen Typen der antiken Synagoge

---

Locorum Sanctorum, S. 446, Anm. 1. - C. KOPP, Die heiligen Stätten der Evangelien, S. 357. Die Angabe über zwei Kaiserstatuen erklärt sich aus der Tatsache, daß neben dem Standbild Hadrians später eines des Antonius Pius aufgestellt wurde. Vgl. G. STEMBERGER, Juden und Christen im Heilgen Land, S. 59. - Zur Tempelzerstörung als Strafe Gottes: siehe S. 166 dieser Arbeit.

124 Vgl. S. 23 ff. dieser Arbeit.

125 R.L. COHN, The Senses of a Center, in: The Shape of Sacred Space. Four Biblical Studies, AAR Studies in Religion 23 (1981), S. 63-79, hier: S. 75. Zur "Entwertung des Räumlichen" generell: K. GOLDAMMER, Die Formenwelt des Religiösen. Grundriss der systematischen Religionswissenschaft, Stuttgart 1960, S. 203. - R.J.Z. WERBLOWSKY, Das "Land" in den Religionen, in: G. STRECKER (Hrsg.), Das Land Israel in biblischer Zeit. Jerusalem-Symposium 1981 der Hebräischen Universität und der Georg-August-Universität (GTA 25), Göttingen 1983, S. 1-6, hier: S. 1. - G. VAN DER LEEUW, Phänomenologie der Religion, Tübingen ²1956, S. 457.

126 Hierzu die Texte bei A. GOLDBERG, Schekhinah, S. 385 ff., ferner: ibid., S. 68; vgl. H.W. TURNER, From Temple to Meeting House, S. 75 ff.

127 J. NEUSNER, Map without Territory, S. 125. - W.D. DAVIES, The Territorial Dimension of Judaism, S. 108.

128 J. NEUSNER, Map without Territory, S. 122.

129 H.W. TURNER, From Temple to Meeting House, S. 101. - F.V. FILSON, The Significance of the Temple in the Ancient Near East, Part IV: Temple, Synagogue and Church, in: G.E. WRIGHT/D.N. FRIEDMANN (Hrsg.), The Biblical Archaeologist Reader, New York 1961, S. 185-200, hier: S. 193, (= BA VII (1944), S. 77-88, hier S. 85). - E.M. MEYERS/J.F. STRANGE, Archaeology, the Rabbis and Early Christianity, S. 157. Zum Ursprung der Synagoge: H.W. TURNER, From Temple to Meeting House, S. 96.

130 Hierzu S. 24 f. dieser Arbeit; vgl. J. MAIER, Aspekte der Kultfrömmigkeit im Lichte der Tempelrolle von Qumran, S. 42 ff. - H.W. TURNER, From Temple to Meeting House, S. 102. - A. GOLDBERG, Schekhinah, S. 507.

131 H.W. TURNER, From Temple to Meeting House, S. 102. - R.L. COHN, The Senses of a Center, S. 75; s.a. A. CAUSSE, Le mythe de la nouvelle Jérusalem du Deutero-Esaie à la IIIᵉ Sibyïle, S. 391.

markieren die Qibla, die Gebetsrichtung, durch eine Toranische an der nach Jerusalem ausgerichteten Wand[132].

Die Orientierung nach Jerusalem bzw. die Abwendung von anderen Kultorten hat eschatologische Implikationen. In der Gebetsrichtung zeigt sich ein "Moment der Erwartung, die auf diesen Ort gerichtet ist, und nicht nur ein Moment des Gedenkens jener Ereignise, die an diesem Ort geschehen sind"[133]. Tatsächlich formulierten schon die Exilspropheten die später im Achtzehngebet ausgesprochenen Erwartungen einer religiös-nationalen Erneuerung: Mit der Restitution des Kultus ist die Hoffnung auf die Wiedererbauung der Stadt und die Rückführung der Exilierten aufs engste verbunden[134].

So beschreiben die Rabbinen Glanz und Herrlichkeit der zukünftigen Stadt, die sich zur Aufnahme der zurückgekehrten Exilierten[135] nach allen Seiten hin ausbreitet und die analog der Vorstellung vom eschatologischen Gottesberg in Jes 2,2, erhöht wird.

> "Er [R. Juda] sagte zu ihm: Wie hältst du aufrecht: 'Und die Stadt wird erbaut werden auf ihrem Hügel' (Jer 30,18)? Er [R. Jose] sagte zu ihm: [Das heißt,] daß sie in der Zukunft nicht von ihrem Orte weichen wird. Er sagte zu ihm: Wie halte ich aufrecht: 'Und sie erweitert sich und wendet sich nach oben, nach oben zu den Seitenräumen, denn die Anbauten des Hauses sind nach oben hin, ringsum um das Haus; darum ist die Weite des Hauses nach oben' (Ez 41,7)? [Das meint,] daß in der Zukunft das Land Israel sich erweitert und von allen Seiten aufsteigt, wie dieser Feigenbaum, der unten schmal und oben breit ist. Und die Tore Jerusalems werden in der Zukunft bis nach Damaskus reichen. Und so heißt es: 'Deine Nase wie der Turm des Libanon, der gegen Damaskus schaut' (Cant 7,5). Und die Exilierten werden kommen und in ihr lagern (וחונות בתוכה), denn es heißt: 'Und Damaskus ist seine Ruhestätte' (מנוחתו) (Sach 9,1). Und die Schrift sagt: 'Am letzten Tage wird es geschehen: Da wird der Berg des Hauses des Herrn fest stehen an der Spitze der Berge und erhaben sein über die Hügel. Und es werden strömen zu ihm alle Völker' (Jes 2,2)"[136].

---

132 E.M. MEYERS/J.F. STRANGE, Archaeology, the Rabbis and Early Christianity, S. 143 ff. Allgemein zur Gebetsrichtung der Synagoge: H.G. MAY, Synagogues in Palestine, S. 240. – E. PETERSON, Die geschichtliche Bedeutung der jüdischen Gebetsrichtung, S. 3 ff.; vgl. auch das Mizraḥ im Ostjudentum: E. PETERSON, Die geschichtliche Bedeutung der jüdischen Gebetsrichtung, S. 8.

133 A. GOLDBERG, Die Heiligkeit des Ortes in der frühen rabbinischen Literatur, in: FJB 4 (1976), S. 26–31, hier: S. 26. – E. PETERSON, Die geschichtliche Bedeutung der jüdischen Gebetsrichtung, S. 5 f. – W.D. DAVIES, The Territorial Dimension of Judaism, S. 103.

134 Siehe die 14.–17. Bitte des Achtzehngebets; vgl. bMeg 17b–18a als Zusammenfassung dieser Bitten. Zum Tempel als nationalem Symbol: J. MAIER, Tempel und Tempelkult, S. 389; s.a. W.D. DAVIES, The Territorial Dimension of Judaism, S. 41 f. - P. SCHÄFER, Zur Geschichtsauffassung des rabbinischen Judentums, S. 40. - W.D. DAVIES, The Gospel and the Land, S. 131, bezeichnet Jerusalem als "quintessence of the land". - R.J. McKELVEY, The New Temple, S. 9 ff., 20 f. Weitere Gebete zur Wiedererbauung Jerusalems: A. SAFRAN, Israel in Zeit und Raum. Grundmotive des jüdischen Seins, Bern 1984, S. 253; siehe auch S. 23 dieser Arbeit.

135 Zur Verbindung von der Ausdehnung der Stadt und der Aufnahme der Exilierten: E. STAROBINSKY-SAFRAN, Aspects de Jérusalem dans les écrits rabbiniques, S. 155. Allgemein zur Rückführung der Exilierten: E.M. MEYERS/J.F. STRANGE, Archaeology, the Rabbis and Early Christianity, S. 158. - R.J.Z. WERBLOWSKY, Das "Land" in den Religionen, S. 5. - K. SCHUBERT, Das Land Israel in der Sicht des rabbinischen Judentums, in: C. THOMA (Hrsg.), Auf den Trümmern des Tempels. Land und Bund Israel im Dialog zwischen Juden und Christen, Wien 1968, S. 77–90, hier: S. 87. Zur Erweiterung der Stadt: P. VOLZ, Die Eschatologie der jüdischen Gemeinde, S. 372.

136 SifDev deᵛarim §1 (S. 7); s.a. ShirR zu Cant 7,5 (37a); PesK 20 (143 a/b). Vgl. TanB ṣaw §16 (10b):"Und du findest auch, daß für die kommende Welt der Heilige, gepriesen sei Er, Jerusalem erweitert, denn es heißt: ... (Ez 41,7), bis daß es zum Himmel aufsteigt. Und מעלה [heißt] nichts anders als Himmel, denn es heißt: 'Denn groß über den (Himmel) hinaus (ממעל שמים) (ist deine

Spätere Midraschim, die sich apokalyptischen Traditionen verpflichtet zeigen und mit großer Wahrscheinlichkeit ältere Erzählmuster rezipieren, sprechen nicht von der Erbauung, sondern von der Herabkunft des neuen Jerusalem: Der himmlische Tempel bzw. das himmlische Jerusalem werden somit als eschatologische Größen verstanden[137].

> "Und der Heilige, gepriesen sei Er, ruft durch Pfeifen herbei und sammelt ganz Israel und führt sie nach Jerusalem herauf, denn es heißt: 'Ich will sie durch Pfeifen herbeirufen und sammeln' (Sach 10,8). Und es wird Feuer vom Himmel kommen und Jerusalem verzehren bis zu drei Ellen und die unreinen und unbeschnittenen Fremden aus ihrer Mitte schaffen. Und Jerusalem, vollkommen erbaut, wird vom Himmel herabkommen, in dem 72 Perlen sind, die vom einen Ende der Welt zum anderen leuchten. Und es werden alle Nationen zu ihrem Glanz gehen, denn es heißt: 'Die Völker gehen zu deinem Licht' (Jes 60,3). Und es wird der Tempel (היכל) erbaut vom Himmel kommen, der sich in Zebul befindet und den auch Mose, Friede sei auf ihm, im Heiligen Geist sah, denn es heißt: ... (Ex 15,17)"[138].

Gnade}' (Ps 108,5). Wenn es den Himmel berührt, sagt es: 'Der Platz ist mir zu eng usw.' (Jes 49,20). Obwohl der Heilige, gepriesen sei Er, vom Himmel zum Firmament aufsteigt und vom zweiten zum dritten, und vom dritten zum vierten, und vom vierten zum fünften, und vom fünften zum sechsten und vom sechsten zum siebten. Es sprach R. Elieser ben Jakob: Bis es den Thron der Herrlichkeit berührt. Und wie steigen sie [die Israeliten] auf? Der Heilige, gepriesen sei Er, bringt Wolken, und diese lassen [sie] fliegen"; vgl. auch Tan saw §12 (190b). - *TanB p^equde* §8 (67a): "Eine andere Auslegung: 'Am Tage seiner Hochzeit' (Cant 3,11) - am Sinai. 'Und am Tage seiner Herzensfreude' (ibid.) - in Jerusalem. David sprach: 'Schön durch Höhe, Freude des ganzen Landes usw.' (Ps 48,3). Wie dieser Feigenbaum, welcher unten eng und oben weit ist, denn es heißt ... (Ez 41,7)". - *PesR 41* (172b/173a): "Eine andere Auslegung: 'Schön durch { נוֹף }' (Ps 48,3). Es sprach R. Chanina bar Papa: Schön {durch seine Zweige (בעַנפָיה)}. Wie} dieser {Feigenbaum}, dessen Wurzel in der Erde ist, und aufsteigt und hinaufwächst und seine Zweige nach allen Seiten {ausgehen} und schön ist. Deshalb nennt er Jerusalem: Schön durch נוֹף, denn so wird es in der Zukunft weit und steigt auf und: ... (Ez 41,7)". - *bBB 75b*: "Rabba sagte: Es sprach R. Johanan: In der Zukunft wird der Heilige, gepriesen sei Er, Jerusalem um drei Parasangen nach oben erhöhen, denn es heißt: 'Sie erhebt sich und bleibt an ihrer Stätte' (Sach 14,10) - wie an ihrer Stätte. - *Pirqe Mashiaḥ*: BHM III, S. 74 f. Nach der Schilderung der Wiedererbauung Jerusalems: "... Und das Heiligtum ist erbaut auf vier Hügeln aus geläutertem Gold und gereinigtem Gold und aus getriebenem Gold und aus Gold aus dem Parwaim-Lande, wie Gold, das Früchte trägt, gegründet auf Saphir und festgesetzt in Größe. Seine Höhe [reicht] bis in den Himmel und bis zu den Sternen und bis zu den Wagenrädern der Merkaba, denn des heißt: 'Auf den Höhen der Stadt' (Prov 9,3) ...". Zur Vorstellung des eschatologischen Gottesberges in der rabbinischen Auslegung siehe: *MTeh 36* §6 (126a) = *MTeh 87* §3 (189b):"R. Pinhas sagte im Namen des Rabbi Ruben: Einst wird der Heilige, gepriesen sei Er, Sinai, Tabor und Karmel zusammenbringen und Jerusalem auf ihre Spitze geben, denn es heißt: 'Der Berg des Hauses des Herrn wird feststehen an der Spitze der Berge' (Jes 2,2)"; vgl. PesK 21 (144b) "... und den Tempel auf ihrer Spitze erbauen ...". Allgemein zum eschatologischen Gottesberg: E. BURROWS, Some cosmological patterns in Babylonian Religion, S. 54. - H. WILDBERGER, Jesaja, 1. Teilband, S. 82.

137 Siehe hierzu S. 15 f., 25 f. dieser Arbeit.

138 Nistarot de R. Shim'on, BHM III, S. 80. Weitere Texte zur Herabkunft:*Midrash Wayosha'*, BHM I, S. 55:"'Du wirst sie bringen und einpflanzen' (Ex 15,17) ... In der Zukunft wird der Heilige, gepriesen sei Er, Israel auf seinen heiligen Berg zurückbringen, denn es heißt: 'Ich will sie zu meinem heiligen Berg bringen' (Jes 56,7), und es ist geschrieben: 'Ich werde sie in ihren Boden einpflanzen' (Am 9,15). Als Mose die Liebe des Heiligen, gepriesen sei Er, mit der er Israel liebte, sah, da sagte er zu ihm: Herr der Welt, bringe sie hinein und pflanze sie dort ein, und es möge eine Pflanzung sein, für die es niemals ein Ausreißen gibt. Und lasse Jerusalem vom Himmel herabkommen und zerstöre es niemals und führe die Exilierten Israels hinein, und sie mögen dort in Sicherheit wohnen. Deshalb heißt es: ... (Ex 15,17)". - *Ma'ase Dani'el*, BHM V, S. 128: "Und danach werden sie sich gegen den Mann erheben, der gesagt hat, er sei der Messias, und sie werden ihn töten. Und der Herr wird am Himmel erscheinen, und ein großer Lärm geht aus vom Zion und vom heiligen Ort, und eine mächtige Stimme ist zu vernehmen, und ganz Israel wird Wohlgefallen finden in den Augen Gottes. Und an die Stelle von Jerusalem, das zerstört ist, kommt Jerusalem,

Wenn das Motiv des himmlischen Tempels und der himmlischen Stadt im Gegensatz zu diesen Texten der gaonischen Periode in der Vorstellungswelt der Tannaiten und Amoräer auch in erster Linie eine kosmologische Größe darstellt, so hat dieses aber dennoch eschatologische Funktion: Durch seine lokale Position fungiert das himmlische Heiligtum gleichsam als "Platzhalter" des irdischen Tempels, indem es dessen Ort bis zur Wiedererbauung bestätigt, besetzt und bewahrt[139]. Seine Existenz postuliert die Zentralität Jerusalems, dem in der Zukunft zu seinem ganzen Recht verholfen werden soll.

Damit aber korrespondiert die Funktion des Motivs mit der Funktion der verschiedenen Jerusalem betreffenden Halachot. Noch heute, bald 2000 Jahre nach der Zerstörung des Tempels, gelten religionsgesetzliche Vorschriften, die die Fortdauer der Heiligkeit bezeugen[140], andere Bräuche wurden entwickelt, um die Erinnerung an den zerstörten Tempel und die Hoffnung auf die Neuerbauung ständig wachzuhalten[141].

Im Hinblick auf die Konstitution der jüdischen Gemeinde dient dieser lokale und temporale Fokus Jerusalem mit seinen national-religiösen Implikationen als Identifikationsmedium. Jerusalem ist - um in den Worten des Midrasch zu sprechen - "die Stadt, die ganz Israel verbindet"[142]. Wo auch immer eine Gemeinde in der Synagoge das Achtzehngebet spricht, richtet sie ihren Sinn auf Jerusalem und vergegenwärtigt sich, daß sie ein Leben im "Un-Eigentlichen" führt. Diese Orientierung nach Jerusalem, hin zur "Qav emṣa'i", der Verbindungslinie zwischen himmlischem und irdischem Tempel, von der die Kabbala[143] spricht, bewahrt das Bewußtsein der   lokalen   Entfremdung,   der   Unerlöstheit   und   der   Vorläufigkeit   der

---

das erbaut ist (‏ירושלים הבנויה‎), vom Himmel herab und der Sproß aus dem Stamme Isais, welcher der Messias ben David ist, wird erscheinen, wie es im Buche geschrieben ist: 'Im Hauch seiner Lippen tötet er den Frevler' (Jes 11,4). Und der Messias ben Josef wird sterben, und die Flagge des Messias ben David wird wehen. Er wird alle Heerscharen Gogs und Magogs töten. Elia wird kommen und Israel Gutes verkündigen, den Lebenden und den Toten. Er wird wiederkehren und wird das Heiligtum des Herrn erbauen ... und das Haus Gottes wird gegründet sein an seiner Stätte".

139 Die Bewahrung des Tempels formuliert eine in bTaan 29a überlieferte Baraita: "Als der Tempel das erste Mal zerstört wurde, versammelten sich Scharen über Scharen von priesterlichen Jünglingen, die Schlüssel des Heiligtums in der Hand, und stiegen auf das Dach des Heiligtums und sprachen: Herr der Welt, da es uns nicht beschieden ist, treue Schatzmeister zu sein, so sollen die Schlüssel dir übergeben werden! Und sie warfen sie nach oben, und eine Art Handteller kam hervor und nahm sie auf. Und sie sprangen und fielen in das Feuer."; vgl. WaR 19,6 (27b); Pes R 26 (131a); ARN A §4 (12b) (mit Bezug zum zweiten Tempel) und syrBar 10,18; hierzu M. HENGEL, Die Zeloten. Untersuchungen zur jüdischen Freiheitsbewegung in der Zeit von Herodes I. bis 70 n. Chr. (AGJU 1), Leiden/Köln ²1976, S. 228.

140 A. GOLDBERG, Die Heiligkeit des Ortes in der frühen jüdischen Literatur, S. 27. - E. URBACH, Yerushalayim shel ma'la w-Irushalayim shel maṭṭa, S. 165 f. - P. SCHÄFER, Zur Geschichtsauffassung des rabbinischen Judentums, S. 41. - G.D. COHEN, Zion in Jewish Literature, S. 54: "The scrupulous observance of the laws of purity within Palestine for centuries after the destruction can be explained on the grounds that the Jews expected the Temple to be built every day."

141 D.J. BORNSTEIN, Art.: Jerusalem in der talmudischen Literatur, Sp. 1191 f. - G.D. COHEN, Zion in Jewish Literature, S. 54. - H. WENSCHKEWITZ, Die Spiritualisierung der Kultusbegriffe, S. 28.

142 yBQ 6,10 (6a); vgl. auch yHag 3,6 (79d), ein Al-Tiqre-Midrasch zu Ps 122,3; dort heißt es wörtlich: zu Verbundenen macht (‏עושה לחברים‎); s.a. E.STAROBINSKY-SAFRAN, Aspects de Jérusalem dans les écrits rabbiniques, S. 154. - A. CAUSSE, Le mythe de la nouvelle Jérusalem, S. 384. 391. Vgl. hierzu auch die soziologische Dimension der Wallfahrt: B. KÖTTING, Peregrinatio Religiosa. Wallfahrten in der Antike und das Pilgerwesen in der Alten Kirche (FVK 33/35), Regensburg/ Münster/W. 1950, S. 57-69, spez. S. 63. - W.D. DAVIES, The Territorial Dimension of Judaism, S. 47.

143 Literaturnachweise bei A. SAFRAN, Israel in Zeit und Raum, S. 407, Anm. 4.

bestehenden Verhältnisse: Dies aber bedeutet Desintegration[144].

In jüngster Zeit wurde dies von religiös-jüdischer Seite mit folgenden Worten beschrieben:

"Cependant, Israël subsiste. Quoiqu'il soit éloigné de Jérusalem, dispersé dans le monde, à cause des péchés qu'il avait commis en cette Ville sainte, Israël vit, car Jérusalem, cette Ville qui par son essence est indestructible, continue à vivre en lui. Israël porte Jérusalem dans son coeur, avec une fidélité exemplaire; ... Israël reste attaché, foncièrement, à la Thora de Sion; il reste attaché, douloureusement, à l'idéal messianique de rassemblement des exilés à Jérusalem, ce qui veut dire ensuite à l'idéal de reconstitution du Beit ha-Mikdach, de la Maison de la sainteté et de la sanctification. Les enfants d'un homme ou d'un peuple, qui sont chassés de leur pays ou le quittent de leur plein gré, s'en détachent avec le temps, l'oublient. Israel n'est pas ainsi. Exilé, il jure de ne pas oublier Jérusalem; ... Exilé, il garde son identité grâce à Jérusalem, non seulement grâce à la nostalgie qu'il a de Jérusalem, mais surtout grâce à la conception qu'il a de Jérusalem."[145]

Die Verknüpfung des Motivs vom himmlischen Tempel mit anderen Heiligtumstraditionen verdeutlicht aber nicht nur dessen Intention und Funktion im innerjüdischen Kontext, sondern weist auch auf die Relevanz der Aussage im Rahmen der Auseinandersetzung mit anderen religiösen Gruppierungen, nämlich mit Samaritanern und Christen, hin[146].

Jdc 9,37, vermutlich der älteste Beleg des Omphalosmotivs überhaupt[147], bezeichnet nicht Jerusalem, sondern Sichem als "Nabel der Welt". Jahrhunderte später bildet der Topos von der Heiligkeit des Garizim eine ganz zentrale Glaubensaussage der samaritanischen Glaubensgemeinschaft, die sich im 2. Jhdt. v. Chr. konstituierte[148]. Initiiert wurde dieser Prozeß im 4. Jahrhundert durch eine "Verdrängung von Priestern" aus Jerusalem, "die sich nordisraelitischen Traditionen verbunden fühlten"[149]; als Samaria nach dem Tode Alexanders zu einer Satrapie des seleukidischen Reiches wird, verwandelt Antiochus IV. Epiphanes das Heiligtum auf dem Garizim im Zuge der Hellenisierungspolitik in einen Zeustempel[150]. Erst diese Synkretisierung, und nicht - wie oft angenommen - die Errichtung des Heiligtums auf dem Garizim als solche, veranlaßt das samaritanische Schisma[151]. Im Jahre 129/8 v. Chr. wird der Tempel von Johannes Hyrkanos zerstört, zwanzig Jahre später fällt auch Sichem[152]. Begleitet werden diese militärischen Ereignisse durch das Entstehen einer jüdischen Polemik gegen die Samaritaner[153]. Aber noch im zweiten nachchristlichen Jahrhundert werden die Samaritaner deutlich von den Heiden unterschieden. Der Traktat Kutim beginnt folgendermaßen: "Die Wege der Samaritaner sind bald wie die der Heiden, bald wie die der Israeliten, meist aber wie die der Israeliten". Tatsächlich befolgten die Samaritaner das Beschneidungsgebot und die

144 K. SCHUBERT, Das Land Israel in der Sicht des rabbinischen Judentums, S. 88: "Nur so lange bleibt die Hoffnung auf Rückkehr wach, als man die Diaspora als Exil versteht."
145 A. SAFRAN, Jérusalem, coeur d'Israel, coeur du monde, in: E.A. LEVY-VALEUSI/TH. DREYFUS/ J. HALPERIN u.a. (Hrsg.), Mélanges A. NEHER, Paris 1975, S. 127-135, hier: S. 133.
146 Zur Rezeption des Motivs im Islam: G. WEIL, Biblische Legenden der Muselmänner. Aus arabischen Quellen zusammengetragen und mit jüdischen Sagen verglichen, Frankfurt a.M. 1845, S. 36: Eine Wolke führt Adam zu einem Ort, "der genau dem himmlischen Throne gegenüber liegt"; dort soll er einen Tempel erbauen; vgl. A.J. WENSINCK, Art.: Ka'ba, in: Enzyklopädie des Islam, Leiden ¹1927, Bd. II, Sp. 625-635, hier: Sp. 630 f.
147 J. WENSINCK, The Navel of the Earth, S. 1. - R.L. COHN, The Senses of a Center, S. 76 f.
148 H.G. KIPPENBERG, Garizim und Synagoge, S. 92.
149 H.G. KIPPENBERG, Garizim und Synagoge, S. 59.
150 H.G. KIPPENBERG, Garizim und Synagoge, S. 75.
151 H.G. KIPPENBERG, Garizim und Synagoge, S. 191. - S. SAFRAI, Die Wallfahrt im Zeitalter des zweiten Tempels (Forschungen zum jüdisch-christlichen Dialog 3), Neukirchen-Vluyn 1981, S. 115.
152 H.G. KIPPENBERG, Garizim und Synagoge, S. 87.
153 H.G. KIPPENBERG, Garizim und Synagoge, S. 87 ff.

Sabbatvorschriften, in vielen halachischen Fragen wie z.B. der Kaschrut von Wein, Fleisch und Mazzen genossen sie das Vertrauen der Juden[154]. Um 300 aber wurden sie des Götzenopfers beschuldigt, samaritanischer Wein und samaritanische Lebensmittel wurden verboten, so daß soziale Kontakte zwischen Juden und Samaritanern undurchführbar wurden. Die Trennung der beiden Gemeinden war vollständig[155].

Bereits in der Zeit, in der man den Samaritanern auf halachischem Gebiet noch großen Respekt entgegenbrachte, war die Heiligkeit des Garizim - neben der Leugnung der Totenauferstehung - der wichtigste Streitpunkt zwischen Juden und Samaritanern[156]. Der Traktat Kutim schließt mit folgender Bestimmung: "Von wann an nimmt man sie als Proselyten auf? Wenn sie den Berg Garizim verleugnen und Jerusalem und die Auferstehung der Toten anerkennen".

Auf diesen Konflikt weist bereits Joh 4,20 hin, und die rabbinischen Quellen zeigen, daß die Frage nach dem legitimen Kultort Gegenstand zahlreicher polemischer Äußerungen war. Hier sei nur auf ein Beispiel verwiesen:

"R. Ismael b. R. Jose, ging nach Jerusalem hinauf, um zu beten. Er kam an einer Platane vorbei, und ein Samaritaner sah ihn. Er sagte: Wohin gehst du? Er sagte: Ich gehe hinauf nach Jerusalem, um zu beten. Er sagte zu ihm: Wäre es nicht besser für dich, auf diesem gesegneten Berg [dem Garizim] und nicht auf jenem Dunghaufen zu beten? Er sagte zu ihm: Ich sage euch, wem ihr gleicht: einem Hunde, der gierig hinter dem Aas her ist. Weil ihr wißt, daß der Götzendienst unter ihm verborgen ist, wie es heißt: '[Sie übergaben Jakob alle fremden Götter ...] und Jakob vergrub sie [unter der Terebinthe, die bei Sichem steht]' (Gen 35,4), deshalb seid ihr so hinter ihm her"[157].

Durch den Hinweis auf die vergrabenen Götzen Jakobs soll der Garizim als kultisch-unreines Gebiet disqualifiziert werden[158]; dieser Intention entspricht auf samaritanischer Seite der Versuch, wie er zur Zeit des Prokurators Coponius (6-9 n. Chr.) geschah, den Jerusalemer Tempelplatz am Passafest durch das nächtliche Ausstreuen von Knochen zu verunreinigen[159]. Wenn die Samaritaner die Heiligkeit des Garizim mit Dtn 11,29 bzw. Dtn 27,12 begründen, so bestreitet die jüdische Exegese die Identität des dort erwähnten "Garizim" mit dem sich bei Sichem befindenden Berg; sie lokalisiert Garizim und Ebal vielmehr in der Nähe von Jericho[160].

---

154 H.G. KIPPENBERG, Garizim und Synagoge, S. 141. - S. SAFRAI, Die Wallfahrt im Zeitalter des zweiten Tempels, S. 113. - G. STEMBERGER, Juden und Christen im Heiligen Land, S. 176.

155 H.G. KIPPENBERG, Garizim und Synagoge, S. 142 f.- G. STEMBERGER, Juden und Christen im Heiligen Land, S. 176 f.

156 H.G. KIPPENBERG, Garizim und Synagoge, S. 141 f.

157 BerR 81,3 (153d). Zur Totenauferstehung: H.G. KIPPENBERG, Garizim und Synagoge, S. 141.

158 Dies impliziert auch eine Polemik gegen die verborgenen Geräte, deren Offenbarwerden ein eschatologisches Ereignis darstellt; hierzu: J.A. MONTGOMERY, The Samaritans. The Earliest Jewish Sect. Their History, Theology and Literature, New York 1968 (= 1. Aufl. 1907), S. 239; vgl. auch S. 38 dieser Arbeit, Anm. 21 und S. 60, Anm. 94.   In einem Zeugnis von 1811 ist sogar die Existenz eines himmlischen Heiligtums belegt: "The holy Tabernacle has disappeared but it is only 'exalted', existing in some mystical fashion above the mount; but it will return with the Ark and all the sacred paraphernalia of worship to perfect the ritual of the Saints in the Age of Grace" (J.A. MONTGOMERY, The Samaritans, ibid.); hierzu: S. DE SACY, Correspondance des Samaritains de Naplouse, in: Notices et Extraits des Manuscrits de la Bibliothèque du Roi 12 (1831), S. 1-235, hier: S. 126. Zur Datierung: ibid., S. 17.

159 Ant XVIII §29 f.

160 (H.L. STRACK)/P. BILLERBECK, Kommentar zum Neuen Testament, Bd. I, S. 550. - H.G. KIPPENBERG, Garizim und Synagoge, S. 72; vgl. auch das Madaba-Mosaik, das beide Lokalisierungen überliefert; hierzu: M. AVI-YONAH, The Madaba Mosaic Map, Jerusalem 1954, S. 44. 47, Plate 6.

In Folge der Interpolation "gegenüber Sichem" in Dtn 11,30, die dieser Behauptung begegnet, werden die Samaritaner dann der Torafälschung bezichtigt[161].

Die Bedeutung des Garizim als einzig legitimem Kultort formuliert bereits der SP. In Dtn 27,4 findet sich an Stelle von "Ebal" die Lesart "Garizim"[162]. Jeweils am Ende der beiden Dekalogversionen, in Ex 20,17-21 und Dtn 5,18, sind Passagen auf der Grundlage von Dtn 11 und Dtn 27 eingefügt, so daß die Heiligkeit des Garizim, die hier durch die Errichtung von Gesetzesstelen und eines Altars ausgedrückt ist, im göttlichen Gebot begründet erscheint[163].

Zur Akzentuierung der Einzigartigkeit des Garizim werden Traditionen, die das Judentum mit dem Jerusalemer Tempel verbindet, sowie bedeutende biblische Gestalten auf den Garizim bezogen[164]. Es ist der Ort, den Gott von Anfang an erwählt und der vor allen anderen Dingen erschaffen wurde[165]. Hier wurde Adam geschaffen; Henoch begab sich an diesen Ort, und sowohl Noah als auch Abraham erbauten dort einen Altar, um Gott anzubeten[166]. Speziell im Hinblick auf die zu besprechenden Midraschim ist die Verknüpfung des Garizim mit dem Omphalos- und Gottesbergmotiv, sowie dessen Identifizierung mit Morija und Bethel relevant.

Auf den Topos vom "Nabel der Welt" in Jdc 9,37 wurde bereits hingewiesen. Eine mittelalterliche Legende lokalisiert den Erdennabel im Jakobsbrunnen bei Sichem, dort nämlich soll die Sonne zur Zeit der Sommersonnenwende keinen Schatten werfen[167].

Die Segnung des Garizim zeigt sich daran, daß er, im Gegensatz zu anderen Bergen, bei der Sintflut nicht überschwemmt wurde[168]. Die in dieser Aussage implizierte Höhe des Berges weist auf die Gottesberg-Vorstellung hin[169]; dem Garizim wohnt nach samaritanischem Glauben eine solche kosmische Kraft inne, daß das Chaos-Element, die Flut, unterliegen muß[170].

Die Identifizierung des Garizim mit Morija ist in die Lesart des hebräischen SP eingedrungen:

---

161 Belege bei (H.L. STRACK)/P. BILLERBECK, Kommentar zum Neuen Testament, Bd. I, S. 550. Zur Polemik allgemein: ibid., S. 538-560. – H.G. KIPPENBERG, Garizim und Synagoge, S. 72.

162 J.A. MONTGOMERY. The Samaritans, S. 235.

163 H.G. KIPPENBERG, Garizim und Synagoge, S. 72; s.a. M. GASTER, The Samaritans. Their History, Doctrines and Literature with six Appendices and nineteen Illustrations, London 1925, S. 42 und Appendix III, S. 185 ff.

164 J.A. MONTGOMERY, The Samaritans, S. 235. MM II §10 nennt die 13 Namen des Garizim und bezieht folgende Verse auf den Berg: Gen 10,30; Gen 12,8; Gen 28,17; Gen 28,19; Ex 15,17; Dtn 11,29; Ex 23,19; Dtn 3,25; Dtn 12,11; Dtn 33,15; Gen 22,2; Gen 22,14.

165 J.A. MONTGOMERY, The Samaritans, S. 235. Vgl. MM II §10: Und warum hieß er הר קודם ? Weil dieser und der Garten Eden zusammen früher als das trockene Land sichtbar wurde.

166 J.A. MONTGOMERY, The Samaritans, S. 235; vgl. MM II §10; s.a. J. WENSINCK, The Navel of the Earth, S. 15. Vgl. auch die Identifikation von Garizim und Morija in dem anonymen mittelalterlichen Beleg (1145) bei P. BALDI, Enchiridion Locorum Sanctorum, S. 222, Nr. 282: "De Judaea ad Samariam (Sichem) quae nunc vocatur Neapolis, sunt XII leucae, et est puteus, ubi Dominus loquebatur cum muliere samaritana. Et ibi est mons, ubi voluit Abraham immolare suum filium ...".

167 J. JEREMIAS, Golgotha und der heilige Felsen, S. 84.

168 BerR 32,10 (67c); DevR 3,6 (106a); ShirR zu Cant 4,3 (25a). Diese Belege nennen R. Jonatan (b. Eleasar) als Tradenten, der ähnliche Text BerR 81,3 (153d) wird aber von R. Ismael b. R. Jose überliefert.

169 Zur Gottesberg-Vorstellung: S. 12 und S. 94 f. dieser Arbeit.

170 J. WENSINCK, The Navel of the Earth, S. 15: "Deluge is the reign of Tehom, of old a demoniac power, familar from creation stories. The sanctuary is the type and representation of Paradise and as such a power diametrically opposed to chaos."

An Stelle von המריה liest der hebräische SP Gen 22,2 המוראה[171]; die geographische Nähe von More und Sichem aber ergibt sich aus Gen 12,6. Auch MM II §10 belegt dies: "Aber in dem Augenblick, als er [d.h. Abraham] ihn [den Garizim] von ferne sah, wandte er sich ihm zu und betete. Und als er sein Gebet beendet hatte, erhob er seine Augen, und wohin war sein Gebet [gerichtet], wenn nicht nach dem Berge Garizim?

Schließlich kann der Garizim auch mit dem Topos "Bethel" bezeichnet werden, der ihn - ganz unabhängig von der Existenz eines historischen Gebäudes - als Stätte der göttlichen Gegenwart qualifiziert[172]. Speziell für unseren Zusammenhang ist die Verbindung von Gen 28 mit Ex 15,17 interessant.

> "'Die Stätte deines Wohnens' (Ex 15,17 SP) ... Diese ist das Haus Gottes und der Wohnsitz seiner Herrlichkeit, nirgends ist seine Gegenwart außer auf ihm, wie gesagt ist: 'Sucht seine Gegenwart' (Dtn 12,5 SP). Es gibt kein Schlachtopfer außer in seiner Richtung, keine Opfergabe außer auf ihm, keine heilige Abgabe außer bei ihm, keine freiwillige Gabe, keinen Zehnten (vgl. Dtn 12,6 SP), keinen Erstling (vgl. Dtn 18,4 SP), kein Lösegeld (vgl. Ex 21,30) und kein Segen wird empfangen werden außerhalb von ihm auf ewig, denn dies ist der Platz der Gegenwart der Wahrheit und der Wohnsitz der großen Herrlichkeit. Wehe denen, die die Wahrheit mit der Lüge vertauschen, die sich einen (eigenen) Gottesdienstplatz außerhalb von ihm erwählt haben. Sprich zu ihnen: 'Was ist dies für ein gottloser Irrtum, in dem ihr dorthin geirrt seid? ...'" (MM II, 47,21 ff.)[173].

In Auseinandersetzung mit einer Gruppe von Gegnern, die einen anderen Kultort haben und die Rechtmäßigkeit des Garizim-Kults bezweifeln, artikuliert dieser Text die Bedeutung des Garizim als Wohnstatt Gottes auf der Basis von Ex 15,17[174].

Über einen direkten Bezug dieser Polemik zur rabbinischen Auslegung zu Ex 15,17 kann nur spekuliert werden. Auf jeden Fall zeigt diese Interpretation aufs deutlichste die jüdisch-samaritanische Konfrontation: Dem samaritanischen Glauben an die Heiligkeit des Garizim steht auf jüdischer Seite der Glaube an die Heiligkeit des Zion gegenüber, die durch das Motiv der lokalen Entsprechung von himmlischem und irdischem Heiligtum akzentuiert wird[175].

Die in den Midraschim zu Ex 15,17 vorliegenden Motivverknüpfungen verdeutlichen aber auch die Relevanz des Topos vom himmlischen Heiligtum im Spannungsfeld der christlich-jüdischen Auseinandersetzungen. Mit der Entwicklung des Christentums geht ein Prozeß der Traditionsverschiebung einher: Die verschiedenen im traditionellen Judentum mit dem Jerusalemer Tempelplatz verbundenen Motive werden von der frühen Kirche für Golgatha beansprucht. Auf diesen Sachverhalt hat J. JEREMIAS in seinem 1926 erschienenen Aufsatz "Golgotha und der heilige Felsen" hingewiesen, der bis heute die umfassendste Arbeit zu diesem Thema darstellt[176].

---

171 AUGUST FREIHERR VON GALL, Der Hebräische Pentateuch der Samaritaner, Gießen 1918, S. 36. - J.A. MONTGOMERY, The Samaritans, S. 237. Allgemein: H.G. KIPPENBERG, Garizim und Synagoge, S. 233. - J. JEREMIAS, Golgotha und der heilige Felsen, S. 90.
172 H.G. KIPPENBERG, Garizim und Synagoge, S. 188 ff. Vgl. daneben auch die andere Bedeutung des Begriffes Bethel als Bezeichnung für die Synagoge, die sich seit dem 2.-4. Jhdt. auf dem Garizim befindet; hierzu: H.G. KIPPENBERG, Garizim und Synagoge, S. 194 ff.
173 Zitiert nach H.G. KIPPENBERG, Garizim und Synagoge, S. 190.
174 H.G. KIPPENBERG, Garizim und Synagoge, S. 191.
175 Zum Motiv des himmlischen Heiligtums bei den Samaritanern: siehe oben, S. 106, Anm. 158.
176 J. JEREMIAS, Golgotha und der heilige Felsen. Eine Untersuchung zur Symbolsprache des Neuen Testamentes, in: Angelos 2 (1926), S. 74-128; s.a. E. OTTO, Jerusalem - die Geschichte der Heiligen Stadt, S. 181. - B. KÖTTING, Peregrinatio Religiosa, S. 97. - H. DONNER, Pilgerfahrt ins Heilige Land, S. 26 f. 234, Anm. 12. 278, Anm. 88. - H. DONNER, Der Felsen und der Tempel, S. 10.

Der früheste sichere Beleg für eine solche Traditionsverschiebung findet sich um 244 bei Origenes, der das Grab Adams nicht wie die jüdische Exegese auf dem Tempelplatz, sondern auf Golgatha lokalisiert[177]. Speziell im Hinblick auf die Auslegungen zu Ex 15,17 ist die Rezeptionsgeschichte des Omphalos-, des Gottesberg- und des Morijamotives relevant.

So heißt es bei Victorinus, dem Bischof von Pettau, der zwischen 303 und 305 verstarb: "Est locus, ex omni medium quem credimus orbe; Golgotha Judaei patrio cognomine dicunt." Cyrill von Jerusalem verbindet das Motiv mit dem Kreuzestod Jesu: Von Golgatha, der Mitte der Welt, gelangte das Heil zu den vier Enden der Erde[178].

In einem Text des Ilanus v. Poitiers, der nur wenige Jahre später entstand, bildet Golgatha nicht nur die Mitte der Welt, sondern auch den höchsten Punkt der Erde[179], was ja ein charakteristisches Prädikat des Gottesberg darstellt.

Während die typologische Deutung der Opferung Isaaks auf die Passion Jesu Christi schon in Barnabas 7,3, einem Text aus der ersten Hälfte des 2. Jahrhunderts, genannt wird, weist im 4. Jahrhundert Ephraim der Syrer auf die lokale Kongruenz vom Altar Isaaks und dem Golgathafelsen hin[180].

Diese christliche Adaption der mit dem Tempelplatz verbundenen Lokaltraditionen, die hauptsächlich ab dem 4. Jahrhundert belegt ist, findet ihre Entsprechung im religionspolitischen Kontext. Während das Urchristentum eher zu einer Entterritorialisierung neigte[181] und lokalgebundene Traditionen, wie z.B. auch das Motiv vom Gründungsstein, personalisierte[182], geht mit der Politik Konstantins, durch die das Christentum zu einem politischen Faktor wird, eine Neuakzentuierung des territorialen Aspektes einher. Sicherlich sind diese Phänomene nicht monokausal miteinander verknüpft. Bereits für die vorkonstantinische Zeit sind - wie oben gezeigt - singuläre Motivverschiebungen belegt; auch weiß man von einzelnen Bischöfen und Presbytern aus dem Osten, wie z.B. Alexander von Kappadokien, die ins Heilige Land pilgerten[183].

177 J. JEREMIAS, Golgotha und der heilige Felsen, S. 74: Der Hinweis des Jul. Africanus, ca. 160-240, ist nicht eindeutig. Zu jüdischen Quellen, ibid., S. 78.
178 Belege bei J. JEREMIAS, Golgotha und der heilige Felsen, S. 80 f. - W.H. ROSCHER, Omphalos, S. 26. Vgl. auch die syrische Schatzhöhle: Die vier Enden der Erde hängen in Golgotha miteinander zusammen. Heute befindet sich im Hauptschiff der Grabeskirche eine Halbkugel auf einem Marmorständer, die als "Mitte der Erde" bezeichnet wird. Nach J. JEREMIAS, Golgotha und der heilige Felsen, S. 82, wurde vermutlich die "Erdmitte" zunächst auf die ganze Grabeskirche bezogen und dann im 8.-9. Jhdt. in der Mitte zwischen den vier in der Grabeskirche vereinigten Kirchen festgelegt.
179 Belege bei J. JEREMIAS, Golgotha und der heilige Felsen, S. 81.
180 Belege bei J. JEREMIAS, Golgotha und der heilige Felsen, S. 88 f.; zur typologischen Deutung Isaak-Jesus siehe: E. LUCCHESI PALLI, Art.: Abraham, in: E. KIRSCHBAUM (Hrsg.), Lexikon der christlichen Ikonographie, Bd. I, Freiburg 1968, Sp. 28 ff.
181 Allgemein: W.D. DAVIES, The Gospel and the Land, S. 161 ff. - G. STRECKER, Das Land Israel in frühchristlicher Zeit, in: G. STRECKER (Hrsg.), Das Land Israel in biblischer Zeit, Jerusalem-Symposium 1981 der Hebräischen Universität und der Georg-August-Universität (GTA 25), Göttingen 1983, S. 188-200. - R.L. COHN, The Senses of a Center, S. 77 f.
182 Z.B. Mt 16,17-19; Lk 20,17-18; Joh 7,37-40; 1 Kor 10,4; hierzu: J. JEREMIAS, Golgotha und der heilige Felsen, S. 108-127.
183 B. KÖTTING, Peregrinatio Religiosa, S. 89. - H. DONNER, Pilgerfahrt ins Heilige Land, S. 28. - E. OTTO, Jerusalem - die Geschichte der Heiligen Stadt, S. 173. - D.H. WINDISCH, Die ältesten christlichen Palästinapilger, in: ZDPV 48 (1925), S. 145 - 158.

Voll entfalten können sich diese lokalbezogenen Tendenzen erst mit der Herrschaft Konstantins: Menschen aller Gesellschaftsschichten, aus dem Osten wie auch aus dem Westen, pilgern nun in das Heilige Land[184]. Den Anstoß hierfür gibt die Kaisermutter Helena, die im Jahre 326 nach Palästina zieht. Unter ihrem Einfluß entstehen - unterstützt von Konstantin - zahlreiche prächtige Basiliken; neben der Grabeskirche ist auch die Geburtskirche in Bethlehem und die mit der Himmelfahrt Jesu verbundene Eleona-Kirche auf dem Ölberg[185] zu nennen. "Im Jahrzehnt von 325 bis 335 veränderte Palästina sein Gesicht: es wurde ein christliches Land und Jerusalem eine christliche Stadt."[186]

Es ist zunächst naheliegend, daß die frühe Kirche zum Ausdruck der neuerfahrenen Glaubenswahrheit auf traditionelle Vorstellungen zurückgreift und diese in christlichem Sinne umdeutet. Der zentralen Bedeutung des Kreuzestodes Christi als Heilstat schlechthin korrespondiert die Lage Golgathas im Zentrum der Welt. Gleichzeitig drückt sich in diesen Motivverschiebungen aber auch das Selbstverständnis der jungen Kirche gegenüber dem Judentum aus: Sie versteht sich als neuer Bund, der den alten ablöst. So kann Eusebius auch die Grabeskirche als Tempel bezeichnen und den Altar der Kirche mit dem Allerheiligsten des Heiligtums vergleichen[187]; mit der Errichtung dieser Kirche entsteht ein 'neues' Jerusalem, "jenem altberühmten gegenüber, das nach der schrecklichen Ermordung des Herrn, die Gottlosigkeit seiner Einwohner mit völliger Verwüstung hat büßen müssen"[188]. Der Platz des zerstörten Heiligtums ist als Konsequenz aus dieser Anschauung bedeutungslos. Im 6. Jahrhundert glaubte man sogar, daß die Grabeskirche direkt am Platze des zerstörten Tempels erbaut worden sei[189].

In all diesen Jahrhunderten aber hielt das Judentum an der Heiligkeit des Zion fest. Wenn diese "Mitte der Welt" auch von den Römern besetzt ist, von Samaritanern und Christen verleugnet und durch andere Heiligtümer ersetzt wird, so impliziert die Existenz des himmlischen Heiligtums doch die kosmische Garantie für die Legitimität des jüdischen Anspruches.

---

184 B. KÖTTING, Peregrinatio Religiosa, S. 98. - H. DONNER, Pilgerfahrt ins Heilige Land, S. 29. - G. STEMBERGER, Juden und Christen im Heiligen Land, S. 77-99. Vgl. auch die Entwicklung des Mönchtums; G. STEMBERGER, Juden und Christen im Heiligen Land, S. 102.

185 E. OTTO, Jerusalem - die Geschichte der Heiligen Stadt, S. 182. - G. STEMBERGER, Juden und Christen im Heiligen Land, S. 49. 53-66.

186 H. DONNER, Pilgerfahrt ins Heilige Land, S. 30; s.a. P. SCHÄFER, Geschichte der Juden in der Antike, S. 191.

187 Hist. Eccl. X,4; hierzu: E. OTTO, Jerusalem - die Geschichte der heiligen Stadt, S. 181 f. - J. WILKINSON, Jewish Influences on the Early Christian Rite of Jerusalem, in: Le Muséon 92 (1979), S. 347-359, hier: S. 359. Auch der Bericht der Pilgerin Egeria über die Liturgie der Grabeskirche weist darauf hin, daß die Grabeskirche in Entsprechung zum Tempel gesehen wurde; hierzu: J. WILKINSON, Jewish Influences on the Early Christian Rite of Jerusalem, S. 353. Zum Selbstverständnis der frühen Kirche vgl. die Ausführungen auf S. 166 f. dieser Arbeit.

188 Vita Constantini III, 33; zitiert nach der Übersetzung von A. BIGELMAIR, Des Eusebius von Caesarea ausgewählte Schriften Bd. I (BKV 9) Kempten/München 1913, S. 117.

189 J. WILKINSON, Jewish Influences on the Early Christian Rite of Jerusalem, S. 353.

Texte und Interpretationen

Textgruppe 1

Midrash Aggada zu Ex 26,7 (S. 136)

"Du sollst Teppiche aus Ziegenhaar machen" (Ex 26,7) - Die Teppiche entsprechend dem Himmel. Es sprach R. Abbahu: Alles was es oben {gibt}, gibt es auch unten.

Oben sind Sterne, denn es heißt: "Er bestimmt die Zahl seiner Sterne" (Ps 147,4); und unten sind Sterne, denn es heißt: "Ein Stern aus Jakob wird hervorgehen" (Num 24,17).

Es gibt oben Heerscharen und es gibt unten Heerscharen. Oben: "Heilig, heilig, heilig ist der Herr der Heerscharen" (Jes 6,3); und unten: "Alle Heerscharen des Herrn zogen [aus Ägypten]" (Ex 12,41). Oben gibt es Räder, denn es heißt: "{Und die Räder erhoben sich} neben ihnen" (Ez 1,20), und unten [sind] Räder, denn es heißt: "Siehe, ein Rad auf der Erde" (Ez 1,15).

Oben gibt es Keruben, denn es heißt: "Und er fährt auf dem Kerub und fliegt daher" (II Sam 22,11), und unten gibt es Keruben, denn es heißt: "Und die Keruben breiteten ihre Flügel aus usw." (Ex 25,20).

Oben [ist] eine Wohnung (זבול), denn es heißt: "Und du hörst[1] von deiner Wohnung usw." (Jes 63,15), und unten [ist] eine Wohnung, denn es heißt: "So habe ich denn wirklich gebaut ein Wohn-Haus für dich" (I Reg 8,13).

Oben [sind] Teppiche, denn es heißt: "Du breitest den Himmel aus wie einen Teppich" (Ps 104,2), und unten [sind] Teppiche, denn es heißt: "Du sollst Teppiche aus Ziegenhaar machen" (Ex 26,7).

ShemR 33,4 (61c/d)

Eine andere Auslegung: "Und sie sollen mir eine Hebe nehmen" (Ex 25,2). R. Berechja eröffnete [die Auslegung]: "Dein, Herr, ist die Größe und die Macht usw. ... Denn alles im Himmel und auf Erden [ist dein]" (I Chr 29,11). Du findest, alles, was der Heilige, gepriesen sei Er, oben erschaffen hat, hat er auch unten erschaffen.

Droben ist die Wohnung (זבול) und das Dunkel (ערפל); [die Wohnung], denn es heißt: "[So schau vom Himmel herab] und blicke nieder von deiner heiligen Wohnung" (Jes 63,15); das

---

1   So im Text; Jes 63,15 liest: וּרְאֵה.

Dunkel - "Und Mose nahte sich dem Dunkel, [worinnen Gott war]" (Ex 20,21). Und es ist geschrieben: "[Was weiß Gott,] richtet er durch das Dunkel?" (Hi 22,13), unten: "Damals sprach Salomo: Der Herr hat gesagt, er wolle im Dunkel wohnen" (I Reg 8,12) und es ist geschrieben: "So habe ich denn wirklich gebaut ein Wohn-Haus für dich" (I Reg 8,13).

Oben: "Seraphen stehen über ihm" (Jes 6,2); unten: "Akazienhölzer, die stehen" (Ex 26,15).

Oben [sind] Keruben, denn es heißt: "Der über den Keruben thront" (Jes 37,16); unten: "Und die Keruben [breiten ihre Flügel aus]" (Ex 37,9).

Oben: "Und die Räder (אופנים) hoben sich neben ihnen empor" (Ez 1,20); unten: "Und das Werk der Räder wie das Werk des Merkaba-Rades" (I Reg 7,33), und [es heißt] auch: "Siehe, ein Rad auf der Erde" (Ez 1,15).

Oben: "Der Herr ist in seinem heiligen Tempel, [des Herrn Thron ist im Himmel]" (Ps 11,4); unten: "Der Palast des Herrn, [der Palast des Herrn, der Palast des Herrn ist hier!]" (Jer 7,4).

Oben: "Die Könige der Heerscharen, sie fliehen, sie fliehen" (Ps 68,13); unten: "Alle Heerscharen des Herrn zogen [aus Ägypten]" (Ex 12,41).

Oben [ist ein Vorhang] - [denn es heißt]: "Es werde eine Feste (רקיע) zwischen den Wassern [und trenne (מבדיל) zwischen Wasser und Wasser]" (Gen 1,6); unten: "Und der Vorhang (פרוכת) trenne euch [das Heiligtum vom Allerheiligsten]" (Ex 26,33).

Oben: "Der Thron des Herrn" (I Chr 29,23, Jer 3,17); unten: "Der Thron der Herrlichkeit [in] der Höhe von Anfang an, der Ort unseres Heiligtums" (Jer 17,12).

Oben: "Gibt es denn eine Zahl [für die unendliche Menge] seiner Scharen?" (Hi 25,3); unten: "Zwei Männer als Fürsten der Scharen" (II Sam 4,2).

Oben: "Und zähle die Sterne" (Gen 15,5), unten: "Siehe da, ihr seid heute zahlreich wie die Sterne am Himmel" (Dtn 1,10).

Oben: "Und siehe, ein Mann gekleidet in Leinen" (Ez 9,2); unten: "Er soll das heilige Leinengewand anlegen" (Lev 16,4).

Oben: "Es lagert sich der Engel des Herrn [rings um die, die ihn fürchten]" (Ps 34,8) und unten: "Denn ein Engel des Herrn der Heerscharen [ist er]" (Mal 2,7)[2].

Oben: "Mit einer Zange nahm er vom Altar" (Jes 6,6), und unten: "Einen Altar aus Erde macht mir" (Ex 20,24).

Oben: "Und er breitete [den Himmel] aus wie ein Zelt zum Wohnen" (Jes 40,22); unten: "Wie schön sind deine Zelte, Jakob" (Num 24,5).

Oben: "Du spannst den Himmel aus wie einen Teppich" (Ps 104,2), und unten: "[Die Wohnung sollst du machen] aus zehn Teppichen" (Ex 26,1).

Und oben: "Und das Licht wohnt bei ihm" (Dan 2,22); unten: "Reines und gestoßenes Olivenöl für den Leuchter" (Ex 27,20).

Und nicht nur das, sondern alles, was unten ist, ist geliebter als das, [was] oben [ist]. Du weißt es daraus, daß er das, was oben ist, verließ und zum Unteren herabstieg, denn es heißt: "Sie sollen mir ein Heiligtum machen, und ich will unter ihnen wohnen" (Ex 25,8). Daraus geht also hervor: "Denn alles im Himmel und auf Erden [ist dein]" (I Chr 29,11). Und es heißt: "Mein ist das Silber und mein ist das Gold, spricht der Herr der Heerscharen" (Hag 2,8).

---

2   So mit Maharso z.St.; der Text nennt hier Jes 6 als Beleg des Schriftzitats.

Interpretation

Während *Midrash Aggada zu Ex 26,7* das Leitmotiv "Alles, was es oben gibt, gibt es auch unten" an fünf einzelnen Beispielen entfaltet, ist *ShemR 33,4* viel ausführlicher: Die These der Korrespondenz von himmlischen und irdischen Elementen wird mit I Chr 29,11 belegt und fungiert als Peticha, die am Ende des Midrasch weitergeführt wird; an die Entfaltung des Leitmotivs am Beispiel von siebzehn Oppositionspaaren schließt sich die Vorstellung vom Geliebt-Sein der unteren Welt an.

1. Bei der Formel "Alles, was es oben gibt, gibt es auch unten" handelt es sich um ein ursprünglich selbständiges Traditionselement. Diese Sentenz begegnet zum ersten Mal im Kontext einer Himmelsreise in der Ascensio Jesaiae 7,10 und kann somit bis in die frühchristliche Zeit zurückverfolgt werden[3]. Die einzelnen Elemente der Schöpfung sind nach dem gleichen Prinzip organisiert; diese Analogie bringt die Vorstellung einer Harmonie der Elemente[4] und den Glauben an eine alles umfassende Weltordnung zum Ausdruck.

2. Im folgenden sollen die Oppositionspaare aus *ShemR 33,4* bzw. *Midrash Aggada zu Ex 26,7*, die der Verifizierung der These von der Entsprechung der himmlischen und irdischen Elemente dienen, kurz dargestellt und erläutert werden.

a) *Zebul*

Die Opposition von himmlischer und irdischer "Wohnung" wird an Jes 63,15 und I Reg 8,13 demonstriert. Grundsätzlich könnte man die Aussage, es gebe eine himmlische Wohnung, wohl als Hinweis auf das himmlische Heiligtum verstehen; in *bHag 12b* wird die Kombination dieser Schriftbelege aber für das Motiv vom vierten Himmel, der "Zebul" genannt wird, benutzt[5], so daß wohl auch für den hier vorliegenden Midrasch dieses Verständnis angenommen werden muß.

b) *Arafel*

Die Zusammenstellung von Ex 20,21 und I Reg 8,12 findet sich bereits in dem tannaitischen Midrasch *MRE S. 150*[6]; aus diesem Text werden auch die Implikationen der hier vorliegenden Traditionselemente deutlich: Da Ex 20,21 im Sinne einer Himmelsreise des Mose[7] verstanden

---

3   Vgl. auch das Testament Salomos 20,15; es handelt sich hier um ein im frühen 3. Jhdt. verfaßtes christliches Werk, das auf einer jüdischen Grundschrift basiert; vgl. C.C. McCOWN (Hrsg.), The Testament of Solomon, Leipzig 1922, S. 108.
4   J. HEINEMANN, Darkhe ha-aggada, S. 61 ff.
5   Siehe S. 6 f. dieser Arbeit.
6   Siehe S. 79 f. dieser Arbeit.
7   Siehe hierzu S. 80 dieser Arbeit, Anm. 26.

wurde, ist die himmlische Existenz des Dunkels bewiesen. Der Bezug von I Reg 8,12 auf die irdische Welt ergibt sich aus dem Kontext dieser Schriftstelle.

c) *Seraphen/Akazienhölzer*

Der Bezug zwischen Jes 6,2 und Ex 26,15 wird durch Gezera Schawa über den Ausdruck " עֹמְרִים " hergestellt. Beide Belege sind bereits auf Grund des jeweiligen biblischen Kontexts mit der himmlischen bzw. mit der irdischen Welt verknüpft. Die Kombination der beiden Schriftstellen ist auch aus anderen rabbinischen Texten wie z.B. *PesK 1 (4b)*[8] bekannt und lag dem Tradent dieser Auslegung vermutlich als selbständiges Überlieferungselement vor. Das Entsprechungsverhältnis von Akazienhölzern und Seraphen ist ein Beleg für das Konzept vom Heiligtum als imago mundi[9].

d) *Keruben*

Das Motiv von der Entsprechung zwischen den oberen Keruben und denen des Heiligtums[10] ist auch in *Midrash Aggada zu Ex 26,7* und in *MHG Shem S. 754*[11] tradiert. Der hier vorliegende Text kombiniert Jes 37,16 mit Ex 37,9; *Midrash Aggada* verbindet II Sam 22,11 mit Ex 25,20; *MHG Shem S. 754* schließlich verwendet Ps 80,2 und Ex 37,9 als Schriftbelege. In Ex 25,20 und Ex 37,9 ist der Bezug zum irdischen Bereich auf Grund des Kontexts gegeben; der Schluß vom Epitheton "Kerubenthroner" auf eine himmlische Existenz der Keruben, basiert auf der Voraussetzung, daß sich dieser Ausdruck auf die Vorstellung vom über den Wolken thronenden Himmelsherrn bezieht[12].

---

8   Vgl. *ShemR 35,6 (63d/64a)*; *BamR 12,8 (48b)*; *MHG Shem S. 753 f.*; siehe S. 40 ff. dieser Arbeit.

9   Hierzu S. 21 dieser Arbeit. Spätere Ausleger verstehen dieses Entsprechungsgefüge im Sinne eines "Erinnerungszeichens". So heißt es bei R. Bechai: "'Sie stehen' erinnert an die oberen Kräfte, denn es gibt nichts beim Heiligtum und seinen Geräten, was oben nicht gezeichnet ist" (H.D. CHAVEL (Hg.), Rabbenu Bechai, Beur al ha-Tora, Bd. II, Jerusalem 1968, S. 288).

10   Spätere Ausleger verstehen auch dieses Entsprechungsgefüge im Sinne eines "Erinnerungszeichens". In MHG Shem S. 580 heißt es: "'Und mache zwei Keruben' (Ex 25,18). Wozu [dienen] mir diese Keruben? Um daran zu erinnern, daß es oben Keruben gibt. Und woher [ist bekannt], daß es oben Keruben gibt? Denn es ist geschrieben: 'Dies ist das Tier, welches ich sah unter dem Gotte Israels am Fluß Kebar und ich merkte, daß es Keruben waren' (Ez 10,20)."

11   Siehe S. 40 dieser Arbeit.

12   So auch die ursprünglich kanaanäische Vorstellung; es erfolgt aber eine Lokalisierung dieses Epithetons. "Die Vorstellung von dem auf den Keruben thronenden Gott ist ursprünglich kanaanäisch, sie bezieht sich auf den über den Wolken thronenden Himmelsherrn (...). Der in Silo verehrte יהוה צבאות wurde in Israel zuerst als der über den Keruben Thronende bezeichnet (vgl. I Sam 4,4). Die Vorstellung ging dann aber mit der Lade nach Jerusalem über (II Sam 6,2) und ist in der Kulttradition des Zion festzustellen (Ps 18,11; 97,2; 99,1)." (H.J. KRAUS, Psalmen, 2. Teilband: Psalmen 60-150 (BK 15/2), Neukirchen-Vluyn ⁵1978, S. 722).

e) *Ophannim*

Diese Gegenüberstellung von himmlischen und irdischen "Rädern", belegt mit Ez 1,20 und I Reg 7,33 bzw. Ez 1,15, wird verständlich, wenn man die semantische Breite des Begriffs אופן berücksichtigt und beachtet, daß in den Maase-Merkaba-Texten die Räder der Merkaba als lebendige Wesen verstanden werden; in der rabbinischen Literatur dient der Ausdruck "Ophannim" zur Bezeichnung einer bestimmten Klasse von Dienstengeln[13]. So heißt es in bHag 12b: "Da [d.h. auf Gewölk, dem obersten der insgesamt sieben Himmel] befinden sich ferner die Ophannim, die Seraphim, die heiligen Tiere und der Thron der Herrlichkeit ..."[14] Für diese Deutung des Begriffs in der hier vorliegenden Auslegung plädiert der Kontext: Nach den bereits genannten Seraphen und Keruben stellen die Ophannim eine weitere Engelklasse dar[15]. Der Bezug der Schriftzitate zur oberen bzw. unteren Welt resultiert aus deren jeweiligem Kontext. Neben *ShemR 33,4* nennt auch *Midrash Aggada zu Ex 26,7* und *MHG Shem S. 754*[16] die Opposition von himmlischen und irdischen Keruben.

f) *Tempel*

Bezüglich der Entsprechung von himmlischem und irdischem Tempel erfolgt eine Kombination von Ps 11,4 und Jer 7,4. Die Verbindung von Jer 7,4 mit dem irdischen Bereich resultiert aus dem Kontext der Schriftstelle; ebenso verhält es sich bei Ps 11,4, wo die Lokalisierung auf Grund der sich anschließenden Aussage "Des Herrn Thron ist im Himmel" erfolgt[17].

g) *Heerscharen*

Wenn das vorliegende Beispiel die himmlischen Heerscharen mit den irdischen verknüpft, so wird deutlich, daß nicht nur bezüglich des Heiligtums nach der Korrelation mit himmlischen Elementen gefragt wird. Die irdischen Heerscharen sind auf Grund von Ex 12,41 mit den Israeliten identisch[18]; der Terminus "Könige der Heerscharen", der nach dem einfachen Schriftsinn auf die Schlacht gegen Sisera zu beziehen ist, wird in der rabbinischen Exegese häufig mit den Engeln verbunden[19]. Diese Interpretation basiert auf einem Al-Tiqre-Midrasch,

---

13 L. GOLDSCHMIDT, Der Babylonische Talmud, Bd. III, Berlin/Wien 1925, S. 825, Anm. 89.

14 Siehe auch bHag 13b, wo Ez 1,15 auf Sandalphon, einen Engel, der auf der Erde steht und dessen Haupt bis in den Himmel zu den heiligen Tieren reicht, bezogen wird.

15 Auch I Reg 7,29 nennt zunächst die Keruben.

16 Siehe S. 40 dieser Arbeit.

17 Vgl. aber die Rezeption von Ps 11,4 in ShemR 2,2 (9a); TanB sh^emot §10 (3a) und *MekhY shirata X (S. 149 f.)*; hierzu vgl. S. 73 ff. dieser Arbeit.

18 Vgl. aber MekhY pisḥa XIV (S. 51) und MekhY pisḥa IX (S. 33), wo Ex 12,41 auf die Dienstengel hin interpretiert wird.

19 z.B. bShab 88b; ARN B §44 (62b); BamR 11,3 (42 b/c); DevR 7,9 (114c); DevR 11,3 (119a); ShirR zu Cant 3,8 (21c); ShirR zu Cant 8,11 (41a); MekhY baḥodesh IX (S. 236); MTeh 8 §2 (38a/b); vgl. auch die doppelte Auslegung nach dem einfachen Schriftsinn und dem Al-Tiqre in PesR 15 (69a); PesK 5 (45b)= QohR 9,11 (25a).

der jedoch nicht expliziert wird: Statt מלכים - 'Könige' ist מלאכים - 'Engel' zu lesen. Die Opposition von himmlischen und irdischen Heerscharen ist auch aus anderen Midraschim belegt; in ShemR 15,6 (26d) heißt es: "... so sind die Banner des Himmels die Engel und die Banner der Erde Israel. Die Heerscharen des Himmels - die Engel, denn es heißt: 'Und das ganze Heer des Himmels stehend zu seiner Rechten und zu seiner Linken' (II Chr 18,18). Die Heerscharen der Erde - Israel, denn es heißt: 'Und es zogen aus alle Heerscharen des Herrn aus dem Lande Ägypten' (Ex 12,41)."

h) *Vorhang*

Die Verbindung zwischen Gen 1,6 und Ex 26,33 wird durch Gezera Schawa über das in beiden Versen erscheinende Verb הבדיל - 'trennen' hergestellt; Ex 26,33 bezieht sich auf den Vorhang der Stiftshütte, der das Debir vom Hechal abtrennt; die Rezeption von Gen 1,6 zeigt, daß diesem irdischen Vorhang das himmlische Firmament korrespondiert[20]. "Wie das Firmament Scheidewand zwischen Himmel und Erde ist, so ist der Vorhang der Stiftshütte Scheidewand zwischen dem Allerheiligsten und dem Heiligen. Demnach ist der Himmel selbst als das Allerheiligste, das Firmament aber als der Vorhang vor diesem Allerheiligsten verstanden"[21]. Dieser Auffassung begegnen wir auch in BamR 12,13 (49a/b), wo unter dem Motto "Die Wohnung entspricht der ganzen Welt" die sieben Tage der Schöpfung mit der Errichtung des Stiftszeltes verknüpft werden. Dem Werk des ersten Tages, der Erschaffung des Himmelszeltes, folgt: "Am zweiten Tag heißt es: 'Es werde eine Feste (רקיע) zwischen den Wassern und trenne usw.' (Gen 1,6) und bei der Wohnung heißt es: 'Und der Vorhang trenne für euch' (Ex 26,33)." Wieder liegt die Vorstellung vom Heiligtum als imago mundi zugrunde.

i) *Thron*

Beim Motiv der Entsprechung von himmlischem und irdischem Thron bereitet zunächst die Textbasis gewisse Schwierigkeiten. Das Schriftzitat "der Thron des Herrn" könnte sowohl aus I Chr 29,23: "Und Salomo saß auf dem Thron des Herrn" wie auch aus Jer 3,17 stammen, wo es heißt: "An jenem Tag wird man Jerusalem Thron des Herrn nennen". Beide Male liegt auf jeden Fall - ganz im Gegensatz zur Rezeption des Zitats im vorliegenden Text - der Bezug zur irdischen Welt nahe; umgekehrt ist Jer 17,12, hier in Verbindung mit der unteren Welt gebraucht, traditionell jedoch mit dem himmlischen Heiligtum verbunden[22]. Ich schlage daher vor, die beiden Zitate miteinander zu vertauschen; ob ursprünglich I Chr 29,23 oder Jer 3,17 zitiert wurde, kann nicht mehr entschieden werden[23].

---

20   Ohne diesen Schriftbeleg könnte man auch an das Motiv des Vorhangs vor dem Thron Gottes denken; hierzu: O. HOFIUS, Der Vorhang vor dem Thron Gottes, S. 4-18.

21   O. HOFIUS, Der Vorhang vor dem Thron Gottes, S. 24 f.

22   Vgl. S. 47 ff. dieser Arbeit.

23   So S.M. LEHRMANN, Exodus, in: H. FREEDMAN/M. SIMON (Hrsg.), Midrash Rabba, London/Bornemouth 1951, S. 417; A. WÜNSCHE, Der Midrasch Schemot Rabba. Das ist die Aggadische Auslegung des zweiten Buche Moses (Bibliotheca Rabbinica VI), Leipzig 1882, S. 258, liest Jer 3,17; Maharso, zur Stelle, schlägt die Kombination von I Reg 22,19 und Ex 17,16 vor.

j) *Scharen*

Auf der Basis von II Sam 4,2 und Hi 25,3 belegt dieses Beispiel noch einmal das bereits genannte Korrespondenzverhältnis von himmlischen und irdischen Scharen. Die Zitation von II Sam 4,2 ist in der übrigen rabbinischen Literatur nicht mehr belegt; die Deutung dieses Verses auf die Israeliten entspricht dem Schriftsinn; die Auslegung von Hi 25,3 ist auch in dem tannaitischen Text *bHag 13b* belegt und durchaus traditionell[24].

k) *Sterne/Israeliten*

Die Grundlage für das in diesem Beispiel genannte Korrespondenzverhältnis von Israeliten und Sternen bildet der jüdische Sternenglaube, für den "die zwölf Tierkreiszeichen als Urbilder der zwölf Stämme Israels"[25] galten. Als weiterer Beleg dieser verbreiteten Vorstellung sei ShemR 15,6 (26d) zitiert: "Du findest, daß es zwölf Sternbilder am Firmament gibt! So wie der Himmel ohne diese zwölf Sternbilder nicht bestehen kann, so kann die Welt ohne die zwölf Stämme nicht bestehen, denn es heißt: '[So spricht der Herr, der die Sonne zum Licht gibt am Tag, die Gesetze des Mondes und der Sterne zum Licht in der Nacht ...]. Wenn solche Ordnungen vergehen usw. [vor mir, Spruch des Herrn, so soll auch aufhören der Same Israels, für alle Zeit vor mir ein Volk zu sein]' (Jer 31,35.36)"[26]. Der Bezug zum himmlischen bzw. irdischen Bereich ergibt sich aus dem jeweiligen Kontext der Schriftstellen.

l) *Leinengewand*

Ausgehend von Ez 9,2 und Lev 16,4 wird der irdische Priesterdienst als Entsprechung zum himmlischen verstanden; dieser Text existiert mit *yYom 7,2 (44b)* auch als Einzeltradition, die dem Verfasser unserer Auslegung vermutlich bekannt war[27]. Der Bezug zur himmlischen bzw. irdischen Welt resultiert aus dem Kontext der Schriftbelege.

---

24 Beispiele auf S. 149 ff. dieser Arbeit.

25 O. BÖCHER, Jüdischer Sternenglaube im Neuen Testament, in: B. BENZING/O. BÖCHER/ G. MAYER (Hrsg.), Wort und Wirklichkeit. Studien zur Afrikanistik und Orientalistik, EUGEN RAPP zum 70. Geburtstag, Meisenheim am Glan 1976, S. 51–66, hier: S. 55; vgl. PesR 4 (13a): "Und auch alles, was der Heilige, gepriesen sei Er, schuf, das schuf er um der Stämme willen. Du findest zwölf Monate im Jahr, zwölf Sternzeichen am Firmament, zwölf Stunden am Tag und zwölf Stunden in der Nacht"; s.a. BerR 100,9 (187d); TanB wayeshev §8 (91a); AgBer §73A (S. 141); Tan way^ehi §15 (78b); TanB way^ehi §16 (111a). Dieses Motiv stammt vermutlich aus der Weisheit, die ihr Interesse der Sternenwelt zuwandte (O. BÖCHER, Jüdischer Sternenglaube im Neuen Testament, S. 51).

26 In diesem Sinne wird Gen 15,5 auch in AgBer §73A (S. 141) rezipiert; vgl. dagegen BamR 23,8 (94c) und Tan mas'e §7 (307a), wo die hier verwendeten Schriftbelege nach dem Schema von Verheißung und Erfüllung verbunden sind.

27 Siehe hierzu S. 62 dieser Arbeit.

m) *Engel*

In den aus dem vorhergehenden Abschnitt bereits bekannten Entsprechungszusammenhang von himmlischem und irdischem Gottesdienst gehört auch die Verbindung von Priestern und Engeln, die hier auf der Basis von Mal 2,7 und Ps 34,8 zum Ausdruck gebracht wird. Dieses Motiv ist ebenfalls traditionell: Ihre Beziehung zueinander kann im Sinne einer allegorischen Auslegung[28], auf Grund der Ähnlichkeit[29] oder der Namensidentität[30] hergestellt werden; speziell Aaron wird mit den Engeln verbunden[31].

n) *Altar*

Die Vorstellung eines himmlischen Altars partizipiert am Konzept des himmlischen Heiligtums und des darin stattfindenden Opferdienstes[32]. Belegt wird die Existenz des himmlischen Altars durch die Zitation von Jes 6,6; dies korrespondiert mit der traditionellen rabbinischen Exegese, die die Vision Jesajas direkt mit der himmlischen Welt verbindet[33]. Speziell für den vorliegenden Vers ist PesR 33 (150b) von Interesse, wo Jes 6,6 folgendermaßen rezipiert wird: "Der Engel nahm mit einer Zange Kohle von dem Altar oben (המזבח של מעלה)." Der Bezug von Ex 20,24 auf die untere Welt entspricht dem einfachen Schriftsinn; nach der rabbinischen Exegese wird der Altar auf dem Tempelplatz lokalisiert[34], so daß wohl das Motiv der lokalen Entsprechung von himmlischem und irdischem Heiligtum, wie es traditionell an Ex 15,17 entfaltet wurde, mit anklingt.

o) *Zelt*

Der Bezug zwischen Jes 40,22 und Num 24,5 wird über den Terminus אהל - 'Zelt' hergestellt. Jes 40,22 wird hier im Hinblick auf die Anschauung vom Himmelszelt rezipiert, die bei Deuterojesaja sehr häufig zu finden ist[35]. Num 24,5 kann in der rabbinischen Tradition sowohl

---

28   So in SifBam qoraḥ §119 (S. 143): "'Und siehe, die Engel des Herrn steigen an ihr auf und (steigen) ab' (Gen 28,12) - das sind die Priester, die auf der Rampe, [die zum Altar führt] auf- und absteigen"; s.a. MTeh 78 §6 (174a); BerR 68,12 (135a); TanB wayeṣe §7 (75a).

29   TanB sh^elaḥ §1 (31b) und Tan sh^elaḥ §1 (266b): "... die Priester ähneln den Engeln."

30   SifBam qoraḥ §119 (S. 143): "Geliebt sind die Priester, denn sie sind mit demselben Namen benannt wie die Engel".

31   Zu Aaron: ShemR 38,3 (65c/d); Kalla Rabati 52b.

32   Vgl. S. 62 dieser Arbeit.

33   Vgl. S. 94 dieser Arbeit, Anm. 74.

34   So bHag 27a; hierzu auch die Vorstellung, daß an dem Platz, von dem Staub zur Erschaffung des ersten Menschen genommen wurde, später der Tempel erbaut wurde: BerR 14,8 (35b); SEZ 2 (S. 173). Vgl. aber die Lokalisierung des Altars am Sinai: TanB naso §26 (20a); Tan naso §26 (257a).

35   Zur biblischen Begriffsgeschichte: K. KOCH, Art.: אֹהֶל, in: ThWAT, Bd. I, Stuttgart/Berlin/Köln/Mainz 1973, Sp. 128–141, spez. Sp. 132. Jes 40,22 wird in der rabbinischen Exegese aber auch als Beleg für die Existenz des ersten Himmels, Wilon (lat.: velum) genannt, rezipiert; siehe z.B. bHag 12b; hierzu: O. HOFIUS, Der Vorhang vor dem Thron Gottes, S. 20 f. Zum Verhältnis der beiden Vorstellungen: O. HOFIUS, Der Vorhang vor dem Thron Gottes, S. 25 f.

auf die Stiftshütte[36] bzw. den Tempel[37], wie auch auf die Bet- und Lehrhäuser[38] hin interpretiert werden. Speziell hier ist der erste Aspekt relevant, denn die Verknüpfung von Himmelszelt und Heiligtum erscheint auch sonst in der Tradition. In Yalq b^ereshit (6a) §17 heißt es: "Am ersten Tag schuf ich den Himmel und spannte ihn aus, denn es heißt: 'Der den Himmel ausbreitet wie ein Tuch usw. [ihn ausspannt wie ein Zelt zum Wohnen]' (Jes 40,22); auch [für] sie [gilt]: Ich lasse meine Schechina unter ihnen wohnen; denn es heißt: 'Und sie sollen mir ein Heiligtum machen' (Ex 25,8)"[39].

p) *Zeltbahn*

Die Analogie zwischen dem Himmel als Zeltbahn und den Zeltbahnen der Stiftshütte[40], die hier mit Ps 104,2 und Ex 26,1 belegt wird, findet sich auch in Traditionsstücken, die den Bezug zwischen der Weltschöpfung und der Errichtung des Wüstenheiligtums aufzeigen.

In Tan p^equde §2 (171b) heißt es: "'Und du sollst Teppiche aus Ziegenhaar machen'. Es sprach R. Jakob b. R. Assi: ... denn es [das Heiligtum] wiegt entsprechend der Weltschöpfung. Über den ersten [Tag] ist geschrieben: 'Am Anfang schuf Gott den Himmel und die Erde' (Gen 1,1) und es ist geschrieben: 'Er neigt den Himmel wie einen Teppich' (Ps 104,2). Und was ist über die Wohnung geschrieben? 'Und du sollst Teppiche aus Ziegenhaar machen' (Ex 26,7)."[41]

q) *Licht*

Abgeschlossen wird die vorliegende Sammlung durch das Motiv der Entsprechung zwischen den "Himmelsleuchten" und dem Leuchter des Tempels. Auch dieser Topos gehört zum Vorstellungskomplex vom Tempel als imago mundi und findet sich sowohl bei Josephus[42] als auch bei Philo. In Vita Mosis, Buch II heißt es: "An der Südseite stellte er den Leuchter auf (2. Mos. 25,31 ff.), durch den er auf die Bewegungen der lichtspendenden Sterne hindeuten will. Die Sonne nämlich und der Mond und die anderen Gestirne vollziehen in weitem Abstande vom Norden ihren Umlauf nach Süden. Deshalb wachsen aus der Mitte des Leuchters gleich Aesten

---

36 Z.B. BamR 12,13 (49a/b); BamR 12,14 (49b).

37 Z.B. ShemR 31,10 (58a).

38 Z.B. bSan 105b.

39 H. J. HAAG, "Dies ist die Entstehungsgeschichte des Himmels und der Erde" - Midrasch Avkir zu Gen 2,4, in: Judaica 34 (1978), S. 104-119. 173-179, hier: S. 176: "Jes 40,22 beweist im Sinne des Midrasch, dass der Himmel wie ein Zelt als Gottes Wohnung geschaffen wurde (ohel lashavet); ebenso bauten die Israeliten ein Zeltheiligtum, dass Gott darin wohne (weshakhanti ...). Parallelisiert werden hier also Himmel und Heiligtum als Wohnstätten Gottes bzw. der Schechina Gottes".

40 Diese Vorstellung ist identisch mit der vom himmlischen Vorhang; hierzu: O. HOFIUS, Der Vorhang vor dem Thron Gottes, S. 25, Anm. 144.

41 Vgl. BamR 12,13 (49a/b); BHM VI, S. 88; Shoher Tov §26 (S. 88); vgl. H.J. HAAG, "Dies ist die Entstehungsgeschichte des Himmels und der Erde", S. 116.

42 Ant III §182; S. 21 dieser Arbeit.

sechs Arme heraus, drei auf jeder Seite, und stellen so eine Siebenzahl her. Auf allen zusammen aber befinden sich sieben Lichter in Lampen, Sinnbilder der von den Physikern so genannten (sieben) Planeten"[43]. Auch der bereits mehrmals zitierte Midrasch BamR 12,13, der die Korrespondenz von Welt- und Tempelschöpfung thematisiert, kennt eine solche Entsprechung: "… Beim vierten [Tag ist gesagt]: 'Es sollen Leuchten werden am Firmament des Himmels' (Gen 1,14), und bei der Wohnung [heißt es]: 'Du sollst einen Leuchter aus reinem Gold anfertigen usw.' (Ex 25,31)". Allerdings wird in der vorliegenden Peticha anstelle von Gen 1,6 Dan 2,22 zitiert. Die für die meisten Beispiele belegten Paralleltraditionen zeigen deutlich, daß der Autor der Peticha zur Veranschaulichung der These einer Entsprechung von himmlischer und irdischer Welt weitgehend auf bereits vorhandenes Material zurückgreifen konnte; er schöpfte dabei hauptsächlich aus dem Überlieferungskomplex vom Heiligtum als imago mundi, benutzte daneben aber auch die Motive vom himmlischen Heiligtum und vom himmlischen Gottesdienst sowie astrologisches Material. Innerhalb dieser Einzelbeispiele lassen sich, wie bereits oben aufgezeigt, zwar bestimmte Gruppierungen aufzeigen, die Struktur des Gesamtaufbaus ist aber im einzelnen nicht mehr nachzuvollziehen; es ist auch damit zu rechnen, daß einzelne Beispiele sekundär der Peticha des R. Berechja zugefügt wurden.

Midrash Aggada zu Ex 26,7 wird tradiert im Namen des R. Abbahu, eines Amoräers der dritten Generation; auch hier kann die Hinzufügung weiterer Beispiele nicht ausgeschlossen werden.

3. Eine entscheidende Neuinterpretation dieses an der Gesetzmäßigkeit und Harmonie des Kosmos orientierten Weltbildes leistet die Weiterführung der Peticha in *ShemR 33,4*, in der nun explizit und dezidiert zugunsten der unteren Welt gewertet wird: Die irdische Welt ist vor Gott geliebter als die himmlische Welt. Als Beweis fungiert die Erbauung des Heiligtums, die auf der Basis von Ex 25,8 als Zeichen der göttlichen Einwohnung[44] bei den Menschen verstanden wird. Himmlische und irdische Welt bilden zwei rivalisierende Größen[45]; das Konzept eines harmonischen Ordnungsgefüges von himmlischen und irdischen Elementen verlagert sich so zu einem geo- und anthropozentrischen Weltbild.

4. Rein formal handelt es sich in *ShemR 33,4* um eine Peticha: I Chr 29,11 bildet den Proömientext, von dem aus eine exegetische Verbindung zum Perikopentext Ex 25,2 hergestellt werden soll. Auf den ersten Blick scheinen sich diese beiden Verse eher zu widersprechen: Wieso muß sich denn Gott, dem alles gehört, einen Tempel erbitten? Zunächst wird der Proömientext, wie oben gezeigt, mit Ex 25,8 verbunden. Alles, was es im Himmel und auf Erden gibt, gehört

---

43 Philo, Das Leben Moses, Buch II §66; zitiert nach der Übersetzung von B. BADT, in: L. COHN (Hrsg.), Die Werke Philos von Alexandria in deutscher Übersetzung, Bd. I, Breslau 1909, S. 321.

44 Es handelt sich um ein Wortspiel von שׁכֹן und מִשׁכָּן; vgl. S. 55 dieser Arbeit; zur Rezeption von Ex 25,8 in diesem Sinne: ShemR 1,5 (3a); ShemR 33,8 (62c); BamR 13,10 (53b); PesK 2 (10b); Tan bᵉḥuqqotay §3 (238a); Tan pᵉqude §2 (171b); TanB pᵉqude §2 (64a/b). Zur Einwohnung der Schechina allgemein: A. GOLDBERG, Schekhinah, S. 26–82.

45 Siehe hierzu auch die Erzählungen von der Reaktion der Engel auf die Erbauung des irdischen Heiligtums; Texte bei: P. SCHÄFER, Rivalität zwischen Engeln und Menschen, S. 159-164.

Gott; jedes irdische Element hat sogar ein himmlisches Gegenstück, aber aus Liebe zu den Menschen entschließt sich Gott, bei den Unteren Wohnung zu nehmen. Das Motiv des Heiligtums ganz generell klingt zudem noch durch das in der Auslegung zu I Chr 29,11 entfaltete Motiv der Tempelsymbolik an. Die Verknüpfung von Ex 25,8 mit dem Perikopentext[46] ist rein formal durch die Nähe der beiden Verse zueinander in der Schrift und durch das in beiden Belegen erscheinende Wort לי gegeben; da es sich bei den in Ex 25,2 geforderten Abgaben um das Material handelt, das für die Errichtung des Heiligtums notwendig war, ist auch eine inhaltliche Verknüpfung gewährleistet[47]. Der zusätzlich angehängte Vers Hag 2,8 korrespondiert zum einen mit I Chr 29,11; da er einer Anweisung zum Tempelbau entstammt, wiederholt sich zum anderen an diesem Vers die durch die Kombination von Perikopen- und Proömientext entstandene Dichotomie. Durch diese Anfügung bildet die Peticha "eine Aneinanderreihung aus allen drei Teilen der heiligen Schrift"[48], die im Konzept der Einheit der Heiligen Schrift begründet ist.

Gesamtinterpretation

Der Glaube an eine alles Seiende umfassende Weltordnung spielte bei den Kulturen des Vorderen Orients seit altersher eine bedeutende Rolle. So hatten die Listen der Sumerer neben ihrer vordergründig praktischen Bedeutung die Aufgabe, eine Bestandsaufnahme der Lebewesen und der gegenständlichen Welt vorzunehmen, diese nach verschiedenen Bereichen aufzugliedern und so die Ordnung und Einteilung der Welt zu dokumentieren[49]. In diesem Kontext ist auch die ägyptische Listenwissenschaft zu verstehen[50]. Das Onomastikon des Amenope kann - um nur einen bedeutenden Vertreter der Gattung herauszugreifen - als solch ein Versuch der Systematisierung der Welt und ihrer Erscheinungen verstanden werden. "Amenopē had in mind a sort of catalog of the universe, professing to enumerate the most important things in heaven, on earth and in the waters ... Early thought was ... intensely interested in things, and the classification and hierarchical arrangement of these may well have seemed a worthy ambition[51].

Die Babylonier wiederum entwickelten eine elaborierte Vorzeichenwissenschaft. Da die Elemente der Gegenstandswelt, die Lebewesen und Naturerscheinungen nicht als Einzelgrößen disparat nebeneinander stehen, sondern letztendlich alle vom gleichen Prinzip bestimmt sind und

---

46 Statt des Perikopentextes zitiert dieser Midrasch noch einmal den Proömientext; hierzu: W. BACHER, Die Proömien der alten jüdischen Homilie. Beitrag zur Geschichte der jüdischen Schriftauslegung und Homiletik, Leipzig 1913, S. 77.

47 M. NOTH, Das zweite Buch Mose. Exodus (ATD 5), Göttingen 1959, S. 161 ff.

48 W. BACHER, Die Proömien der alten jüdischen Homilie, S. 77.

49 W. VON SODEN, Leistung und Grenze sumerischer und babylonischer Wissenschaft (Libelli Bd. 142), Darmstadt 1965, S. 23. 28. 33. 35. 113 ff. u.ö. - W. VON SODEN, Einführung in die Altorientalistik (Orientalische Einführungen in Gegenstand, Ergebnisse und Perspektiven der Einzelgebiete), Darmstadt 1985, S. 138 ff.

50 Zur ägyptischen Listenwissenschaft vgl. allgemein: A. H. GARDINER, Ancient Egyptian Onomastica, 2 Vol. and Plates, Oxford 1947.

51 A. H. GARDINER, Ancient Egyptian Onomastica, Bd. 1, S. 1.

in Beziehung zueinander stehen, kann aus dem Zustand eines Elements auf den eines anderen geschlossen werden; nur derjenige, der die von den Göttern gegebenen Beziehungen und Konstellationen versteht, vermag recht, d.h. in Übereinstimmung mit der Ordnung der Welt, zu handeln. Aus diesem Bestreben nach dem Verständnis der Wirklichkeit und dem Bedürfnis nach einer praktischen Orientierung beobachtete man Menschen und Tiere und versuchte, die Verbindungen dieser Bereiche mit dem der Pflanzenwelt oder dem der Naturerscheinungen und -phänomene aufzuzeigen[52]. Die Astrologie, die auf dem Glauben an eine Analogie zwischen der Sternenwelt und dem Geschehen auf der Erde beruht, spielt in diesem Zusammenhang ebenfalls eine entscheidende Rolle[53].

Vor diesem Hintergrund ist schließlich auch die Entwicklung der Weisheit im Alten Israel zu verstehen. Ihr Erkenntnisinteresse ist einmal praktischer Art, aus der Einsicht in die göttliche Weltordnung resultiert das rechte Verhalten des Menschen[54]. Andererseits beobachtet und beschreibt man – ganz ohne moralisches Interesse – die Vielfältigkeit der Erscheinungen und versucht, die Wirklichkeit zu fixieren[55]. So entstand aus der ägyptischen und mesopotamischen Listenweisheit am Ende des zweiten und zu Beginn des ersten Milleniums, also kurz vor und während der Regierungszeit Salomos, die Naturweisheit[56]. In beiden Bereichen kommt den Analogie- und Zahlensprüchen besondere Bedeutung zu: Gerade die Vergleichbarkeit ganz unterschiedlicher Elemente beweist die allem Seienden inhärente gleiche Struktur[57].

Dieser Glaube an eine große, die ganze Schöpfung durchwaltende Ordnung basiert auf dem mythischen Denken[58]:

> "Soweit wir auch die Teilung fortsetzen mögen, so finden wir doch in jedem Teile die Form, die Struktur des Ganzen wieder. Die gesamte Raumwelt und mit ihr der Kosmos überhaupt, erscheint nach einem bestimmten Modell gebaut, das sich bald in vergrößertem, bald in verkleinertem Maße darstellen kann, das aber stets im Größten wie im Kleinsten dasselbe bleibt. Aller Zusammenhang im mythischen Raum beruht zuletzt auf dieser ursprünglichen Identität; er geht nicht auf ein dynamisches Gesetz, sondern auf eine Gleichheit des Wesens zurück."[59]

Gerade in frühjüdischer Zeit war die Vorstellung einer "Sympatheia", einer Wechselwirkung und Verbundenheit der Elemente untereinander, die auch im Hinblick auf das Verhältnis von himmlischen und irdischen Elementen spezifiziert werden konnte, ein sehr verbreiteter Gedanke, der sich sowohl in Qumran und der Apokalyptik, als auch in der hellenistischen Umwelt des

---

52   W. VON SODEN, Einführung in die Altorientalistik, S. 143 ff.
53   E. CASSIRER, Philosophie der symbolischen Formen, Bd. 2, S. 114. – W. VON SODEN, Einführung in die Altorientalistik, S. 149.
54   H. GESE, Die Frage des Weltbildes, S. 217. – G. VON RAD, Weisheit in Israel, Neukirchen 1970.
55   G. VON RAD, Weisheit in Israel, S. 157.
56   Zur israelitischen Naturweisheit vgl. A. ALT, Die Weisheit Salomos, in: Kleine Schriften, Bd. 2, München 1953, S. 90-99. – W.M. ROTH, Numerical Sayings in the Old Testament. A Form Critical Study (VT.S 13), Leiden 1965, S. 20 ff. – H. RICHTER, Die Naturweisheit des Alten Testaments im Buche Hiob, in: ZAW 70 (1958), S. 1 - 20.
57   G. VON RAD, Weisheit in Israel, S. 153 ff., spez. S. 160 f. – Zu den Zahlensprüchen im Alten Testament vgl. ferner: A. BEA, Der Zahlenspruch im Hebräischen und Ugaritischen, in: Bib 21 (1940), S. 196-198. – W.M. ROTH, Numerical Sayings in the Old Testament.
58   J. HEINEMANN, Darkhe ha-aggada, S. 8, spricht vom organischen Denken.
59   E. CASSIRER, Philosophie der symbolischen Formen, S. 111; vgl. ibid., S. 119.

Judentums findet[60]. Während die ältere Stoa auf den Menschen als Einzelwesen gerichtet war, entwickelte der griechische Stoiker Poseidonius, der in der Zeit von 135 - 51/52 lebte, eine Anthropologie, die den Menschen innerhalb der Gesetzmäßigkeit des Kosmos sieht; der Kosmos selbst wird als lebendes Wesen vorgestellt, "das durch Bindung ... und Mitempfinden ... jedes Teils mit jedem Teil in einer Fülle von Wechselbeziehungen steht"[61].

Die Rezeption der Sentenz von der Entsprechung himmlischer und irdischer Elemente zeigt, daß auch das rabbinische Judentum an diesen Versuchen, die Fülle und Komplexität der Erscheinungen und Phänomene des Universums durch Gesetze und Ordnungen zu reduzieren, partizipierte[62]. Außer den rabbinischen Zahlensprüchen[63] sind noch andere Traditionen, die auf die Entsprechung der verschiedenen Elemente aus diversen Bereichen verweisen, zu nennen. So formuliert bHul 127a nach dem Muster der in *ShemR 33,4* bzw. *Midrash Aggada zu Ex 26,7* entfalteten Sentenz "Alles, was es oben gibt, gibt es auch unten" die Analogie von Seetieren und den auf dem Land lebenden Wesen: "Alles, was es auf dem Festland gibt, gibt es auch im Meer"[64]. Miteinbezogen in die sinnvolle Bezogenheit der Bereiche Himmel Erde und Wasser ist nach ARN A §31 (46a/b) auch der Mensch, wenn es heißt:"Er schuf am Menschen alles, was er in seiner Welt schuf..."[65].

Die zunächst befremdlich und sonderbar anmutenden Kombinationen und Verknüpfungen, die der Verifizierung und Erläuterung der These von der Entsprechung von himmlischen und irdischen Elementen dienen sollen, wollen gerade zeigen, daß eine solche Harmonie der Dinge trotz der zunächst sichtbaren Unordnung besteht; in diesem Sinne ist auch die Tatsache zu

---

60 M. HENGEL, Judentum und Hellenismus, S. 424.

61 H. DÖRRIE, Art. Poseidonius, in: Der Kleine Pauly. Lexikon der Antike, München 1981, Bd.4, Sp. 1080 - 1084, hier: Sp. 1081. Vgl. ferner M. HENGEL, Judentum und Hellenismus, S. 437. - K. REINHARDT, Kosmos und Sympathie. Neue Untersuchungen über Poseidonius, München 1926.

62 Zu den rabbinischen Zahlensprüchen vgl. A. WÜNSCHE, Die Zahlensprüche in Talmud und Midrasch, in: ZDMG 65 (1911), S. 57-100. 395-421; 66 (1912), S. 414-459. - G. NÁDOR, Some Numerical Categories in Ancient Rabbinical Literature: The Numbers Ten, Seven and Four, in: AOH 14 (1962), S. 301-315. - Vgl. auch W.S. TOWNER, The Rabbinic "Enumeration of Scriptural Examples". A Study of a Rabbinic Pattern of Discourse with Special Reference to Mekhilta d'R. Ishmael (StPB 22) Leiden 1973. Im Hinblick auf die rabbinischen Zahlensprüche differenziert W.S. TOWNER zwischen "non-exegetical" oder "proverbial enumeration" und "exegetical numerical sayings"; lediglich die erste Gruppe ist seiner Meinung nach im Kontext des Weltordnungsdenkens und in Verbindung mit den Listen des Alten Testaments zu sehen; die zweite Gruppe ist als Exegese dem Genre Midrasch zuzuordnen (ibid. z.B. S. 119 ff. 244 ff.). Vgl. dagegen die Ausführungen von J. HEINEMANN, Darkhe ha-aggada, S. 63 f., die zeigen, daß die beiden genannten Optionen zwar analytisch getrennt werden können, aber einander nicht ausschließen müssen; siehe auch die folgenden Ausführungen zum Verhältnis von Schöpfung und Tora.

63 J. HEINEMANN, Darkhe ha-aggada. S. 61 ff.

64 Vgl. tKil 5,10; s.a. Alfa Beta de Ben Sira §19, OsM S. 49a: "Er sagte zu ihm: Warum sind alle Gestalten, die auf der Erde sind, [auch] im Meer, außer der Gestalt des Fuchses {und des Wiesels}, die nicht im Meer sind?" Zur Entsprechung von Land- und Seewiesel: Aelian, De natura animalium §15,11; Text mit engl. Übersetzung: Aelian, On Animals III, Books XII-XVII, translated by A.F. SCHOLFIELD (The Loeb Classical Library), London 1958, S. 226 f.

65 Vgl. BerRbti zu Gen 1,6 (S. 32); hierzu: J. HEINEMANN, Darkhe ha-aggada, S. 161; s. auch S. 90, Anm. 59 dieser Arbeit.

bewerten, daß diese Oppositionspaare den unterschiedlichsten Bereichen und Traditionen entstammen[66]. Mit anderen himmlischen Elementen wird auch das Motiv des himmlischen Tempels und Kultes in den Rahmen eines großangelegten Ordnungsgefüges gestellt: Himmel und Erde sind so keine konträren, sondern komplementäre Größen; sie bilden kein hierarchisch strukturiertes Gebilde, sondern ergänzen einander in kosmischer Harmonie.

In diesem Kontext sind die Schriftbeweise, die die zentralen Aussagen und Bezüge, die dieser Text nennt, stützen und belegen, nicht als sekundäres Beiwerk zu betrachten, sondern in die Interpretation direkt miteinzubeziehen. Sie sind geradezu konstitutiv für die Aussage dieser Midraschim. So wie die Elemente sinnvoll aufeinander bezogen sind, so bildet auch die Schrift trotz ihrer Umfangs und ihrer Komplexität letztendlich ein geordnetes und strukturiertes Ganzes. Mehr noch: Tora und Welt sind direkt aufeinander bezogen. Wenn die Tora Gott als Bauplan bei der Erschaffung seiner Welt diente, so stellt diese geradezu einen Spiegel der Welt dar. G. WEWERS bezeichnet diese Verbindung von Tora und Schöpfung als einen Offenbarungsmaterialismus: Die "Tora (ist) als materiales Abbild der Welt und die Welt als materiales Abbild der Tora" zu betrachten. "Mithilfe der Tora und Kraft ihres Wesens wird die Welt in ihrer Struktur (und nicht nur als Phänomen) begreifbar, deutbar und machbar, weil der Spiegel der Welt (die Tora) begreifbar, deutbar und nutzbar ist".[67]

In dieser Ordnung und Harmonie des Kosmos und der Schrift und in ihrer Bezogenheit aufeinander aber offenbart sich die Größe, Weisheit und Schöpferherrlichkeit Gottes[68].

---

66 Da das Motiv des himmlischen Tempels erst sekundär mit dem Weltordnungsdenken verbunden wurde, können diese Motive nicht prinzipiell miteinander identifiziert werden; so aber die Prämisse in den Ausführungen von E. BISCHOFF, Babylonisch - Astrales im Weltbilde des Thalmud und Midrasch, und von H. BIETENHARD, Die himmlische Welt im Urchristentum und Spätjudentum. H. BIETENHARD identifiziert mit dem Motiv der Entsprechung zwischen Himmel und Erde (S. 13) sowohl das Motiv der lokalen Opposition von himmlischem und irdischem Tempel (S. 124), als auch das Urbild/Abbild-Denken (S. 129 f.) und die Vorstellung der Priorität des Irdischen (S. 138. 193). Aus der Identifikation des Weltordnungsdenkens mit anderen Konzepten folgt dann auch die traditionsgeschichtliche Verankerung des Motivs vom himmlischen Tempel und himmlischen Jerusalem im babylonischen Denken. Gemeinsam ist diesen beiden Kulturen in diesem Kontext zunächst nur das Weltordnungsdenken; das Motiv eines himmlischen Tempels bzw. einer himmlischen Stadt erscheint im babylonischen Denken nicht. So ist also lediglich die Herleitung des Ordnungsdenkens aus dem babylonischen Bereich möglich, wenn auch nicht notwendig. Die spezifische Adaption des Weltordnungsdenkens auf das Motiv vom himmlischen Heiligtum ist als genuin jüdische Leistung zu bezeichnen; hierzu vgl. auch S. 16 dieser Arbeit, Anm. 53.
67 G. WEWERS, Die Wissenschaft von der Natur im rabbinischen Judentum, in: Kairos 14 (1972), S. 1 - 21, hier: S. 10.
68 J. HEINEMANN, Darkhe ha-aggada, S. 162. Zur Verherrlichung Gottes in der Schöpfung vgl. auch H. BIETENHARD, Die himmlische Welt im Urchristentum und Spätjudentum, S.269.

VII. DIE PRIORITÄT DER IRDISCHEN WELT: RIVALITÄT ZWISCHEN ENGELN UND MENSCHEN

Texte und Interpretationen

Textgruppe 1

PesR 5 (22b)

{Eine andere Auslegung: "Und es war an dem Tag, an dem Mose die Wohnung fertig aufgerichtet hatte"} (Num 7,1). Es sprach R. Simeon: In der Stunde, in der der Heilige, gepriesen sei Er, zu Israel sagte, sie sollten ihm eine Wohnung machen, gab er ein Zeichen, daß wenn die Wohnung unten errichtet wird, auch die Wohnung oben (המשכן למעלה) errichtet wird, denn es heißt: "Es war an dem Tag, an dem Mose {usw.}." Wohnung aufrichten (להקים משכן) ist hier nicht geschrieben, sondern: *die* Wohnung aufrichten (את המשכן). Das ist die Wohnung oben (המשכן של מעלה).

Tan naso §18 (255b)

"Und es war an dem Tag, an dem Mose die Wohnung fertig aufgerichtet hatte" (Num 7,1). Es sprach R. Simeon: In der Stunde, in der der Heilige, gepriesen sei Er, zu Israel sagte, sie sollten ihm eine Wohnung machen, da gab er den Engeln ein Zeichen, auch sie sollten ihm oben eine Wohnung (המשכן למעלה) machen. Und an dem Tage, an dem unten [die Wohnung] errichtet wurde, da wurde auch [die Wohnung] errichtet, denn es heißt: "Und es war an dem Tag, an dem Mose die Wohnung fertig aufgerichtet hatte." Wenn man nicht את sagen müßte, wieso heißt es dann in der Schrift את ? Nur [um zu sagen]: Dies ist die Wohnung oben (המשכן של מעלה).

BamR 12,12 (49a)

... da gab er den Dienstengeln ein Zeichen ... Und es ist die Wohnung des Jünglings mit dem Namen Metatron (משכן הנער ששמו מטטרון), in der er die Seelen der Gerechten darbringt, um in den Tagen des Exils für Israel zu sühnen. Und deshalb heißt es: *die* Wohnung, denn eine andere Wohnung wurde mit ihr errichtet. Und es heißt auch: "Eine Stätte, dir zur Wohnung, die du, Herr, gemacht hast, das Heiligtum, Herr, das deine Hände bereitet haben" (Ex 15,17).

zum Opferdienst: Kap. VIII, Textgruppe 7, S. 158 ff.
zur Auslegung von Ex 15,17: Kap V, Textgruppe 4, S. 78 f.

Interpretation

Da der Tradent dieser Auslegung, R. Simeon, ohne Patronym erscheint und somit nicht zu identifizieren ist, kann über die zeitliche Einordnung dieses Midrasch keine Angabe gemacht werden. Methodisch liegt ein sogenannter "Ribbuy", eine "Vermehrung"[1] vor: Die nota accusativi את wird als Hinweis auf ein zusätzliches Element verstanden und auf die himmlische Wohnung hin gedeutet.

Zwar werden oberes und unteres Zelt gleichzeitig errichtet, tatsächlich aber ist der himmlische Tempel dem irdischen nachgeordnet, weil erst die Erbauung der Wohnung durch Mose dessen Errichtung veranlaßt.

Diese Auslegung ist einerseits als Absage an das Konzept der praemundanen Erschaffung des himmlischen Tempels[2] zu verstehen; andererseits widerspricht sie auch der Vorstellung, der himmlische Tempel habe der irdischen Stiftshütte bzw. dem irdischen Tempel als Modell gedient[3]. Durch die Negation dieser beiden Aspekte wird die Relevanz des irdischen Bereiches besonders deutlich akzentuiert.

Während *PesR 5 (22b)* keine Adressaten des göttlichen Befehls anführt, nennt *Tan naso §18* die Engel, *BamR 12,12* spezifiziert diese zudem als Dienstengel; die allgemeine Aussage über die Priorität der irdischen Welt wird also mit einer Polemik gegen die Engel verbunden, da diese beim Bau des Heiligtums Israel nachgeordnet erscheinen[4]. Auch zahlreiche andere Midraschim verbinden das Motiv der Rivalität zwischen Menschen und Engeln mit der Errichtung der Stiftshütte. Ein Beispiel, *Tan naso §12 (254b)*, ein impliziter Al-Tiqre-Midrasch zu Num 7,1, sei zitiert:

> "Eine andere Auslegung: 'Und es war (ויהי) an dem Tag, an dem Mose [die Wohnung] fertig aufgerichtet hatte' (Num 7,1). Dies meint: Wehe war (ווי היה) den Dienstengeln an dem Tag, an dem Mose [die Wohnung] fertig aufgerichtet hatte. Sie sprachen: Jetzt entfernt er seine Schechina von uns und läßt seine Herrlichkeit unten bei seinen Söhnen ruhen. Es sprach der Heilige, gepriesen sei Er, zu ihnen: Achtet nicht darauf, denn meine Schechina ist immer bei euch oben, denn es heißt: 'der du deinen Glanz über den Himmel ausbreitest' (Ps 8,2). Und mit leerem Trost tröstete er sie - wenn man so sagen kann - , denn im Gegenteil, die Hauptsache seiner Schechina ist unten, denn es heißt: 'Sein Glanz ist auf der Erde' (Ps 148,13) am Anfang, und [erst dann]: und der Schmuck über den Himmeln."[5]

In *BamR 12,12* wurde sowohl Ex 15,17 als auch das in *bHag 12b* erstmalig belegte Motiv vom himmlischen Opferdienst[6] mit dem Ausspruch des R. Simeon verbunden; der hier genannte Metatron ist mit dem in den anderen Texten erwähnten Hohenpriester Michael identisch[7].

---

1   H.L. STRACK/G. STEMBERGER, Einleitung in Talmud und Midrasch, S. 33.
2   Hierzu die Texte in Kap. III.3, S. 47 ff. 60 dieser Arbeit.
3   Hierzu die Texte in Kap. III.1, S. 27 ff. 57 f. dieser Arbeit.
4   Zur Polemik gegen die Engel: P. SCHÄFER, Rivalität zwischen Engeln und Menschen, S. 75 ff.
5   Der Schlußteil ist wieder eine Anspielung auf Ps 8,2. Sowohl dieser Vers als auch Ps 148,13 nennen die Reihenfolge Erde-Himmel, aus der die Priorität der Erde geschlossen wird; weitere Belege zur Rivalität zwischen Menschen und Engeln bei der Errichtung der Stiftshütte: P. SCHÄFER, Rivalität zwischen Engeln und Menschen, S. 159-164.
6   Vgl. S. 6 ff. dieser Arbeit.
7   Siehe die Ausführungen von G. SCHOLEM, Jewish Gnosticism, Merkabah Mysticism, and Talmudic Tradition, S. 43-55; vgl. Buch Serubbabel, BatM II, S. 498.502 f.; hierzu: H.P. RÜGER, Die alten Versionen zu Ex 24,10 und 11 und die rabbinische Targumkritik, in: S. MEURER

Textgruppe 2

Jelamdenu-Fragment §49
BHM VI, S. 87

"Der Priester, der größte von seinen Brüdern" (Lev 21,10) - Dieser ist größer als Michael, der große
Fürst, denn es heißt: "Zu jener Zeit erhebt sich Michael, der große Fürst, [der einsteht für die Söhne
deines Volkes]" (Dan 12,1). Denn Michael ist der Fürsprecher in Worten und der Hohepriester
verrichtet Taten, wenn er ins Allerheiligste eintritt und nicht [eher weicht] , bis ich die Sünden
Israels verzeihe.

Interpretation

Dieser anonym überlieferte und somit nicht datierbare Text *Jelamdenu-Fragment* polemisiert
gegen das Konzept der Entsprechung zwischen Engeln und Priestern[8] mit der Feststellung, der
Hohepriester sei durch sein Handeln Michael überlegen. Der Grund hierfür ist in der spezifischen
Funktion beider zu suchen: Während der Hohepriester beim Opferritual am Versöhnungstag eine
Handlung im eigentlichen Sinne des Wortes vollzieht, besteht die Funktion Michaels lediglich in
einer verbalen Aktion, nämlich in seiner Rolle als Schutzengel und Fürsprecher Israels[9]. Diese
Auslegung ist auf dem Hintergrund des weitverbreiteten Motivs der Rivalität zwischen Menschen
und Engeln zu sehen; die qualitative Überlegenheit des Priesters vor den Engeln thematisiert z.B.
auch MHG Shem S. 629 f., wo es heißt:

"Komm und sieh, wie groß die Heiligkeit des Hohepriesters ist, denn weder einem Engel
noch einem Seraph ist es möglich, das Angesicht der Schechina zu sehen, und der
Hohepriester geht hinein mit den acht Gewändern und dem Mantel; seine Stimme ertönt, und
die Dienstengel erzittern vor seinem Angesicht. Und er geht in Frieden hinein und kommt in
Frieden heraus ... Große Ehre erwies der Heilige, gepriesen sei Er, Aaron, weil er ihn Engel
nannte, denn es heißt: 'Denn ein Engel des Herrn ist er' (Mal 2,7)."[10]

(Hrsg.), Mittelpunkt Bibel, ULRICH FICK zum 60. Geburtstag (Die Bibel in der Welt 20), Stuttgart
1983, S. 39–48, hier: S. 43. - L. GINZBERG, The Legends of the Jews, Bd. V, S. 170. Vgl. ferner die
Identität von Henoch und Metatron; hierzu: L. GINZBERG, Legends of the Jews, Bd. V, S. 162 ff.
    8   Hierzu *yYom 7, 2 (44b) par.* (S. 62 dieser Arbeit); *ShemR 33,4 (61c/d)* (S. 111 ff. dieser Arbeit).
    9   Z.B. ShemR 18,5 (35a); PesR 44 (185a). Zu Michael als Fürsprecher: S. 12 dieser Arbeit,
Anm. 28.
    10 Weitere Texte zum Verhältnis von Hohepriester und Engeln, die sich aber nicht direkt auf
das Verhältnis von himmlischem und irdischem Gottesdienst beziehen: P. SCHÄFER, Rivalität
zwischen Engeln und Menschen, S. 200 ff.

Textgruppe 3

TanB bᵉshallaḥ §13 (30b/31a)

Fortsetzung des Texts in Kap. VIII, Textgruppe 5, S. 154

Als Israel aus dem Meer kam, da wollten Israel und die Dienstengel ein Loblied sprechen. R. Abin ha-Levi sprach: Womit ist dies zu vergleichen? Einem König, der in den Krieg zog und siegte. Und es kamen sein Sohn und sein Knecht mit einer Krone in der Hand, um sie auf das Haupt des Königs zu setzen. Sie kamen zum König und sagten zu ihm: Dein Sohn und dein Knecht stehen da mit einer Krone in der Hand. Wer soll zuerst eintreten? Er sagte zu ihnen: Toren, die da auf der Welt sind! Mein Knecht soll meinem Sohn vorangehen? Mein Sohn trete zuerst ein! So [war es auch], als Israel vom Meer heraufkam. Da kamen Israel und die Dienstengel, um das Loblied zu sprechen. Der Heilige, gepriesen sei Er, sprach zu den Dienstengeln: Erlaubt es Israel zuerst! "Dann singe Mose {und die Kinder Israel}" (Ex 15,1). Es traf sich aber, daß [dort auch] die Frauen und die Dienstengel standen. Wer darf zuerst preisen? R. Chija bar Abba sagte: Groß ist der Friede, er schafft Frieden unter ihnen, denn es heißt: "Die Sänger gingen voran, danach die Spieler, in der Mitte die Jungfrauen, die pauken" (Ps 68,26). "Die Sänger gingen voran" - das ist Israel; "{danach} die Spieler" - das sind die Engel; "in der Mitte die Jungfrauen, die pauken" - {das sind die Frauen}. Es sprach R. Levi: Beim Himmel, diese Auslegung werde ich nicht annehmen. Denn die Frauen priesen zuerst. Nämlich: "danach die Spieler" - das ist Israel; "in der Mitte die Jungfrauen, die pauken" - das sind die Frauen. Da begannen die Dienstengel zornig zu werden vor dem Heiligen, gepriesen sei Er. Sie sprachen: Ist es nicht genug, daß uns die Männer vorangehen? Auch die Frauen [gehen uns noch voran]? Der Heilige, gepriesen sei Er, sagte zu ihnen: Bei eurem Leben, ja! ...

Zur Fortsetzung: Textgruppe 4.1, S. 132

Yalq bᵉshallaḥ §241 (74c): wörtlich, bis: Es sprach R. Levi: "in der Mitte die Jungfrauen, die pauken" - die Jungfrauen sind in der Mitte.

Yalq Ps §799 (464c/d). Zitat aus *Tan*, fast wörtlich: Es sprach Rabbi: Beim Himmel, diese Auslegung kann ich nicht annehmen, sondern: Die Frauen priesen zuerst. "Danach die Spieler" - das sind die Engel, die zuletzt preisen.

ShemR 23,7 (43b)

Und als Israel aus dem Meer kam, da traten die Engel vor, um mit dem Preislied vor dem Heiligen, gepriesen sei Er, zu beginnen. Da sprach der Heilige, gepriesen sei Er, zu ihnen: Meine Söhne werden beginnen[11], denn es ist geschrieben: "Dann singe Mose" (Ex 15,1). "Dann sang" – heißt es nicht, sondern "Dann singe". Denn der Heilige, gepriesen sei Er, sprach: Es singe Mose und die Söhne Israel am Anfang, und auch David sagt: "Die Sänger gehen voran" – das ist Israel, das am Meer stand, denn es ist geschrieben: "Dann singe Mose". "Danach die Spieler" – das sind die Engel. Und warum [ist das] so? Der Heilige, gepriesen sei Er, sprach zu den Engeln: Nicht, weil ich Euch herabsetzen möchte, sage ich, daß sie beginnen sollen, sondern weil sie aus Fleisch und Blut sind, sollen sie am Anfang sprechen, damit nicht einer von ihnen stirbt [bevor sie das Loblied gesprochen haben]. Ihr aber [könnt singen], wann immer ihr wollt, denn ihr lebt und besteht [ewig]. Ein Gleichnis von einem König, dessen Sohn gefangen wurde, und er ging und rettete ihn. Und es kamen die Söhne des Palasts und baten, den König zu preisen, und sein Sohn bat [ebenfalls], ihn zu preisen. Sie sprachen zu ihm: Unser Herr, wer darf dich am Anfang preisen? Er sprach zu ihnen: Mein Sohn. Danach preise mich, wer mich preisen will. So [war es], als Israel aus Ägypten auszog und der Heilige, gepriesen sei Er, für sie das Meer spaltete, und die Engel baten, das Loblied sprechen zu dürfen. Da sprach der Heilige, gepriesen sei Er, zu ihnen: "Dann singe Mose und die Söhne Israel" am Anfang und danach ihr. Denn: "Die Sänger gingen voraus" – das ist Israel, "danach die Spieler" – das sind die Engel, "in der Mitte die Jungfrauen, die pauken" – das sind die Frauen, die in der Mitte loben, denn es ist geschrieben: "Da nahm die Prophetin Mirjam, [Aarons Schwester, die Handpauke und alle Frauen zogen hinter ihr her mit Handpauken und im Reigen]" (Ex 15,20).

zum Kontext: Kap. VIII, Textgruppe 5, S. 155

MTeh 106 §2 (227b)

Als Israel aus Ägypten auszog und der Heilige, gepriesen sei Er, für sie Wunder tat und für sie das Meer spaltete und sie trocken hindurchführte, kamen die Dienstengel, um den Heiligen, gepriesen sei Er, zu preisen. Und der Heilige, gepriesen sei Er, erlaubte es ihnen nicht, denn es heißt: "Und einer näherte sich nicht dem anderen die ganze Nacht" (Ex 14,20). Und 'einer' [meint] nichts anderes als den Lobpreis, wie es heißt: "Und einer rief dem anderen zu und sprach: Heilig, heilig, heilig ist der Herr der Heerscharen" (Jes 6,3). Es sprach der Heilige, gepriesen sei Er: Mose und Israel sollen mich preisen, denn es heißt "Dann singe Mose". Es heißt nicht: "dann sang", sondern "dann singe", wie ein Mensch, der zu seinem Freunde sagt: N.N. singe am Anfang.

YalqM Teh 106 §5 (80b)

---

11 Wörtlich: am Anfang vorangehen.

Interpretation

Diese Texte von der Priorität Israels beim Lobgesang beziehen sich auf den Zeitpunkt unmittelbar nach dem Zug Israels durchs Schilfmeer. Durch ein Wunder hat Gott sein Volk gerettet, sowohl Israel als auch die Dienstengel wollen Gott nun dafür preisen; der Lobpreis hängt also ganz offensichtlich direkt mit der Situation zusammen. *TanB b^eshallaḥ §13* verdeutlicht die Überlegenheit Israels mit einem Gleichnis, das im Namen von R. Abin ha-Levi tradiert wird. Den Schriftbeweis bildet zunächst Ex 15,1; anschließend folgt eine allegorische Auslegung von Ps 68,26, überliefert im Namen von R. Chija ben Abba, in der die einzelnen Elemente Sänger, Spieler und paukenschlagende Jungfrauen allegorisch auf die Israeliten, die Engel und die Frauen bezogen werden. Durch R. Levis Zufügung wird die polemische Tendenz dieses Midrasch noch verstärkt: auch den Frauen gebührt es, das Loblied vor den Engeln anzustimmen. Der Text hier ist korrupt[12], aus *Yalq b^eshallaḥ §241* und *ShemR 23,7* wird aber deutlich, daß R. Levi בתוך - 'zwischen' nicht räumlich, sondern zeitlich versteht: zwischen dem Gesang der Israeliten und dem Gesang der Engel stimmen die Frauen ihren Lobpreis an.

ShemR 23,7 ist vermutlich sekundär, die Auslegung zu Ex 15,1 ist ausführlicher und Ps 68,26 wird zweimal zitiert, außerdem wird eine Erklärung für den Vorzug Israels beim Gesang eingeschoben, der die polemische Tendenz gegen die Engel abschwächt und diese sogar als eigentliche "Sieger" erklärt. Weil die Engel nämlich unsterblich sind, besteht für sie gar kein Grund, beim Preisgesang erster zu sein; die Israeliten aber könnten sterben, ohne vorher Gott für sein Wunder gepriesen zu haben. Die Priorität beim Lobgesang ist also lediglich Folge der Unvollkommenheit. Das Gleichnis, das wie der ganze zweite Teil anonym überliefert ist, hat in der Bildhälfte anstelle der Diener Palastbewohner und mindert also auch in diesem Punkt die polemische Tendenz gegen die Engel. Ein weiteres Indiz für diese Intention ist im Fehlen der Aussage des R. Levi über die Priorität der Frauen vor den Engeln zu finden.

MTeh 106 §2 belegt das Gesangsverbot der Engel mit einer Gezera Schawa: Aus dem Bezug des Demonstrativpronomens זה auf die Engel in Ex 14,20, der auf Jes 6,3 basiert, folgt, daß die Dienstengel nicht zum gemeinsamen Lobpreis zusammenkommen.

Da diese Auslegung aber in der Tradition ursprünglich auf jene Zeitspanne bezogen wird, in der Israel gerade das Schilfmeer durchquert und sich in größter Not befindet[13], ist dieser Text als sekundäre Weiterbildung von *ShemR 23,7* und *TanB b^eshallaḥ §13* zu klassifizieren.

---

12 S. BUBER, TanB S. 31a, Anm. 65.
13 Vgl. die Texte zu Beginn von *TanB b^eshallaḥ §13* und *ShemR 23,7*, *bMeg 10b* und *bSan 39b* (Kap. VIII, Textgruppe 5), S. 154 ff. dieser Arbeit; vgl. *EkhaR Petichta 24* (ed. S. BUBER, S. 12b) (Kap. VIII, Textgruppe 6), S. 157 ff.

Textgruppe 4.1

BerR 65,21 (150b/c)

R. Ruben [sagte]: Es ist geschrieben: "Bei ihrem Stehen (בעמדם) senken sie ihre Flügel" (Ez 1,24). "Bei ihrem Stehen" - Gibt es denn etwa ein Sitzen oben? Nein! So sprach R. Samuel ben Sitir: Es gibt kein Sitzen oben, [denn es heißt:] "Ihre Beine waren gerade" (Ez 1,7) - sie haben keine Gelenke[14]. "Ich näherte mich einem der Stehenden" (Dan 7,16) - [also] standen sie. "Seraphen stehen über ihm" (Jes 6,2). "{Und ich sah den Herrn sitzen auf seinem Thron} und das ganze Heer des Himmels steht zu seiner Rechten und seiner Linken" (I Reg 22,19). Und du sagst: "Bei ihrem Stehen?" Und was [heißt:] בעמדם ? [Lies:] בא עם דם - kommt das Volk, ist er stumm.

In der Stunde, in der Israel sagt: "Höre, Israel", schweigen die Engel und danach: "senken sie ihre Flügel". Und was sagen sie? "Gepriesen sei die Herrlichkeit des Herrn von ihrem Orte her" (Ez 3,12) und "Gepriesen sei der Name der Herrlichkeit seiner Königsherrschaft in alle Ewigkeit".

R. Levi sagte: Es ist geschrieben: "Als die Morgensterne zusammen jubelten [und es jauchzten alle Gottessöhne]" (Hi 38,7). "Als die Morgensterne zusammen jubelten" - Was [bedeutet das]? Daß der Same Jakobs, der mit den Sternen verglichen wird, jubelt, denn darüber ist geschrieben: "Die, die viele zur Gerechtigkeit führen wie Sterne in alle Ewigkeit" (Dan 12,3). Danach [heißt es]: "und es jauchzten alle Gottessöhne" - dies sind die Dienstengel. Was sagen sie? "Gepriesen sei die Herrlichkeit des Herrn von ihrem Orte her" (Ez 3,12). R. Samuel bar Nachman sagte: Es ist geschrieben: "Und ich hörte hinter mir (אחרי) den Klang von großem Getöse" (Ez 3,12) {Was [bedeutet] אחרי ?} Nachdem (לאחר) ich gepriesen hatte und meine Gefährten, hörte ich den Klang eines großen Getöses. Und was sagen sie? "Gepriesen sei die Herrlichkeit des Herrn von ihrem Orte her" (Ez 3,12).

Vgl. die Lesart des Textes in der Ausgabe von CH. ALBECK/J. THEODOR, Bd. II, S. 738 f.
R. Pinhas im Namen des R. Abin: ... Ez 1,24 ...
R. Chanina bar Adernai im Namen des R. Samuel ben Sitir: Es gibt kein Sitzen oben ...
R. Pinhas im Namen des R. Levi und die Rabbanan im Namen des R. Simon: ... Hi 38,7
R. Berechja im Namen des R. Samuel: ... Ez 3,12

Yalq tol^edot §115 (35b): anonym

Yalq Ez §340 (417d): fast wörtlich wie der Text in der Ausgabe TH. ALBECK/J. THEODOR, Bd. II, S. 738 f.; bis: "und es jauchzten alle Gottessöhne"; als Zitat aus BerR gekennzeichnet.
Yalq Hi §923 (510b): Anfang der Auslegung zu Hi 38,7; Verweis auf §308 und §341; anonym.

---

14   Im Text קפיצין; nach S. BUBER, MTeh 1 §2 (S. 1a), Anm. 12 im Sinne von פרקים zu lesen.

Seder Rabba di-Breshit §47
BatM I, S. 45

Es sprach R. Ismael: Um wieviel geliebter ist Israel vor dem Heiligen, gepriesen sei Er, als die Dienstengel. Denn die Dienstengel bitten, das Lied am Anfang zu sprechen, und sie machen wie die Berge des Feuers und wie die Hügel der Lohe, und der Heilige, gepriesen sei Er, sagt zu ihnen: Seid [solange] stumm, bis ich am Anfang den Dienst und den Lobpreis, die Gebete und die angenehmen Gesänge Israels gehört habe, denn es ist geschrieben: "Als die Morgensterne zusammen jubelten" (Hi 38,7) - das ist Israel, "und es jauchzten alle Gottessöhne" (Hi 38,7) - das sind die Dienstengel.

Und wenn alle Dienstengel und alle Engel des Firmaments den Klang des Dienstes und der Lobgesänge, die Israel unten spricht, hören, dann beginnen sie mit lauter Stimme und sagen: "Heilig, heilig, heilig ist der Herr der Heerscharen" (Jes 6,3).

TanB b^{e}shallaḥ §13 (30b/31a)

Fortsetzung des Textes in Textgruppe 3, S. 128

Es sprach R. Chelbo im Namen des R. Samuel bar Nachman: Siehe, was geschrieben steht: "Und es erhob mich der Geist, und ich hörte hinter mir den Klang von großem Getöse" (Ez 3,12). Was [heißt] אַחֲרֵי ? Nachdem (אַחֲרֵי) ich gepriesen hatte und meine Gefährten, danach gingen die Dienstengel und sprachen: "Gepriesen sei die Herrlichkeit des Herrn von ihrem Orte her" (Ez 3,12). Es sprach R. Pinhas ha-Kohen bar Chama: Was ist geschrieben? "Bei ihrem Stehen senken sie ihre Flügel". Was [heißt]: ["bei ihrem Stehen"]? ... Abschnitt über das Sitzen im Himmel ... Nämlich: Wenn Israel steht und preist den Heiligen, gepriesen sei Er, in dieser Stunde senken sie ihre Flügel.

Yalq b^{e}shallaḥ §241 (74c): anonym

Tan q^{e}doshim §6 (221a)

"Heilig sollt ihr sein" (Lev 19,1). Es sagte R. Pinhas ha-Kohen bar Chama: Es sprach R. Ruben: Was [bedeutet] die Schriftstelle: "Und ich hörte hinter mir den Klang von großem Getöse (Ez 3,12)?" Was [meint]: "hinter mir" (אַחֲרֵי)? Es sprach Hesekiel: Nachdem ich ihn gepriesen hatte und meine Gefährten, hörte ich, daß die Dienstengel ihn danach priesen und sagten: "Gepriesen sei die Herrlichkeit des Herrn von ihrem Orte her" (Ez 3,12). Wisse, daß in der Stunde, in der Mose in die Höhe stieg, er die Stimme der Dienstengel preisen hörte: So stieg er herab und lehrte Israel, daß sie flüsternd sagen sollen: "Gepriesen sei der Name der Herrlichkeit seiner Königsherrschaft in alle Ewigkeit".

Es sprach R. Samuel bar Rabbi Nachman: Siehe, was dort geschrieben steht: "Bei ihrem Stehen (בעמדם) senken sie ihre Flügel" (Ez 1,24).

[Wenn] man hört "bei ihrem Stehen", denkt [man], daß es oben ein Sitzen gibt. Aber es stehen alle, denn es heißt: "Seraphen stehen über ihm" (Jes 6,2). Und es heißt auch: "Und ich ging zu einem von denen, die standen" (Dan 7,16) und: "Und ich sah den Herrn sitzen auf seinem Thron und das ganze Heer des Himmels um ihn stehen zur Rechten und zur Linken" (I Reg 22,19). Was bedeutet dann: "Bei ihrem Stehen senken sie ihre Flügel?" Wenn Israel preist, dann senken die Dienstengel ihre Flügel und stehen davon ab, das Lied zu sprechen (עוֹמְדִים מְלוֹמַר שִׁירָה), denn mit ihren Flügeln sprechen sie das Lied. Und es heißt auch: "Als die Morgensterne zusammen jubelten und es jauchzten alle Gottessöhne" (Hi 38,7).

TanB q^edoshim §6 (37b/38a): Auslegung von Ez 3,12 und zu Hi 38,7; es fehlt das Motiv vom Aufstieg des Mose und die Auslegung von Ez 1,24.

Yalq Ez §341 (418b): wie *TanB*; als Zitat gekennzeichnet

DevR Liebermann, S. 68 f.

Geliebt ist das Sprechen[15] des "Höre Israel", das Israel gegeben wurde, denn sie preisen zuerst und danach [erst] die Dienstengel. Denn sie sagen: "Der Herr, unser Gott, ist ein Herr" (Dtn 6,4). Und danach sprechen die Dienstengel: "Gepriesen sei der Name der Herrlichkeit seiner Königsherrschaft in alle Ewigkeit". Und es heißt auch: "Bei ihrem Stehen senken sie ihre Flügel" ... (Abschnitt über das Sitzen im Himmel) ... Und was heißt: "Bei ihrem Stehen (בְּעָמְדָם)"? Wenn Israel das "Höre, Israel" spricht, dann verstummen sie (דּוֹמְמִי) [die Engel] und sprechen flüsternd: "Gepriesen sei der Name der Herrlichkeit seiner Königsherrschaft in alle Ewigkeit" (Ez 3,12). In dieser Stunde preisen sie, und auch Hesekiel sagt: "Und ich hörte hinter mir" (Ez 3,12). Nachdem (מֵאַחַר) ich gepriesen hatte, priesen die Dienstengel: "Gepriesen sei der Name der Herrlichkeit seiner Königsherrschaft [in alle Ewigkeit]!"

Und warum spricht Israel dies flüsternd? Denn als Mose in die Höhe stieg, da stahl er es von den Engeln und lehrte es Israel. Es sprach R. Samuel bar Nachman: Womit ist dies zu vergleichen? ... es folgt das Gleichnis vom Diebstahl der Kleider; etwas ausführlicher als in *DevR 2,36* ... So sprach auch Mose zu Israel: Alle Gebote, die ich euch gab, sind von dem, was ich aus der Tora empfangen habe, aber dieser Lobspruch[16] ist von dem, was ich von den Dienstengeln gehört habe, denn damit preisen sie den Heiligen, gepriesen sei Er, und ich habe ihn von ihnen genommen. Deshalb sprecht ihn flüsternd: "Gepriesen sei der Name der Herrlichkeit seiner Königsherrschaft in alle Ewigkeit".

Und warum sprechen sie ihn am Versöhnungstag laut?[17] Denn da sind sie wie Engel, weiß gekleidet, sie essen nicht und sie trinken nicht und es ist unter ihnen keine Schuld und keine Sünde, denn der Heilige, gepriesen sei Er, vergibt ihnen alle Sünden.

---

15 Wörtlich: Lesen.
16 Wörtlich: Name.
17 Wörtlich: in Öffentlichkeit.

Und Israel ist geliebter als die Dienstengel, denn die Dienstengel nennen den Namen nicht, bevor [sie] drei Wörter [gesprochen haben], denn es heißt: "Und einer rief dem anderen zu und sprach" (Jes 6,3). Und Israel nennt den Namen nach zwei Wörtern, denn es heißt "Höre, Israel, der Herr" (Dtn 6,4).

s.a. *DevR 2,36 (104d)*, Kap. III.2, Textgruppe 1, S. 44

Textgruppe 4.2

SifDev ha'azinu §306 (S. 343)

Und woher [ist bekannt], daß die Dienstengel den Namen des Heiligen, gepriesen sei Er, oben nicht nennen, bevor die Israeliten ihn unten nennen? Denn es heißt: "Höre, Israel, der Herr, unser Gott, ist ein Herr" (Dtn 6,4) und [die Schrift] sagt: "Als die Morgensterne zusammen jubelten" (Hi 38,7) und danach: "und es jauchzten alle Gottessöhne" (ibid.). "Die Morgensterne" - das ist Israel, die mit den Morgensternen verglichen werden, denn es heißt: "Und ich will mehren deinen Samen wie die Sterne des Himmels" (Gen 22,17). "Und es jauchzten alle Gottessöhne" - das sind die Dienstengel, und es heißt: "Die Söhne Gottes kamen und stellten sich vor den Herrn" (Hi 1,6).

MTann zu Dtn 32,3 (S. 186): etwas kürzer

SEZ 25 (S. 47)

R. Elieser b. R. Jose ha-Gelili sagt: "Gepriesen sei sein großer Name, denn er liebt Israel {mehr als die} Dienst{engel}. Und die Dienstengel sagen vor ihm das Lied oben nicht, bevor Israel es unten sagt, denn es heißt: "Als die Morgensterne zusammen sangen" und danach: "und es jauchzten alle Gottessöhne" (Hi 38,7).

Textgruppe 4.3

bHul 91b

Israel ist vor dem Heiligen, gepriesen sei Er, geliebter als die Dienstengel. Denn Israel singt zu jeder Stunde, die Dienstengel aber singen nur einmal am Tag. Manche sagen: ein Mal in der Woche; manche sagen: ein Mal im Monat; manche sagen: ein Mal im Jahr; manche sagen: ein Mal in sieben Jahren; manche sagen: ein Mal in fünfzig Jahren; manche sagen: überhaupt nur ein Mal.

Und Israel nennt den Namen nach zwei Wörtern, denn es heißt: "Höre, Israel, der Herr usw."
(Dtn 6,4), und die Dienstengel nennen den Namen nicht, bevor sie drei Wörter gesprochen haben,
denn es ist geschrieben: "Heilig, heilig, heilig ist der Herr der Heerscharen" (Jes 6,3).

Und die Dienstengel sprechen das Lied oben nicht, bevor Israel unten das Lied spricht, denn es
heißt: "Als die Morgensterne zusammen jubelten und es jauchzten alle Gottessöhne" (Hi 38,7).

Yalq wa'ethannan §836 (291b): als Zitat aus bHul gekennzeichnet

Yalq Jes §404 (389b/c): eingeleitet mit מיתיבי.

MHG Ber S. 572 f. im zweiten Teil ohne Schriftbeweise

Pesiqta Ḥadeta, BHM VI, S. 37: andere Reihenfolge

Interpretation

Diese Texte thematisieren das Verhältnis von himmlischem und irdischem Gottesdienst unter dem
Aspekt der Rivalität von Menschen und Engeln: Israel ist geliebter als die himmlischen Wesen und
hat somit das Recht, Gott vor den Engeln zu loben.

a) Die Auslegung von Ez 1,24

Diese Auslegung ist in *BerR 65,21, Tan qᵉdoshim §6, TanB bᵉshallaḥ §13* und *DevR Liebermann
S. 68 f.* belegt. Für den himmlischen Hofstaat gilt - analog zu den irdischen Bräuchen -, daß die
einzelnen Mitglieder stehen und das Sitzen lediglich dem Herrscher gestattet ist[18]. Da dies bereits
aus Ez 1,7, Dan 7,16 und Jes 6,2 hervorgeht, drückt die Formulierung בעמדם auf das Stehen der
himmlischen Wesen bezogen eine Selbstverständlichkeit aus, die eigentlich keiner Erwähnung
mehr bedarf; der Ausdruck verlangt somit eine Neuinterpretation.

BerR 65,21 interpretiert בעמדם als Notarikon, indem der Ausdruck in einzelne Wörter
aufgespalten wird: בא עם דם - 'Kommt das Volk, ist er stumm'. Wenn Israel kommt, um Gott
zu loben, verstummen die Engel. Um die sich anschließende Aussage תרפינה im Sinne eines
zeitlich nachgeordneten Preisgesangs zu interpretieren, muß diese Form in iterativem Sinne
verstanden werden: Das Flattern der Flügel aber wird traditionell mit dem himmlischen
Preisgesang identifiziert[19].

In diesem Sinne versteht auch die Textversion in *DevR Liebermann S. 68 f.* die Formulierung
בעמדם, es fehlt jedoch hier der explizite Verweis auf das Notarikon. *TanB bᵉshallaḥ §13* nimmt
einen Subjektswechsel vor: בעמדם wird auf Israel bezogen, das Senken der Flügel wird als

---

18 Zum Motiv des Sitzens im Himmel: bHag 15a; yBer 1,1 (2c); MTeh 1 §2 (1a); RutR 1, Anfang;
vgl. H. BIETENHARD, Die himmlische Welt im Urchristentum und Spätjudentum, S. 71. Nach
bHag 15a erhielt lediglich Metatron einmal die Erlaubnis zu sitzen, da er die Verdienste Israels
niederschreiben sollte. Weil dies aber zur Annahme führte, es gäbe zwei Kräfte im Himmel,
mußte er bald wieder stehen.

19 S. 153 f. dieser Arbeit.

einmaliger Akt verstanden, der – auf der Basis des Motivs vom Flattern als Preisgesang – das Verstummen des englischen Lobgesangs meint. In diesem Sinne muß auch *Tan qᵉdoshim* §6 verstanden werden, wenn die Priorität des irdischen Lobgesangs bewiesen werden soll; der Bezug von בעמדם auf die Engel und die Ergänzung מלומר שירה, die durch die Formulierung עומדים מלומר שירה nahe liegt, hätten als Gesamtaussage lediglich das Verstummen der Engel, nicht aber die Priorität Israels.

Vermutlich bildet *BerR 65,21* den frühesten Beleg dieses Midrasch[20]; da die Tradentenangaben aber in den einzelnen Versionen variieren, ist eine exakte Datierung des Textes nicht möglich.

b) *Die Auslegung von Ez 3,12*

Diese Auslegung in *BerR 65,21*, *TanB bᵉshallaḥ §13* und *Tan qᵉdoshim §6* ist ein Al-Tiqre-Midrasch. אחרי wird nicht im Sinne der mit dem Suffix der 1. Pers. Sing. verbundenen lokalen Präposition אחר verstanden, sondern temporal als אחרי bzw. לאחר – 'nachdem' interpretiert: Wieder preisen die Engel Gott erst nach dem Lobgesang der Menschen.

Auf Grund der divergierenden Tradentenangaben in den einzelnen Versionen ist auch in diesem Falle eine Datierung nicht durchführbar.

c) *Die Auslegung von Hi 38,7*

Diese Auslegung in *BerR 65,21*, *bHul 9 1b*, *Tan qᵉdoshim §6* und *SifDev §306* ist eine Allegorese. Der erste Teil des Verses wird auf die Israeliten gedeutet, der zweite Halbvers auf die Dienstengel; aus der formalen Reihenfolge kann auf die temporale geschlossen werden: Israel darf vor den Engeln Gott preisen.

SifDev §306 begründet diese Allegorese zusätzlich mit einer Gezera Schawa: Die "Sterne" in Gen 22,17 meinen die Israeliten und die "Söhne Gottes" in Hi 1,6 die Engel. *BerR 65,21* begründet mit dem Verweis auf Dan 12,2 lediglich die Verknüpfung von Sternen und Israeliten.

Die einzelnen Versionen unterscheiden sich auch inhaltlich: *SifDev §306*, der wohl älteste Beleg, spricht vom Namen Gottes, *BerR 65,21*, *bHul 9 1b* und *SEZ 25* vom Loblied, das Israel vor den Dienstengeln spricht. Dies meint einerseits das "Höre, Israel", wodurch *SifDev §306* mit der Aussage des Midrasch zu Ez 1,24 korrespondiert. Andererseits dürfte mit dem Loblied aber auch die Keduscha gemeint sein: *BerR 65,21* zitiert Ez 3,12 und die Version in *BatM I, S. 45* Jes 6,3, die ja beide zur Keduscha gehören[21]. Diese Midraschim implizieren somit eine dezidierte Absage an das Konzept der Kultusgemeinschaft, für das ja gerade das gemeinsame Sprechen der Keduscha einen bedeutenden Faktor darstellte.

---

20 P. SCHÄFER, Rivalität zwischen Engeln und Menschen, S. 172.
21 Zur Keduscha: S. 63. 67 f. dieser Arbeit.

d) *Die Auslegung von Dtn 6,4 und Jes 6,3*

bHul 9 1b und *SifDev §306 (S. 343)* entfalten die Überlegenheit Israels vor den Engeln schließlich auf der Basis von Dtn 6,4 und Jes 6,3: Das zu Israel gehörende Gebet, das "Höre, Israel", nennt den Gottesnamen bereits nach zwei Wörtern, die Keduscha als Bestandteil der Engels-Liturgie erwähnt ihn aber erst nach drei Wörtern. Die exegetische Struktur entspricht *SifDev ha'azinu §306 (S. 341)* bzw. *TFrag zu Dtn 32,3*[22], so daß man annehmen kann, daß das traditionelle Motiv vom Aussprechen des Gottesnamens aufgegriffen und tendenziös im Sinne der Priorität Israels umgedeutet wurde[23]. Auf eine solche Uminterpretation lassen auch *Tan q^edoshim §6* und *DevR Liebermann S. 68 f.* schließen, die zwischen die Auslegungen von Ez 3,12 und Jes 6,3 bzw. Ez 1,24 die Tradition von der Himmelsreise des Mose einschieben. Wenn der irdische Gesang auch nach himmlischen Vorbildern gestaltet wurde, so gilt Gottes Liebe doch den Menschen.

Schließlich betont auch die Baraita in *bHul 9 1b* die Überlegenheit des irdischen Gottesdienstes. Israel darf Gott zu jeder Stunde preisen, die Dienstengel aber höchstens einmal am Tag.

Der irdische Gottesdienst bildet also eine eigenständige Größe, für die das himmlische Geschehen keinerlei Relevanz mehr hat.

Textgruppe 5

MTeh 104 §1 (220a)

"Preise den Herrn, meine Seele, {Herr, mein Gott, du bist sehr groß, in Pracht und Herrlichkeit bist du gekleidet}" (Ps 104,1). Das ist, was die Schrift sagt: "Dein, Herr, ist die Größe und die Macht {usw.} und der sich zum Haupt über alles erhebt" (I Chr 29,11). {Es sprach R. Huna: Was heißt: "und der sich zum Haupt über alles erhebt"?} Du findest, daß alles den Heiligen, gepriesen sei Er, preist, denn es heißt: "Vom Aufgang der Sonne bis zu ihrem Niedergang sei gepriesen der Name des Herrn" (Ps 103,3). Und es gibt keinen größeren Lobpreis für den Heiligen, gepriesen sei Er, als den Lobpreis Israels. "Dieses Volk schuf ich für mich, sie sollen meinen Lobpreis erzählen" (Jes 43,21). Du sollst wissen, daß es sich so [verhält]: Oben ist geschrieben: "Preiset den Herrn, ihr seine Engel, ihr Helden der Stärke, die ihr sein Wort tut, zu hören die Stimme seines Wortes" (Ps 103,20). 'Zu hören seine Stimme und zu tun sein Wort' müßte es heißen[24], denn das, was man hört, das tut man. Warum ist es [dann] so geschrieben?[25] Denn: Die Schrift redet über Israel, als es am Sinai stand und es {das Tun dem Hören} zuvorkommen ließ, {wie es heißt: "Alles, was Gott sprach,} wollen wir tun und hören" (Ex 24,7). Nachdem Israel preist, preisen die Engel. Denn was ist danach geschrieben? "Preiset den Herrn, all seine Heerscharen" (Ps 103,21). Dies sind die Engel, {wie es heißt: "Der Herr wird das Heer der Höhe heimsuchen in der Höhe" (Jes 24,21).} Deshalb: "Der sich

---

22 Vgl. S. 46 dieser Arbeit.
23 P. SCHÄFER, Rivalität zwischen Engeln und Menschen, S. 169.
24 So nach Yalq; die Lesart des Midrasch ist verderbt.
25 So nach dem Midrasch.

über alles zum Haupt erhebt" - und es gibt kein Haupt außer Israel, wie es heißt: "Du erhebst das Haupt, die Kinder Israel" (Ex 30,12).

Yalq Ps §861 (475d/476a)

Interpretation

Da sowohl ein Tannait der fünften Generation, wie auch ein Amoräer der zweiten und der vierten Generation[26] namens R. Huna existiert, läßt die Tradentenangabe keine eindeutige Identifikation und somit keine Aussage bezüglich des Alters des Midrasch zu. Auf Grund des eher weitschweifigen Stils ist wohl ein amoräischer Ursprung der Auslegung anzunehmen.

Gegenstand des Midrasch ist sowohl die zeitliche als auch die qualitative Priorität des irdischen Lobgesangs. Nach Ps 103,3 preisen alle, d.h. Engel und Menschen, Gott; die Intention des Midrasch besteht aber darin, in der sich anschließenden Argumentation die Priorität Israels zu begründen. Der Bezug von Ps 103,20, der ja ausdrücklich die Engel anredet, auf Israel, läßt sich mit Hilfe einer Gezera Schawa[27] begründen: Da sich die Reihenfolge von "Tun" und "Hören" in Ex 24,7 auf die Israeliten bezieht, kann auch Ps 103,20, der ja dieselbe ungewöhnliche Anordnung der Begriffe Tun und Hören belegt, auf Israel hin gedeutet werden. Erst der auf Ps 103,20 folgende Vers ist dann auf die Engel zu beziehen. Der Ausdruck "Heerscharen" wird auf der Basis von Jes 24,21 mit Hilfe der Gezera Schawa konkretisiert: Da dieser Vers vom "Heer der Höhe" spricht, läßt er nur eine Deutung auf die Engel zu.

Der zeitlichen Priorität Israels beim Lobgesang korrespondiert ganz generell die Überlegenheit Israels vor den Engeln. Den exegetischen Beleg liefert I Chr 29,11: לכל - 'über alles' ist direkt auf ראש - 'Haupt' zu beziehen; auf Grund von Ex 30,12 ist die Verbindung dieses Begriffs mit Israel evident.

Textgruppe 6

HekhR 9,2-3
BHM III, S. 90
P. Schäfer, Synopse zur Hekhalot-Literatur § 163.164 (O1531)

Gesegnet seid ihr dem Himmel und der Erde, die ihr zur Merkaba hinabsteigt, wenn ihr vor meinen Söhnen[28] sagt und sprecht, was ich beim Morgengebet, beim Abendgebet und beim

---

26 H.L. STRACK/G. STEMBERGER, Einleitung in Talmud und Midrasch, S. 88. 93. 98.
27 Zur Gezera Schawa: S. 8 dieser Arbeit, Anm. 5.
28 So die Lesart des Seder Rav Amram, ed. N.N. QORONEL, Warschau 1865 (Nachdruck Jerusalem 1964/65), S. 4a; s.a. K.E. GRÖZINGER, Musik und Gesang in der Theologie der frühen jüdischen Literatur, S. 307; im Text steht: vor mir (לפני).

Nachtgebet[29] tue, an jedem Tag und in jeder Stunde, da Israel vor mir "Heilig" spricht. Und lehrt sie und sagt ihnen: Erhebt eure Augen zum Firmament gegenüber eurem Gebetshaus (כנגד בית תפילתכם) in der Stunde, da ihr vor mir "Heilig" sprecht. Denn ich habe keine Freude an dem ganzen ewigen Haus, das ich geschaffen habe, [außer][30] in der Stunde, in der eure Augen zu meinen erhoben sind, und meine Augen in eure Augen blicken[31], in der Stunde, in der ihr vor mir das "Heilig" sprecht. Denn der Hauch, der zu dieser Stunde aus eurem Munde hervorgeht, treibt dahin und steigt auf vor mich hin, wie der angenehme Duft von Opfern.

Und bezeugt ihnen für mich, was das Zeugnis ist, das ihr bei mir seht, [nämlich] was ich dem herrlichen Angesicht Jakobs, ihres Vaters, mache, welches mir eingegraben ist auf dem Thron meiner Herrlichkeit. Denn in der Stunde, in der ihr vor mir das "Heilig" sprecht, [da] beuge ich mich darüber, umarme es, küsse es, und umfange es mit Händen und Armen drei Mal, wenn ihr vor mir das "Heilig", sprecht, wie es heißt: "Heilig, heilig, heilig!" (Jes 6,3).

HekhR 10,5-11,2, BatM I, S. 85: mit kleinen Änderungen; am Anfang ist der Text verderbt und wird von WERTHEIMER nach der oben zitierten Form korrigiert.

ARA Lesart B
BHM III, S. 62

חל"ק: Das ist Jakob, der חל"ק genannt wird, denn durch ihn wurde der Name des Heiligen, gepriesen sei Er, geheiligt in Heiligkeit, denn es heißt: "Und sie heiligten den Heiligen Jakobs" (Jes 29,23), ['sie' - das meint:] durch seine Sprößlinge. Und er grub sich sein Bild in den Thron seiner Herrlichkeit ein. Und in der Stunde, in der seine Sprößlinge das dreimalige "Heilig" rufen, da läßt der Heilige, gepriesen sei Er, seinen Mund von oben herab und küßt ihn auf den Kopf, der auf dem Throne der Herrlichkeit eingegraben ist, denn es heißt: "Denn Jah hat sich Jakob erwählt" (Ps 135,4). Und woher [ist bekannt], daß Jakob חלק genannt wird? Denn es heißt: "[Und es sprach Jakob zu seiner Mutter Rebekka: Esau, mein Bruder ist behaart] und ich habe glatte (חָלָק) Haut" (Gen 27,11). "Denn der Teil (חֵלֶק) ist sein Volk, Jakob ist sein Erbbesitz" (Dtn 32,9).

ARA Lesart B, BatM II, S. 415: mit geringfügigen Änderungen

Interpretation

HekhR 9,2-3, ein Text aus der Hekhalot-Literatur, schildert den direkten Kontakt[32] zwischen Gott und Israel zur Zeit der Keduscha-Liturgie; als Reaktion auf den Lobpreis Israels umarmt Gott das

---

29 "Nachtgebet" - fehlt im Text von BatM; WERTHEIMER, BatM I, S. 85, Anm. 55, weist auf die inhaltliche Problematik der obigen Lesart hin: Beim Nachtgebet wird die Keduscha nicht gesprochen.
30 So die Lesart in BatM.
31 Wörtlich: erhoben sind.
32 P. SCHÄFER, Engel und Menschen in der Hekhalot-Literatur, S. 216.

auf seinem Thron eingegrabene Gesicht Jakobs[33].

Über das Verhältnis der irdischen Keduscha zur himmlischen reflektiert dieser Midrasch nicht; die Elimination dieses Motivs ist auf dem Hintergrund des Rivalitätsmotivs von Menschen und Engeln zu verstehen[34], das seine eigentliche Wurzel in der Liebe Gottes zu Israel hat. Dieses Element kommt ja auch in der obigen Metapher vom Gesicht auf dem göttlichen Thron zum Ausdruck[35].

Die Erwählung Israels zeigt sich hier in seiner Erhöhung zu Gott hin[36]; vor allen Engeln und vor allen Völkern ist es seinem Schöpfer am nächsten[37].

Der Vergleich vom Aufsteigen der Keduscha mit dem Aufsteigen des Opferdufts basiert auf dem Substitutionskonzept, mit dem man nach der Katastrophe des Jahres 70 den Verlust des Tempels zu bewältigen versuchte: Neben Taten der Nächstenliebe und der Beschäftigung mit der Tora ist das Gebet einer der wichtigsten Substitutionsfaktoren für den Tempeldienst[38].

Die Darbringung des dreimaligen Sanktus und Gottes Liebeserweise gegenüber dem auf seinem Thron eingegrabenen Angesicht Jakobs thematisiert auch die Version aus dem Alphabet des R. Akiba.

Der Kontext macht deutlich, daß das Stichwort חל״ק Resultat einer speziellen Buchstabenpermutation ist: Ausgangskombination ist die Folge אח״ס, also die Verknüpfung des 1., 8. und 15. Buchstaben des hebräischen Alphabets, dann folgt die Kombination des 2., 9. und 16. Buchstaben בט״ע[39]. Die Lesart חל״ק an Stelle von הל״ק, wie es nach dem oben genannten Strukturprinzip an 5. Stelle ja heißen müßte, erklärt sich aus der phonetischen Ähnlichkeit von ה und ח. Die Verbindung von חל״ק mit Jakob gründet sich exegetisch auf Gen 27,11 und Dtn 32,9, die beide diese Begriffe kombinieren.

---

33 Zum Motiv des auf dem göttlichen Thron eingegrabenen Gesicht Jakobs s.a. BerR 68,12 (135b); TFrag zu Gen 28,12. Vgl. J.Z. SMITH, The Prayer of Joseph, in: J. NEUSNER, Religions in Antiquity. Essays in Memory of ERWIN RAMSDELL GOODENOUGH (SHR 14), Leiden 1968, S. 253-294, hier: S. 284 f.; ferner: H. ODEBERG, The Forth Gospel Interpreted in its Relation to Contemporaneous Religious Currents in Palestine and the Hellenistic-Oriental World, Uppsala 1929, S. 35 f.

34 P. SCHÄFER, Engel und Menschen in der Hekhalot-Literatur, S. 216.

35 Vgl. dagegen K.E. GRÖZINGER, Musik und Gesang in der Theologie der früher jüdischen Literatur, S. 306, der von einer "sangesmystischen Vereinigung mit der Gottheit" spricht.

36 Vgl. das lediglich im Johanneskommentar des Origenes (II, 31) überlieferte 'Gebet des Josef': Jakob ist ein Engel Gottes, der zum Kampf mit dem Engel Uriel am Jabbok auf die Erde hinabsteigt; vgl. J.Z. SMITH, The Prayer of Joseph, S. 256 ff. - M. HENGEL, Der Sohn Gottes. Die Entstehung der Christologie und die jüdisch-hellenistische Religionsgeschichte, Tübingen ²1977, S. 76 f. Der Text dieser Schrift findet sich bei A.-M. DENIS, Fragmenta Pseudepigraphorum quae supersunt graeca, Leiden 1970, S. 61 f.; eine englische Übersetzung bei J.Z. SMITH, The Prayer of Joseph, S. 256.

37 Vermutlich impliziert dieser Text damit auch eine indirekte Abwehr einer Erhöhungschristologie. Vgl. in diesem Kontext zudem die Selbstbezeichnung Israels als "Sohn Gottes", die die Liebe Gottes zu Israel formuliert und mit der Entwicklung des christlichen Dogmas in den Kontext der jüdisch-christlichen Auseinandersetzung gestellt wird; hierzu: V. HUONDER, Israel Sohn Gottes. Zur Deutung eines alttestamentlichen Themas in der jüdischen Exegese des Mittelalters (OBO 6), Freiburg (Schweiz)/Göttingen 1975, S. 95. 185 f. 204 u.ö. Zum Spannungsfeld der jüdisch-christlichen Auseinandersetzungen und ihrem politisch-historischen Kontext vgl. die die Ausführungen S. 166 f. dieser Arbeit.

38 Vgl. hierzu S. 24 f. dieser Arbeit.

39 A. WÜNSCHE, Aus Israels Lehrhallen, Bd. IV: Kleine Midraschim zur jüdischen Ethik, Buchstaben- und Zahlensymbolik, Leipzig 1909, S. 192, Anm. 3. - M. GUTTMANN, Art.: Alphabet in der Agada, in: EJ II, Berlin 1928, Sp. 442-447, hier: Sp. 445. - B. KIRSCHNER/A. POSNER, Art.: Alphabet, hebräisches, in: Jüdisches Lexikon, Bd. I, Berlin 1927, Sp. 236-246, hier: Sp. 243. Allgemein: F. DORNSEIFF, Das Alphabet in Mystik und Magie, Leipzig/Berlin ²1925.

Gesamtinterpretation

Im Laufe des Traditionsprozesses[40] erfolgt eine Uminterpretation traditioneller, an der Priorität des himmlischen Bereiches bzw. der Entsprechung von oberer und unterer Welt orientierter Strukturen. Ein Hinweis auf eine solche Neukonzeption der Relation von himmlischen und irdischen Elementen findet sich bereits in *ShemR 33,4*[41] wo durch eine direkte Wertung zugunsten des Irdischen auf die Nähe zwischen Gott und Israel verwiesen wird. Das an der Harmonie der Elemente orientierte Entsprechungs- und Weltordnungsdenken, welches auch auf die Relation von himmlischem und irdischem Tempel bzw. Kultus bezogen wurde, wird zwar in aller Breite dargestellt, aber vom Aspekt der Liebe Gottes zu Israel her akzentuiert. Somit nennt dieser Text explizit den Grund für die Verschiebung der traditionellen Strukturen; Zeichen dieser Liebe ist die Einwohnung Gottes bei seinem Volk, die durch die Errichtung der Stiftshütte ihren sichtbaren Ausdruck findet.

Dieses Gottesbild, das die Beziehung Gottes zu Israel ins Zentrum der Betrachtungen stellt, wurde von A. HESCHEL mit dem Begriff des "pathetischen Gottes" beschrieben. Das Pathos Gottes bedeutet ganz prinzipiell das "Gerichtetsein Gottes auf Israel", das sich - immer auf der Grundlage der Liebe Gottes - in Relation zum Verhalten Israels in Erbarmen oder Zorn, Wohlwollen oder Grimm äußern kann[42].

Auch *Tan naso §11*[43] formuliert in diesem Kontext zwar zunächst die praemundane Erschaffung des himmlischen Heiligtums, dessen Glanz und Herrlichkeit die Schlichtheit der irdischen Stiftshütte gegenübergestellt wird. Gerade die qualitative Differenz aber beweist die Liebe Gottes zu Israel.

Da das Konzept einer praemundanen Erschaffung des himmlischen Heiligtums den Schluß auf die Superiorität der Himmelswelt und des himmlischen Hofstaats nur allzu naheliegt, ist es unter diesem Aspekt nur folgerichtig, wenn *PesR 5 (22b) par.* den Zeitpunkt der Errichtung des

---

40 Auf Grund der Datierungsproblematik der für dieses Kapitel relevanten Texte kann keine absolute, sondern lediglich eine relative Datierung erfolgen. Zur Datierungsproblematik allgemein: P. SCHÄFER, Studien zur Theologie und Geschichte des rabbinischen Judentums, S. 1 ff.

41 S. 111 f. und S. 120 dieser Arbeit.

42 A. HESCHEL, Die Prophetie, Krakau 1936, S. 162 f. 59 ff. 130 ff. - P. SCHÄFER, Rivalität zwischen Engeln und Menschen, S. 233. - E. URBACH, The Sages, Bd. I, S. 536. - P. NAVÉ-LEVINSON, Einführung in die rabbinische Theologie, Darmstadt 1982, S. 46 ff.; Texte: C.G. MONTEFIORE/H. LOEWE, A Rabbinic Anthology, Philadelphia 1960, S. 58-85; s.a. G.F. MOORE, Judaism in the First Centuries of the Christian Era. The Age of Tannaim, Bd. I, Cambridge 1927, S. 386 f. - A. MARMORSTEIN, The Old Rabbinic Doctrine of God, Bd. I, S. 196ff. - M. KADUSHIN, Aspects of the Rabbinic Concept of Israel. A Study in the Mekilta, in: HUCA 19 (1945-46), S. 57-96, hier: S. 71-80.

43 Bzw. *TanB naso §19*; vgl. S. 49 ff. dieser Arbeit.

himmlischen Heiligtums von der Errichtung der irdischen Stiftshütte abhängig macht[44].

Die Midraschim, die die Priorität des irdischen Priesterdiensts[45] und Lobgesangs[46] behaupten, stellen die Polemik gegen die Engel, die auch in den bereits genannten Texten impliziert ist, in den Vordergrund; sie richten sich gegen das Konzept, daß der irdische Kultus einem himmlischen Vorbild entspricht[47], und widersprechen der Vorstellung einer Engel und Menschen umfassenden Kultusgemeinschaft[48]. Die Verknüpfung mit dem Motiv der Liebe Gottes macht *bHul 9 1b* ganz deutlich: Weil Israel geliebter ist als die Engel, darf es Gott häufiger und früher loben als die Engel[49]. "Die Erwählung Israels und das besondere Verhältnis zwischen Gott als dem Gott Israels und Israel als dem Volk Gottes stehen so sehr im Mittelpunkt der theologischen Reflexion, daß alle anderen 'Glaubensinhalte' hinter dieser Vorstellung zurücktreten bzw. darunter subsumiert werden. (...) Das den Aussagen über die Engel zugrundeliegende Weltbild ist deutlich anthropozentrisch ausgerichtet: Der Mensch ist Höhepunkt und Ziel der Schöpfung; die Engel sind für die Vollendung der Schöpfung in der Geschichte Gottes mit Israel nicht von Bedeutung und rücken an den Rand des Interesses"[50].

---

44 Textgruppe 1, S. 125 f. dieser Arbeit. Eine entsprechende Tendenz steht wohl auch hinter der Neuinterpretation der Vorstellung von der praemundanen Erschaffung des himmlischen Heiligtums in *PRE 3* (*5b-6b*) und BerR 1,4 (7c), wo die praemundane Existenz im Sinne eines himmlischen Bauplanes verstanden wird, siehe S. 53 dieser Arbeit; vgl. auch *bMen 29a* und *TanB sheminí §11* (*14a/15b*), wo die תבנית - Vorstellung zwar auf einzelne Kultgeräte, aber nicht auf den himmlischen Tempel in seiner Gesamtheit bezogen wird; siehe S. 27 f. 36 ff. dieser Arbeit.
45 Textgruppe 2, S. 127 dieser Arbeit.
46 Textgruppe 3-6, S. 128 ff. dieser Arbeit.
47 Kap. III.2; S. 44 ff. dieser Arbeit.
48 Kap. IV, S. 62 ff. dieser Arbeit.
49 Vgl. auch MTann zu Dtn 13,14 (S. 71).
50 P. SCHÄFER, Rivalität zwischen Engeln und Menschen, S. 233.

VIII. DIE PRIORITÄT DER IRDISCHEN WELT:

GOTTES LEIDEN MIT DEM GESCHICK SEINES VOLKES

Texte und Interpretationen

Textgruppe 1.1

bTaan 5a

Und es sprach R. Nachman zu R. Isaak: Was bedeutet es, wenn geschrieben steht: "Heilig in deiner Mitte und ich werde nicht in die Stadt[1] kommen" (Hos 11,9). [Heißt dies:] Weil [ich] in deiner Mitte heilig [bin], deshalb werde ich nicht in die Stadt kommen? Er sagte zu ihm: So sprach R. Johanan: Es sagte der Heilige, gepriesen sei Er: Ich werde nicht eher in das Jerusalem oben (ירושלים של מעלה) kommen, bis ich in das Jerusalem unten kommen kann. Gibt es denn ein Jerusalem oben[2]? Ja, denn es heißt: "Jerusalem, das erbaut ist als eine Stadt, die zusammengefügt ist" (Ps 122,3)[3].

Yalq Hos §528 (426b): Hos 11,9. Es sprach R. Johanan ...
Yalq Ps §879 (481d): Ps 122,3. Es sprach R. Johanan ...als Zitat aus *bTaan* gekennzeichnet
YalqM Teh 122 §5 (118a)

Kommentar des David Kimchi zu Hos 11,9

Und unsere Lehrer, ihr Andenken sei gesegnet, legten aus: Weil ich in deiner Mitte heilig bin, werde ich nicht in die Stadt kommen. Denn: Ich werde nicht eher in das Jerusalem oben kommen, bis ich in das Jerusalem unten kommen kann ...

---

1   Vgl. aber die andere Bedeutung des Begriffs: עיר - 'Zornesglut, Leidenschaftlichkeit'. So übersetzt E. KAUTZSCH: "... und ich komme nicht {zu euch} in Wut" (E. KAUTZSCH, Die Heilige Schrift des Alten Testaments, Freiburg/Leipzig 1894, S. 635); s.a. The New English Bible, Oxford/Cambridge 1970: "I will not come with threats ..."; vgl. die Auslegungen: SER 17 (S. 88); SEZ 10 (S. 191); MTeh 6 §3 (30a/b); SER (24)22 (S. 127).
2   Man wird diesen einleitenden Satz im Sinne einer Schulfrage zu verstehen haben (so E. BISCHOFF, Babylonisch - Astrales im Weltbilde des Thalmud und Midrasch, S. 24); vgl. aber E. URBACH, Yerushalayim shel ma'la w-Irushalayim shel maṭṭa, S. 157 f., der die Frage auf das Erstaunen über die Existenz einer himmlischen Stadt zurückführt.
3   Ps 122,3, mit dem die Existenz des oberen Jerusalem begründet wird, ist wörtlich folgendermaßen zu übersetzen: "Jerusalem, gebaut als Stadt, die verbunden ist für sich zusammen" (H.J. KRAUS, Psalmen, 2. Teilband, S. 1016). Was aber in der Schriftstelle auf das schützende Mauerwerk der Stadt zu beziehen ist (H.J. KRAUS, ibid. S. 1018), wird hier zum Beleg für das obere Jerusalem: Jerusalem ist eine Stadt, die aus zwei Teilen, dem oberen und dem unteren Jerusalem, zusammengefügt ist.

MTeh 122 §4 (254b)

"Jerusalem, das erbaut ist als eine Stadt, die zusammengefügt ist" (Ps 122,3). Es sprach R. Johanan: Es sagte der Heilige, gepriesen sei Er: Ich werde nicht eher in das Jerusalem oben (יְרוּשָׁלִים שֶׁל מַעְלָה) kommen, bis ich in das Jerusalem unten kommen kann, denn es heißt: "Heilig in deiner Mitte und ich werde nicht in die Stadt kommen" (Hos 11,9). Gibt es denn ein Jerusalem oben? Ja, denn es heißt "Jerusalem, das erbaut ist als eine Stadt, die zusammengefügt ist" (Ps 122,3).

Tan p^equde §1 (171b)

"Dies sind die Kostenberechnungen für die Wohnung" (Ex 38,21). Denn es heißt: "Der Thron der Herrlichkeit [in] der Höhe von Anfang an, der Ort (מָקוֹם) unseres Heiligtums" (Jer 17,12). Dort [ist zu lesen]: ausgerichtet zu (מָכוֹן) unserem Heiligtum. Und es heißt auch: "eine Stätte dir zur Wohnung, die du, Herr, gemacht hast, das Heiligtum, das deine Hände bereitet haben" (Ex 15,17)[4]. Und du findest auch, daß Jerusalem oben ausgerichtet ist wie Jerusalem unten. Aus großer Liebe zum unteren machte er ein anderes oben, denn es heißt: "Siehe, in die Hände habe ich dich gezeichnet, deine Mauern sind immerdar vor mir" (Jes 49,16). Und wieso wurde es dann zerstört? [Geschrieben ist:] "Deine Erbauer[5] eilen herbei, aber die dich zerbrochen und zerstört haben, werden von dir gehen" (Jes 49,17). Deshalb wurde es zerstört. Und auch David sprach: "Jerusalem, das erbaut (בְּנוּיָה) ist als eine Stadt, die zusammengefügt ist" (Ps 122,3), das heißt: als eine Stadt, die der Herr erbaute (שֶׁבְּנָה יָהּ). Und im Targum heißt es[6]: Jerusalem im Firmament (יְרוּשָׁלִים בִּרְקִיעַ) ist wie eine Stadt, die verbunden ist [mit der Stadt] auf der Erde.

Und er schwur, daß seine Schechina nicht [eher] in das obere eingehen werde, bis das untere [wieder] erbaut sei. Wie geliebt ist doch Israel vor dem Heiligen, gepriesen sei Er. Und woher dies? Es steht nämlich geschrieben: "Heilig in deiner Mitte und ich werde nicht in die Stadt kommen" (Hos 11,9). Und es heißt: "Was habe ich hier denn zu schaffen, spricht der Herr, denn mein Volk ist um nichts weggenommen" (Jes 52,5). "Was habe ich hier denn zu schaffen", spricht der Herr – das bedeutet: Was suche ich hier in Jerusalem, nachdem mein Volk von ihm genommen ist. Es ist um nichts – daß ich dorthin komme, also werde ich nicht kommen[7].

zum Anfang des Textes: Kap. V, Textgruppe 6.1, S. 81

---

4   Zur Auslegung dieses Teils: siehe Kap. V, Textgruppe 6.1, S. 81 f. dieser Arbeit.

5   So die Lesart des Midrasch, die eine Al-Tiqre-Auslegung impliziert. Bereits LXX, Aquila, Theodotion und 1QIs^a bezeugen die Lesart בֹּנָיִךְ "deine Erbauer"; nach dem masoretischen Text aber ist בָּנָיִךְ - "deine Söhne" zu lesen; für weitere Belege und die Diskussion dieses textkritischen Problems vgl. D. BARTHELÉMY, Critique textuelle de l'Ancien Testament, 2. Isaïe, Jérémie, Lamentations (OBO 50/2) Göttingen 1986, S. 364-367. D. BARTHELÉMY verteidigt die nicht-masoretische Lesart; vgl. dagegen H.M. ORLINSKY, The Textual Criticism of the Old Testament, in: G.E. WRIGHT (Hg.), The Bible and the Ancient Near East. Essays in honor of WILLIAM FOXWELL ALBRIGHT, London 1961, S. 113-132, hier: S. 117.

6   Bis zu der Wendung "auf der Erde" ist der Text aramäisch. Die Umstellung des Zitats erfolgte nach dem Kommentar Eş Josef.

7   Jes 52,5 wird auch in anderen Auslegungen mit dem Motiv vom Schmerz Gottes über die Tempelzerstörung verbunden; siehe: bSuk 52b und MTeh 20 §1 (87a).

Targum zu Ps 122,3

Jerusalem im Firmament (ירושלים ברקיעא) ist wie eine Stadt, die verbunden ist [mit der Stadt] auf der Erde.

Textgruppe 1.2

SEZ 21 (S. 36)

Und der Heilige, gepriesen sei Er, sagt zu Israel: Meine Kinder, jetzt empfangt von mir einen Becher des Trostes. Und Israel sagt zu ihm: Herr der Welt, du hast uns gezürnt und uns aus deinem Haus geworfen und {unter die} Völker der Welt verbannt, {und wir waren wie ein weggeworfenes Gefäß unter den Völkern der Welt}, und jetzt bist du gekommen, [dich] mit uns zu versöhnen? Und er sagt zu ihnen: Ich werde euch ein Gleichnis erzählen: Womit ist die Sache zu vergleichen? Einem Menschen, der die Tochter seiner Schwester heiratete. Er zürnte über sie und warf sie aus seinem Haus. Nach Tagen kam er, um [sich] mit ihr zu versöhnen. Und sie sagte {zu ihm}: Du hast mir gezürnt und hast mich aus deinem Haus geworfen und jetzt kommst du {zu mir}, um mich [mit dir] zu versöhnen? Und er sprach {zu ihr}: Die Tochter meiner Schwester [bist] {du}. Denkst du etwa[8], daß seit dem Tag, an dem du mein Haus verlassen hast, {es eine andere Frau betreten hätte? Bei deinem Leben}, auch ich habe mein Haus nicht betreten. So sprach der Heilige, gepriesen sei Er, zu Israel: Meine Kinder, seit dem Tag, an dem ich mein Haus unten zerstört habe, bin ich nicht hinaufgestiegen und in meinem Haus oben (ביתי של מעלה) gesessen, sondern ich saß {in Tau und Regen}. Wenn ihr mir nicht glaubt, legt eure Hände auf mein Haupt und seht {den Tau auf meinem Haupt. Wenn es in der Schrift nicht geschrieben wäre, wäre es unmöglich zu sagen}, {denn es heißt}: "Denn mein Haupt ist voll des Taus, von Tropfen der Nacht meine Locken" (Cant 5,2).

Und der Heilige, gepriesen sei Er, wird den Zion bekleiden mit seiner Stärke als Lohn dafür, daß Israel am Schilfmeer sagte: "Meine Stärke und mein Lied ist der Herr" (Ex 15,2). {Woher, daß der Heilige, gepriesen sei Er, den Zion mit Stärke bekleiden wird?} Denn es heißt: "Wach auf, wach auf, bekleide dich mit deiner Stärke" (Jes 52,1).

PesR 36 (162a)

... jetzt wird deine Not wie meine Not sein. Denn seit dem Tag, an dem Nebukadnezar, der Frevler, heraufkam und mein Haus zerstörte und meinen Palast verbrannte und meine Kinder unter die Völker der Welt verbannte - bei deinem Leben und bei meinem Leben[9] - [schwöre ich], daß ich

---

8 Wörtlich: sagst du in deinem Herzen.
9 Wörtlich: beim Leben meines Hauptes.

meinen Thron nicht betreten habe. Und wenn du [dies] nicht glaubst, dann siehe den Tau, der auf mein Haupt gefallen ist, denn es heißt: "Denn mein Haupt ist voll des Taus, von Tropfen der Nacht meine Locken" (Cant 5,2).

Yalq Jes §499 (404c)

Interpretation

Die älteste Version dieser amoräischen Auslegung[10] ist *bTaan 5a*; *MTeh 122 §4* unterscheidet sich rein inhaltlich nicht davon, sondern beginnt lediglich mit Ps 122,3, auch fehlt die einleitende Frage R. Nachmans an R. Isaak. *Tan p^equde §1*, welches den Begriff Schechina verwendet, ist dagegen ausführlicher und erweitert den vorhandenen Text am Anfang um die Auslegung von Jes 49,16.17 und von Jes 52,5 am Ende, wodurch die Intention des ursprünglichen Texts deutlicher formuliert erscheint. Neben dem Wort חבורה wird auch der Begriff הבנויה – 'die gebaut ist' ausgelegt; zugrunde liegt ein exegetisches Wortspiel, bei dem ein Wort in mehrere aufgespalten wird[11].

Entscheidend für das Verständnis des Textes ist die Übersetzung von Hos 11,9 und die Interpretation des Wortes "heilig". Raschi bezieht diesen Begriff auf den Menschen: "Wenn du deine Taten nicht besserst, dann kommt der Heilige, gepriesen sei Er, nicht in die Stadt. Bis nicht ein Heiliger in deiner Mitte unten ist - das ist Jerusalem, komme ich nicht in die Stadt, die oben ist"[12].

Geht man aber davon aus, daß *Tan p^equde §1* die ursprüngliche Intention der Auslegung bewahrt hat, so ist diesem paränetischen Verständnis des Textes dessen parakletische Tendenz entgegenzuhalten: Weil der Platz Gottes in der Mitte seines Volkes ist, will er weder die irdische Stadt betreten, aus der sein Volk vertrieben wurde, noch sich, gleichsam unberührt von den irdischen Geschehnissen, in der himmlischen Stadt aufhalten. Der Entfremdung des Volkes korrespondiert die Entfremdung Gottes: Wie sich das Volk im Exil befindet, so befindet sich auch Gott im Exil, wenn er das obere Jerusalem nicht mehr betritt[13].

Diese Auffassung, nach der die obere Stadt von der unteren abhängig ist, steht dem

---

10 R. Johanan ist ein Amoräer der zweiten Generation.

11 Zur Auslegungstechnik: J. HEINEMANN, Darkhe ha-aggada, S. 103.

12 Raschi zu bTaan 5a; in diesem Sinne auch die Übersetzung von L. GOLDSCHMIDT, Der Babylonische Talmud, Bd. III (Berlin 1930); vgl. aber die Übersetzungen W.G. BRAUDEs (zu *MTeh*) und J. RABBINOWITZ' (zu *bTaan 5a*), die das Wort "heilig" auf Jerusalem beziehen. W.G. BRAUDE überträgt Hos 11,9 folgendermaßen: "Until the holy one is [built] in the midst of them I will not enter into the city". (W.G. BRAUDE, The Midrash on Psalms (YJS 13), Bd. II, S. 300). J. RABBINOWITZ schlägt vor: "There is a holy (city) in thy midst (referring to the earthly Jerusalem) and I (i.e. God) will not enter the city (the heavenly Jerusalem)"; in: J. EPSTEIN (Hrsg.), The Babylonian Talmud. Ta'anith, translated into English with Notes, Glossary and Indices, London 1938-1952, S. 16.

13 So auch S. SAFRAI, The Heavenly Jerusalem, S. 16: "This concept follows logically from the view that the Holy One, blessed be He, as it were, departs into exile and suffers along with Israel, and that the perfection of the heavenly worlds can only be restored with the redemption and reconstruction of the earthly Jerusalem"; vgl. A. GOLDBERG, Die Heiligkeit des Ortes in der frühen rabbinischen Theologie, S. 28. – E. STAROBINSKY-SAFRAN, Aspects de Jérusalem dans les écrits rabbiniques, S. 158; vgl. auch die Auslegung von Hos 11,9 in MekhY shirata IV (S. 131).

traditionellen kosmologischen Konzept von der Priorität und Stabilität der himmlischen Elemente, wie sie in amoräischer Zeit in der Hekhalot-Literatur[14] und - Jahrhunderte zuvor - von der Apokalyptik formuliert worden war, kontrastiv entgegen[15]; eventuell wird speziell in *Tan p^equde §1* sogar gegen dieses Konzept polemisiert[16].

Wenn selbst Gott im Exil ist, so wird einerseits die Himmelsreise der Merkaba-Mystiker, die ja vor Gottes Thron führen soll, obsolet. Andererseits wird aber auch der apokalyptische Versuch, die Relevanz der irdischen Stadt zu negieren, ad absurdum geführt; von der Vorstellung, Gottes wirkliche und eigentliche Stadt sei das himmlische Jerusalem, das unverletzbar ist und außerhalb des irdischen Zeitlaufes steht, grenzt sich die rabbinische Position[17] aufs deutlichste ab.

PesR 36 und *SEZ 21* werden anonym tradiert; auf Grund des ausführlicheren Erzählstils sind sie sicherlich nicht vor die spät-amoräische Zeit zu datieren. Anstelle des Motivs vom oberen Jerusalem nennt *PesR 36* den Thron Gottes[18] und *SEZ 21* den himmlischen Tempel (בית של מעלה), zudem gestaltet dieser Text die theologische Aussage durch ein Gleichnis narrativ aus.

Den Schriftbeleg bildet Cant 5,2. Motivgeschichtlich geht vermutlich ShemR 33,3 (61c) voraus, wo dieser Vers bezüglich des irdischen Tempels rezipiert wird:

> "'Öffne mir, meine Schwester, meine Liebe' (Cant 5,2). Bis wann soll ich ohne Haus umherwandern? 'Denn mein Haupt ist voll des Taus' (ibid). Deshalb macht mir ein Heiligtum, daß ich nicht gezwungen bin, draußen zu sein."

Grundsätzlich sind *PesR 36* und *SEZ 21* als sekundäre Weiterbildungen zu dem Motiv der Exilierung Gottes und dem Motiv der Abhängigkeit der oberen von der unteren Welt zu betrachten.

---

14 J. MAIER, Von Kultus zur Gnosis, S. 111 f. - Weitere Ausführungen zur Hekhalot-Literatur vgl. S. 8 dieser Arbeit, Anm. 6.

15 Zur Umkehrung der üblichen apokalyptischen Kosmologie: R.J.Z. WERBLOWSKY, Die Bedeutung Jerusalems für Juden, Christen und Moslems, S. 10. - R.J.Z. WERBLOWSKY, Metropolin le-kol ha-araṣot, S. 177 f. Zur Rezeption des Topos der Abhängigkeit der oberen Welt von der unteren in der späteren jüdischen Tradition: E. STAROBINSKY-SAFRAN, De la vision mystique à la réalité concrète de Jérusalem, S. 253 ff.

16 So heißt es z.B. in syrBar 4, 3-6: "Und der Herr sprach zu mir: Diese Stadt wird eine Zeitlang preisgegeben, das Volk wird eine Zeitlang gezüchtigt, und die Welt wird nicht vergessen werden. Oder meinst du vielleicht, dies sei die Stadt, von der ich gesagt habe: 'In meine Handflächen habe ich dich gezeichnet?' Nicht ist es dieser Bau, der nun in eurer Mitte auferbaut. Es ist bei mir, was offenbar werden wird, was hier schon seit der Zeit bereitet ward, in der das Paradies zu schaffen ich beschlossen hatte. Und ich habe es Adam gezeigt, bevor er sündigte; als er aber das Gebot übertreten hatte, wurde es ihm weggenommen, genauso wie das Paradies. Und danach zeigte ich es meinem Knechte Abraham, in der Nacht, zwischen den Opferhälften. Und weiter zeigte ich es Mose auf dem Berge Sinai, als ich ihm das Bild des (Stifts-) Zeltes zeigte und aller seiner Geräte. Siehe (so) ist es nun bewahrt bei mir gleichwie das Paradies"; zitiert nach: A.F.J. KLIJN, Die syrische Baruch-Apokalypse (JSHRZ, Bd. V: Apokalypsen, Lieferung 2), Gütersloh 1976, S. 103-191, hier: S. 124 f. - Vgl. auch M. ELIADE, Das Heilige und das Profane, S. 37.

17 E. URBACH, Yerushalayim shel ma'lah w-Irushalayim shel maṭṭa, S. 163. Auf den Bezug von *Tan p^equde §1* zu syrBar 4, 1-6 wurde bereits von K.L. SCHMIDT, Jerusalem als Urbild und Abbild, S. 223, hingewiesen. K.L. SCHMIDT übersieht allerdings die spezifische Akzentuierung, die das Motiv des himmlischen Jerusalem im rabbinischen Denken erfährt, und postuliert, daß die Rabbinen "sich dabei unmittelbar an die apokalyptischen Aussagen anschließen" (S. 232).

18 Nach A. GOLDBERG, Die Heiligkeit des Ortes in der frühen jüdischen Theologie, S. 28, deutet der Topos vom himmlischen Thron auf eine Auseinandersetzung mit einem der Vorstellung von Gottes Mitleiden entgegengesetztem Konzept hin: In MTeh 11 §3 (49b) heißt es nämlich, daß sich Gottes Schechina nach der Tempelzerstörung in den Himmel zurückgezogen habe; als Schriftbeleg wird Ps 11,4 angeführt: "... des Herrn Thron ist im Himmel"; zu MTeh 11 §3 und verwandten Texten siehe: A. GOLDBERG, Schekhinah, S. 176 f.

Textgruppe 2

MTeh 137 §3 (262a)

In dieser Stunde[19] brach Israel in Weinen aus, bis ihr Schreien in die Höhe stieg. Es sprach R. Acha bar Abba: In dieser Stunde, da wollte der Heilige, gepriesen sei Er, die ganze Welt ins Chaos zurückverwandeln. Der Heilige, gepriesen sei Er, sprach: Alles, was ich schuf, das schuf ich doch nur für sie, denn es heißt: "Auch ich will in meine Hände schlagen und ich will meinen Zorn stillen" (Ez 21,22). Die Welt, die ich schuf, schuf ich nur mit zwei Händen, denn es heißt: "Meine Hand hat die Erde gegründet, [und meine Rechte den Himmel ausgespannt]" (Jes 48,13). Ich will sie nun zerstören.

Es sprach R. Ilfa bar Keruja: In dieser Stunde traten alle Dienstengel vor den Heiligen, gepriesen sei Er, und sprachen vor ihm: Herr der Welt, die ganze Welt und was darinnen ist, gehört dir. Ist es dir nicht genug, daß du deine Wohnung unten zerstört hast, sondern willst du auch noch das Haus deiner Wohnung oben zerstören? Er sprach zu ihnen: Brauche ich denn etwa Trost? Ich kenne den Anfang und kenne das Ende, denn es heißt: "Bis ins Alter bin ich derselbe" (Jes 46,4). Deshalb sage ich: "Wendet euch von mir, ich bin bitter im Weinen, beleidigt mich nicht[20], [indem ihr versucht,] mich zu trösten" (Jes 22,4). ("Fahrt nicht fort" (אל תוסיפו) heißt es nicht, sondern: "beleidigt mich nicht (אל תאיצו).} Er sprach zu ihnen: Diese Tröstungen da, mit denen ihr mich tröstet, sind Beleidigungen (ניאוצים) vor mir.

PesR 28 (135a/b): R. Tachlifa ben Keruja; fast wörtlich:

... Bin ich etwa Fleisch und Blut, daß ich euren Trost brauche?

Yalq Ps §884 (483b): R. Tachlifa bar Keruja ... sonst wie *MTeh 137 §3 (262a)*

Interpretation

MTeh 137 §3 tradiert diesen Al-Tiqre-Midrasch, der die Verform תאיצו von de Wurzel נאץ - 'beleidigen, schmähen' ableitet, im Namen R. Ilfas, eines palästinischen Amoräers der zweiten Generation. Nach FRIEDMANN, PesR 28, S. 135b, Anm. 15, ist R. Tachlifa eine verderbte Lesart. Druck P liest stattdessen R. Chalifa. Tatsächlich ist ein Rabbi namens Tachlifa sonst nicht bekannt. CH. ALBECK nennt einen R. Abba Chalifa Keruja als palästinischen Amoräer der dritten Generation[21]. Wenn auch nicht entschieden werden kann, ob *MTeh 137 §3* oder die korrigierte Fassung von *PesR 28* den ursprünglichen Tradenten der Überlieferung nennt, so kann doch zumindest festgehalten werden, daß die Auslegung in frühamoräischer Zeit bereits bestand.

Dieser amoräische Homilienmidrasch zeigt aufs deutlichste, welche grundlegende

---

19 Als die Exilierten an den Wassern Babylons weinen und Nebukadnezar den gefangenen Judäern noch Lasten auflegt.
20 So die Übersetzung nach der Lesart des Midrasch; vgl. die folgende Auslegung.
21 CH. ALBECK, Mavo la-talmudim, Tel Aviv 1969, S. 216.

Uminterpretation die traditionelle Vorstellung von der Priorität der himmlischen Welt im Zusammenhang mit der Tempelzerstörung erfahren konnte. Die Auslegung rekurriert auf den vorhergehenden Midrasch, der erzählt, daß in der Stunde, in der Nebukadnezar den gefangenen Judäern noch Lasten auflegt und das Weinen der babylonischen Gefangenen zu Gott emporsteigt, dieser die ganze Welt ins Chaos zurückverwandeln will[22]. Die ganze Schöpfung wurde nämlich nur für Israel erschaffen.

In der anschließenden Auslegung wenden die Dienstengel gegen diese "israel-zentrische" Aussage Gottes ein, daß ihm doch die ganze Welt gehöre, d.h. die Dienstengel stellen nicht das Verhältnis Israel-Welt in den Vordergrund, sondern die Beziehung Gott-Welt. Gottes Drohung, die ganze Welt zu zerstören, wird mit dem Motiv des himmlischen Tempels verbunden: Die Dienstengel fragen, ob nun, analog zum irdischen Heiligtum, auch der himmlische Tempel zerstört werden soll. Was zunächst als Provokation erscheinen mag, dient eigentlich der Beschwichtigung: Gott soll die letzte Konsequenz seines Planes vor Augen geführt werden und dadurch zur Einsicht gebracht werden. Diese Worte weist Gott als Beleidigung von sich. Die Anmaßung der Engel besteht zum einen darin, Gott trösten zu wollen, zum anderen in ihrer Ansicht, es könnte einen Ersatz für Israel geben[23]. Wenn Gott nun - so die Fortsetzung des Midrasch - den Engeln befiehlt, auf die Erde zu gehen und die Lasten von den Schultern der gefangenen Judäer zu nehmen, wird deutlich, daß der Protest der Engel nicht sinnlos war: Gott hat den Gedanken, die Welt infolge Israels Leid zu zerstören, aufgegeben; im Vordergrund steht nun der Trost Israels im Leid. Dieser Midrasch zeigt die Betroffenheit Gottes durch das Geschick seines Volkes und thematisiert die Rivalität zwischen Israel und den Engeln: Will Gott wegen Israel die ganze Welt zerstören, so impliziert dies die Abhängigkeit der Engel von Israel[24], ihr Einwand gegen Gottes Vorhaben, die Welt zu zerstören, ist ein Versuch, diese Dependenz zu negieren. Gottes Befehl aber weist die Engel wieder in ihre Verbundenheit mit Israel zurück, auch sie wurden für Israel geschaffen.

Textgruppe 3

bHag 13b

Es wird gelehrt[25]: Ein Vers sagt: "Tausendmal Tausende dienten ihm und zehntausendmal Zehntausende standen vor ihm" (Dan 7,10); und ein Vers sagt: "Gibt es denn eine Zahl [für die

---

22 Gott zerstört die Welt, indem er Himmel und Erde gegeneinander schlägt; hierzu SER (30)28 (S. 153): "Ich werde Himmel und Erde zusammenbringen und eines gegen das andere werfen und so die ganze Welt zerstören, denn es heißt: 'Auch ich will in meine Hände schlagen und ich will meinen Zorn stillen' (Ez 21,22)"; s.a. SER (30)28 (S. 150). Allgemein: yBer 9,2 (13c); MTeh 18 §12 (71a/b); MTeh 104 §25 (224a/b).

23 Vgl. SEZ 9 (S. 188): Die Dienstengel bieten sich und die 70 Völker als Ersatz für Israel an; hierzu auch: P. SCHÄFER, Rivalität zwischen Engeln und Menschen, S. 181 ff., Text 53.

24 P. SCHÄFER, Rivalität zwischen Engeln und Menschen, S. 183.

25 'Tanja'; im Text vor den Worten Rabs; nach FRIEDMANN, PesR 21, S. 103a, Anm. 23, an den Anfang des Textes zu setzen.

unendliche Menge] seiner Scharen?" (Hi 25,3).

Das ist kein Widerspruch. Eines bezieht sich auf die Zeit, in der das Heiligtum bestand, das andere auf die Zeit, in der das Heiligtum nicht [mehr] bestand, so daß die obere Familie[26] - wenn man so sagen kann - vermindert wurde.

Yalq Hi §913 (507c)
Yalq Dan §1065 (513b/c)

PesR 21 (103a)

Anders[27] lehren die Rabbanan: Ein Vers sagt: "Gibt es denn eine Zahl [für die unendliche Menge] seiner Scharen" (Hi 25,3); und ein Vers sagt: "Tausendmal Tausende dienten ihm und zehntausend mal Zehntausende standen vor ihm" (Dan 7,10). Denn: Bevor der Tempel zerstört wurde, war der Lobpreis des Heiligen, gepriesen sei Er, vollkommen, als der Tempel zerstört war, da verminderte - wenn man so sagen kann - der Heilige, gepriesen sei Er, seine Familie. Woher?[28] Er sprach: Mein Haus ist zerstört und mein Lobpreis soll vollkommen erklingen?

Parallelen zu PesR 21 (103a):

WaR 31,6 (45c)

Und die Rabbanan lehren: ... da verminderte - wenn man so sagen kann -, der Heilige, gepriesen sei Er, seine Familie. Er sprach: Es ist nicht recht, daß mein[29] Lobpreis erklingt, wie er einst erklang.

---

26 Zum Begriff "obere Familie", einer häufigen Bezeichnung der Engelwelt: P. SCHÄFER, Rivalität zwischen Engeln und Menschen, S. 41. - E. URBACH, The Sages, Bd. I, S. 177 ff. - G.F. MOORE, Judaism in the First Centuries of the Christian Era, Bd. I, S. 407. - A. MARMORSTEIN, Anges et hommes dans l'Agada, in: REJ 84 (1927), S. 37-50. 138-141, hier: S. 46 ff. - (H.L. STRACK)/P. BILLERBECK, Kommentar zum Neuen Testament, Bd. III, S. 594.
27 Davor heißt es: "Rabbi sagte im Namen des Abba ben Josef: Ein Vers sagt: 'Gibt es denn eine Zahl [für die unendliche Menge] seiner Scharen?' (Hi 25,3), und ein Vers sagt: 'Der Wagen Gottes sind viele Tausende' (Ps 68,18). Siehe, dies ist eine Zahl für eine Schar. Aber für die Scharen gibt es keine Zahl."
28 מנלן zur Begründung einer Aussage durch eine Schriftstelle; hierzu: W. BACHER, Die exegetische Terminologie der jüdischen Traditionsliteratur, Bd. I, S. 106; Bd. II, S. 114.
29 So der Textus receptus; vgl. "sein Lobpreis": M. MARGOLIOTH, Midrash Wayyikra Rabbah, Bd. IV, Jerusalem 1958, S. 724; und den textkritischen Apparat z.St.

BamR 11,7 (45a)

Ein Vers lautet ... (Hi 25,3); und ein Vers lautet ... (Dan 7,10).

Seit Israel aus seinem Land in die Verbannung ging - "Tausendmal Tausende dienten ihm" (Dan 7,10) - verminderte sich - wenn man so sagen kann - die obere Familie.

SifBam naso §42 (S. 47)[30]

... und ein Vers lautet ... (Hi 25,3); und ein Vers lautet ... (Dan 7,10). Wie lassen sich diese Verse miteinander vereinbaren? Bevor sie aus ihrem Land in die Verbannung gingen - "Gibt es denn eine Zahl für seine Scharen" (Hi 25,3). Nachdem sie aus ihrem Land in die Verbannung gegangen waren - "Tausendmal Tausende dienten ihm" (Dan 7,10). [Das heißt] - wenn man so sagen kann -, daß die obere Familie vermindert wurde.

Interpretation

Diese anonyme Auslegung konfrontiert Hi 25,3 mit Dan 7,10. Während letztgenannter Vers konkrete Zahlenangaben macht, drückt Hi 25,3 mit einer rhetorischen Frage die Unzählbarkeit der himmlischen Scharen aus. Diese Auslegung ist auf dem Hintergrund einer rabbinischen Tradition zu verstehen, die das Buch Hiob dem Mose zuschreibt und das Buch Daniel den 'Männern der Großen Synagoge'[31], welche die Zeit der Propheten mit der pharisäischen Bewegung verbinden[32]. Der Widerspruch kann somit auf der Zeitachse gelöst werden: Die Tempelzerstörung bildet hierbei nicht nur eine fundamentale "Epochengrenze", sondern begründet, wie *bHag 13b, PesR 21* und *WaR 31,6* verdeutlichen, auch die Verminderung der himmlischen Scharen.

Während aus *bHag 13b* die Tendenz dieser Aussage nicht eindeutig zu eruieren ist, zeigen *PesR 21* und *WaR 31,6* den theologischen Hintergrund auf. Die Funktion der himmlischen Scharen besteht im Lobpreisen; akzeptiert Gott dies nach der Tempelzerstörung nicht mehr in derselben Vollkommenheit, so kann dies als Zeichen von Gottes Trauer und Mitleiden am Unglück seines Volkes verstanden werden. Aus Solidarität mit den Menschen erniedrigt sich auch Gott[33].

Entsprechend ist die Tendenz der anonymen Auslegungen *SifBam §42* und *BamR 11,7*; allerdings wird hier nicht die kultisch-religiöse, sondern die national-politische Komponente, das Exil, betont.

---

30 K.G. KUHN, Der tannaitische Midrasch Sifre zu Numeri, Stuttgart 1959, S. 137. Die Version ist jüngerer Zusatz zu SifBam, der in Yalq und HS ם fehlt. Anlaß zur Einfügung war das Bibelzitat Hi 25,2-3.

31 In bBB 14b/15a heißt es: "Mose schrieb sein Buch, den Abschnitt von Bileam und Hiob ... Hiskija und sein Kollegium schrieben Jesaja, Sprüche, das Hohelied und Kohelet. Die Männer der Großen Synagoge schrieben Hesekiel, die zwölf [kleinen Propheten], Daniel und die Estherrolle". Vgl. jedoch die sich an diesen Text anschließende Auseinandersetzung über die zeitliche Einordnung Hiobs.

32 Siehe hierzu: H.L. STRACK/G. STEMBERGER, Einleitung in Talmud und Midrasch, S. 71 f.

33 K.G. KUHN, Der tannaitische Midrasch Sifre zu Numeri, S. 137 zu *SifBam §42*: "Die Trauer um das Schicksal des Volkes ist der Grund zur Verminderung."

Da *SifBam* §42 nicht zum ursprünglichen Textbestand dieses tannaitischen Midrasch gehört[34], stellt *bHag 13b* den ältesten Beleg dar: Der Text ist durch seine Einleitungsformel als Baraita gekennzeichnet und geht somit auf die tannaitische Zeit zurück. Davon abhängig sind *PesR 21* und *WaR 31,6*, wo der ursprüngliche Textbestand um den Hinweis auf die Funktion der oberen Familie erweitert wurde. Sekundär dürfte auch das Motiv der Exilierung in den anomym tradierten und nicht zu datierenden Texten *BamR 11,7* und *SifBam §42* sein.

Textgruppe 4

bHag 13b

Ein Vers sagt: "Ein jeder hatte sechs Flügel" (Jes 6,2); und ein anderer Vers sagt: "Ein jedes hatte vier Gesichter und vier Flügel" (Ez 1,6). Das ist kein Widerspruch. Eines bezieht sich auf die Zeit, in der das Heiligtum bestand, das andere auf die Zeit, in der das Heiligtum nicht [mehr] bestand. Die Flügel der Tiere wurden sozusagen vermindert. Welche sind vermindert worden? R. Hananel sagte im Namen Rabs: Jene, mit denen sie das Lied sangen, denn über diese heißt es: "Und mit zweien flog er; und einer rief dem anderen zu und sprach" (Jes 6,2.3) und es heißt: "Läßt du deine Augen auf ihn fliegen und er ist nicht mehr da?" (Prov 23,5)[35].

---

34 Ibid.

35 bHag 13b fährt folgendermaßen fort: "Und die Rabbanan sagten: Jene, mit denen sie die Beine bedecken, denn es heißt: 'Und ihre Beine standen gerade' (Ez 1,7). Und wenn jene nicht vermindert worden wären, woher sollte er es wissen? Vielleicht haben sie sie entblößt und er sah sie? Denn wenn du nicht so sagst, [wie erklärt sich dann folgender Satz?]: 'Und das Aussehen ihrer Gesichter - ein Menschengesicht' (Ez 1,10). Ist es denn wirklich so, daß sie vermindert wurden? Sondern sie waren unbedeckt und er sah sie. So ist es auch hier, daß sie unbedeckt waren und er sah sie. Wie kann man denn diese beiden Dinge miteinander vergleichen? Vollkommen. Es ist Sitte, das Gesicht in Gegenwart seines Herrn zu zeigen, aber es ist nicht Sitte, die Füße in Gegenwart seines Herrn zu zeigen." In dieser anonymen tannaitischen Tradition wird also die Meinung vertreten, die Flügel, mit denen die Engel die Füße bedecken, seien ihnen genommen worden, sonst könnte man über das Aussehen der Füße ja keine Information haben. Auf die theologische Problematik, die die Aussage über die Einschränkung des Lobgesangs ebenfalls impliziert, macht die folgende Diskussion aufmerksam. Ein Einwand stellt fest, daß sowohl jene Flügel gemeint sein könnten, mit denen sie das Gesicht bedecken wie auch jene, mit denen sie die Füße bedecken. Da es bezüglich aller nach Jes 6,3 bedeckten Körperteile Auskünfte über das Aussehen gibt, kann *eine* davon nicht als Beweis für das Fehlen eines bestimmten Flügelpaares herangezogen werden. Prinzipiell besteht ja auch die Möglichkeit, Gesicht bzw. Füße zu entblößen ohne den Verlust der Flügel. Entscheidendes Kriterium zur Bestimmung des verlorenen Flügelpaares ist die Ehre Gottes. Da es sich nicht ziemt, vor Gott die Füße zu entblößen, können nur jene Flügel genommen worden sein, mit denen die Engel das Gesicht bedecken. Dies zeigt gleichzeitig den Grund, warum die Meinung Rabs abgelehnt wurde: Denkt man unter dem Leitmotiv der Ehre Gottes, so mußte auch die Idee, der himmlische Gottesdienst könnte eingestellt worden sein, inakzeptabel erscheinen. *PesR 33* tradiert diese Diskussion nicht.

PesR 33 (155b)

Sah Jesaja nicht Seraphen, von denen jeder sechs Flügel hatte, denn es heißt: "Seraphen standen über ihm, ein jeder hatte sechs Flügel"[36] (Jes 6,2). Und Hesekiel sah diese mit vier, denn es heißt: "Und es war im dreißigsten Jahr usw. und ich sah ein Gesicht von Gott {usw.} und mitten drin etwas wie vier Lebewesen {usw.} und ein jedes hatte vier Gesichter und vier Flügel {usw.}" (Ez 1,1-6). Es sprach der Heilige, gepriesen sei Er: Vielleicht fragst du, warum Jesaja sechs und Hesekiel [nur] vier [Flügel] sah? Und er sagt euch: Als das Heiligtum zerstört war, waren die [Flügel], {mit denen} sie flogen, nicht mehr. Es sagte der Heilige, gepriesen sei Er: Weil die {Bühne (הרוכן)}[37], [auf der die Leviten[38]sangen] unten nicht mehr ist, ist sie auch oben nicht mehr.

Interpretation

Diese Auslegung konfrontiert Jes 6,3 mit Ez 1,6 und fragt, wie die unterschiedlichen Angaben über die Anzahl der Flügel miteinander zu vereinbaren sind[39], wobei eine Identifikation der Seraphen mit den heiligen Tieren impliziert ist.

Da eine rabbinische Tradition das Buch Jesaja Hiskija und seinem Kollegium zuschreibt, das Buch Hesekiel aber wiederum den 'Männern der Großen Synagoge'[40], kann der Widerspruch zwischen den Angaben über die Anzahl der Flügel zeitlich aufgelöst werden: Vor der Tempelzerstörung hatten die Engel sechs Flügel, danach nur noch vier.

Die Aussage Rabs, die in *PesR 33* anomym tradiert wird, macht den theologischen Hintergrund dieser Auslegung deutlich: Nach Jes 6,2 unterscheiden sich die drei Flügelpaare bezüglich ihrer Funktion: "Mit zweien bedeckte er sein Angesicht, mit zweien bedeckte er seine Füsse und mit zweien flog er". Das Flattern der Flügel wird als himmlischer Preisgesang interpretiert[41]; exegetisch begründet wird dies, indem man das Ende von Jes 6,2 mit dem folgenden Vers zusammenzieht und so "Flattern" und das "Heiligrufen" miteinander identifiziert; das Verhältnis der beiden Aussagen wird also nicht parataktisch aufgefaßt, vielmehr werden sie

---

36 So korrigiert nach Jes 6,2; der Midraschtext ist verderbt.

37 In diesem Sinne liest auch W.G. BRAUDE, Pesikta Rabbati (YJS 18), New Haven/London 1968, Bd. II, S. 652, Anm. 53, und verweist auf die Handschrift Parma 1240 und die Ausgabe Prag. Zu den verschiedenen anderen Lesarten, siehe FRIEDMANN, z.St. Anm. 114; FRIEDMANN schlägt הרובן vor, was er mit "Priester, die das Heiligtum bewachen" erklärt. Dies wird von A. APTOWITZER sowohl aus sprachlichen als auch aus inhaltlichen Gründen abgelehnt (A. APTOWITZER, Bet ha-miqdash shel ma'la 'al pi ha-aggada, S. 263, Anm. 2). Dessen Lesart קרבן, die vermutlich durch die "Michaeltexte" (Textgruppe 7, S. 158 ff. dieser Arbeit) entstanden ist, fügt sich aber nicht in den Kontext.

38 Diese Übersetzung des Begriffes כהן legt mTam 7,4; mMid 2,5 und 2,6 nahe. Aus diesen Stellen geht eindeutig hervor, daß die Leviten mit der Aufgabe des Tempelgesanges betraut waren.

39 Vgl. TanB emor §23 (49a); um der Vergebung Israels willen wurden den Engeln noch zwei Flügel hinzugefügt. Mit diesen bedecken sie ihre Füße, die denen des goldenen Kalbes gleichen und somit an diese Sünde erinnerten.

40 Vgl. bBB 14; vgl. S. 151 dieser Arbeit, Anm. 31 und 32.

41 Siehe auch WaR 27,3 (39c); PesK 9 (75b); so auch Raschi zu bHag 13b: "Folglich sind es jene, mit denen sie das Lied sprechen, wenn sie mit der Stimme ihrer Flügel rauschen, und darüber ist geschrieben und nicht über das Fliegen"; vgl. auch *PRE §4 (11a)*, S. 63 dieser Arbeit und *BerR 65, 21 (105b/c)*, S. 131 dieser Arbeit.

direkt aufeinander bezogen[42].

Wenn die Flügel vermindert wurden, mit denen die Engel ihren Lobgesang äußerten, so heißt das übertragen: Die himmlische Welt wird vom irdischen Leid mit betroffen, die irdische Trauer zeigt sich auch bei den Himmlischen im Verzicht auf den Lobpreis Gottes; Gott wird sich selbst entfremdet.

PesR 33 endet mit der Sentenz, die die Abhängigkeit der oberen Welt von der unteren Welt präzis zusammenfaßt: Weil die Bühne, auf der die Priester sangen, d.h. der irdische Gottesdienst unten, nicht mehr da ist, existiert diese auch oben nicht mehr. Sowohl *bHag 13b* als auch *PesR 33* überliefert den Text anonym, allerdings nennt *bHag 13b* Rab, einen Amoräer der ersten Generation, als Tradenten der Angabe, welche Flügel den Engeln genommen wurden. Da dessen Aussage aber eine bereits bestehende Tradition voraussetzt, ist anzunehmen, daß der Topos von der Verminderung der Flügel auf die tannaitische Zeit zurückgeht.

Textgruppe 5

TanB b^eshallaḥ §13 (30b/31a)

Eine andere Auslegung: "Dann singe[43] Mose" (Ex 15,1). In der Stunde, in der Israel am Meer lagerte, kamen die Dienstengel, um den Heiligen, gepriesen sei Er, zu preisen, und der Heilige, gepriesen sei Er, erlaubte es ihnen nicht, denn es heißt: "Und einer (וזה) näherte sich nicht dem anderen usw." (Ex 14,20). Und es heißt: "Und einer (וזה) rief dem anderen zu" (Jes 6,3). Wem ähnelten sie? Einem König, dessen Sohn gefangen genommen wurde. Da nahm er Rache[44] an seinen Feinden und ging ihn holen. Da kamen die Geschöpfe und wollten einen Hymnus vor ihm singen. Er sprach zu ihnen: Während ich meinen Sohn befreie, wollt ihr mich preisen?! So befanden sich [auch] die Israeliten am Meer in Bedrängnis, und die Dienstengel kamen, um den Heiligen, gepriesen sei Er, zu preisen. Er tadelte sie. Der Heilige, gepriesen sei Er, sprach zu ihnen: Meine Söhne befinden sich in Bedrängnis, und ihr wollt mich preisen? ...

Fortsetzung des Textes: Kap. VII, Textgruppe 3, S. 128

Yalq b^eshallaḥ §241 (74c)

---

42   Zur Methode: H.L. STRACK/G. STEMBERGER, Einleitung in Talmud und Midrasch, S. 35, Nr. 11. - J. HEINEMANN, Darkhe ha-aggada, S. 135 f.

43   So die Übersetzung nach der rabbinischen Auslegung; siehe die Interpretation.

44   Wörtlich: bekleidete er sich mit Rache.

ShemR 23,7 (43b)

Eine andere Auslegung: "Dann singe[45] Mose" (Ex 15,1) - es ist nämlich geschrieben: "Die Sänger gehen voran, danach die Spieler" (Ps 68,26). Es sprach R. Johanan: Die Engel baten, das Loblied sprechen zu dürfen vor dem Heiligen, gepriesen sei Er, in dieser Nacht, in der Israel durch das Meer zog. Und der Heilige, gepriesen sei Er, erlaubte es ihnen nicht, [sondern] sagte zu ihnen: Meine Legionen sind in Bedrängnis und ihr wollt vor mir das Loblied sprechen? Es ist nämlich geschrieben: "Und einer (וזה) näherte sich nicht dem anderen die ganze Nacht" (Ex 14,20), wie es heißt: "Und einer (וזה) rief dem anderen zu und sprach" (Jes 6,3).

Fortsetzung des Textes: Kap. VII, Textgruppe 3, S. 128

bMeg 10b

Und es sprach R. Johanan: Was bedeutet, daß geschrieben steht: "Und einer (וזה) näherte sich nicht dem andern die ganze Nacht" (Ex 14,20)? Die Dienstengel wollten ein Loblied singen; der Heilige, gepriesen sei Er, sprach: Das Werk meiner Hände versinkt im Meer, und ihr singt ein Loblied?

bSan 39b: wörtlich, aber R. Samuel b. Nachman im Namen des R. Jonatan
Yalq beshallaḥ §233 (73a): wörtlich: im Namen des R. Samuel b. Nachman; als Zitat von *bMeg 10b* gekennzeichnet.

vgl. *MTeh 106* §2 (227b), Kap. VII, Textgruppe 3, S. 129

Interpretation

Diese Texte von der Verbundenheit der himmlischen Welt mit dem Geschick Israels beziehen sich auf die Zeitspanne, in der Israel gerade durch das Meer zieht, sich also in höchster Gefahr befindet. Als die Dienstengel Gott preisen wollen, wird ihnen das nicht gestattet. Da dieser Lobpreis nicht mit der spezifischen Situation Israels beim Durchzug durch das Meer verbunden ist, kann man annehmen, daß es sich um den täglichen Lobpreis handelt. *TanB beshallaḥ §13* verdeutlicht die Bevorzugung Israels noch an einem anonym überlieferten Gleichnis.

Belegt wird diese Aussage vom Gesangsverbot für die Engel mit Hilfe einer Gezera Schawa. Die spezifische Beziehung des Ausdrucks וזה auf die Engel in Jes 6,3 wird auch für Ex 14,20 in Anspruch genommen, obwohl sich dieser Ausdruck nach dem ursprünglichen Schriftsinn auf die einander gegenüberliegenden feindlichen Heere bezieht. In *bMeg 10b* trauert Gott vermutlich

---

45 Siehe oben, S. 154, Anm. 43.

nicht um Israel, sondern um die Ägypter, die im Meer untergehen. Nahegelegt wird dieses Verständnis durch den Kontext. Sowohl in *bMeg 10b* als auch in *bSan 39b* geht dem Text die Aussage voraus, daß sich Gott nicht über den Tod der Frevler freut[46].

Wenn sich nun, nach dem Verständnis des Midrasch, die Engel einander nicht nähern, so steht vermutlich die Vorstellung einer Zusammenkunft zum Zwecke des Lobpreises im Hintergrund.

Weder der ursprüngliche Autor noch die ursprüngliche Fassung dieser Auslegung lassen sich mit Sicherheit bestimmen[47]. In *bMeg 10b par.* fehlt der Verweis auf Jes 6,3, ohne den die Auslegung unverständlich bleiben muß; zudem läßt sich zunächst nicht entscheiden, ob das Gleichnis in *TanB bᵉshallaḥ §13* zum ursprünglichen Textbestand gehört und in *ShemR 23,7* weggefallen ist oder eine sekundäre Erweiterung darstellt[48]. Da die Tradition sowohl anonym (*TanB bᵉshallahḥ §13*) überliefert ist als auch im Namen von R. Johanan (*ShemR 23,7; bMeg 10b*), von R. Samuel ben Nachman im Namen von R. Jonatan (*bSan 39b*) und schließlich im Namen von R. Samuel ben Nachman[49] (*Yalq bᵉshallaḥ §233*), läßt sich der ursprüngliche Autor nicht mit Sicherheit ermitteln.

Wenn es auch wahrscheinlich ist, daß R. Jonatan der ursprüngliche Tradent der Version ist[50] und R. Johanan dessen Schüler war[51], so kann man doch nicht davon ausgehen, daß die ursprüngliche Version die Ägypter als Objekt der Trauer Gottes hatte[52] und dieses Motiv erst sekundär, beeinflußt durch den Kontext der Midraschim über die Priorität beim Preisgesang, auf Israel überwechselte, so daß *ShemR 23,7* und *TanB bᵉshallaḥ §13* dann sekundäre Bildungen darstellten. Da der erste Tradent keineswegs mit dem Autor des Midrasch identisch sein muß, ist einerseits ein anonymer Ursprung der Auslegung nicht auszuschließen. Andererseits ist der Bezug auf die Ägypter lediglich durch den Kontext der Traditionseinheit und nicht textimmanent gegeben. Da sich Ex 14,20 auf die Nachtzeit bezieht, in der ja Israel in Bedrängnis war, der Untergang der Ägypter sich aber nach Ex 14,24.27 erst in den Morgenstunden erreignete, ist nach J. HEINEMANN davon auszugehen, daß das Motiv der Trauer Gottes über den Tod der Ägypter lediglich eine marginale sekundäre Entwicklung darstellt. Das ursprüngliche und eigentliche Objekt dieser Auslegung, die in frühamoräischer Zeit bereits bestand, ist Israel[53].

---

46   P. KUHN, Gottes Trauer und Klage in der rabbinischen Überlieferung (Talmud und Midrasch) (AGJU 13), Leiden 1978, S. 304 ff. – P. SCHÄFER, Rivalität zwischen Engeln und Menschen, S. 179, Anm. 60.
47   Hierzu auch: P. SCHÄFER, Rivalität zwischen Engeln und Menschen, S. 179.
48   Ibid.
49   Alles Amoräer.
50   P. SCHÄFER, Rivalität zwischen Engeln und Menschen, S. 179: "Berücksichtigt man, daß der (bekanntere) R. Jochanan leicht aus R. Jonatan verlesen sein kann und daß R. Schmuel ben Nachman und R. Jochanan Schüler R. Jonatans waren, ist es zu erwägen, ob nicht R. Jonatan der erste Tradent unseres Midraschs war (was natürlich nicht bedeutet, daß er auch als Autor anzusehen ist, dagegen spricht die anonyme Überlieferung ..." in *TanB bᵉshallaḥ §13* und *MTeh 106 §2*).
51   P. SCHÄFER, Rivalität zwischen Engeln und Menschen, S. 179.
52   P. KUHN, Gottes Trauer und Klage, S. 304.
53   J. HEINEMANN, Aggadot we-toledotehen, Jerusalem 1974, S. 178; vgl. P. KUHN, Gottes Trauer und Klage, S. 306, Anm. 9.

Textgruppe 6

EkhaR Petichta 24 (ed. S. BUBER, S. 12b)

Resch Lakisch sagte: Dreimal[54] wollten die Dienstengel vor dem Heiligen, gepriesen sei Er, ein Loblied singen, und er erlaubte es ihnen nicht. Und dies sind sie: Beim Geschlecht der Sintflut, am Meer[55] und bei der Zerstörung des Heiligtums.

Was ist beim Geschlecht der Sintflut geschrieben? "Und Gott sprach: Mein Geist(-engel)[56] soll nicht immer mit dem Menschen jubeln" (Gen 6,3). Am Meer ist geschrieben: "Und einer (וזה) näherte sich nicht dem anderen die ganze Nacht" (Ex 14, 20). Und bei der Zerstörung des Heiligtums ist geschrieben: "Deshalb sage ich: Wendet euch von mir, ich bin bitter im Weinen, beleidigt micht nicht[57], [indem ihr versucht], mich zu trösten" (Jes 22,4). Hier steht nicht geschrieben: "Versammelt euch nicht" (אל תאספו), sondern: "beleidigt micht nicht" (אל תאיצו). Der Heilige, gepriesen sei Er, sprach zu den Dienstengeln: Die Tröstungen, die ihr vor mir aussprecht, sind Beleidigungen (ניאוצים) für mich. Wieso? "Denn ein Tag der Unruhe, des Zertretens und der Verwirrung für den Herrn, den Gott der Heerscharen" (Jes 22,5).

Yalq Jes §421 (392b). R. Simeon b. Eleasar

Interpretation

Da die Auslegungen von Ex 14,20 und Jes 22,4 auch einzeln überliefert sind, ist Resch Lakisch[58] sicherlich nur als Redaktor und nicht als Autor dieser drei Auslegungen anzusehen; dies bedeutet aber, daß sie in der frühamoräischen Zeit bereits existierten. Gemeinsames Thema der drei Beispiele ist die Partizipation Gottes an der Situation Israels; wenn es sich in Not befindet, so leidet Gott mit ihm und erträgt keinen Preisgesang.

a) Die Auslegung von Gen 6,3

Mit Maharso[59] verstehe ich diesen Midrasch als Al-Tiqre-Midrasch und lese nicht ידון , sondern יידרון[60]; der Ausdruck רוח - Geist dient dabei als Engelsbezeichnung.

---

54 Wörtlich: an drei Stellen.
55 Gemeint ist: beim Durchzug durch das Schilfmeer.
56 Zur Entsprechung von רוח und מלאך vgl. Ps 104,4.
57 Vgl. zu dieser Übersetzung die Auslegung des Midrasch.
58 Resch Lakisch ist ein Amoräer der zweiten Generation. Yalq Jes §421 liest hier R. Simeon ben Eleasar, die Handschrift des British Museum R. ben Eleasar. S. BUBER, z.St., erklärt dies auf Grund der Abkürzung רש״ל, die sowohl Resch Lakisch (= R. Simeon b. Lakisch) als auch R. Simeon ben Eleasar (= R. Simeon b. Leasar) bezeichnen kann und so falsch aufgelöst wurde.
59 Vgl. den Kommentar z.St.
60 Abgeleitet von der Wurzel רנן; vgl. רנה - Jubel.

b) Die Auslegung von Ex 14,20

Ex 14,20 ist in Verbindung mit Jes 6,3 zu lesen; die spezifische Konnotation des Ausdrucks זה dort, nämlich der Bezug auf die Engel, wird auch für Ex 14, 20 angenommen, so daß der Vers nach dem Midrasch folgendermaßen zu lesen ist: "Und ein Engel näherte sich nicht dem anderen". Im Hintergrund steht vermutlich die Idee einer Zusammenkunft zum gemeinsamen Chorgesang[61].

c) Die Auslegung von Jes 22,4

Dieser Teil nennt das Motiv des Trostes Gottes durch die Engel und paßt nur insofern zu den beiden vorausgehenden Midraschim, als man den Trost der Engel mit deren Lobgesang identifiziert. Die Auslegung basiert auf dem Verb תאיצו, dessen Wurzel eigentlich אוץ ist; hier wird der Ausdruck aber mit ניוצים verbunden, also von der Wurzel נאץ abgeleitet. Jes 22,4 ist dann im Sinne des Midrasch folgendermaßen zu lesen: Beleidigt mich nicht, indem ihr mich tröstet[62].

Textgruppe 7

"Die göttliche Sophia"
BHM V, S. 63

Und in der Zeit, in der das Heiligtum bestand, da brachte der Hohepriester unten Ganzopfer und Rauchopfer dar (מקטיר למטה), und Michael brachte ihm gegenüber oben Ganzopfer und Rauchopfer dar (כנגדו מלמעלה). Und als er den Tempel zerstört hatte, sprach der Heilige, gepriesen sei Er, zu Michael: Michael, weil ich das Haus zerstört, meinen Tempel verbrannt, mein Heiligtum verwüstet und meinen Altar eingerissen habe, deshalb bringe vor mir keine Opfer mehr dar, weder in Gestalt von Stieren, noch in der Gestalt von Schafen. Er sprach vor ihm: Herr der Welt, und deine Kinder? Was soll mit ihnen werden?

Er sagte zu ihm: Bringe mir als Opfer ihre Verdienste, ihre Gebete, und die Seelen der Gerechten, die unter dem Thron der Herrlichkeit aufbewahrt werden, und die Kinder vom Lehrhaus, und ich werde die Sünden Israels sühnen. Und wenn ich das Untere erfreue, dann erfreue[63] ich auch das Obere, denn es heißt: "So spricht der Herr: Siehe, ich will das Geschick der Zelte Jakobs wenden [und mich über seine Wohnungen erbarmen]" (Jer 30,18).

Es heißt nicht 'Zelt', sondern: "Zelte" - eines unten und eines oben; und es heißt nicht 'Wohnung', sondern: "seine Wohnungen" - eine Wohnung oben (משכן למעלה) und eine Wohnung unten; "... und die Stadt soll auf ihrem Hügel erbaut werden" (ibid.)

---

61 Zu dieser Auslegung vgl. die Texte in Textgruppe 5, S. 154 ff.
62 Vgl. *MTeh 137* §3 (262a), S. 148 dieser Arbeit.
63 Diese Übersetzung wurde auf Grund des folgenden Schriftzitats gewählt; rein grammatikalisch kann משמח auch als Partizip Pu'al gelesen werden: Wenn ich durch das Untere erfreut werde, dann werde ich auch durch das Obere erfreut.

- das ist unten; "und die Burg (אַרמוֹן) soll auf ihrem rechtmäßigen Platz stehen" (ibid.) - das ist das Haus oben (בית שֶׁל מַעְלָה), "[und Loblieder und Freudengesänge werden von dort erschallen]" (Jer 30,19).

zum Kontext: Kap. V, Textgruppe 8.2, S. 86 dieser Arbeit

Seder Arqim
OsM S. 70a/b

... Michael, weil ich mein Haus zerstört und meinen Tempel verbrannt habe, deshalb bringe keine Opfer mehr dar, weder in der Gestalt eines Stiers noch in der Gestalt eines Schafs noch in der Gestalt eines Bockes. Er sprach vor ihm: Herr der Welt, und deine Kinder? Was soll mit ihnen werden? Da sagte der Heilige, gepriesen sei Er, zu ihm: Bringe vor mir als Opfer die Seelen der Gerechten, die unter dem Thron der Herrlichkeit aufbewahrt werden, und die Kinder vom Lehrhaus, und durch sie werde ich die Sünden Israels sühnen.

Denn während noch das Untere fröhlich war, da war auch das Obere fröhlich; jetzt, da das Untere trauert, trauert auch das Obere, und wenn das Untere erbaut wird, wird auch das Obere erbaut, denn es heißt ... (Jer 30,18).

zum Kontext: Kap. V, Textgruppe 8.2; S. 87 dieser Arbeit

Alfa Beta de Ben-Sira §6
nach ms. hebr. oct. 35 der Stadt- und Universitätsbibliothek der Stadt Frankfurt a.M.

... im unteren Heiligtum. Und wenn der Priester unten an ihm Rauchopfer darbringt, bringt Michael oben die Seelen der Gerechten als Rauchopfer dar. Und da die Opfer aufhörten, bringt man oben keine Opfer mehr dar. Aber der Heilige wird sie wiederbringen, wie gesagt ist: "Und die Erlösten des Herrn werden wiederkommen" (Jes 35,10).

zum Kontext: Kap. V, Textgruppe 8.3, S. 87

Midrash Elle Ezkera, 1.Rezension
BHM II, S. 66

Als R. Ismael das hörte, beruhigte er sich sofort und er wandelte im Firmament hin und her und sah den Altar nahe beim Thron der Herrlichkeit. Und er sprach zu Gabriel: Was ist das? Er sagte: Das ist ein Altar. Und er sprach zu ihm: Und was opfert ihr auf ihm jeden Tag? Sind denn etwa Stiere und Widder oben? Er sagte zu ihm: Die Seelen der Gerechten opfern wir auf ihm jeden Tag. Er sprach zu ihm: Wer bringt sie dar? Er sagte zu ihm: Michael, der große Fürst.

Midrash Elle Ezkera, 2. Rezension
BHM VI, S. 22

[Das Gespräch findet zwischen Metatron und R. Ismael statt.]
Und er sprach zu ihm: Und was ist denn vor dir? Er sagte: Ein Altar. Er sprach zu ihm: Gibt es denn oben auch Opfer und einen Altar? Er sagte zu ihm: Alles, was es unten gibt, gibt es auch oben. Denn es heißt: "So habe ich denn wirklich gebaut ein Wohn-Haus für dich, eine Stätte dir zur Wohnung" (I Reg 8,13). Er sprach zu ihm: Und was opfert ihr auf ihm? Habt ihr etwa Widder, Stiere und Schafe? Er sagte zu ihm: Wir haben keine Widder, keine Stiere und keine Schafe, sondern wir bringen auf ihm die Seelen der Gerechten dem Heiligen, gepriesen sei Er, dar.

Parallele: 3. Rezension; BHM VI, S. 32[64]

BamR 12,12 (49a)

... Und es ist die Wohnung des Jünglings mit dem Namen Metatron[65], in der er die Seelen der Gerechten darbringt, um in den Tagen des Exils für Israel zu sühnen ...

zum Kontext: Kap VII, Textgruppe 1, S. 125 ff.

Midrasch der Zehn Worte
BHM I, S. 64

Oberhalb von Schechakim ist Zebul, und in Zebul ist ein Altar erbaut, und Michael, der Fürst Israels, ist Hoherpriester und steht da und bringt auf ihm Opfer dar an jedem Tag. Und was sind diese Opfer, die er darbringt? Bringt er etwa Schafe dar? [Nein,] sondern die Weisen sagten: Michael, der Fürst Israels ist Hoherpriester im Himmel seit dem Tage, da das Heiligtum zerstört ist - es möge in Bälde in unseren Tagen erbaut werden - und es keine Priester mehr gibt[66]. Und was bringt er als Opfer dar? Die Seelen der Gerechten; bis das Heiligtum wieder erbaut ist. Dann läßt der Heilige, gepriesen sei Er, das Heiligtum, das in Zebul ist (בית המקדש שבזבול), zum Jerusalem unten hinab.

64　Eine synoptische Zusammenstellung des Textes aus *Midrash Elle Ezkera* findet sich bei G.REEG (Hrsg.), Die Geschichte von den Zehn Märtyrern. Synoptische Edition mit Übersetzung (Texte und Studien zum Antiken Judentum 10), Tübingen 1985, S. 40.
65　Zur Identität Metatron-Michael: siehe S. 126 dieser Arbeit, Anm. 7.
66　Die Formulierung erinnert an die Texte in Kap. II, S. 17 ff. dieser Arbeit. Da aber die Taten der *irdischen* Gerechten dargebracht werden, kann nicht eindeutig vom Motiv der himmlischen Kultussubstitution gesprochen werden.

Interpretation

Diese auf Grund des ausführlichen Erzählstils als spät zu datierenden Texte sind als sekundäre Weiterbildungen der sich an *bHag 12b* anschließenden literarischen Ausschmückungen anzusehen[67].

Nach dem Midrasch *Die göttliche Sophia* wurde zur Zeit des Tempels der himmlische Priesterdienst analog zum irdischen durchgeführt[68]; akzeptiert Gott nach der Zerstörung diese Opfer nicht mehr, so dürfte der Grund in Gottes Trauer liegen[69], durch die die himmlische Welt in das Leiden der irdischen mit hineingenommen wird und die keine Verherrlichung mehr zuläßt.

Michael führt mit seinem Einwand den menschlichen Aspekt des Geschehens an: Welche Institution soll für Israel sühnen, wenn sowohl der irdische als auch der himmlische Tempeldienst eingestellt sind? Daraufhin bietet Gott die Substitution der konkreten Opfer durch die "Opfer des Herzens"[70] an.

Da die anderen oben aufgeführten Texte nur die Darbringung der Seelen der Gerechten nennen, sind die Elemente Verdienste, Gebet und die Kinder des Lehrhauses, die in dem Text aus *Die göttliche Sophia* erscheinen, als nachträgliche Ergänzungen und Konkretionen zu verstehen: Lehre und Gebet gehören zu den Verdiensten eines Gerechten[71]; aus ihnen sollen die guten Taten folgen[72].

Durch die Auslegung von Jer 30,18[73] wird deutlich, daß diese Substitution lediglich eine Interimslösung, ein Provisorium bis zur Wiedererbauung des Tempels[74] darstellt.

Die Wiederaufnahme des himmlischen Gottesdienstes wird zunächst mit Hilfe des wörtlichen Verständnisses des Plurals begründet[75]; der Begriff Zelt (אהל) wird hier im Sinne von Begegnungszelt (אהל המועד), Tempel verstanden[76]. Beim folgenden Parallelismus

---

67 Siehe S. 6 ff. dieser Arbeit.
68 Z.B. *yYom 7,2 (44b)*; *WaR 21,11 (30d)*; *ShemR 33,4 (61c/d)* u.ö., siehe S. 62. 111 f. dieser Arbeit.
69 Siehe auch den ähnlich lautenden Weheruf, der in bBer 3a zweimal erscheint: "Wehe, daß ich mein Haus zerstört, meinen Tempel verbrannt und meine Kinder unter die Völker verbannt habe."
70 So in SifDev 'eqev §41 (S. 87 f.) zu Dtn 11,13; zur Substitution der Opfer durch Studium, Gebet, Wohltun usw.: H. WENSCHKEWITZ, Die Spiritualisierung der Kultusbegriffe, S. 94 ff. - C. THOMA, Auswirkungen des jüdischen Krieges gegen Rom, S. 197 ff. - J. MAIER, Tempel und Tempelkult, S. 387; siehe auch S. 24 f. dieser Arbeit.
71 Hierzu: R. MACH, Der Zaddik in Talmud und Midrasch, Leiden 1957, S. 14 f.: "Das Wesen der Gerechtigkeit besteht zunächst aus dem Gehorsam gegenüber dem Willen Gottes. Gerecht ist, wer den Willen seines Schöpfers tut (...) Der göttliche Wille manifestiert sich in den Geboten und Verboten der Tora; sie ist es, die den Menschen lehrt, wie er den göttlichen Willen tun soll. Somit ist ein Gerechter, wer die Tora auf sich nimmt, ihre Vorschriften achtet, sie ausübt und erfüllt, sich mit der Tora und den Geboten abmüht und über Schriftgelehrsamkeit und gute Werke verfügt."
72 Zum Verhältnis von Lernen und Handeln: R. MACH, Der Zaddik in Talmud und Midrasch, S. 15 f.
73 Jer 30,18 als Beleg für die Erbauung der Stadt: ARN B Ende §5 (10a); SifDev d^evarim §1 (S. 7); PesK 20 (143a/b); siehe auch S. 102 dieser Arbeit.
74 H. WENSCHKEWITZ, Die Spiritualisierung der Kultusbegriffe, S. 92. 108; vgl. hierzu S. 18 dieser Arbeit.
75 Zur Auslegungstechnik: J. HEINEMANN, Darkhe ha-aggada, S. 131.
76 So auch BamR 12,14 (49b). Zum biblischen Sprachgebrauch: K. KOCH, Art.: אֹהֶל, Sp. 136 f.

membrorum werden die beiden Glieder jeweils für sich gelesen und einzeln ausgelegt; der Begriff ארמון wird durch den erklärenden Zusatz בית של מעלה allegorisch auf das himmlische Heiligtum bezogen[77]. De facto bildet der himmlische Gottesdienst keine eigenständige Größe mehr; die himmlischen Opfer werden nicht durch ein anderes himmlisches Element abgelöst, sondern Michael, der himmlische Hohepriester, bringt die Taten der irdischen Gerechten vor Gott dar.

Inhaltlich bildet dieses Motiv eine Ätiologie für die irdische Substitution des Tempeldienstes; angesichts eines funktionierenden himmlischen Gottesdienstes mußte die irdische Lösung des Problems ja sehr unvollkommen erscheinen. So aber werden die irdischen Gerechtigkeitstaten, die Gebete und die Beschäftigung mit der Lehre, durch ihre entscheidende Rolle beim Opferdienst Michaels legitimiert.

Während *Midrash Elle Ezkera, 1. Rezension* das Motiv der Darbringung der Seelen der Gerechten außerhalb jedes historischen Bezuges stellt, betont *BamR 12,12* und *Midrasch der Zehn Worte* dessen Interimsfunktion bis zur Wiedererbauung des Heiligtums. *Midrash Elle Ezkera, 2. Rezension, Seder Arqim* und *Alfa Beta de Ben Sira* §6 stellen die Vorstellung in den Rahmen des Entsprechungsdenkens: Die Beendigung des irdischen Kultus zieht die Beendigung des himmlischen Kultus nach sich, mit der Restauration des irdischen Kultus kann auch der himmlische Kultus wieder aufgenommen werden.

Gesamtinterpretation

Eine Radikalisierung des Motivs von der Liebe Gottes, die zugleich auf dessen historisch-theologischen Kontext verweist, findet sich in all den Texten, die die Nachordnung der himmlischen Welt mit dem Betroffensein Gottes vom Leid seines Volkes begründen. Gott verzichtet - so wissen es sowohl die tannaitischen als auch die amoräischen Belege - infolge der Tempelzerstörung bzw. der Sintflut oder der Bedrängnis Israels beim Zug durch das Schilfmeer auf den ihm zukommenden Lobgesang[78], den himmlischen Opferdienst[79], seine himmlische Stadt[80] und will schließlich sogar den oberen Tempel zerstören[81]. Wie bereits bei der Vorstellung der Kultusgemeinschaft von Engeln und Menschen[82] bzw. deren Uminterpretation durch das Rivalitätsmotiv[83] wird auch in diesem Kontext auf Jes 6,3 rekurriert: Nach *TanB bᵉshallaḥ §13 (30b/31a)* dürfen die Engel diese Worte in der Zeit, in der Israel in Not ist, gerade nicht sprechen[84], und *bHag 13b* erzählt, daß den Seraphen die Flügel, mit denen sie die Keduscha zum Ausdruck brachten, genommen wurden[85].

---

77   ארמון im Sinne von Heiligtum: Raschi zu Jer 30,18.
78   Textgruppe 3.4.5.6, S. 149 ff. dieser Arbeit.
79   Textgruppe 7, S. 158 ff. dieser Arbeit.
80   Textgruppe 1, S. 143 f. dieser Arbeit.
81   Textgruppe 2, S. 148 f. dieser Arbeit.
82   Vgl. Kap. IV dieser Arbeit, S. 62 ff.
83   Vgl. Kap. VII dieser Arbeit, S. 125 ff.
84   Vgl. S. 154 dieser Arbeit.
85   Vgl. S. 152 dieser Arbeit.

In *PesR 33* (155b) wird das Motiv von der Trauer Gottes mit dem Weltordnungsdenken verbunden, wodurch dieses eine Neuakzentuierung erfährt: Die traditionelle Reihenfolge, die die obere Welt der unteren vorausgehen läßt, ist hier umgekehrt; das allgemeine Entsprechungsdenken vermag das Betroffensein der himmlischen Welt gerade zu begründen.

Generell steht aber der personale Aspekt, das Leiden Gottes, im Vordergrund[86]. Dieses Motiv von Gottes Trauer und Klage, die durch das Leid Israels hervorgerufen werden, ist in der rabbinischen Literatur häufig anzutreffen[87], es gehört zu einem "ständig festgehaltenen Bestandteil der rabbinischen Glaubenswelt"[88], wobei - ganz analog zu den hier behandelten Texten - jene Texte am stärksten vertreten sind, für die die Tempelzerstörung den Anlaß für Gottes Trauer darstellt[89].

Aus der Zeit unmittelbar nach der Tempelzerstörung stammt der früheste bekannte Beleg[90].

> "Denn es wird gelehrt: R. Elieser[91] sagt: Aus drei Nachtwachen besteht die Nacht und in jeder dieser Nachtwachen sitzt der Heilige, gepriesen sei Er, und brüllt wie ein Löwe, denn es heißt: 'Der Herr brüllt von der Höhe, von der Stätte seines Heiligtums erklingt seine Stimme, er brüllt von seiner Aue' (Jer 25,30)".

Dem Mitleiden Gottes am Geschick seines Volkes entspricht wiederum das Motiv seines Exils[92].

Dem von der antiken griechischen Philosophie artikulierten Ideal eines affektlosen Gottes[93],

---

86 Gegen H. BIETENHARD, Die himmlische Welt im Urchristentum und Spätjudentum, S. 193, der das Motiv der Entsprechung von Himmel und Erde als Grund für die Priorität des irdischen Gesanges angibt.

87 Hierzu P. KUHN, Gottes Trauer und Klage; ibid., S. 349 f. erfolgt eine Auflistung der Texte; vgl. P. KUHN, Gottes Selbsterniedrigung in der Theologie der Rabbinen (StANT 17), München 1968, S. 82 ff. - M. AYALI, Gottes und Israels Trauer über die Zerstörung des Tempels, in: Kairos 23 (1981), S. 215-231, hier: S. 230, Anm. 146.

88 P. KUHN, Gottes Trauer und Klage, S. 393.

89 P. KUHN, Gottes Trauer und Klage, S. 351 f. Die Motive von der Zerstörung des ersten Tempels und der Zerstörung des zweiten Tempels sind miteinander identisch; hierzu die Ausführungen P. KUHNs, Gottes Trauer und Klage, S. 352 ff.

90 bBer 3a; hierzu: P. KUHN, Gottes Trauer und Klage, S. 392 f.; vgl. M. AYALI, Gottes und Israels Trauer über die Zerstörung des Tempels, S. 215. Der Grundgedanke der Trauer Gottes findet sich im Lehrhaus R. Akibas: "Zwar schreibt eine Baraita schon dem R. Eliezer (ben Hyrkanos) den Ausspruch zu ..., doch wurden diese Worte dem R. Eliezer wahrscheinlich erst durch eine spätere Quelle zugeschrieben".

91 R. Elieser (ben Hyrkanos) ist ein Tannait der zweiten Generation; zum Text bBer 3a: P. KUHN, Gottes Trauer und Klage, S. 254 ff.

92 Der früheste Beleg für Gottes Exil stammt aus dem 1. Jhdt. n. Chr. und lautet: "Rabbi Akiba sagt: Wenn es nicht so geschrieben wäre, wäre es unmöglich, so etwas zu sagen. Israel sprach - wenn man so sagen kann - vor dem Heiligen, gepriesen sei Er: Du hast dich selbst erlöst. So findest du, daß an jedem Ort, an den Israel im Exil war, die Schechina - wenn man es so sagen kann - mit ihnen im Exil war ..." Es folgen Beispiele für: Ägypten, Babylon, Elam und Edom "... und wenn sie in der Zukunft zurückkehren werden, wird - wenn man es so sagen kann - die Schechina mit ihnen zurückkehren, denn es heißt: 'Und es kehrt zurück (ושב) der Herr, dein Gott, deine Gefangenschaft'. Es heißt nicht: 'Und es bringt zurück (השיב) der Herr, dein Gott, deine Gefangenschaft', sondern: 'Und es kehrt zurück ... (ושב)' (MekhY pisḥa XIV (S. 51 f.)); hierzu: J.Z. SMITH, Earth and Gods, S. 122. Weitere Texte zum Exil Gottes: P. KUHN, Gottes Selbsterniedrigung in der Theologie der Rabbinen, S. 87 f. - M. AYALI, Gottes und Israels Trauer über die Zerstörung des Tempels, S. 218. - C. THOMA, Das Land Israel in rabbinischer Tradition, S. 50. - K. SCHUBERT, Das Land Israel, S. 82.

93 U.a. bei Aristoteles, Plato und in der Stoa; vgl. die Zusammenstellung bei TH. RÜTHER, Die sittliche Forderung der Apatheia in den beiden ersten christlichen Jahrhunderten und bei Klemens von Alexandrien. Ein Beitrag zur Geschichte des christlichen Vollkommenheitsbegriffs (FThSt 63), Freiburg 1949, S. 1-19.

der kein Leiden und keine Leidenschaften kennt, steht so - um in den Worten A. HESCHELs zu sprechen[94] - der Gott der Propheten, der pathetische Gott, gegenüber. Die Geschichte seines Volkes geht diesen Gott unmittelbar an, die Geschehnisse auf Erden bewegen, affizieren und betreffen ihn; sie können ihn berühren und betrüben, erfreuen und ergreifen[95]. "Er nimmt alles, was in der Geschichte vorgeht, innerlich und empfindend auf. Die Geschehnisse und Handlungen erregen in ihm Freude oder Leid, Wohlgefallen oder Mißfallen"[96]. "Es gibt keine getrennte Geschichte von Gott oder Volk"[97]. "Jedes Geschehen in der Welt zieht ein Geschehen in Gott nach sich"[98].

Aus diesen Ausführungen erklärt sich auch die Marginalität der Vorstellung, daß der Lobpreis und Opferdienst der himmlischen Scharen den Kult im Jerusalemer Tempel nach dessen Zerstörung ersetzen kann. Der mit dem irdischen Geschehen verbundene Gott kann sich gar nicht - gleichsam unbeteiligt - von seinem Volk zurückziehen und Israel in seinem Leid zurücklassen.

Folgende tannaitische Legende, die auf den vor dem Hadriansedikt des Jahres 135 n. Chr. bestehenden Brauch[99], die Tempelruinen zu besuchen, zurückgeht[100], stellt die beiden Konzepte kontrastiv gegeneinander und verdeutlicht die vorherrschende rabbinische Position[101]:

> "Einmal betrat R. Zadok[102]das Haus des Heiligtums und er sah das Haus des Heiligtums zerstört. Er sagte: Mein Vater, der im Himmel ist! Du hast deine Stadt zerstört und deinen Tempel verbrannt und hast dich hingesetzt und bist ruhig und sorglos geblieben. Sofort dämmerte R. Zadok ein und er sah den Heiligen, gepriesen sei Er, der eine Trauerrede hielt[103], und die Dienstengel sprachen ihm die Trauerworte nach, und er sagte: 'Wehe ... Jerusalem!'"[104].

Dieses Trauern und Mitleiden wird nicht als Schwäche Gottes interpretiert, sondern als Zeichen seiner Liebe und seiner Verbundenheit mit seinem Volk; in der Teilnahme Gottes an der Existenz seines Volkes erweist sich seine Bundestreue[105]. Wenn "die Wunde in den Wunden die Verlassenheit" ist[106], so liegt in Gottes Trauer um das Schicksal Israels, die als Pfand seiner Liebe zu verstehen ist, der Grund für die Hoffnung auf die kommende Erlösung.

"Wenn Gott einerseits über die Strafe, die er ja selbst über das Volk verhängen mußte, tiefes Mitleid empfindet, welches sich in seiner Trauer äußert, so heißt das, daß er mit seiner Bestrafung seine Liebe zu seinem Volk nicht aufgegeben hat: Israel bleibt auch weiterhin von der Liebe Gottes umschlossen, ist nicht endgültig verstoßen. Gottes Trauer über die von ihm verhängte

94 A. HESCHEL, Die Prophetie, S. 139; vgl. S. 141 dieser Arbeit.
95 A. HESCHEL, Die Prophetie, S. 131.
96 A. HESCHEL, Die Prophetie, S. 131.
97 A. HESCHEL, Die Prophetie, S. 133.
98 A. HESCHEL, Die Prophetie, S. 143.
99 P. KUHN, Gottes Trauer und Klage in der rabbinischen Überlieferung, S. 267. - F.M. ABEL, Histoire de la Palestine depuis la conquête d'Alexandre jusqu' à l'invasion arabe, Paris 1952, Bd. II, S. 48. 103.
100 P. KUHN, Gottes Trauer und Klage, S. 267.
101 SER (30)28 (S. 149); Text bei P. KUHN, Gottes Trauer und Klage, S. 265.
102 R. Zadok war ein Tannait, der in der zweiten Hälfte des 1. Jhdt. in Palästina lebte (W. BACHER, Die Agada der Tannaiten, Bd. I, S. 47-50). Nach bGit 56a soll dieser 40 Jahre lang gefastet haben, damit Jerusalem nicht zerstört werde.
103 Wörtlich: in Trauerrede dastand.
104 Zur Lesart des letzten Satzes: P. KUHN, Gottes Trauer und Klage, S. 265 f. II.
105 J. MOLTMANN, Der gekreuzigte Gott. Das Kreuz Christi als Grund und Kritik christlicher Theologie, München 1972, S. 260. 263.
106 So die Formulierung von J. MOLTMANN, Der gekreuzigte Gott, S. 49.

Strafe wird dem Volk zum Zeichen für seine Liebe, sie gibt ihm die Hoffnung, daß jene Strafe nicht immer währen wird, sondern daß Gottes Liebe als sein innerstes Wesen, eine Liebe, welche sich noch in der Katastrophe durchhält, einmal wieder in unverstellter Form zum eigentlich Bestimmenden in der Geschichte von Gott und Volk werden wird, daß Gott selbst Israel in seine ursprüngliche, von Leid und Trauer ungetrübte Existenzweise zurückbringen wird"[107].

Israel weiß, daß die Zeit des Exils und der Unterdrückung ein Ende haben wird, da Gott sich nur in "Gemeinschaft mit dem Volk in Land, Stadt und Tempel"[108] verwirklichen kann. Israels Erlösung ist Gottes Erlösung, und da Gott sich selber erlösen wird, kann sich Israel seiner eigenen Erlösung sicher sein[109]. Die Funktion der Texte liegt also in der Paraklese[110].

Da sich fast alle Texte mit der Tempelzerstörung direkt auseinandersetzen und die einzige Ausnahme, das separat erscheinende Motiv der Israeliten am Meer sicherlich nicht aus historischem Interesse, sondern unter dem Aspekt seines Aktualisierungspotentials im Hinblick auf die jüngeren historischen Ereignisse hin erzählt wurde[111], ist an die Bedeutung der Tempelzerstörung zu erinnern.

Trotz tempelkritischer Stimmen[112] zur Zeit des Tempels, trotz der auf die Zerstörung folgenden Relativierungen der Katastrophe[113] sollte man den Einbruch, den die Ereignisse des Jahres 70 n. Chr. für das jüdische Volk und dessen Religion darstellten, nicht unterschätzen[114]. Die soziale, politische und religiöse Ordnung des Volkes war völlig zerrüttet[115], und zahlreiche Belege lassen das Maß der Verzweiflung ahnen. So wird in ARN A §4 (12b) erzählt: "Als R. Johanan ben Sakkai hörte, daß Jerusalem zerstört war und das Heiligtum in Flammen aufgegangen, da

---

107 P. KUHN, Gottes Trauer und Klage, S. 361.

108 P. KUHN, Gottes Trauer und Klage, S. 361.

109 Siehe hierzu: P. KUHN, Gottes Selbsterniedrigung in der Theologie der Rabbinen, S. 89 f. – M. AYALI, Gottes und Israels Trauer über die Zerstörung des Tempels, S. 218. – P. KUHN, Gottes Trauer und Klage, S. 362.

110 P. KUHN, Gottes Trauer und Klage, S. 351.

111 P. SCHÄFER, Zur Geschichtsauffassung des rabbinischen Judentums, S. 23: "Was in der Vergangenheit geschah, ist als historisches Faktum völlig belanglos und für die Gegenwart irrelevant, bedeutsam ist es nur in einem bestimmten, meist ethisch motivierten, theologischen Zusammenhang"; s.a. J. GOLDIN, The Song at the Sea, S. 13. In Bezug auf den Umgang mit der Geschichte sind die rabbinischen Texte mit der alttestamentlichen Sage zu vergleichen; s. G. FOHRER, Einleitung in das Alte Testament, Heidelberg [12]1979, S. 102 ff. – G. FOHRER, Theologische Grundstrukturen des Alten Testaments, Berlin/New York 1972, S. 190 ff.

112 P. SCHÄFER, Geschichte der Juden in der Antike, S. 146; vgl. J. MAIER, Tempel und Tempelkult, S. 382.

113 Hierzu: C. THOMA, Auswirkungen des jüdischen Krieges gegen Rom, S. 188 f. 197 f. So versuchte z.B. Jehuda ha-Nasi, den 9. Ab als Erinnerungstag an die Tempelzerstörung abzuschaffen.

114 C. THOMA, Auswirkungen des jüdischen Krieges gegen Rom, S. 30. 186 f.; s.a. die Belege der folgenden Anmerkung; vgl. aber: W. BOUSSET/H. GRESSMANN, Die Religion des Judentums im neutestamentlichen Zeitalter, S. 130. 136. – C. ROTH, Geschichte der Juden von den Anfängen bis zum neuen Staate Israel, Stuttgart 1954, S. 136. – K. SCHUBERT, Geschichte der Juden in der frühen Diaspora mit besonderer Berücksichtigung der Zeit von 70-500, in: F. BÖHM und W. DIRKS (Hrsg.): Judentum. Schicksal, Wesen und Gegenwart, Wiesbaden 1965, Bd. I, S. 96-120, hier: S. 102 ff.

115 J. MAIER, Geschichte der jüdischen Religion, S. 92 f. – P. SCHÄFER, Geschichte der Juden in der Antike, S. 146. – S. SAFRAI, Das Zeitalter der Mischna und des Talmuds, S. 390. – M. AVI-YONAH, Geschichte der Juden im Zeitalter des Talmud, S. 140. Von einer "glatten Heilskatastrophe" spricht H.J. SCHOEPS, Die Tempelzerstörung des Jahres 70 in der jüdischen Religionsgeschichte, S. 170; s.a. R.L. COHN, The Senses of a Center, S. 75. – G.D. COHEN, Zion in Jewish Literature, S. 54.

zerriß er seine Kleider, und [auch] seine Schüler zerrissen ihre Kleider und sie weinten, klagten laut und trauerten"[116].

Verständlich wird der Schmerz über die Tempelzerstörung, wenn man die verschiedenen Funktionen, die Tempel und Tempelkult zu erfüllen hatten, bedenkt. Der Tempel selbst war "imago mundi"; da der korrekt vollzogene Tempeldienst die Voraussetzung für den Bestand von Natur und Gesellschaft bildete, kam die Zerstörung einer kosmischen Katastrophe gleich[117].

Eine Erklärung der zeitlichen Streuung der Texte ist so bereits angedeutet: Daß sich die frühen Texte von Gottes Trauer, zu denen man die im Textteil genannten tannaitischen Überlieferungen wohl hinzuzählen kann, direkt mit der Tempelzerstörung auseinandersetzen, liegt auf der Hand. Bezüglich der amoräischen Traditionen aber ist zu fragen, warum das Motiv der Sympathie und Liebe Gottes trotz positiver Bewältigungsversuche der Katastrophe wie Substituierung und Relativierung der priesterlichen und zentralkultischen Elemente[118] aktuell bleiben konnte[119]. Zunächst sollte der weltpolitische Kontext nicht übersehen werden: Im dritten Jahrhundert geriet das römische Weltreich in eine Krise, die sich in Palästina durch erhebliche Steuerlasten, Inflation, Landflucht, Hungersnot und Verarmung sowie durch sich vergrößernde soziale Unterschiede äußerte[120]. "Als das römische Reich sich politisch und wirtschaftlich mit dem Regierungsantritt Diokletians (284 n. Chr.) wieder zu stabilisieren begann, war die Blüte des palästinischen Judentums weitgehend vorbei"[121].

Mit der Aussage von Gottes Trauer über die Zerstörung des Tempels, die ja dessen Liebe und Verbundenheit mit Israel impliziert und zum Ausdruck bringt, daß der Bund Gottes auch in der gegenwärtigen, leidvollen Lage weiter existiert[122], stehen diese Texte im Spannungsfeld der jüdisch-heidnischen bzw. jüdisch-christlichen Auseinandersetzungen. Bereits Cicero folgert aus der Niederlage des Jahres 70, daß die Juden von den Göttern verstoßen sind[123], und die

---

116 Sehr eindrücklich ist auch die Wehklage Baruchs über Jerusalem (syrBar 10,6-19), die mit folgenden Worten beginnt: "Selig der, der nicht geboren ist, oder der, der geboren wurde und dann starb. Uns aber, die wir leben, wehe uns, daß wir die Trübsale Zions angeschaut haben und das, was Jerusalem betroffen hat ..." (zitiert nach der Übersetzung von A.F.J. KLIJN, Die syrische Baruch-Apokalypse, S. 128), siehe auch IV Esr 10,21 f.; zu diesen Texten: G. ALON, The Jews in their Land in the Talmudic Age, Bd. I, Jerusalem 1980, S. 53 f. - bzw. G. ALON, Toledot ha-Yehudim be-ereş Yisra'el bi-tqufat ha-mishna we-ha-talmud, Bd. I, Tel Aviv 41967, S. 31 ff., vgl. auch bBB 60b.

117 Siehe S. 22 dieser Arbeit.

118 J. MAIER, Tempel und Tempelkult, S. 386 f.; ausführlich: C. THOMA, Auswirkungen des jüdischen Krieges gegen Rom, S. 197 ff.; vgl. H. WENSCHKEWITZ, Die Spiritualisierung der Kultusbegriffe, S. 94 ff.; siehe auch S. 24 f. dieser Arbeit.

119 Nach P. KUHN, Gottes Trauer und Klage, S. 394, wurde die Anschauung von Gottes Trauer und Klage im 3. Jhdt. am häufigsten vorgetragen.

120 P. SCHÄFER, Geschichte der Juden in der Antike, S. 185 ff. - G. STEMBERGER, Juden und Christen im Heiligen Land, S. 20 - M. AVI-YONAH, Geschichte der Juden, S. 85-132. - M. AYALI, Gottes und Israels Trauer, S. 218, nennt neben Verfolgung, Unsicherheit usw. noch die enttäuschten Hoffnungen über den Wiederaufbau des Tempels als entscheidenden Faktor für die verzweifelte Lage der Juden im 4. Jhdt. Anders schätzt H.J. SCHOEPS, Die Tempelzerstörung des Jahres 70 in der jüdischen Religionsgeschichte, S. 175 ff., den Wiederaufbau des Tempels ein.

121 P. SCHÄFER, Geschichte der Juden in der Antike, S. 190; vgl. M. AVI-YONAH, Geschichte der Juden, S. 159 ff.

122 M. AYALI, Gottes und Israels Trauer, S. 217 f.

123 Pro Flacc. §69: "Quem cara dis immortalibus esset docuit, quod est victa, quod elocata, quod serva facta", hierzu: A. MARMORSTEIN, Judaism and Christianity in the Middle of the Third Century, in HUCA 10 (1935), S. 223-263, hier: S. 234 f.; dort weitere Belege aus dem heidnischen Bereich.

zunehmende Macht des Christentum wurde von dem Bewußtsein getragen, "wahres" Israel zu sein, da die Auserwählung Israels auf die Kirche übergegangen sei[124]. In der Tempelzerstörung und der Exilierung sah man den Beweis dafür, daß Gott sein Volk wegen der Nicht-Anerkennung des Messias bestraft und verlassen habe[125]. Diese These, die die Zerstörung des Tempels als Strafgericht Gottes interpretiert, ist frühpatristisches Glaubensgut. Während die Schriften der ersten nachapostolischen Zeit Tod Jesu und Tempelzerstörung nicht kausal verknüpfen, bezeugen Tertullian und Hippolyt diese Lehre; für Origenes stellt sie bereits eine Selbstverständlichkeit dar[126].

Gerade im dritten Jahrhundert kommt es zu einer Verschärfung der Polemik[127], und mit Konstantin wird das Christentum auch zur politischen Macht, wodurch eine neue Stufe der Auseinandersetzung eingeleitet wird. Es kann zwar nicht von einer judenfeindlichen Politik Konstantins gesprochen werden[128], letztendlich aber bezahlte das Judentum für den Triumphzug des Christentums[129]. Speziell in Palästina wird die neue Macht, wie dies bereits gezeigt werden konnte, durch die Entwicklung eines Pilgerwesens in größerem Ausmaße und durch die Errichtung großer Kirchen an wichtigen christlichen Gedenkstätten konkret erfahrbar[130]. Die

124 Belege bei H.J. SCHOEPS, Die Tempelzerstörung des Jahres 70 in der jüdischen Religionsgeschichte, S. 154 ff. und G. STEMBERGER, Juden und Christen im Heiligen Land, S. 60 und S. 82 f.
125 M. AYALI, Gottes und Israels Trauer, S. 219. - P. KUHN, Gottes Trauer und Klage, S. 386. - E. FASCHER, Jerusalems Untergang in der urchristlichen und altkirchlichen Überlieferung, in: ThLZ 89 (1969), Sp. 81 - 98. Ferner: H. CHADWICK, Die Kirche in der antiken Welt, Berlin/New York 1972, S. 17 f. - H. RENGSTORF/S. VON KORTZFLEISCH (Hrsg.): Kirche und Synagoge. Handbuch zur Geschichte von Juden und Christen; Stuttgart 1968, Bd. I, 136 ff. - L. POLIAKOV, Geschichte des Antisemitismus, Bd. I: Von der Antike bis zu den Kreuzzügen, Worms ²1979, S. 17. - M. AVI-YONAH, Geschichte der Juden, S. 145 ff. - M. SIMON, Verus Israel. Étude sur les relations entre Chrétiens et Juifs dans l'Empire Romain, Paris ²1964. Analog zur Tempelzerstörung wurde auch das Scheitern des julianischen Tempelaufbaus als göttliche Strafe interpretiert; Belege hierzu bei E. FASCHER, Jerusalems Untergang in der urchristlichen und altkirchlichen Überlieferung, Sp. 90 f. - G. STEMBERGER, Juden und Christen im Heiligen Land, S. 163.
126 H.J. SCHOEPS, Die Tempelzerstörung des Jahres 70 in der jüdischen Religionsgeschichte, S. 147 ff.; s.a. die Beschreibung des Hieronymus über den jährlichen Besuch der Juden auf dem Tempelplatz (In Sophoniam I, 15.16.); als Strafgericht Gottes deutet Hieronymus auch das Hadriansedikt und die alljährlich am Tag der Zerstörung auf dem Tempelplatz stattfindende Klage der Juden; siehe S. 100 dieser Arbeit, Anm. 123. Vgl. in diesem Kontext auch die Vorstellung, daß die Engel, die Jerusalem zum Schutz bestimmt waren, die Stadt in der Todesstunde Jesu verlassen haben. So heißt es im Hesekiel-Kommentar des Hieronymus: "'Sana me, Domino, et sanabor; saluum me fac et saluus ero', denique angeli - qui praesides erant Iudaeorum eo tempore, quando clamauit multitudo insipiens et ait: 'Sanguis eius super nos et super filios nostros', et uelum templi scissum est et omnia Hebraeorum sacramenta reserata - responderunt praecipienti Domino, atque dixerunt: 'Curauimus Babylonem et non est sanata; relinquamus eam', urbem uidelicet confusionis atque uitiorum." (Hieronymus, In Hiezechielem XIV, XIVII, 6/12, S. Hieronymi Presbyteri Opera, Pars I: Opera Exegetica 6: Commentarium in Hiezechielem (CChr.SL 75) 1969, S. 716); vgl. auch die Jeremia-Homilien des Origenes XIII, 1.
127 A. MARMORSTEIN, Judaism and Christianity, S. 235. - M. AYALI, Gottes und Israels Trauer, S. 218. 230 f. Dies kann natürlich nicht heißen, daß der Sitz im Leben all dieser Midraschim die Apologetik ist; sie richteten sich primär wohl nach innen (M. AYALI, Gottes und Israels Trauer, S. 218 f.).
128 P. SCHÄFER, Geschichte der Juden in der Antike, S. 192. - G. STEMBERGER, Juden und Christen im Heiligen Land, S. 48.
129 P. SCHÄFER, Geschichte der Juden in der Antike, S. 191.
130 P. SCHÄFER, ibid.; vgl. die Ausführungen auf S. 109 f. dieser Arbeit.

Texte von Gottes Mitleiden an der Not der Menschen, die in ihrer Anthropozentrik die traditionellen kosmologischen Vorstellungen von der Priorität des Himmlischen bzw. der Entsprechung von oberer und unterer Welt in eine Dominanz des Irdischen umkehren, stehen damit in einem vielschichtigen Funktionsgeflecht. Der Aspekt der göttlichen Gerechtigkeit, wie er in der Vorstellung von der Tempelzerstörung als Strafgericht[131] zum Ausdruck kommt, wird mit dem Motiv der Liebe Gottes zu Israel[132] verbunden; der Polemik von außen korrespondiert so die Paraklese nach innen[133].

---

131 So z.B. in bGit 56b; s.a. H.J. SCHOEPS, Die Tempelzerstörung des Jahres 70 in der jüdischen Religionsgeschichte, S. 150 ff.; vgl. aber R. GOLDENBERG, Early Rabbinic Explanations of the Destruction of Jerusalem, in: JJS 33 (1982), S. 517-525. Allgemein zum Verhältnis von Unglück und Strafe: P. KUHN, Gottes Trauer und Klage, S. 389.

132 Zur Verbindung von Zorn und Liebe Gottes: z.B. MTeh 20 §1 (87a). Zu Schuld und Liebe: P. KUHN, Gottes Selbsterniedrigung, S. 82. – P. KUHN, Gottes Trauer und Klage in der rabbinischen Überlieferung, S. 362.

133 Vgl. aber auch die innerjüdische Auseinandersetzung unter dem Aspekt der Ehre Gottes; hierzu S. 20 dieser Arbeit.

ZUSAMMENFASSUNG

Das Frühjudentum beschreibt die Relation von himmlischer und irdischer Welt in verschiedenen Kategorien, denen jeweils ein spezifisches theologisches Konzept korrespondiert. Wenn auch die Um- und Neuinterpretation einzelner Traditionen aufgezeigt werden kann, so ist diese Abfolge der Texte doch nicht in dem Sinne zu verstehen, daß ein Entwurf den anderen ablöst. Vielmehr ist von einem synchronen Miteinander der einzelnen Vorstellungen auszugehen, die zuweilen in direktem Gegensatz und in Spannung zueinander stehen können. Die Motive vom himmlischen Tempel, dem himmlischen Jerusalem und dem himmlischen Gottesdienst stehen somit in einem vielschichtigen Funktionsgeflecht.

Die Motive der himmlischen Stadt und des himmlischen Tempels erscheinen zunächst - im Gegensatz zum neutestamentlichen Verständnis - nicht als eschatologische, sondern nur als kosmologische Größen, die als integraler Bestandteil des frühjüdischen Weltbildes zu betrachten sind. Über der Erdscheibe, die auf der Urflut schwimmt, erhebt sich das aus sieben Stockwerken bestehende Himmelsgewölbe; im vierten, dem mittleren Himmel, senkrecht über dem irdischen Tempel und dem irdischen Jerusalem, befindet sich die himmlische Stadt und das himmlische Heiligtum, in dem der Erzengel Michael, Israels Schutz- und Fürsprecherengel, den Opferdienst versieht.

Eine Priorität der himmlischen Welt formulieren dann all die Texte, die für die Zeit nach der Tempelzerstörung eine Substitution des irdischen Kultus durch den Opferdienst und Lobpreis der Engel annehmen. Die Funktion dieses himmlischen Gottesdienstes ist in doppelter Hinsicht zu bestimmen: Einerseits entlasten die Engel Israel von der Pflicht der täglichen Opfer, die ja auf Grund ihrer Sühnewirkung geradezu lebensbegründende und lebenserhaltende Kraft haben; andererseits bezeugt der himmlische Lob- und Preisgesang der Myriaden von Engeln die auch nach der Katastrophe der Tempelzerstörung fortbestehende Ehre und Herrlichkeit Gottes. Wenn aber im unmittelbaren Umfeld der Texte deutlich wird, daß dieses Konzept nach rabbinischem Denken lediglich eine Interimslösung bis zur Wiedererbauung des Heiligtums darstellt und dem Menschen mit dem Studium und der Beachtung der Tora andere, vom Tempel unabhängige Möglichkeiten der Heiligung seines Lebens zur Verfügung stehen, so äußert sich hier bereits eine Relativierung des Entwurfes. Damit grenzt sich das rabbinische Denken deutlich von der Vorstellungswelt der apokalyptisch orientierten Kreise des antiken Judentums ab, die zur Bewältigung der Katastrophe des Jahres 70 ebenfalls auf das Theologumenon der himmlischen Welt zurückgegriffen hatten: Das obere Jerusalem wurde nicht nur als eine kosmologische Größe verstanden, sondern gleichzeitig auch als eschatologisches Heilsgut, das sich schon in der noch unerlösten Gegenwart des jetzigen Äons bei Gott befindet; am Ende der Tage aber wird es - nach der Erwartung der Apokalyptiker - zur Erde herabkommen und damit das irdische ersetzen.

Die Vorstellung, daß der praemundan erschaffene Tempel mit seinen Geräten bei der Erbauung der Stiftshütte als Modell und Vorbild fungierte, dient zunächst der Legitimation des Wüstenheiligtums und des Jerusalemer Tempels, der nach jüdischem Verständnis in direkter Kontinuität zu der Stiftshütte steht und ihr somit in Aufbau und Maß entspricht. Den entscheidenden Passus für die Vorbildfunktion des himmlischen Tempels bildet Ex 25,9.40 mit dem Terminus תבנית. Während es im biblischen Kontext an dieser Stelle offenbleibt, ob es sich um ein reales himmlisches Gebäude oder lediglich um einen Bauplan handelt, interpretiert die rabbinische Exegese diesen Begriff eindeutig in ersterem Sinne: Mose schaut bei seinem Aufenthalt auf dem Sinai, der traditionell als Himmelsreise verstanden wird, sowohl den himmlischen Tempel als auch die Lade, den Schaubrottisch und den Leuchter. Diese Texte, die die irdischen Kultobjekte auf die Vision himmlischer Gegenstände zurückführen, können als Kultätiologien bezeichnet werden. Das Heilige gründet nicht in menschlichen Entscheidungen, sondern in der göttlichen Offenbarung einer transzendenten Wirklichkeit, die unveränderbar ist. Dieser Aspekt des Unveränderlichen gilt in gleicher Weise auch für die Vorstellung von der praemundanen Erschaffung des himmlischen Tempels, die in der rabbinischen Exegese traditionell mit Jer 17,12 belegt wird: Das himmlische Heiligtum ist in seiner Unveränderbarkeit keine geschichtliche Größe, sondern bereits seit Beginn der Welt integraler Bestandteil der Schöpfungsordnung.

Eine entsprechende Begründung in der Transzendenz erfährt auch der irdische Gottesdienst, wenn er als Nachbildung des himmlischen Lobgesanges und Opferdienstes dargestellt wird. Wieder kommt der Figur des Mose eine Schlüsselrolle zu: Bei seiner "Himmelsreise" auf den Berg Sinai gelingt es ihm, trotz der Bedrohung durch die Engel, deren Preisgesang zu belauschen und deren Lieder für Israels Gottesdienst herabzubringen.

Da das antike Symbolverständnis auf der Identität von Bild und Sache basiert, resultiert aus der Vorstellung, daß Tempel und Gottesdienst einem himmlischen Vorbild entsprechen, auch das Motiv einer Kultgemeinschaft von Engeln und Menschen. Der Priester im irdischen Heiligtum befindet sich gleichzeitig im oberen Heiligtum und steht mit dem himmlischen Hohenpriester in kultischer Gemeinschaft; Israel verkündet zusammen mit den Engeln das allumfassende Königtum des Weltschöpfers und die Heiligkeit und Ehre Gottes. Dabei kann die Teilnahme Israels am himmlischen Gottesdienst in verschiedenen Kategorien zum Ausdruck gebracht werden. Beim Sprechen der Keduscha, deren Kern in der Rezitation von Jes 6,3 und Ez 3,12 besteht, spielt der zeitliche Aspekt eine entscheidende Rolle: Israel verkündet diesen Lobpreis im Einklang mit den Engeln zum selben Zeitpunkt wie diese. Im Gegensatz dazu kommt bei der Verkündigung von Gottes Königtum der räumlichen Dimension größeres Gewicht zu. Israel, repräsentiert durch die Gestalt eines Tieres, ist in die himmlische Welt erhöht und respondiert auf den Lobpreis der Engel mit der Rezitation von Ex 15,18.

Die am weitesten verbreitete Tradition zum Verhältnis von himmlischer und irdischer Welt ist das Motiv der lokalen Entsprechung von oberem und unterem Heiligtum: Der himmlische Tempel liegt - auf vertikaler Achse gedacht - genau gegenüber dem irdischen; die Lage des irdischen Altars entspricht der Position des himmlischen Altars. Diese Vorstellung kann als konsequente Entfaltung und Ausdifferenzierung des alttestamentlichen Gottesbergmotives verstanden werden, das wiederum in der ugaritisch-kanaanäischen Mythologie wurzelt. Besonderes Gewicht kommt der Auslegung von Ex 15,17 zu, in der der Terminus מכון - 'Ort' durch einen Al-Tiqre-Midrasch im Sinne von מכוון - 'gegenüber' gelesen wird. Der

Parallelismus membrorum, der das Heiligtum undifferenziert in seiner himmlisch-irdischen Doppeldimension beschreibt, wird in seine einzelnen Glieder zerlegt und analytisch in eindeutiger Weise auf das himmlische und auf das irdischen Heiligtum bezogen. Ein derartiges Auslegungsverfahren wurde, ausgehend von der Exegese zu Ex 15,17, auch auf 1.Kön 8,13, Ps 26,8 und Jer 17,12 angewandt und zudem – ohne Al-Tiqre-Midrasch – auf die Auslegung von Gen 28,17 und Ps 11,4 bezogen. In dem sich anschließenden Traditionsprozeß wird diese Vorstellung der lokalen Entsprechung mit anderen klassischen Heiligtumstraditionen, wie der Gottesberg-vorstellung, dem Topos vom Zion als 'Nabel' oder 'Mitte der Welt' oder der Identifikation von Jerusalem mit Morija oder Bethel verbunden, so daß die vom Midrasch formulierte naturhafte und ontologische Heiligkeit des Zion zusätzliches Gewicht erfährt; die Einzigkeit und Bedeutung dieses Ortes erscheint nicht als Resultat seiner geschichtlichen Erwählung, sondern wird vielmehr kosmologisch in der Schöpfungsordnung verankert.

Wenn die Vorstellung von der lokalen Entsprechung von himmlischem und irdischem Heiligtum bereits in frühtannaitischer Zeit belegt ist, so findet sich die Übertragung auf die Relation von oberem und unterem Jerusalem erst in amoräischer Zeit.

Unter dem Motto 'Alles, was es oben gibt, das gibt es auch unten' erfolgt – motivgeschichtlich sekundär – die Integration der Motive von himmlischem Heiligtum, Opferdienst und Lobgesang in das weisheitliche Entsprechungsdenken. Die Intention dieser Zusammenstellung von himmlischen und irdischen Elementen liegt im Aufweis der kosmischen Harmonie, in der sich die allem Seienden inhärente gleiche Struktur als allumfassender Schöpfungsplan Gottes zeigt. Konstitutiv für diese Aussage sind die Schriftbelege: Die Tora als Bauplan der Welt ist Spiegel der Wirklichkeit, der die Ordnung der Welt dem Menschen zu offenbaren vermag.

Wenn diese unterschiedlichen Vorstellungen, die auf die Zeit des Zweiten Tempels zurückgehen, in der tannaitischen und amoräischen Epoche rezipiert und tradiert werden, so artikuliert sich ganz generell eine Affirmation des Kultischen, die in restaurativ-utopischem Sinne zu verstehen ist. Wenn bereits die praemundane Erschaffung des himmlischen Tempels, der als Vorbild des irdischen dient, die Unbedingtheit des göttlichen Anspruchs im Hinblick auf die Wiedererbauung des irdischen Tempels formuliert, so kommt speziell dem Topos von der lokalen Korrespondenz von oberem und unterem Tempel ganz entscheidende Relevanz zu. Die kosmologische Verankerung der Heiligkeit des Zion unterstreicht die trotz der Exilssituation, der römischen Besatzung, der Entweihung des Tempelplatzes und der Paganisierung Jerusalems fortbestehende Heiligkeit der Stadt und formuliert den jüdischen Anspruch auf den Tempelplatz und die Heilige Stadt auch für die Zukunft. Auf kultischer Ebene impliziert dies eine Polemik gegen christliche und samaritanische Ortstraditionen, die die Heiligkeit des Zion leugnen und die klassischen Heiligtumsprädikate auf die Grabeskirche bzw. den Garizim beziehen.

Wenn der himmlische Tempel und die himmlische Stadt per se im rabbinischen Denken auch nicht als eschatologische Größen bestimmt werden konnten, so fungieren sie doch auch im Kontext der eschatologischen Anschauungen. In der Zukunft wird – so die rabbinische Anschauung – Jerusalem mitsamt dem Tempel in unüberbietbarem Glanz und in nie dagewesener Größe und Herrlichkeit erbaut werden; das himmlische Heiligtum dient als Platzhalter und bewahrt den Ort des Tempels, der der einzig legitime Platz für die Errichtung eines jüdischen Heiligtums überhaupt darstellt.

Im Laufe des Traditionsprozesses erfolgt eine weitere Uminterpretation einzelner Elemente. Unter dem Aspekt der Liebe Gottes zu Israel und der Erhöhung Israels zu Gott hin wird die Priorität des Irdischen postuliert: Das himmlische Heiligtum wurde nicht am Beginn aller Zeit vor der Erschaffung der Welt, sondern erst nach der Errichtung der irdischen Stiftshütte erbaut. Die Engel preisen Gott nicht vor oder zum selben Zeitpunkt wie Israel, vielmehr kommt Israel das Recht zu, vor den Engeln seinen Lobgesang anzustimmen. Schließlich kann sogar gegen die Figur Michaels in seiner Funktion als himmlischer Hoherpriester polemisiert werden, wenn die Überlegenheit des irdischen Hohenpriesters postuliert wird.

Der theologische und historische Ort dieser Vorstellung wird in den Texten deutlich, die sich direkt mit der Tempelzerstörung auseinandersetzen. Wenn Gott, der vom Leid seines Volkes betroffen ist, den himmlischen Scharen den Lobpreis und Opferdienst versagt, sich weigert, seine Stadt, das obere Jerusalem zu betreten und schließlich sogar das himmlische Heiligtum zerstören will, so wird eine Radikalisierung des Motivs der Liebe Gottes zu seinem Volk deutlich. Die Funktion dieser Aussagen läßt sich in doppelter Hinsicht entfalten: Einerseits richten sie sich polemisch gegen die sowohl von Christen als auch von Heiden vertretene Behauptung, Gott habe sein Volk mit der Tempelzerstörung nicht nur bestraft, sondern auch endgültig verlassen. Andererseits aber liegt ihre Funktion in der Paraklese. Das Konzept der Kultsubstitution durch den himmlischen Gottesdienst, das ja ebenfalls auf die Tempelzerstörung rekurrierte, erhält in diesen Texten eine dezidierte Absage. Der Gott Israels offenbart sich in der Teilnahme am Geschick seines Volkes; in dieser Verbundenheit mit Israel liegt die Gewißheit der Erlösung begründet.

ANHANG

Das himmlische Heiligtum und die himmlische Stadt in der rabbinischen Terminologie

Die vorliegende Tabelle stellt die rabbinischen Termini für das himmlische Heiligtum und die himmlische Stadt zusammen. Auf Parallelüberlieferungen wurde nur dann verwiesen, wenn diese sich in der Terminologie von dem angegebenen Beleg unterscheiden; ansonsten ist auf die Darstellung im Textteil der Arbeit zurückzugreifen, auf die durch die entsprechende Seitenangabe verwiesen wird.

Terminus	Beleg	Tradent	Seite
בית המקדש	bHag12b	anonym	6
	SifDev 'eqev §7 (S. 70)	anonym	47
	bPes 54a	anonym	47
	bNed 39b	anonym	47
	PRE §3 (5b–6b)	anonym	48
	mTeh 90 §12 (196a/b)	anonym	49
	TanB Naso §19 (17b/18a)	anonym	49 f.
	Tan Naso §11 (253b/254a)	anonym	50
	Ḥuppat Eliyyahu Rabba §26	anonym	81
	BamR 4,13 (12b/c)	R. Nathan (T4)	83
בית המקדש של מעלה	PesR 20 (98a/b)	anonym	41
	MTeh 90 §12 (196a/b)	anonym	49
	MTeh 30 §1 (117a)	R. Chisda (bA3)	76
	Yalq Ps §713 (452d)	R. Chisda (bA3)	76
	Seder Arqim OsM S. 70a	anonym	87
	Sefer Ḥibbuṭ la Qebber §1	anonym	87
	TanB wayera §45 (56b)	R. Simeon b. Jochai (T3)	91

Terminus	Beleg	Tradent	Seite
בית המקדש שלמעלן	Tan mishpatim §18 (138a)	anonym	73
בית המקדש של מעלן	BerR 69,7 (136c)	Simeon b. Jochai (T3)	94
בית המקדש למעלה	Tan p^equde §3 (172b)	anonym	86
	Göttl. Sophia, BHM V, S. 63	anonym	86
	BerR 55,7 (112c)	R. Simeon b. Jochai (T3)	91
בית המקדש שבזבול	Midrasch der 10 Worte BHM I, S. 64	anonym	160
מקדש	Sefer Raziel S. 41b	anonym	78
מקדש של מעלה	LeqT zu Ex 23,20 (86a)	anonym	74
	Tan wayaqhel §7 (169a/b)	R. Nathan (T4)	83
מקרשי...למעלה	TanB naso §19 (17b/18a)	anonym	49 f.
	Tan naso §11 (253b/254a)	anonym	50
קרשי הקדשים של מעלן	yBer 4,5 (8c)	R. Pinhas (A5)	75
בית קרשי הקדשים של מעלה	ShirR zu Cant 3,9 (22b)	anonym	85
בית של מעלה	Göttl. Sophia, BHM V, S. 63	anonym	158
ביתי של מעלה	SEZ 21 (S. 36)	anonym	145
בית שבניתי	SER 6(7) (S. 34)	anonym	19
בית שכינתי	WaR 2,8 (4d)	anonym	19
בית דירתך של מעלה	MTeh 137 §3 (262a)	R. Ilfa bar Keruja (pA2)	148
היכל	Ginze Schechter I, S. 186	anonym	7
	MMish 8,9 (30a)	anonym	48
	TanB naso §19 (17b/18a)	anonym	49
	Tan naso §11 (253b/254a)	anonym	50
	Nistarot de R. Shim'on BHM III, S. 80	anonym	103

Terminus	Beleg	Tradent	Seite
היכל של מעלה	TanB b^ereshit §13 (5a)	R. Abba bar Kahana (pA3)	10
	Tan p^equde §2 (171b)	R. Simeon b. Jochai (T3)	77
היכל למעלה	Midrash Ḥadash, S.266	anonym	78
היכלות	Seder Rabba di-Breshit	anonym	6
משכן	BamR 12,12 (49a)	R. Simeon	125,160
משכן למעלה	Göttl. Sophia, BHM V, S. 63	anonym	158
	Tan naso §18 (255b)	R. Simeon	125
המשכן למעלה	PesR 5 (22b)	R. Simeon	125
המשכן של מעלה	PesR 5 (22b)	R. Simeon	125
	Tan naso §18 (255b)	R. Simeon	125
משכן הנער ששמו מטטרון	BamR 12,12 (49a)	R. Simeon	125,160
כל מלאכת תבנית המשכן	LeqT zu Ex 25,9 (89a)	anonym	33
כל תבנית המשכן	Hs eines Pentateuch-kommentars	anonym	33
דמות המשכן	Hs Yalq Ma'ayan Gannim	anonym	33
דירה של מעלה	bSan 94b	R. Chanina b.Papa (pA3)	9
דירה למעלה	TanB b^eḥuqqotay §5 (55b)	R. Samuel bar Ammi (A4)	54
דירה בעליונים	TanB naso §24 (19a)	anonym	55
ערפל	MRE S. 150	R. Jose	79 f.
	ShemR 33,4 (61c/d)	R. Berechja (A4)	111 f.

Terminus	Beleg	Tradent	Seite
ירושלים	bHag 12b	anonym	6
ירושלים של מעלה	bTaan 5a	R. Johanan (A2)	143
ירושלים ... למעלה	Tan pᵉqude §1 (171b)	anonym	81,144
ירושלים ברקיעא	Targum zu Ps 122,3	anonym	145
ירושלים ברקיע	Tan pᵉqude §1 (171b)	anonym	144
ירושלים בנויה	Ma'ase Daniel BHM V, S. 128	anonym	103 f.

LITERATUR- UND QUELLENVERZEICHNIS

1. Quellen

1.1. Bibeln

Biblia Hebraica Stuttgartensia, quae antea cooperantibus A. ALT, O. EISSFELDT, P. KAHLE ediderat R. KITTEL. Editio funditus renovata ... cooperantibus H.P. RÜGER et J. ZIEGLER ediderunt K. ELLIGER et W. RUDOLPH. Textum Masoreticum curavit H.P. RÜGER. Masoram elaboravit G.E. WEIL, Stuttgart 1967/77.

Biblia Rabbinica. A Reprint of the 1925 Venice Edition, ed. J. BEN HAYIM, Introduction by M. GOSHEN-GOTTSTEIN, 4 Bde., Jerusalem 1972 (Miqra'ot gedolot).

Der Hebräische Pentateuch der Samaritaner, ed. A. FREIHERR VON GALL, Gießen 1918.

Jewish Version-Samaritan Version of the Pentateuch. With particular stress on the differences between both Texts, ed. A. und R. SADAQA, Tel Aviv 1962-1966.

Novum Testamentum Graece, post EBERHARD NESTLE et ERWIN NESTLE communiter ediderunt K. ALAND, M. BLACK, C.M. MARTINI, B.M. METZGER, A. WIKGREN, apparatum criticum recensuerunt et editionem novis curis elaboraverunt R. ALAND et B. ALAND, 26. neu bearbeitete Auflage, Stuttgart 1979,

Septuaginta. Id est Vetus Testamentum graece iuxta LXX interpretes edidit A.RAHLFS, 2 Bände, Stuttgart [8]1965.

Septuaginta. Duodecim Prophetae, ed. J.ZIEGLER (Vetus Testamentum Graecum auctoritate societas Litterarum Gottingensis editum XIII), Göttingen 1943.

1.2 Bibelübersetzungen

Das Alte Testament. Einheitsübersetzung der Heiligen Schrift, Stuttgart 1980.

Die Bibel nach der Übersetzung Martin Luthers, mit Apokryphen, Stuttgart 1985.

Die Bibel. Die Heilige Schrift des Alten und Neuen Bundes. Deutsche Ausgabe mit den Erläuterungen der Jerusalemer Bibel, hrsg. v. D. ARENHOEVEL, A. DEISSLER, A. VÖGTLE, Freiburg 1968.

Die Heilige Schrift des Alten und des Neuen Testaments, Zürich 1942 (Zürcher Bibel).

The New English Bible with the Apocrypha, Oxford/Cambridge 1970.

Die Heilige Schrift des Alten Testaments, hrsg. v. E. KAUTZSCH, Freiburg/Leipzig 1894.

1.3 Pseudepigraphen und Apokryphen

BECKER, J.: Die Testamente der zwölf Patriarchen (JSHRZ III,1), Gütersloh 1980, S. 16-163.

BERGER, K.: Das Buch der Jubiläen (JSHRZ II,3), Gütersloh 1981, S. 275-575.

CHARLES, R.H.: The Apocrypha and Pseudopigrapha of the Old Testament in English, 2 Bde., Oxford 1963 (= 1. Aufl. 1913).

CHARLESWORTH, J.H.: The Old Testament Pseudepigrapha, Garden City N.Y.; Bd. I: Apocalyptic Literature and Testaments, 1983; Bd. II: Expansions of the "Old Testament" and legends, wisdom and philosophical literature, prayers, psalms and odes, fragments of lost Judeo-Hellenistic works, 1985.

DENIS, A.-M.: Fragmenta Pseudepigraphorum quae supersunt graeca, Leiden 1970.

DIETZFELBINGER, CHR.: Pseudo-Philo: Antiquitates Biblicae (Liber Antiquitarum Biblicarum) (JSHRZ II,2), Gütersloh 1979, S. 91-271.

GEORGI, D.: Weisheit Salomos (JSHRZ III,4), Gütersloh 1980, S. 391-478.

HENNECKE, E./SCHNEEMELCHER, W. (Hrsg.): Neutestamentliche Apokryphen in deutscher Übersetzung, Tübingen; Bd. I: Evangelien, [5]1987, Bd. II: Apostolisches. Apokalypsen und Verwandtes, [4]1971.

KLIJN, A.F.J.: Die syrische Baruch-Apokalypse (JSHRZ V,2), Gütersloh 1976, S. 107-191.

PHILONENKO-SAYAR, B./PHILONENKO, M.: Die Apokalypse Abrahams (JSHRZ V,5) Gütersloh 1982, S. 415-460.

SCHREINER, J.: Das 4. Buch Esra (JSHRZ V,4), Gütersloh 1981, S. 291-412.

UHLIG, S.: Das äthiopische Henochbuch (JSHRZ V,6), Gütersloh 1984, S. 466-780.

1.4 Targume

The Bible in Aramaic, ed. A. SPERBER, Leiden; Bd. I: The Pentateuch according to Targum Onkelos (1959); Bd. II: The Former Prophets according to Targum Jonathan (1959); Bd. III: The Latter Prophets according to Targum Jonathan (1962); Bd. IV A: The Hagiographa. Transition from Translation to Midrash (1968); Bd. IV B: The Targum and the Hebrew Bible (1973).

Das Fragmententhargum (Thargum jeruschalmi zum Pentateuch), ed. M. GINSBURGER, Berlin 1899.

The Fragment-Targums of the Pentateuch according to their extant Sources (AnBib 76), ed. M.L. KLEIN, Rom 1980; Bd. I: Texts, Indices and Introductory Essays; Bd. II: Translation.

Hagiographia Chaldaice, ed. P. DE LAGARDE, Osnabrück 1967 (Nachdruck der 1. Aufl. 1873).

Targum Neofiti 1. A. DIEZ MACHO: Neophyti 1. Targum Paestinense. MS de la Bibliotheca Vaticana. Edición principe, Introduccion y Versión Castellana. Traducciones Francesca: R.LE DÉAUT; Inglesa: M. MCNAMARA/M. MAHER. Lugares paralelos a la Haggadá de Pseudojonatán y Neophyti 1 (ab Bd. II): E.B. LEVIN, Madrid/Barcelona; Bd. I (1968): Genesis (Textos y Estudios 7); Bd. II (1970): Exodus (Textos y Estudios 8); Bd. III (1971): Leviticus (Textos y Estudios 9); Bd. IV (1974): Numeri (Textos y Estudios 10); Bd. V (1978): Deuteronomium (Textos y Estudios 11); Bd. VI (1979): Appéndices. Colaboradores E.M. BOROBIO/P.ESTELLERICH/M.P. FERNANDES (Textos y Estudios 20).

Targum Pseudo-Jonathan. Targum Pseudo-Jonathan of the Pentateuch: Text and Concordance. E.G. CLARKE with collaboration by W.E. AUFRECHT, J.C. HURD and F. SPITZER, New Jersey 1984.

Targum Pseudo-Jonathan. Targum Jonathan ben Uzziel on the Pentateuch, copied from the London MS. (British Museum add. 27031) and ed. by D. RIEDER, Jerusalem 1974.

Pseudo-Jonathan (Thargum Jonathan ben Usiel zum Pentateuch), ed. M. GINSBURGER, Berlin 1903.

Targum Onkelos. Targum Onkelos to Deuteronomy. An English Translation of the Text. With Analysis and Commentary (Based on A. SPERBER'S Edition) by I. DRAZIN, New York 1982.

1.5 Rabbinische Literatur

Aboth de Rabbi Nathan, ed. S. SCHECHTER, Wien 1987 (Nachdruck Hildesheim/New York 1979).

Aggadat Bereshit, ed. S. BUBER, Krakau 1862/63 (Nachdruck Jerusalem 1962/63).

Alfa Beta de Ben Sira, zitiert nach: OsM S. 25-50. Die sogenannten 'Zusatzfragen' führe ich nach ms. hebr. oct. 35 der Stadt- und Universitätsbibliothek der Stadt Frankfurt a.M. an, von dem mir Herr Prof. H.P. RÜGER, Tübingen, eine Transliteration zur Verfügung stellte.

Der Babylonische Talmud, ed. L. GOLDSCHMIDT, 12 Bde., Berlin/Wien 1925.

Batei Midrashot, ed. S.A. WERTHEIMER, Second Enlarged Edition, ed. A.J. WERTHEIMER, Jerusalem 1979/80.

Bereschit Rabba, mit kritischem Apparat und Kommentar, ed. CH. ALBECK/J. THEODOR, 3 Bde. und 2 Bde. Einleitung und Register, Berlin 1912, 1927-1936.

Bet ha-Midrasch, Sammlung kleiner Midraschim ..., ed. A. JELLINEK, 6 Teile in 2 Bänden, Jerusalem [3]1967.

The Chronicles of Jerahmeel or the Hebrew Bible Historiale, ed. M. GASTER, London 1899.

3 Enoch of the Hebrew Book of Enoch, ed. H. ODEBERG, Cambridge 1928 (Nachdruck New York 1973).

The Exempla of the Rabbis, ed. M. GASTER, New York 1968 (= 1. Aufl. 1924).

Ginzé Midrash. The Oldest Forms of Rabbinic Midrashim According to Geniza Manuscripts, ed. Z.M. RABINOWITZ, Tel Aviv 1976.

Ginze SCHECHTER. Geniza Studies in Memory of Doctor S. SCHECHTER, ed. L. GINZBERG, New York 1969 (= 1. Aufl. 1928).

Der Jerusalemitische Talmud, Berlin 1920 (Nachdruck der Ausgabe Krotoschin 1865/66).

Kalla Rabbati, ed. M. HIGGER, New York 1935/36 (Nachdruck Jerusalem 1969/70).

Maḥzor Vitry, ed. S.H. HURWITZ, Nürnberg 1922/23 (Nachdruck Jerusalem 1963).

Mechilta d'Rabbi Ismael, ed. H.S. HOROVITZ/I.A. RABIN, Breslau 1930 (Nachdruck Jerusalem 1970).

Mekhilta de Rabbi Yishmael, ed. Meir Ish Shalom [M. Friedmann], Wien 1870 (Nachdruck Israel o.J.)

Mekhilta d'Rabbi Sim'on b. Jochai, ed. J.N. EPSTEIN, E.Z. MELAMED, Jerusalem 1955.

Midraš berešit rabbati ex libro R. Mosis Haddaršan, ed. CH. ALBECK, Jerusalem 1940 (Nachdruck Jerusalem 1966/67).

Midrasch Echa Rabbati, ed. S. BUBER, Wilna 1899 (Nachdruck Hildesheim 1967).

Midrasch Lekach Tob (Pesikta Sutarta), Bd. I: zu Gen und Ex, ed. S. BUBER, Wilna 1880, und Bd. II: zu Lev, Num und Dtn, ed. A.M. PADWA, Wilna [2]1924.

Midrasch Samuel. Agadische Abhandlung über das Buch Samuel, Krakau 1883.

Midrasch Tannaim zum Deuteronomium, ed. D. HOFFMANN, Berlin 1908-1909.

Midrasch Tehillim (Schocher Tob), ed. S. BUBER, Wilna 1891 (Nachdruck Jerusalem 1965/66).

Midrash Aggada, ed. S. BUBER, Wien 1893/94 (Nachdruck Jerusalem 1960/61).

Midrash Ḥadash, in: J. MANN (Ed.), The Bible as Read and Preached in the Synagogue, Bd. I, New York 1971 (= 1. Aufl. 1940), S. 149 - 269 (hebräischer Teil).

Midrash Debarim Rabbah. Edited for the first time from the Oxford ms. No. 147 with Introduction and Notes by S. LIEBERMANN, Jerusalem ²1964.

Midrash Haggadol on the Pentateuch:
- Genesis, ed. M. MARGULIES, Jerusalem 1947 (Nachdruck 1967).
- Exodus, ed. M. MARGULIES, Jerusalem 1956 (Nachdruck 1967).
- Leviticus, ed. A. STEINSALZ, Jerusalem 1975
- Numbers, ed. Z.M. RABINOWITZ, Jerusalem 1957 (Nachdruck 1967).
- Deuteronomy, ed. S. FISH, Jerusalem 1972.

Midrash Mishle, ed. S. BUBER, Wilna 1892/93.

Midrash Mishle Rabbati, ed. D.Z. ASHKENAZI, Stettin 1860/61.

Midrash Rabba, Ed. Wilna, 2 Bde. (Nachdruck Jerusalem 1969/70).

Midrash Rabba. Shir ha-Shirim, ed. S. DORNKSI, Jerusalem/Tel Aviv 1980.

Midrash Sekhel Tov, ed. S. BUBER, 2 Bde., Berlin 1900-1901 (Nachdruck New-York 1958/59).

Midrash Shoḥer Ṭov 'al Tehillim, Shmu'el, Mishle, Jerusalem 1967/68.

Midrash Tanḥuma, Ed. Wilna 1832/33 (Nachdruck Israel o.J.).

Midrash Tanḥuma, ed. S. BUBER, Wilna 1885 (Nachdruck Jerusalem 1963/64).

Midrash Wayyikra Rabbah, ed. M. MARGULIES, 5 Bde., Jerusalem 1953-1960.

Midrash Zuṭa 'al Shir ha-Shirim, Rut, Ekha we-Qohelet, ed. S. BUBER, Berlin 1893/94 (Nachdruck mit Verbesserungen Tel Aviv).

The Mishnah of Rabbi Eliezer or the Midrash of Thirty-Two Hermeneutic Rules, ed. H.G. ENELOW, New York 1933.

Ozar Midrashim. A Library of two hundred minor Midrashim, ed. J.D. EISENSTEIN, New York 1915.

Pesikta de Rab Kahana, ed. S. BUBER, Lyck 1868 (Nachdruck o.J.).

Pesiqta Rabbati, ed. M. FRIEDMANN, Wien 1879/80 (Nachdruck Tel Aviv 1963).

Pirke de Rabbi Eliezer, ed. M. HIGGER, in: Horeb 8 (1944), S. 82-119; Horeb 9 (1946 f.), S. 94-166 und Horeb 10 (1948), S. 185-294.

Pirke de Rabbi Eliezer. A Critical Edition, Codex C.M. HOROWITZ, Jerusalem 1972.

Pirqe de Rabbi Eliezer, Ed. Warschau 1851/52 mit Kommentar von D. LURYA (Nachdruck New York 1946).
-, Ed. Wilna 1838 mit Kommentar von A.A. BRODA (Nachdruck Tel Aviv 1962/63).

Rabbenu Behai, Beur al ha-Tora, hrsg. v. H.D. CHAVEL, Bd. II, Jerusalem 1968

REEG, G.: Der Midrasch von den Zehn Märtyrern (Texte und Studien zum Antiken Judentum 10), Tübingen 1985.

SCHÄFER, P.: Synopse zur Hekhalot-Literatur. In Zusammenarbeit mit M. SCHLÜTER und H.G. VON MUTIUS, Tübingen 1981.

Seder Eliahu Rabba and Seder Eliahu Zuta (Tanna d'be Eliahu), Pseudo-Seder Eliahu Zuta, ed. M. FRIEDMANN, Wien 1902 (Nachdruck Jerusalem ²1960).

Seder Rav Amran, ed. N.N. QORONEL, Warschau 1865 (Nachdruck Jerusalem 1964/65).

Sefer ha-Liqquṭim, ed. E.H. GRÜNHUT, Jerusalem 1897/98 (Nachdruck Jerusalem 1966/67).

Sefer Raziel ha-Malakh, Ed. Amsterdam 1701, mit Anmerkungen bereichert Warschau 1811/12 (Nachdruck Jerusalem 1977).

Shisha Sidre Mishna, ed. Ḥ. ALBECK, Jerusalem/Tel Aviv 1954-59.

Siddur Oṣar ha-Tefilla, Nosaḥ Sefarad, Jerusalem 1959/60.

Siddur Tefillat Israel, Nosaḥ Ashkenaz, Tel Aviv o.J.

Sidur Safa Berura, Basel o.J.

Sifra de-be Rab, ed. J. SCHLOSSBERG, Wien 1862.

Siphre ad Deuteronomium, ed. L. FINKELSTEIN, Berlin 1939/40.

Siphre ad Numeros adjecto Siphre zutta, ed. H.S. HOROVITZ, Leipzig 1917.

Tosephta, ed. M.S. ZUCKERMANDEL, Jerusalem 1970 (bearbeitete Neuauflage der Ausgabe Halberstadt 1881).

Treatise Semaḥot and Treatise Semaḥot of R. Ḥiyya and Sefer Ḥibbuṭ ha-Ḳeber, ed. M. HIGGER, Jerusalem 1969/70.

Yalquṭ Shim'oni, ed. LEWIN/EPSTEIN, o.J. (Nachdruck Jerusalem 1966/67).

Yalquṭ ha-Makhiri 'al Sefer Tehillim, ed. S. BUBER, Berdyczew 1898/99 (Nachdruck Jerusalem 1963/64).

Die Pentateuchkommentare von Raschi und David Kimchi wurden nach dem Text der Biblia Rabbinica zitiert.

1.6 Übersetzungen rabbinischer Literatur

BRAUDE, W.G.: The Midrash on Psalms (YJS 13), 2 Bde., New Haven 1959.

BRAUDE, W.G.: Pesikta Rabbati. Discourses for Feasts, Fasts, and Special Sabbaths (YJS 18), 2 Bde., New Haven/London 1968.

EPSTEIN, J. (Hrsg.): The Babylonian Talmud. Translated into English with Notes, Glossary and Indices, 35 Bde., London 1938-52.

FREEDMAN, H./SIMON, M.: Midrash Rabbah, 10 Bde., London [2]1951.

GOLDSCHMIDT, L., Der Babylonische Talmud, 12 Bde., Berlin/Wien 1925.

KUHN, K.G.: Der tannaitische Midrasch Sifre zu Numeri, Stuttgart 1959.

LAUTERBACH, J.Z.: Mekilta de Rabbi Ishmael, 3 Bde., Philadelphia 1949 (= 1. Aufl. 1933).

WÜNSCHE, A.: Aus Israels Lehrhallen. Kleine Midraschim zur späteren legendarischen Literatur des Alten Testaments, 2 Bde., Hildesheim 1967 (= 1. Aufl. 1905 und 1907).

WÜNSCHE, A.: Der Midrasch Schemot Rabba. Das ist die haggadische Auslegung des zweiten Buches Moses (Bibliotheca Rabbinica VI), Leipzig 1882.

1.7 Sonstige Quellen

Aelian: On the Characteristics of Animals (The Loeb Classical Library), 3 Bde., translated by A.F. SCHOLFIELD, London 1953.

Cicero: Orationes, ed. A.C. CLARK, Oxford 1956 (= 1. Aufl. 1909).

COHN, L. u.a. (Hrsg.): Die Werke Philos von Alexandrien in deutscher Übersetzung, Bd. 1-6, Breslau 1909-1938, Bd. 7, Berlin 1964.

Des Eusebius von Cäsarea ausgewählte Schriften, übersetzt von A. BIGELMAIR, Bd. I (BKV 9), Kempten/München 1913.

Eusèbe de Césarée: Histoire Ecclésiastique, Livres VIII-X. Texte grec, traduction et notes par G. BARDY (SC 55), Paris 1958.

Eusebius, Über das Leben Constantins, Werke Bd. 1, hrsg. v. I.A. HEIKEL (GChrS), Leipzig 1902.

GORDON, C.H.: Ugarit Manual, Rom 1955, Bd. II: Texts in Transliteration.

Hieronymus: Opera, Pars I: Opera Exegetica 6: Commentarium in Hiezechielem (CChr.SL 75) 1969.

Hieronymus: Opera, Pars I: Opera Exegetica 6: Commentarii in Prophetas Minores (CChr.SL 76 A), 1969.

Josephus in Nine Volumes, with an English translation by H.ST.J. HACKEREY, R. MARCUS, A. WIKGREN, L. H. FELDMANN (LCL), London/Cambridge, Mass., 1958-1965.

MACDONALD, J. (Hrsg.): Memar Marqah. The Teaching of Marqah (BZAW 84), 2 Bde., Berlin 1963.

McCOWN, C.C. (Hrsg.): The Testament of Solomon, Edited from manuscripts ...., Leipzig 1922.

Origène, Homélies sur Jérémie, Bd. II: Homélies XII-XX et Homélies latines. Édition, introduction et notes par P. NAUTIN (SC 238) Paris 1977.

2. Hilfsmittel

BAUER, W.: Griechisch-deutsches Wörterbuch zu den Schriften des Neuen Testaments und der übrigen urchristlichen Literatur, Durchges. Nachdr. d. 5., verb. und stark verm. Auflage, Berlin/New York 1971.

DALMAN, G.: Aramäisch-Neuhebräisches Wörterbuch zu Targum, Talmud und Midrasch (mit Lexikon der Abbreviaturen von G.H. HÄNDLER), Frankfurt a.M. 1897 (Nachdruck Hildesheim 1967).

EVEN-SHOSHAN, A. (Hrsg.): A New Concordance of the Bible. Thesaurus of the Language of the Bible, Hebrew and Aramaic Roots, Words, Proper Names, Phrases and Synonyms, Jerusalem 1985.

GESENIUS, W.: Hebräisches and aramäisches Handwörterbuch über das Alte Testament, bearbeitet von F. BUHL, Berlin/Göttingen/ Heidelberg 1962 (Nachdruck der 1. Aufl. 1915).

HATCH, E./REDPATH, H.A.: A Concordance to the Septuagint and the other Greek Versions of the Old Testament, 2 Bde., Oxford 1897 (= Graz 1954).

HYMAN, A.: Torah hakethubah vehamessurah. A Reference Book of the Scriptural Passages quoted in Talmudic, Midrashic and Early Rabbinic Literature, Second Edition revised and enlarged by ARTHUR B. HYMAN, 3 Bde., Tel Aviv 1979.

JASTROW, M.: A Dictionary of the Targumim, the Talmud Babli and Yerushalmi, and the Midrashic Literature, 2 Bde., New York 1950.

KASHER, M.M.: Torah Shelemah (The Complete Tora). A Talmudic- Midrashic Encyclopedia of the Five Books of Moses (bis jetzt erschienen 39 Bände): Bd. 1-7, Jerusalem 1926/27-1938; Bd. 8-39, New York 1944-1985.

KASOWSKI, CH.J.: Thesaurus Talmudis. Concordantiae verborum quae in Talmude reperiuntur, 42 Bde., Jerusalem 1954-1982.

LEVY, J.: Wörterbuch über die Talmudim und Midraschim, 4 Bde., Berlin/Wien [2]1924 (Nachdruck Darmstadt 1963).

LIDDELL, H.G./SCOTT, R.: A Greek-English Lexicon. A New Edition, Revised and Augmented throughout by SIR HENRY Stuart Jones..., with the Assistance of Roderick McKenzie..., Oxford 1958.

MANDELKERN, S.: Veteris Testamenti Concordantiae hebraicae atque chaldaicae, 2 Bde., Berlin 1937 (Nachdruck Graz 1955).

3. Monographien und Aufsätze

ABEL, F.M.: Histoire de la Palestine depuis la conquête d'Alexandre jusqu' à l'invasion arabe, Bd. II, Paris 1952.

ACKROYD, P.R.: Exile and Restoration. A Study of Hebrew Thought of the Sixth Century B.C., London 1968.

AHARONI, Y.: "Solar Shrine" at Lachish, in: IEJ 18 (1968), S. 157-169.

ALBECK, H.: Mavo la-talmudim, Tel Aviv 1969.

ALBRIGHT, W.F.: Archaeology and the Religion of Israel, Baltimore [3]1953.

ALON, G.: The Jews in their Land in the Talmudic Age, Bd.I, Jerusalem 1980.

ALON, G.: Toledot ha-Yehudim b-eres Yisra'el bi-tqufat ha-mishna we-ha-talmud, Bd. I, Tel Aviv [4]1967.

ALT, A.: Die Weisheit Salomos, in: Kleine Schriften, Bd. 2, München 1953, S. 90-99.

ALTMANN, A.: The Delphic Maxim in Medieval Islam and Judaism, in: A.A., Studies in Religious Philosophy and Mysticism, London 1969, S. 1-40.

ALTMANN, A.: Shire-qedusha be-sifrut-ha-hekhalot ha-qeduma, in: Melila 2 (1946), S. 1-24.

APTOWITZER, A.: Bet ha-miqdash shel ma'lah 'al pi ha-aggada, in: Tarbiz 2 (1930/31), S. 137-153. 257-287.

AVI-YONAH, M.: Geschichte der Juden im Zeitalter des Talmud in den Tagen von Rom und Byzanz (SJ 2), Berlin 1962.

AVI-YONAH, M.: The Madaba Mosaic Map, Jerusalem 1954.

AYALI, M.: Gottes und Israels Trauer über die Zerstörung des Tempels, in: Kairos 23 (1981), S. 215-231.

BACHER, W.: Die Agada der Palästinensischen Amoräer, 3 Bde., Straßburg 1892-1899.

BACHER, W.: Die Agada der Tannaiten, 2 Bde., Straßburg 1884, 1890.

BACHER, W.: Die exegetische Terminologie der jüdischen Traditionsliteratur, 2 Bde., Leipzig 1899, 1905.

BACHER, W.: Die Proömien der alten jüdischen Homilie. Beitrag zur Geschichte der jüdischen Schriftauslegung und Homiletik, Leipzig 1913.

BAENTSCH, B.: Exodus-Leviticus-Numeri (HK, 1. Abt. 2), Göttingen 1903.

BALDI, D.: Enchiridion Locorum Sanctorum. Documenta S. Evangelii Loca Respicientia, Jerusalem 1982.

BARON, S.W.: A Social and Religious History of the Jews, Bd. I, New York ²1952.

BARTHELÉMY, D.: Critique textuelle de l'Ancien Testament. 2. Isaïe, Jérémie, Lamentations (OBO 50/2), Göttingen 1986.

BAUMSTARK, A.: Trishagion und Keduscha, in: JLW 3 (1923), S. 18-32

BEA, A. S.J.: Der Zahlenspruch im Hebräischen und Ugaritischen, in: Bib 21 (1940), S. 196-198.

BERLINER, A.: Midrasch des R. Schemaja Schoschanni zum Abschnitt תרומה, in: MGWJ 13 (1864), S. 224-232. 259-264.

BEWER, J.A.: Textkritische Bemerkungen zum Alten Testament, in: W. BAUMGARTNER/ O. EISSFELDT/ K. ELLIGER/ L. ROST (Hrsg.), Festschrift für ALFRED BERTHOLET zum 80. Geburtstag, Tübingen 1950, S. 65-76.

BIETENHARD, H.: Die himmlische Welt im Urchristentum und Spätjudentum (WUNT 2), Tübingen 1951.

BISCHOFF, E.: Babylonisch-Astrales im Weltbilde des Thalmud und Midrasch, Leipzig 1907.

BLOCH ,Ph.: Die יורדי מרכבה, die Mystiker der Gaonenzeit, und ihr Einfluss auf die Liturgie, in: MGWJ 37 (1893), S. 18-24. 69-74. 257-266. 305-311.

BÖCHER, O.: Jüdischer Sternenglaube im Neuen Testament, in: B. BENZING/O. BÖCHER/G. MAYER (Hrsg.), Wort und Wirklichkeit. Studien zur Afrikanistik und Orientalistik, Eugen Rapp zum 70. Geburtstag, Meisenheim am Glan 1976, S. 51-66.

BÖHL, F.: Über das Verhältnis von Shetija-Stein und Nabel der Welt in der Kosmologie der Rabbinen, in: ZDMG 124 (1974), S. 253-270.

BORNSTEIN, D.J.: Art.: Jerusalem in der talmudischen Literatur, in: EJ 8, Berlin 1931, Sp. 1187-1197.

BOUSSET, W.: Eine jüdische Gebetssammlung im siebenten Buch der apostolischen Konstitutionen (NGWG, Philologisch-historische Klasse aus dem Jahre 1915), Berlin 1916, S. 435-489.

BOUSSET, W./GRESSMANN, H.: Die Religion des Judentums im spät hellenistischen Zeitalter (HNT 21), Tübingen ⁴1966.

BROWN, J.R.: Temple and Sacrifice in Rabbinic Judaism (The Winslow Lectures 1963), Evanston 1963.

BÜCHLER, A.: Studies of Sin and Atonement in the Rabbinic Literature of the First Century, Oxford/London 1928.

BURROWS, E.: Some Cosmological Patterns in Babylonian Religion, in: S.H. HOOKE (Hrsg.), The Labyrinth, London 1935, S. 45-70.

CASSIRER, E.: Philosophie der symbolischen Formen, Darmstadt 1964 (= 1. Auflage 1923).

CASSUTO, U.: A Commentary on the Book of Exodus, Jerusalem 1967.

CASSUTO, U.: The Palace of Baal in Tablet II AB of Ras Shamra, in: U.C., Biblical and Oriental Studies, Bd. II: Bible and Ancient Oriental Texts, Jerusalem 1975, S. 113-139.

CAUSSE, A.: Le mythe de la nouvelle Jérusalem du Deutero-Esaie à la IIIᵉ Sibylle, in: RHPhR 18 (1938), S. 377-414.

CAUSSE, A.: De la Jérusalem terrestre à la Jérusalem céleste, in: RHPhR 27 (1947), S. 12-36.

CHADWICK, H.: Die Kirche in der antiken Welt, Berlin/New York 1972.

CHARY, TH.: Les Prophètes et le Culte à partir de l'exil, Tournai 1955.

CLEMENTS, R.E.: Exodus (CNEB), Cambridge 1972.

CLEMENTS, R.E.: God and Temple. The Idea of the Divine Presence in Ancient Israel, Oxford 1965.

CLEMENTS, R.E.: Temple and Land: A Significant Aspect of Israel's Worship, in: Glasgow Oriental Society Transactions 19, (1961-1962), S. 16-28.

COHEN, G.D.: Zion in Rabbinic Literature, in: A.S. HALKIN (Hrsg.), Zion in Jewish Literature, New York 1961, S. 38-64.

COHN, R.L.: The Senses of a Center, in: R.L.C., The Shape of Sacred Space. Four Biblical Studies, AAR Studies in Religion 23 (1981), S. 63-79.

COLPE, C.: Das samaritanische Pinehas - Grab in Awerta und die Beziehungen zwischen Ḥaḍir- und Georgslegende, in: ZDPV 85 (1969), S. 162-196.

CROSS, F.M.: Aspects of Samaritan and Jewish History in Late Persian and Hellenistic Times, in: HThR 59 (1966), S. 201-211.

CURTIS, E.L.: A Critical and Exegetical Commentary on the Books of Chronicles (ICC 27), Edinburgh 1952 (= 1. Aufl. 1910).

DANIÉLOU, J.: Liturgie und Bibel. Die Symbolik der Sakramente bei den Kirchenvätern, München 1963.

DANIÉLOU, J.: La symbolique du Temple de Jérusalem chez Philon et Josèphe, in: Le symbolisme cosmique des monuments religieux (SOR 14), Rom 1957, S. 83-90.

DAVIES, G.H.: Exodus. Introduction and Commentary, London 1967.

DAVIES, W.D.: The Gospel and the Land. Early Christianity and Jewish Territorial Doctrine, Berkeley/Los Angeles/London 1974.

DAVIES, W.D.: The Territorial Dimension of Judaism, Berkeley/Los Angeles/London 1982.

DÖRRIE, H.: Art. Poseidonius, in: Der Kleine Pauly. Lexikon der Antike, München 1981, Bd.4, Sp. 1080 - 1084.

DONNER, H.: Der Felsen und der Tempel, in: ZDPV 93 (1977), S. 1-11.

DONNER, H.: Pilgerfahrt ins Heilige Land. Die ältesten christlichen Palästinapilger (4.-7. Jahrhundert), Stuttgart 1979.

DORNSEIFF, F.: Das Alphabet in Mystik und Magie, Leipzig/Berlin [2]1925.

EHRLICH, E.L.: Geschichte Israels von den Anfängen bis zur Zerstörung des Tempels (70. n. Chr.), Berlin 1958.

EHRLICH, E.L.: Die Kultsymbolik im Alten Testament und im nachbiblischen Judentum (SyR 3), Stuttgart 1959.

EISSFELDT, O.: Einleitung in das Alte Testament, unter Einschluß der Apokryphen und Pseudepigraphen sowie der apokryphen- und pseudepigraphenartigen Qumranhandschriften. Entstehungsgeschichte des Alten Testaments, Tübingen [3]1964.

ELBOGEN, I.: Der jüdische Gottesdienst in seiner geschichtlichen Entwicklung, Hildesheim [4]1962 (= 1. Auflage 1913).

ELIADE, M.: Das Heilige und das Profane. Vom Wesen des Religiösen, Hamburg 1957.

ELIADE, M.: Kosmos und Geschichte. Der Mythos der ewigen Wiederkehr, Frankfurt [2]1984.

ELIADE, M.: Mythen, Träume und Mysterien, Salzburg 1961.

ELIADE, M.: Das Okkulte und die Moderne Welt. Zeitströmungen in der Sicht der Religionsgeschichte, Salzburg 1978.

ELIADE, M.: Die Religionen und das Heilige. Elemente der Religionsgeschichte, Darmstadt 1976.

FALKENSTEIN, A./VON SODEN, W.: Sumerische und akkadische Hymnen und Gebete, Zürich 1953.

FASCHER, E.: Jerusalems Untergang in der urchristlichen und altkirchlichen Überlieferung, in:
ThLZ 89 (1964), Sp. 81-98.

FEUCHTWANG, D.: Das Wasseropfer und die damit verbundenen Zeremonien, in: MGWJ 54 (1910),
S. 535-552. 713-729 und in: MGWJ 55 (1911), S. 43-63.

FILSON, F.V.: The Significance of the Temple in the Ancient Near East, Part IV: Temple, Synagogue
and Church, in: G.E. WRIGHT/D.N. FRIEDMANN (Hrsg.), The Biblical Archaeologist Reader,
New York 1961, S. 185-200. (= BA VII (1944), S. 77-88).

FLUSSER, D.:Jerusalem in the Literature of the Second Temple Period, in: Immanuel 6 (1976),
S. 43-45. (Zusammenfassung d. hebr. Artikels: D. FLUSSER, Yerushalayim be-sifrut ha-bayit
ha-sheni; s.d.).

FLUSSER, D.: Jewish Roots of the Liturgical Trishagion, in: Immanuel 3 (1973), S. 37-43.

FLUSSER, D.: Sanktus und Gloria, in: O. BETZ/M. HENGEL/P. SCHMIDT (Hrsg.), Abraham unser
Vater. Juden und Christen im Gespräch über die Bibel, FS für O. MICHEL zum 60. Geburtstag,
Leiden/Köln 1963, S. 129-152.

FLUSSER, D.: Yerushalayim be-sifrut ha-bayit ha-sheni, in: A. EBEN-SHOSHAN, A.SH.
ELHANANI/A. BIER/A.M. HABERMANN/S. SHALEM (Hrsg.), We-Im Bigvurot. Fourscore Years.
A Tribute to RUBIN and HANNA MASS on their 80. Birthdays, Jerusalem 1974, S. 263-294.

FOHRER, G.: Das Buch Jesaja (ZBK), Bd. I: Kapitel 1-23, Zürich/Stuttgart ²1966.

FOHRER, G.: Einleitung in das Alte Testament, Heidelberg ¹²1979.

FOHRER, G.: Geschichte der israelitischen Religion, Berlin 1969.

FOHRER, G.: Theologische Grundstrukturen des Alten Testaments, Berlin/New York 1972.

FOX, M.Z.: 'Ke-illu 'ba-eṣba'. Toledot ha-nosaḥ shel biṭṭuy le-harḥakat ha-hagshama, in: Tarbiz
49 (1979/80), S. 278-291.

FRANKFORT, H./FRANKFORT GROENEWEGEN, H.A./WILSON, J.W./JACOBSON, TH.: Alter Orient -
Mythos und Wirklichkeit, Stuttgart ²1981.

FUCHS, H.: Art.: Feuer, in: Jüdisches Lexikon, Bd. II, Berlin 1928, Sp. 637-639.

GAERTE, W.: Kosmische Vorstellungen im Bilde prähistorischer Zeit: Erdberg, Himmelsberg,
Erdnabel und Weltenströme, in: Anthropos 11 (1914), S. 956-979.

GARDINER, A.H.: Ancient Egyptian Onomastica, 2 vol. and plates, Oxford 1947.

GASTER, M.: The Samaritans. Their History, Doctrines and Literature. With six Appendices and
nineteen Illustrations, London 1925.

GASTER, Th.H.: Thespis. Ritual, Myth, and Drama in the Ancient Near East, New York 1961.

GERSOWSKY, J. u.a.: Art.: Bet ha-miqdash, in: Enṣiqlopedya talmudit, Bd. III, Jerusalem 1951,
S. 224-241.

GESE, H.: Anfang und Ende der Apokalyptik, dargestellt am Sacharjabuch, in: H.G., Vom Sinai
zum Zion. Altestamentliche Beiträge zur biblischen Theologie, München 1974,
S. 202-230; (= ZThK N.F. 70 (1973), S. 20-49).

GESE, H.: Die Frage des Weltbildes, in: H.G., Zur biblischen Theologie. Alttestamentliche Vorträge, München 1977, S. 202-222.

GESE, H.: Die Religionen Altsyriens, in: H. GESE/M. HÖFNER/K. RUDOLF (Hrsg.), Die Religionen Altsyriens, Altarabiens und der Mandäer (RM 10/2), Stuttgart/Berlin/Köln/Mainz 1970, S. 3-232.

GESE, H.: Das Gesetz, in: H.G., Zur biblischen Theologie. Alttestamentliche Vorträge, München 1977, S. 55-84.

GINZBERG, L.: Legends of the Jews, 7 Bde., Philadelphia 1946-1955.

GINZBERG, L.: Perushim we-ḥiddushim b-Iruschalmi. A Commentary on the Palestininian Talmud (TSJTSA 12) Teil III: Berakot IV, New York 1941.

GOLDAMMER, K.: Die Formenwelt des Religiösen. Grundriss der systematischen Religionswissenschaft, Stuttgart, 1960.

GOLDIN, J.: The Song of the Sea, New Haven/London 1971.

GOLDBERG, A.: Einige Bemerkungen zu den Quellen und den redaktionellen Einheiten der Großen Hekhalot, in: FJB 1 (1973), S. 1-49.

GOLDBERG, A.: Erlösung durch Leiden. Drei rabbinische Homilien über die Trauernden Zions und den leidenden Messias Efraim (PesR 34.36.37) (FJSt 4), Frankfurt a.M. 1979.

GOLDBERG, A.: Die Heiligkeit des Ortes in der frühen rabbinischen Theologie, in: FJB 4 (1976), S. 26-31.

GOLDBERG, A.: Schöpfung und Geschichte. Der Midrasch von den Dingen, die vor der Welt erschaffen wurden, in: Judaica 24 (1968), S. 27-44.

GOLDBERG, A.: Service of the Heart: Liturgical Aspects of Synagogue Worship, in: A. FINKEL/ L. FRIZELL (Hrsg.), Standing Before God. Studies on Prayer in Scriptures and in Tradition with Essays. In Honor of JOHN M. OESTERREICHER, New York, 1981, S. 195-211.

GOLDBERG, A.: Untersuchungen über die Vorstellung von der Schekhinah in der frühen rabbinischen Literatur - Talmud und Midrasch - (SJ 5), Berlin 1969.

GOLDENBERG, R.: Early Rabbinic Explanations of the Destruction of Jerusalem, in: JJS 33 (1982), S. 517-525.

GOLKA, F.W.: The Aetiologies in the Old Testament, Part I in: VT 26 (1976), S. 410-428 und Part II in: VT 27 (1977), S. 36-47.

GOODENOUGH, E.R.: Jewish Symbols in the Greco-Roman Period, Bd. IV: The Problems of Method. Symbols from Jewish Cult, New York 1954.

GRAY, G.B.: The Heavenly Temple and the Heavenly Altar, in: Expositor 5 (1908), 7. Serie, S. 385-402. 530-546.

GRÖZINGER, K.-E.: Musik und Gesang in der Theologie der frühen jüdischen Literatur. Talmud Midrasch Mystik (Texte und Studien zum Antiken Judentum 3), Tübingen 1982.

GRÖZINGER, K.-E.: Ich bin der Herr, dein Gott. Eine rabbinische Homilie zum Ersten Gebot (PesR 20) (FJSt 2), Frankfurt a.M. 1976.

GRUENWALD, I.: Apocalyptic and Merkabah Mysticism (AGJU 14), Leiden/Köln 1980.

GUNKEL, H.: Genesis, Göttingen [7]1966 (= 1. Aufl. 1901).

GUNKEL, H.: Schöpfung und Chaos in Urzeit und Endzeit. Eine religionsgeschichtliche Untersuchung über Gen. 1 und Ap. Joh. 12. Mit Beiträgen von H. ZIMMERN, Göttingen 1895.

GUTMANN, J.: The Jewish Sanctuary (IOR 23), Leiden 1983.

GUTTMANN, A.: The End of Jewish Sacrificial Cult, in: HUCA 38 (1967), S. 137-148.

GUTTMANN, M.: Art.: Alphabet in der Agada, in: EJ 2, Berlin 1928, Sp. 442-447.

HAAG, H.J.: "Dies ist die Entstehungsgeschichte des Himmels und der Erde" - Midrasch Avkir zu Gen 2,4, in: Judaica 34 (1978), S. 104-119. 173-179.

HAMP, V.: Art.: שׁא II-V, in: ThWAT I, Stuttgart/Berlin/Köln/Mainz 1973, Sp. 457-463.

HARAN, M.: Shiloh and Jerusalem. The Origin of the Priestly Tradition in the Penateuch, in: JBL 81 (1962), S. 14-24.

HEINEMANN, J.: Aggadot we-toledotehen, Jerusalem 1974.

HEINEMANN, J.: Darkhe ha-aggada, Jerusalem [2]1953/54.

HEINEMANN, J.: Prayer in the Talmud. Forms and Patterns (SJ 9), Berlin/New York 1977.

HEINISCH, P.: Das Buch Exodus, Bonn 1934.

HELCK, W.: Urkunden der 18. Dynastie, Berlin 1961.

HENGEL, M.: Judentum und Hellenismus. Studien zu ihrer Begegnung unter besonderer Berücksichtigung Palästinas bis zur Mitte des 2. Jh. v. Chr. (WUNT 10), Tübingen [3]1973.

HENGEL, M.: Proseuche und Synagoge. Jüdische Gemeinde, Gotteshaus und Gottesdienst in der Diaspora und in Palästina, in: G. JEREMIAS/ H.-W. KUHN/ H. STEGEMANN (Hrsg.), Tradition und Glaube. Das frühe Christentum in seiner Umwelt, Festgabe für KARL GEORG KUHN zum 65. Geburtstag, Göttingen 1971, S. 157-184.

HENGEL, M.: Der Sohn Gottes. Die Entstehung der Christologie und die jüdisch-hellenistische Religionsgeschichte, Tübingen [2]1977.

HENGEL, M.: Rezension zu L. MILDENBERG, The Coinage of the Bar Kochba War, in: Gnomon 88 (1986), S. 326-331.

HENGEL, M.: Die Synagogeninschrift von Stobi, in: ZNW 57 (1966), S. 145-183.

HENGEL, M.: Die Zeloten. Untersuchungen zur jüdischen Freiheitsbewegung in der Zeit von Herodes I. bis 70 n. Chr. (AGJU 1), Leiden/Köln [2]1976.

HERZBERG, A.: Ein Land, das ich dir zeigen werde, in: W.P. ECKERT/ N.P. LEVINSON/ M. STÖHR (Hrsg.), Jüdisches Volk - Gelobtes Land (ACJD 3), München 1972, S. 15-36.

HESCHEL, A.J.: Die Prophetie, Krakau 1936.

HESCHEL, A.J.: Tora min ha-shamayim, 2 Bde., London/New York 1962, 1965.

HOFIUS, O.: Katapausis. Die Vorstellung vom endzeitlichen Ruheort im Hebräerbrief (WUNT 11), Tübingen 1970.

HOFIUS, O.: Der Vorhang vor dem Thron Gottes. Eine exegetisch- religionsgeschichtliche Untersuchung zu Hebräer 6,19 f. und 10,19 f. (WUNT 14), Tübingen 1972.

HÖLSCHER, G.: Drei Erdkarten. Ein Beitrag zur Erkenntnis des hebräischen Altertums, Heidelberg 1949.

HUONDER, V.: Israel Sohn Gottes. Zur Deutung eines alttestamentlichen Themas in der jüdischen Exegese des Mittelalters (OBO 6), Freiburg (Schweiz)/Göttingen 1975.

HUROWITZ, V.: The Priestly Account of Building the Tabernacle, in: JAOS 105 (1985), S. 21-30.

IDELSOHN, A.Z.: Jewish Liturgy and its Development, New York 1960 (= 1. Auflage 1932).

JACOBS, L.: Die Juden, in: C. BLACKER/M. LOEWE, Weltformeln der Frühzeit. Die Kosmologien der alten Kulturvölker, Düsseldorf 1977, S. 68-85.

JEREMIAS, A.: Das Alte Testament im Lichte des Alten Orients. Handbuch zur biblisch-orientalischen Altertumskunde, Leipzig 1904 und Leipzig [2]1906.

JEREMIAS, A.: Babylonisches im Neuen Testament, Leipzig 1905.

JEREMIAS, A.: Handbuch der altorientalischen Geisteskultur, Leipzig 1913 und Leipzig [2]1929.

JEREMIAS, F.: Das orientalische Heiligtum, in: Angelos 4 (1932), S. 56-69.

JEREMIAS, J.: Golgotha und der heilige Felsen. Eine Untersuchung zur Symbolsprache des Neuen Testaments, in: Angelos 2 (1926), S. 74-128.

JEREMIAS, J.: Art.: Ἰερεμίας, in: ThWNT III, Stuttgart 1957, S. 218-221.

JERNENSKY, M.E.: Art.: Hiob in der Aggada, in: EJ 8, Berlin 1931, Sp. 73-74.

JOEL, M.: Blicke in die Religionsgeschichte zu Anfang des zweiten christlichen Jahrhundert, Amsterdam 1971 (Nachdruck der 1. Auflage 1880-1883).

KADUSHIN, M.: Aspects of the Rabbinic Concept of Israel. A Study in the Mekilta, in: HUCA 19 (1945-46), S. 57-96.

KAISER, O.: Einleitung in das Alte Testament, Gütersloh [5]1984.

KEEL, O.: Die Welt der altorientalischen Bildsymbolik und das Alte Testament, Neukirchen-Vluyn [3]1980.

KIPPENBERG, H.G.: Garizim und Synagoge. Traditionsgeschichtliche Untersuchungen zur samaritanischen Religion der aramäischen Periode (RVV 30), Berlin/New York 1971.

KIRSCHNER, B./POSNER, A.: Art.: Alphabet, hebräisches, in: Jüdisches Lexikon, Bd. I, Berlin 1927, Sp. 236-246.

KOCH, K.: Art.: אֹהֶל, in: ThWAT I, Stuttgart/Berlin/Köln/Mainz 1973, Sp. 128-141.

KOCH, K.: Was ist Formgeschichte? Methoden der Bibelexegese, Neukirchen-Vluyn [4]1981.

KÖTTING, B.: Peregrinatio Religiosa. Wallfahrten in der Antike und das Pilgerwesen in der Alten Kirche (FVK 33/35), Regensburg/Münster/W. 1950.

KOPP, C.: Die heiligen Stätten der Evangelien, Regensburg 1959 [2]1964.

KORNFELD, W.: Der Symbolismus der Tempelsäulen, in: ZAW 74 (1962), S. 50-57.

KRAEMER, J.: Art.: Microcosm, in: EJ, Jerusalem 1971, Bd. XI, Sp. 1501-1503.

KRAUS, H.J.: Psalmen, 2 Bde. (BK 15), Neukirchen-Vluyn [5]1978.

KRAUSS, S.: Synagogale Altertümer, Hildesheim 1966 (= 1. Auflage 1922).

KUHN, P.: Gottes Selbsterniedrigung in der Theologie der Rabbinen (StANT 17), München 1968.

KUHN, P.: Gottes Trauer und Klage in der rabbinischen Überlieferung (Talmud und Midrasch) (AGJU 13), Leiden 1978.

KUTSCH, E.: Das irdische und das himmlische Jerusalem, in: A. WENDEHORST/J. SCHNEIDER (Hrsg.), Hauptstädte. Entstehung, Struktur und Funktion. Referate des 3. interdisziplinären Colloquiums des Zentralinstituts, Neustadt a.d. Aisch 1979, S. 1-8.

VAN DER LEEUW, G.: Phänomenologie der Religion, Tübingen [2]1956.

LIMBECK, M.: Die Ordnung des Heils. Untersuchungen zum Gesetzesverständnis des Frühjudentums, Düsseldorf 1971.

LIETZMANN, H.: Messe und Herrenmahl. Eine Studie zur Geschichte der Liturgie (AKG 8), Bonn, 1926.

LOHSE, E.: Art.: Σιών κτλ., B: Zion-Jerusalem im nachbiblischen Judentum, in: ThWNT VII, Stuttgart/Berlin/Köln/Mainz 1964, S. 318-336.

LUCCHESI PALLI, E.: Art.: Abraham, in: E. Kirschbaum, (Hrsg.): Lexikon der christlichen Ikonographie, Bd. I, Freiburg 1968, Sp. 28 ff.

LUEKEN, W.: Michael. Eine Darstellung und Vergleichung der jüdischen und morgenländisch-christlichen Tradition vom Erzengel Michael, Göttingen 1898.

MACH, M.: Mehqarim be-torat ha-malakhim (angelologia) ha-yehudit ba-tqufa ha-hellenistit-romit (Diss.), Tel Aviv 1986.

MACH, R.: Der Zaddik in Talmud und Midrasch, Leiden 1957.

MAIER, J.. Aspekte der Kultfrömmigkeit im Lichte der Tempelrolle von Qumran, in: H.H. HENRIX (Hrsg.), Jüdische Liturgie. Geschichte-Struktur-Wesen (QD 86), Freiburg/Basel/Wien 1979, S. 33-46.

MAIER, J.: Geschichte der jüdischen Religion. Von der Zeit Alexander des Großen bis zur Aufklärung mit einem Ausblick auf das 19./20. Jahrhundert, Berlin/New York 1972.

MAIER, J.: Tempel und Tempelkult, in: J. MAIER/J. SCHREINER (Hrsg.), Literatur und Religion des Frühjudentums. Eine Einführung, Würzburg 1973, S. 371-390.

MAIER, J.: Die Tempelrolle vom Toten Meer, München 1978.

MAIER, J.: Vom Kultus zur Gnosis. Studien zur Vor- und Frühgeschichte der "jüdischen Gnosis". Bundeslade, Gottesthron und Märkabah (Kairos, (St.) 1), Salzburg 1964.

MARMORSTEIN, A.: Anges et hommes dans l'Agada, in: REJ 84 (1927), S. 37-50. 138-141.

MARMORSTEIN, A.: Judaism and Christianity in the Middle of the Third Century, in: HUCA 10 (1935), S. 223-263.

MARMORSTEIN, A.: The Old Rabbinic Doctrine of God, Bd. I: The Names & Attributes of God (JCP 10), London 1927, Bd. II: Essays in Anthropomorphism (JCP 14), London 1937.

MARTIN-ACHARD, R.: De la Jérusalem terrestre à la Jérusalem céleste (Ou comment Jérusalem, cité canaéenne, est devenue Jérusalem, cité mystique!), in: Les cahiers du CEPOA. La ville dans le Proche Orient Ancien. Actes du colloque de Castigny 1979, Leuven 1983, S. 239-251.

MAY, H.G.: Synagogues in Palestine, in: G.E. WRIGHT/D.N. FREEDMAN (Hrsg.), The Biblical Archaeologist Reader, New York 1961, S. 229-250 (= BA VII (1944), S. 1-20).

MAZAR, B.: Der Berg des Herrn. Neue Ausgrabungen in Jerusalem, Bergisch Gladbach 1979.

McKELVEY, R.J.: The New Temple. The Church in the New Testament, Oxford 1969.

METZGER, M.: Irdische und himmlische Wohnstatt Jahwes, in: UF 2 (1970), S. 139-158.

MEYER, R.: Hellenistisches in der rabbinischen Anthropologie. Rabbinische Vorstellungen vom Werden des Menschen (BWANT, 4. Folge, Heft 22), Stuttgart 1937.

MEYERS, E.M./STRANGE, J.F.: Archaeology, the Rabbis and Early Christianity, London 1981.

MICHAELIS, W.: Art.: Jerusalem in der römisch-byzantinischen Zeit, in: EJ 8, Berlin 1931, Sp. 1143-1144.

MILDENBERG, L.: The Coinage of the Bar Kochba War (Typos. Monographien zur antiken Numismatik 6) Aarau/Frankfurt a.M./Salzburg 1984.

MILIK, J.T.: Le rouleau de cuivre de Qumrân (3Q 1S), in: RB 66 (1959), S. 321-357.

MOLTMANN, J.: Der gekreuzigte Gott. Das Kreuz Christi als Grund und Kritik christlicher Theologie, München 1972.

MONTEFIORE, C.G./LOEWE, H.: A Rabbinic Anthology, Philadelphia 1960.

MONTGOMERY, J.A.: The Samaritans. The Earliest Jewish Sect. Their History, Theology and Literature, New York 1968 (= 1. Auflage 1907).

MOORE, G.F.: Judaism in the First Centuries of the Christian Era. The Age of the Tannaim, 3 Bde., Cambridge 1927, 1930.

MUNK, E.: Die Welt der Gebete, Kommentar zu den Werktags- und Sabbatgebeten nebst Übersetzung, 2 Bde., Basel 1975.

MYERS, J.M.: I. Chronicles (AncB 12), New York 1965.

NÁDOR, G.: Some Numerical Categories in Ancient Rabbinical Literature: The Numbers Ten, Seven and Four, in: AOH 14 (1962), S. 301-315.

NAVÉ-LEVINSON, P.: Einführung in die rabbinische Theologie, Darmstadt 1982.

NEUSNER, J.: Map without Territory: Mishnah's System of Sacrifice and Sanctuary, in: HR 19 (1979/80), S. 103-127.

NEWSOM, C.: Songs of the Sabbath Sacrifice: A Critical Edition (Harvard Semitic Studies 27) Atlanta 1985.

NIKIPROWETZKY, V.: Le nouveau temple, in: REJ 130 (1971), S. 5-30 (franz. Rezension zu R.J. McKELVEY, The New Temple).

NOTH, M.: Das zweite Buch Mose. Exodus (ATD 5), Göttingen 1959.

NOY, D.: Even ha-shetija we-reshit ha-bri'a, in: We-1-Irushalayim, Qobeṣ sifruti, Jerusalem 1967/68, S. 360-394.

ODEBERG, H.: The Forth Gospel Interpreted in its Relation to Contemporaneous Religious Currents in Palestine and the Hellenistic-Oriental World, Uppsala 1929.

OPPENHEIM, L.: The Interpretation of Dreams in the Ancient Near East. With Translation of an Assyrian Dreambook, (TAPhS 46 N.S., Part 3), Philadelphia 1956.

ORLINSKY, H.M.: The Textual Criticism of the Old Testament, in: G.E. WRIGHT (Hg.), The Bible and the Ancient Near East. Essays in honor of WILLIAM FOXWELL ALBRIGHT, London 1961, S. 113-132.

OTTO, E.: Jerusalem - die Geschichte der Heiligen Stadt. Von den Anfängen bis zur Kreuzfahrerzeit, Stuttgart/Berlin/Köln/Mainz 1980.

OTTO, R.: Das Heilige. Über das Irrationale in der Idee des Göttlichen und sein Verhältnis zum Rationalen, Breslau 1917.

PATAI, R.: Man and Temple in Ancient Jewish Myth and Ritual, London 1949.

PASCHEN, W.: Rein und Unrein. Untersuchungen zur biblischen Wortgeschichte (StANT 24), München 1970.

PETERSON, E.: Das Buch von den Engeln, Leipzig 1935.

PETERSON, E.: Himmlische und irdische Liturgie, in: BenM 16 (1934), S. 39-47.

PETERSON, E.: Die geschichtliche Bedeutung der jüdischen Gebetsrichtung, in: E.P., Frühkirche, Judentum und Gnosis, Freiburg 1959, S. 1-14.

PETUCHOWSKI, J.: Diaspora Judaism - An Abnormality? The Testimony of History, in: Judaism 9 (1960), S. 17-28.

PELZL, B.: Thesen zur Entstehung des Zeltbauberichts von Ex 25 ff. und seiner Geschichte, in: UF 8 (1976), S. 323-326.

POLIAKOV, L.: Geschichte des Antisemitismus, Bd. I: Von der Antike bis zu den Kreuzzügen, Worms ²1979.

PORTEOUS, N.W.: Jerusalem-Zion: The Growth of a Symbol, in: A. KUSCHKE (Hrsg.), Verbannung und Heimkehr. Beiträge zur Geschichte und Theologie Israels im 5. und 6. Jhdt., FS W. RUDOLPH zum 70. Geburtstag, Tübingen 1961, S. 236-252.

PREUSS, H.D.: Deuteronomium (EdF 164), Darmstadt 1982.

VON RAD, G.: Theologie des Alten Testaments, 2 Bde., München 1968.

VON RAD, G.: Weisheit in Israel, Neukirchen 1970.

READER, W.W.: Die Stadt Gottes in der Johannesapokalypse (Diss.), Göttingen 1971.

REINHARDT, K.: Kosmos und Sympathie. Neue Untersuchungen über Poseidonius, München 1926.

RENGSTORF, K.H.: A Complete Concordance to Flavius Josephus, 4 Bde., Leiden 1973-1983.

RENGSTORF, K.H./VON KORTZFLEISCH, S.: Kirche und Synagoge. Handbuch zur Geschichte der Juden und Christen, Bd. I, Stuttgart 1968.

RICHTER, H.: Die Naturweisheit des Alten Testaments im Buche Hiob, in: ZAW 70 (1958), S. 1-20.

ROSCHER, W.H.: Omphalos. Eine philologisch-archäologisch-volkskundliche Abhandlung über die Vorstellung der Griechen und anderer Völker vom 'Nabel der Erde' (ASGW.PH Bd. 29, Nr. 9), Leipzig 1913.

ROSCHER, W.H.: Neue Omphalosstudien. Ein archäologischer Beitrag zur vergleichenden Religionswissenschaft (ASGW.PH Bd. 31, Nr. 1), Leipzig 1915.

ROSCHER, W.H.: Der Omphalosgedanke bei verschiedenen Völkern, besonders den semitischen (BVSGW, Philologisch-historische Klasse Bd. 70, Heft 2), Leipzig 1918.

ROST, L.: Einleitung in die alttestamentlichen Apokryphen und Pseudepigraphen einschließlich der großen Qumranhandschriften, Heidelberg 1971.

ROTH, C.: Geschichte der Juden von den Anfängen bis zum neuen Staate Israel, Stuttgart 1954.

ROTH, W.M.: Numerical Sayings in the Old Testament. A Form Critical Study (VT.S 13), Leiden 1965.

ROWLAND, C.: The Open Heaven. A Study of Apocalyptic in Judaism and Early Christianity, New York 1982.

RÜGER, H.P.: Die alten Versionen zu Ex 24,10 und 11 und die rabbinische Targumkritik, in: S. MEURER (Hrsg.), Mittelpunkt Bibel, ULRICH FICK zum 60. Geburtstag (Die Bibel in der Welt 20), Stuttgart 1983, S. 39-48.

RÜTHER, TH.: Die sittliche Forderung der Apatheia in den beiden ersten christlichen Jahrhunderten und bei Klemens von Alexandrien. Ein Betrag zur Geschichte des christlichen Vollkommenheitsbegriffs (FThSt 63), Freiburg 1949.

SABOURIN, L.: Novum Templum, in: VD 47 (1969), S. 65-82 (Lateinische Rezension zu R.J. McKELVEY, The New Temple).

SACY, de S.: Correspondance des Samaritains de Naplouse, in: Notices et Extraits des Manuscrits de la Bibliothèque du Roi 12 (1831) S. 1-235.

SAFRAI, S.: The Heavenly Jerusalem, in: Ariel 8 (1969), S. 11-16.

SAFRAI, S.: The Land of Israel in Tannaitic Halacha, in: G. STRECKER (Hrsg.), Das Land Israel in biblischer Zeit, Jerusalem - Symposium 1981 der Hebräischen Universität und der Georg-August-Universität (GTA 25), S. 201-215, Göttingen 1983.

SAFRAI, S.: Die Wallfahrt im Zeitalter des zweiten Tempels (Forschungen zum jüdisch-christlichen Dialog 3), Neukirchen-Vluyn 1981.

SAFRAI, S.: Das Zeitalter der Mischna und des Talmuds (70-640), in: H.H. BEN-SASSON (Hrsg.), Geschichte des jüdischen Volkes, Bd. I: Von den Anfängen bis zum 7. Jhdt., München 1979, S. 377-469.

SAFRAN, A.: Israel in Zeit und Raum. Grundmotive des jüdischen Seins, Bern/München 1984.

SAFRAN, A.: Jérusalem, coeur d'Israel, coeur du monde, in: E. A. LÉVY-VALEUSI/TH. DREYFUS/ J. HALPERIN u.a. (Hrsg.), Mélanges A. NEHER, Paris 1975, S. 127-135.

SARFATTI, G.: Ha-qosmografia ha-talmudit, in: Tarbiz 35 (1965/66), S. 137-148.

SCHÄFER, P.: Engel und Menschen in der Hekhalot-Literatur, in: Kairos 22 (1980), S. 201-225.

SCHÄFER, P.: Geschichte der Juden in der Antike. Die Juden Palästinas von Alexander dem Großen bis zur arabischen Eroberung, Neukirchen-Vluyn/Stuttgart 1983.

SCHÄFER, P.: Research into Rabbinic Literatur: An Attempt to Define the Status Quaestionis, in: JJS 37 (1986), S. 139-152.

SCHÄFER, P.: Rivalität zwischen Engeln und Menschen. Untersuchungen zur rabbinischen Engelvorstellung (SJ 8), Berlin/ New York 1975.

SCHÄFER, P.: Studien zur Geschichte und Theologie des rabbinischen Judentums (AGJU 15), Leiden 1978.

SCHÄFER, P.: Tempel und Schöpfung. Zur Interpretation einiger Heiligtumstraditionen in der rabbinischen Literatur, in: Kairos 16 (1974), S. 122-133.

SCHÄFER, P.: Die Vorstellung vom heiligen Geist in der rabbinischen Literatur (StANT 28), München 1972.

SCHÄFER, P.: Zur Geschichtsauffassung des rabbinischen Judentums, in: P. Sch., Studien zur Geschichte und Theologie des rabbinischen Judentums (AGJU 15), Leiden 1978, S. 23-44.

SCHIFFMAN, L.H.: Merkavah Speculation at Qumran: The 4Q Serekh Shirot 'Olat ha-Shabbat, in: J. REINHARZ/D. SWETSCHINSKI (Hrsg.), Mystics, Philosophers, and Politicians. Essays in Jewish Intellectual History (Duke Monographs in Medieval and Renaissance Studies 5), Durham, North Carolina 1982, S. 15-46.

SCHIMANOWSKI, G.: Weisheit und Messias (WUNT 2. Reihe 17), Tübingen 1985.

SCHLIER, H.: Art. δείκνυμι κτλ., in: ThWNT II, Stuttgart 1957 (= 1. Auflage 1935), S. 26-33.

SCHMIDT, H.: Der heilige Fels in Jerusalem. Eine archäologische und religionsgeschichtliche Studie, Tübingen 1933.

SCHMIDT, K.L.: Jerusalem als Urbild und Abbild, in: Aus der Welt der Urbilder, Eranos-Jahrbuch 18 (1950), S. 207-248.

SCHMIDT, W.H.: Einführung in das Alte Testament, Berlin/New York 1979.

SCHOEPS, H.J.: Die Tempelzerstörung des Jahres 70 in der jüdischen Religionsgeschichte. Ursachen-Folgen-Überwindung, in: H.J.S., Aus frühchristlicher Zeit. Religionsgeschichtliche Untersuchungen, Tübingen 1950, S. 144-183.

SCHOLEM, G.: Farben und ihre Symbolik in der jüdischen Überlieferung und Mystik, in: Die Welt der Farben, Eranos-Jahrbuch 41 (1972), S. 1-49.

SCHOLEM, G.: Ursprünge und Anfänge der Kabbala (SJ 3), Berlin 1962.

SCHOLEM, G.: Die jüdische Mystik in ihren Hauptströmungen, Frankfurt a.M. 1967.

SCHOLEM, G.: Jewish Gnosticism, Merkabah Mysticism, and Talmudic Tradition, New York 1960.

SCHUBERT, K.: Geschichte der Juden in der frühen Diaspora mit besonderer Berücksichtigung der
Zeit von 70-500, in: F. BÖHM/ W. DIRKS (Hrsg.): Judentum. Schicksal, Wesen und Gegenwart,
Bd. I, Wiesbaden 1965, S. 96-120.

SCHUBERT, K.: Das Land Israel in der Sicht des rabbinischen Judentums, in: C. THOMA (Hrsg.), Auf
den Trümmern des Tempels. Land und Bund Israels im Dialog zwischen Christen und Juden,
Wien 1968, S. 77-90.

SCHREINER, J.: Die apokalyptische Bewegung, in: J. MAIER/J. SCHREINER (Hrsg.), Literatur und
Religion des Frühjudentums. Eine Einführung. Würzburg 1973, S. 214-253.

SED, N.: La mystique cosmologique juive (Ecole des Hautes Etudes en Sciences Sociales, Etudes
Juives 16), Paris 1981.

SELIGMAN, J.A.: Yerushalayim be-maḥshevet ha-yehudit ha-hellenisṭit, in: Juda and Jerusalem.
The 12. Archaeological Convention, Jerusalem 1957, S. 192-208.

SMITH, J.Z.: Earth and Gods, in: J. .NEUSNER (Hrsg.), Map is not Territory (SJLA 23), Leiden 1978,
S. 104-128.

SMITH, J.Z.: The Prayer of Joseph, in: J. NEUSNER (Hrsg.), Religions in Antiquity. Essays in
Memory   of   ERWIN   RAMSDELL   GOODENOUGH   (SHR   14),   Leiden   1968,
S. 253-294.

SIMON, U.: Heaven in the Christian Tradition, London 1958.

SIMON, M.: Verus Israel. Etude sur les relations entre Chrétiens et Juifs dans l'Empire Romain
(135-425), Paris [2]1964.

VON SODEN, W.: Leistung und Grenze sumerischer und babylonischer Wissenschaft (Libelli 142),
Darmstadt 1965.

VON SODEN, W.: Einführung in die Altorientalistik (Orientalische Einführungen in Gegenstand,
Ergebnisse und Perspektiven der Einzelgebiete), Darmstadt 1985.

STAROBINSKY-SAFRAN, E.: Aspects de Jérusalem dans les écrits rabbiniques, in: RThPh 112
(1980), S. 151-162.

STAROBINSKY-SAFRAN, E.: De la vision mystique à la réalité concrète de Jerusalem. Reflexions
juives sur la vocation de cette ville, in: Les cahiers du CEPOA. La ville dans le Proche Orient
Ancien, Actes du colloque de Castigny 1979, Leuven 1983, S. 253-256.

STEMBERGER, G.: Die Bedeutung des "Landes Israel" in der rabbinischen Tradition, in: Kairos 25
(1983), S. 176-199.

STEMBERGER, G.: Juden und Christen im Heiligen Land. Palästina unter Konstantin und
Theodosius, München 1987.

STEMBERGER, G.: Das klassische Judentum. Kultur und Geschichte der rabbinischen Zeit (70 n.
Chr. bis 1040 n. Chr.), München 1979.

STERN, M.: Greek and Latin Authors on Jews and Judaism. Edited with Introductions, Translations
and Commentary, 3 Bde., Jerusalem 1974-1984.

(STRACK, H.L.)/BILLERBECK, P.: Kommentar zum Neuen Testament aus Talmud und Midrasch,
Bd. I-IV, München 1926-1928; Bd. V (Rabb. Index) und Bd. VI (Verzeichnis der
Schriftgelehrten, geograph. Register), hrsg. v. J. JEREMIAS und K. ADOLPH, München 1956-61.

STRACK, H.L./STEMBERGER, G.: Einleitung in Talmud und Midrasch, München [7]1982.

STRECKER, G.: Das Land Israel in frühchristlicher Zeit, in: G. STRECKER (Hrsg.), Das Land Israel in biblischer Zeit, Jerusalem-Symposium 1981 der Hebräischen Universität und der Georg-August-Universität (GTA 25), Göttingen 1983, S. 188-200.

STRUGNELL, J.: Angelic Liturgy at Qumran. 4Q Serek Šîrôt ʿÔlat haššabat, in: VT.S 7 (1960), S. 318-345.

TALMON, S.: Art.: הר, in: ThWAT II, Stuttgart/Berlin/Köln/Mainz 1977, Sp. 459-483.

TALMON, S.: Die Bedeutung Jerusalems in der Bibel, in: W.P. ECKERT/N.P. LEVINSON/ M. STÖHR (Hrsg.), Jüdisches Volk - Gelobtes Land (ACJD 3), München 1970, S. 135-152.

TA-SHMA, J.M.: Art.: Job in the Aggadah, in: EJ, Jerusalem 1971, Bd. X, Sp. 124-125.

THOMA, C.: Auswirkungen des jüdischen Krieges gegen Rom (66-70/73 n. Chr.) auf das rabbinische Judentum, in: BZ N.F. 12 (1968) S. 30-54. 186-210.

THOMA, C.: Biblisches Erbe im Gottesdienst der Synagoge, in: H.H. HENRIX (Hrsg.), Jüdische Liturgie. Geschichte-Struktur-Wesen (QD 86), Freiburg/Basel/Wien 1979, S. 47-65.

THOMA, C.: Das Land Israel in der rabbinischen Tradition, in: W.P. ECKERT/N.P. LEVINSON/ M. STÖHR (Hrsg.), Jüdisches Volk - Gelobtes Land (ACJD 3), München 1970, S. 37-51.

TOWNER, W.S.: The Rabbinic "Enumeration of Scriptural Examples". A Study of a Rabbinic Pattern of Discourse with Special Reference to Mekhilta d'R. Ishmael (StPB 22), Leiden 1973.

TURNER, H.W.: From Temple to Meeting House. The Phenomenology and Theology of Places of Worship (RelSoc 16), Le Hague/Paris/New York 1979.

UBIGLI, L.R.: Dalla 'Nuova Gerusalemme' alla 'Gerusalemme Celeste'. Contributo per la comprensione dell' Apocalittica, in: Henoch 3 (1981), S. 69-80.

UFFENHEIMER, B.: The Consecretion of Isaiah in Rabbinic Exegesis, in: J.HEINEMANN/D. NOY (Hrsg.), Studies in Aggadah and Folk-Literature (ScrHie 22), Jerusalem 1971, S. 233-246.

URBACH, E.: Yerushalayim shel ma'la w-Irushalayim shel maṭṭa, in: Jerusalem through the Ages. The Twenty-Fifth Archaeological Convention October 1967, Jerusalem 1968, S. 156-178.

URBACH, E.: The Sages - Their Concepts and Beliefs, Jerusalem 1979.

VERMES, G.: "Car le Liban c'est le Conseil de la Communauté." Notes sur Pesher d'Habacuc, 12, 3-4. Mélanges Bibliques rédigés en l'honneur de ANDRÉ ROBERT, Paris 1957, S. 316-325.

VERMES, G: The Symbolical Interpretation in the Targums: The Origin and Development of an Exegetical Tradition, in: JThS 9 (1958), S. 1-12.

VOLZ, P.: Die Eschatologie der jüdischen Gemeinde im neutestamentlichen Zeitalter, Tübingen [2]1934.

WEIL, G.: Biblische Legenden der Muselmänner. Aus arabischen Quellen zusammengetragen und mit jüdischen Sagen verglichen, Frankfurt a.M. 1845.

WEINFELD, M.: Deuteronomy and Deuteronomic School, Oxford 1972.

WENSCHEKWITZ, H.: Die Spiritualisierung der Kultusbegriffe. Tempel, Priester und Opfer im Neuen Testament, in: Angelos 4 (1932), S. 70-230.

WENSINCK, A.J.: Art.: Ka'ba, in: Enzyklopädie des Islam, Leiden [1]1927, Bd. II, Sp. 625-635.

WENSINCK, A.J.: The Ideas of the Western Semites concerning the Navel of the Earth (VNAW, Nieuwe Reeks 17, No. 1), Amsterdam 1916.

WERBLOWSKY, R.J.Z.: Die Bedeutung Jerusalems für Juden, Christen und Moslems (Studiengruppe für Nahostfragen der israelischen Universitäten), Jerusalem 1980.

WERBLOWSKY, R.J.Z.: Das "Land" in den Religionen, in: G. STRECKER (Hrsg.), Das Land Israel in biblischer Zeit. Jerusalem-Symposium 1981 der Hebräischen Universität und der Georg-August-Universität (GTA 25), Göttingen 1983, S. 1-6.

WERBLOWSKY, R.J.Z.: Meṭropolin le-kol ha-araṣot, in: Jerusalem through the Ages. The Twenty-Fifth Archaeological Convention, October 1967, Jerusalem 1968, S. 172-178.

WERNER, E.: The Doxology in Synagogue and Church. A Liturgic - Musical Study, in: HUCA 19 (1945-46), S. 275-351.

WERNER, E.: The Sacred Bridge. The Interdependence of Liturgy and Music in Synagogue and Church during the First Millenium, London 1959.

WESTERMANN, C.: Genesis, 1. Teilband: Genesis 1-11 (BK 1/1), Neukirchen-Vluyn 1974.

WEWERS, G.: Die Wissenschaft von der Natur im rabbinischen Judentum, in: Kairos 14 (1972), S. 1-21.

WIDENGREN, G.: Aspetti simbolici dei Templi e Luoghi di Culto del Vicino Oriente Antico, in: Numen 7 (1960), S. 1-25.

WIDENGREN, G.: Religionsphänomenologie, Berlin 1969.

WILKENSON, J.: Jewish Influences on the Early Christian Rite of Jerusalem, in: Le Muséon 92 (1979), S. 347-359.

WILDBERGER, H.: Jesaja, 3 Bde. (BK 10), Neukirchen 1972-1982.

WILLIAMSON, H.G.M.: 1 and 2 Chronicles (The New Century Bible Commentary), London 1982.

WINDISCH, D.H.: Die ältesten christlichen Palästinapilger, in: ZDPV 48 (1925), S. 145-158.

WRIGHT, G.E.: The Significance of the Temple in the Ancient Near East, Part III: The Temple in Palestine-Syria, in: G.E. WRIGHT/D.N. FREEDMANN, The Biblical Archaeologist Reader, S. 169-184 (= BA 7 (1944), S. 65-77).

WÜNSCHE, A.: Die Zahlensprüche in Talmud und Midrasch, in: ZDMG 65 (1911), S. 57-160. 395-421; 88 (1912), S. 414-459.

ZIMMERLI, W.: Ezechiel, 1. Teilband: Ezechiel 1-24 (BK 13/1), Neukirchen-Vluyn 1969.

ZUNZ, L.: Die synagogale Poesie des Mittelalters, Berlin 1855.

ZUNZ, L.: Literaturgeschichte der synagogalen Poesie, Berlin 1965.

STELLENREGISTER

Deuteronomium

1,10	112
3,25	9, 10, 107
5,18	107
6,4	44, 63, 64, 133, 134, 135, 137
11	107
11,15	22
11,29	106, 107
11,30	107
12,5	108
12,6	108
12,11	107
17,8	12
18,4	108
27	107
27,4	107
27,12	107
28,12	84
32,3	45
32,9	139, 140
33,15	107

Judicum

9,37	89, 105, 107

I Samuelis

4,4	114

II Samuelis

4,2	112, 117
6,2	114
7,4ff.	59
22,11	111, 114
22,17	52

I Regum

6,20	16
7,29	115
7,33	40, 112, 115
8,12	112, 113
8,12 f.	80
8,13	6, 7, 8, 73, 74, 75, 78, 79, 96, 111, 112, 113, 160, 171
22,19	116, 131, 133

II Regum

2,11	28
6,17	28
18,13–20,19	9
19,23	9

Jesaja

1,18	10
2,2	102, 103
6	112
6,1 f.	53
6,1	50, 53
6,2	40, 41, 42, 69, 93, 112, 114, 131, 133, 135, 152, 153
6,3	19, 46, 63, 64, 65, 66, 67, 68, 70, 71, 72, 111, 129, 130, 132, 134, 135, 136, 137, 139, 152, 153, 154, 155, 162, 170
6,6	112
10,17	28
10,34	9
11,4	104
22,4	148, 158
24,21	137, 138
29,23	139
33,5	52
35,10	87, 159
35,12	38
36,1–39,8	9
37,16	112, 114
37,24	9
40,22	119
43,21	137
46,4	148
49,16	144
49,20	103
51,16	24
52,1	145
52,5	144, 146
54,11 ff.	15
54,12	26
56,7	103
57,15	52
60,1 ff.	15
60,3	103
62,1 ff.	15
63,15	6, 8, 111, 113
65,17 ff.	15
66,1	74, 75, 96

Jeremia

3,17	112, 116
7,4	112, 115
17,12	9, 47, 48, 50, 52, 53, 60, 81, 82, 83, 84, 85, 96, 112, 116, 144, 170
25,30	52, 163
30,18	102, 158, 159, 161
30,19	159
31,35.36	117

Ezechiel

1	19
1,1–3	19
1,1–4	20
1,1–6	153
1,4	19
1,6	152, 153
1,7	131, 152
1,10	152
1,15	111, 112, 115
1,19	40
1,20	111, 112, 115
1,24	131, 132, 133, 135, 136, 137
1,26	83
2,1	19
3,12	19, 63, 64, 65, 67, 70, 71, 131, 132, 133, 136, 137
5,5	89
8,3	37, 39
9,2	62, 112, 117
10	81
10,19	81
10,20	80, 114
11,16	24
21,22	149
40–48	1, 57
40,2	57
41,4	16
41,7	102, 103
42,15	57
43	20, 23
43 ff.	19
43,7	74, 75, 96
43,11	19

Hosea

6,6	24
11,9	143, 144, 146

Amos

9,15	103

Haggai

1,7 ff.	22
1,8	38
2,8	112, 121

Habakuk

2,20	50, 53

Sacharja

2,4	28
9,1	102
10,8	103
11,1	9
14,10	103

Maleachi

2,5	18
2,7	112, 118, 127
3,1	18
3,23	18

Psalmen

8,2	126
11,4	13, 73, 74, 75, 96, 112, 115, 147, 171
18,11	114
26,8	77, 78, 96, 171
29,9	13
30	76
30,1	76, 77
34,8	118
48,2–4	13
48,3	103
50,1	90
50,2	83, 84, 85, 89, 90
68,13	112
68,18	150
68,26	128, 130, 155
80,2	40, 114
82,1	25
89,15–16	13
90,3	49, 52
90,4	52
93,2	47, 48
93,5	13
97,2	114
99,1	114
102,20	13, 52
103,3	137, 138
103,19	50, 53
103,20	137, 138
103,21	137
104,1	137
104,2	111, 119
108,5	103
122,3	26, 74, 104, 143, 144, 146
134,1	18
135,4	139
146,10	63
147,4	111
148	70
148,13	126

Proverbia

3,19	64, 65, 86, 87
8,22	47
8,23	47
8,26	47
8,30	52
9,3	103
23,5	152
30,4	87

Hiob

1,6	134, 136
22,13	112
23,3	10,11
25,2	10, 52, 149
25,3	112, 117, 149, 151
26,9	80
37,6	90
38,7	131, 132, 133, 134, 135, 136
38,38	90

I Chronik

28,18	80, 81
28,12.19	58
28,11.12.18.19	57, 58, 60
28,19	28, 29, 58
29,11	111, 112, 113, 120, 121, 137, 138
29,23	112, 116

II Chronik

3,1	92
2,3	17, 18
3,8	16
18,18	116

Canticum

3,9	85, 88, 89
3,11	103
5,2	145, 146, 147
7,5	102

Daniel

2,22	112, 120
3,19.22	39
7,10	71, 149, 150, 151
7,16	131, 133, 135
12,1	12, 127
12,2	136
12,3	131

Esra

3,3	10, 11

Apokryphen und Pseudepigraphen

II Makkabäer

2,4 ff.	60

Weisheit Salomos

9.8	56 f.

Jesus Sirach

49,8	81

Jubiläenbuch

31,31 f.	69

Sibyllinen

III, 702 f	16

Äthiopisches Henochbuch

1–36	13
14,8 ff.	13
14,10–20	13

Syrische Baruch-Apokalypse

4,1–6	147
4,3–6	25, 147
4,3–7	60
10,6–19	166
10,18	104

Testament des Levi

3,4 A$^\beta$ S[1]	13
5,1	13
18,6	13

Abraham-Apokalypse

18,2	14
25,3 f	14

Liber Antiquitatum Biblicarum

48,1-2   8

IV Esra

7,26   26
8,52   25
10,53 ff.   26
13,36   26

Qumranschriften

Shirot 'Olat
ha-Shabbat 9-13   14
4Q 403 I, 31   70

Neues Testament

Matthäus

16,17   109

Lukas

20,17-18   109

Johannes

4,20   106
7,37-40   109

Acta Apostolorum

7,44   57

I Korintherbrief

10,4   109

Galaterbrief

4,26   15

Hebräerbrief

1,2   25
8,5   57, 58
9,23 f.   57
11,10   26
11,16   25, 26

12,22   69
12,22-24   15
13,14   26

Johannes-Apokalypse

4,8-11   69
11,19   14
14,15.17   14
15,5-8   14
21,2   26
21,16   16
21,22   16

Rabbinische Literatur

1. Mischna

mBer
4,5   76
mYom
3,8   45
4,1   45
4,2   45
5,2   88
6,2   45
mSota
9,12   22
mHul
3,1   32
mTam
7,4   153
mMid
2,5   153
2,6   153
mKel
1,6-9   16, 97

2. Tosefta

tBer
1,9   70
tKil
5,10   123
tYom
3,6   88
tSot
15,2   22

3. Talmud Yerushalmi

yBer
1,1 (2c)   135
2,4 (5a)   9

2,4 (5c)	22
4,5 (8c)	75, 76
9,2 (13c)	149
yShek	
1,6 (46b)	39
yYom	
5,4 (42c)	88
7,2 (44b)	62, 117
yTaan	
2,1 (65a)	38
yMeg	
1,14 (72c/d)	43
yHag	
3,6 (79d)	104
yBQ	
6,10 (6a)	104
yHor	
3,3 (47c)	38

4. Talmud Bavli

bBer	
32b	22
59a	22
bShab	
88b	80, 115
99a	43
bEr	
104a	60
bPes	
54a	47, 51, 52, 53, 82
bYom	
21b	38
54b	88, 89, 90
bSuk	
51a	23
51b	60
52b	144
bHag	
12b	6, 7, 12, 65, 113, 115, 118, 126, 161
13a	10, 95
13b	115, 117, 149, 151, 152, 154, 162
27a	118
15a	135
bNed	
39b	47, 52
bGit	
56a	164
56b	9, 168
bSot	
49a	22
bQid	
69a	12

bBB	
14b/15a	151
15b	11
16a	11
25a/b	22
60b	166
75b	103
bSan	
39b	130, 155, 156
94b	9, 12
99b	24
105b	119
bZev	
33a	60
62a	7, 60, 79, 92
bMen	
29a	27, 28, 29, 32, 36, 39, 57, 142
48b	23
110a	7, 17, 23, 24
bMeg	
10a	100
10b	130, 155, 156
17b–18a	102
bHul	
42a	32
83b	60
91b	134, 135, 136, 137
127a	123
bBekh	
8b	91
53b	23
bTaan	
5a	3, 143, 146
19b	22
29a	104

5. Außertalmudische Traktate

Avot deRabbi Natan Lesart A	
§4 (12a)	9
§4 (10a/b)	22
§4 (11a)	24
§4 (12b)	104, 165
§27 (42a/b)	10
§31 (46a)	90
§31 (46a/b)	123
§37 (55b)	8
Avot deRabbi Natan B Lesart B	
§5 (9b)	22
§5 (10a)	161
§44 (62b)	115
Kalla Rabati	
52b	118

6. Midraschim

Mekhilta deRabbi Yishmael

pisḥa

I (S. 6)	29, 32
II (S. 6)	32
IX (S. 33)	115
XIV (S. 51)	115
XIV (S. 51 f.)	163

shirata

IV (S. 131)	146
X (S. 149 f.)	73, 74, 78, 79, 96, 115

'Amaleq

II (S. 183)	9

baḥodesh

IX (S. 236)	115
XI (S. 243)	25

Mekhilta deRabbi Shim'on b. Joḥai

zu Ex 17,14 (S. 124)	9
zu Ex 15,17 (S. 99)	74, 75, 96

Sifra

sh^emini

parasha 2,2 (47d)	32

Sifre Bamidbar

naso

§42 (S. 47)	151, 152

b^eha'alot^ekha

§61 (S. 58 f.)	30
§61 (S. 59)	34, 35, 36

qoraḥ

§119 (S. 143)	118

Pin^eḥas

§134 (S. 181)	9

Sifre Devarim

d^evarim

§1 (S. 7)	102, 161
§6 (S. 15)	10

'eqev

§37 (S. 70)	47, 51, 52
§41 (S. 87 f.)	161

ha'azinu

§306 (S. 341)	45, 137
§306 (S. 343)	134, 136, 137

Sifre Zuta

b^eha'alot^ekha

§4 (S. 256)	34, 35, 36

Midrash Tannaim

zu Dtn 13,14 (S. 71)	142
zu Dtn 32,3 (S. 186)	46, 134

Bereshit Rabba

1,4 (7c)	53, 142
1,8 (9a)	52
3,9 (14c)	56
14,8 (35b)	118
32,10 (67c)	107
55,7 (112c)	91, 92, 93, 96
56,10 (115a)	92
65,21 (150b/c)	131, 135, 136, 153
68,12 (135a)	118
68,12 (135b)	140
69,7 (136c)	94
81,3 (153d)	106, 107
100,9 (187d)	117

Bereshit Rabbati

zu Gen 1,6 (S. 32)	21
zu Ex 26,33 (S. 32)	90

Shemot Rabba

2,2 (9a)	115
15,6 (26d)	116, 117
15,28 (31d)	30
18,5 (35a)	127
23,5 (43a)	9
23,7 (43b)	128, 130, 155, 156
30,11 (54a)	11
31,10 (58a)	119
33,4 (61c/d)	21, 42, 62, 70, 73, 85, 94, 111, 113, 115, 120, 123, 127, 141, 161
35,6 (63d/64a)	40, 42, 43, 114
38,3 (65c/d)	118
41 Ende (69d/70a)	80
42,4 (70d)	80

Wayiqra Rabba

1,2 (2b)	10
2,8 (4d)	19, 20, 23

6. Hekhalottexte und sonstige Midraschim

Buch Serubbabel

BatM II, S. 498   126
BatM II, S. 502 f.   126

Ginze Schechter I, S. 186

SHL §772   7, 8

Die göttliche Sophia

BHM V, S. 63   7, 86, 90, 158, 161

Fragment zu MTeh

BHM V, S. 164   49

Handschrift eines Pentateuchkommentars

TS 20, S. 22, §87   33

Handschrift Ramze R. Yishmael

TS 20, S. 22, §87   33, 34

Handschrift Yalq Ma'ayan Gannim

TS 20, S. 22, §87   33, 34

Hekhalot Rabbati

3,3
  BHM III, S. 85
  SHL §100.101   67
8,4
  BHM III, S. 90
  SHL §161   66
9,2-3
  BHM III, S. 90
  SHL §163.164   138, 139
10,3
  BatM I, S. 85   66
10,5-11,2
  BatM I, S. 85   139

Ḥuppat Eliyyahu Rabba §26

OsM S. 164b   81, 82

Jelamdenu-Fragment §49

BHM VI, S. 87   127
BHM VI, S. 88   119

Liqquṭim Shoḥer Ṭov

BatM I, S. 296   7, 17, 18

Ma'ase Daniel

BHM V, S. 128   103

Ma'ayan Ḥokhma

BHM I, S. 58-61   80

Midrasch der Zehn Worte

BHM I, S. 64   7, 160, 162

Midrash Elle Ezkera, 1. Rezension

BHM II, S. 66   159, 162

Midrash Elle Ezkera, 2. Rezension

BHM VI, S. 22   160, 162

Midrash Elle Ezkera, 3. Rezension

BHM VI, S. 32   160

Midrash Ḥadash

S. 266   78, 79

Midrash Jelamdenu

BatM I, S. 143   55

Midrash Konen

BHM II, S. 39   64, 65

Midrash Ma'ase Tora

BHM II, S. 99   82

Midrash Shelosha wa-arba'a

§9, BatM II, S. 50   29

Midrash Tadshe

§2, BHM III, S. 169 f. 21

RABBINEN

AUTORENREGISTER

SACH- UND NAMENSREGISTER

Wissenschaftliche Untersuchungen zum Neuen Testament

Herausgegeben von Martin Hengel und Otfried Hofius

J.C.B. Mohr (Paul Siebeck) Tübingen